U0064946

古典文獻研究輯刊

十三編

潘美月・杜潔祥 主編

第3冊

《續修四庫全書總目提要・經部》箋證

李士彪 著

國家圖書館出版品預行編目資料

《續修四庫全書總目提要・經部》箋證／李士彪 著 — 初版 —
新北市：花木蘭文化出版社，2011〔民100〕
目 2+316 面；19×26 公分
（古典文獻研究輯刊 十三編；第3冊）
ISBN：978-986-254-624-6（精裝）
1. 四庫全書 2. 提要 3. 研究考訂
011.08 100015552

古典文獻研究輯刊
十三編 第三冊 ISBN：978-986-254-624-6

《續修四庫全書總目提要・經部》箋證

作　　者　李士彪
主　　編　潘美月　杜潔祥
總 編 輯　杜潔祥
企劃出版　北京大學文化資源研究中心
出　　版　花木蘭文化出版社
發 行 所　花木蘭文化出版社
發 行 人　高小娟
聯絡地址　新北市永和區中正路五九五號七樓
　　　　　電話：02-2923-1455／傳真：02-2923-1452
網　　址　http://www.huamulan.tw 信箱 sut81518@gmail.com
印　　刷　普羅文化出版廣告事業
初　　版　2011年9月
定　　價　十三編20冊（精裝）新台幣31,000元

《續修四庫全書總目提要・經部》箋證

李士彪　著

作者簡介

李士彪（1966～），男，山東省滕州市人。1985年由滕州一中考入山東師範大學中文系，1989年畢業，獲得文學學士學位。畢業後分配到滕州一中任語文教師。1991年考入山東大學古籍所，主要從事秦漢文學及文獻學研究，1994年獲得中國古典文獻學碩士學位，留校任教。1998年考入山東大學文學院，主要從事魏晉南北朝文學研究，2002年6月獲得中國古代文學博士學位。2002年8月入復旦大學中國語言文學博士後流動站，從事《續修四庫全書總目提要》的整理研究工作，主要負責《經部提要》的校點，並撰成《續修四庫全書提要經部箋證》。現為魯東大學文學院教授。博士論文《魏晉南北朝文體學》（2004年4月由上海古籍出版社出版）獲得2005年山東省高校優秀科研成果二等獎。

提　　要

1996年，齊魯書社影印了《續修四庫全書總目提要（稿本）》，全書共分37冊，收錄提要三萬多篇。2001年12月，復旦大學吳格先生主持《〈續修四庫全書總目提要〉整理研究》的課題。本人在博士後階段師從吳格先生，主要從事《續修四庫全書總目提要· 經部提要》的整理研究，共完成校點二百四十餘萬字，並撰成《續修四庫全書總目提要經部箋證》。

《經部提要》收書五千多種，對研究中國經學、哲學、社會學、文字學有重要的參考價值。但提要在許多方面存在謬誤，需要加以辨證；或有闕疑未盡之處，亦需加以補正。因此《續修四庫全書總目提要經部箋證》主要對《經部提要》做了考源溯流、拾遺補闕、糾謬正訛的工作，包括所收書籍的作者生平、版本、內容以及提要撰寫者的學術傾向及觀點等。

本書的體例，大抵先列提要原文，或摘錄，或全錄。然後附以箋證。書名後標明此篇提要在《續修四庫全書總目提要（稿本）》中的冊數和頁碼，以便讀者檢覈。如（8-252），表示第8冊第252頁。提要中的文字錯誤，亦在文後附簡單的校記。箋證中提到《續修四庫全書總目提要（稿本）》者，簡稱"《續提要》"

目次

引　言

二〇〇二年八月，予挈婦將雛，負笈滬上，師從吳格先生。先生主持整理《續修四庫全書總目提要》，命我校點《經部》。兩年之間，已完成二百四十餘萬字，《經部提要》初稿已成，付梓在望。

校點之餘，時作札記。略加排比，撰爲斯編，不遑潤飾，誠屬草創。浮詞未能盡去，考證頗有闕疑，增補刪削，尚待來日。

《皇清經解》、《續經解》，乃清人經義之淵藪。昔日高文冊典，今日影印以後，已成習見之書，檢尋甚便，不勞徵引。然《經解》之外，學人隨筆雜鈔、日記書札，涉獵經學者亦復不少，吉光片羽，往往識見卓異，故刻意搜尋，以備考索。

時或采證務博，而不敢輕加斷制。才疏學淺，固不足以自立論而妄議古人；然三代制度多無確據，諸家聚訟，紛如亂絲，議其違則各有據依，論其合則實多臆見，故羅列異同，以俟通人之擇，亦有所不得已也。

易　類

三墳書一卷　（8-252）

《説郛》本

不著撰人，署曰“陶宗儀訂”。三墳者，一曰山墳，二曰地墳，三曰形墳。編中載《山墳》即《連山易》，出於天皇伏犧氏。其大綱為崇山君、伏山臣、列山民、兼山物、潛山陰、連山陽、藏山兵、疊山象。《地墳》即《歸藏易》，出於人皇神農氏。其大綱為天氣歸、地氣藏、木氣生、風氣動、火氣長、水氣育、山氣止、金氣殺。《形墳》即《乾坤易》，出於地皇軒轅氏。其大綱為乾形天、坤形地、陽形日、陰形月、土形山、水形川、雨形雲、風形氣。（班書閣撰）

按《説郛》本《三墳》爲山墳、地墳、形墳，他本皆作山墳、氣墳、形墳。《續提要》所收《天一閣叢書》本，《四庫全書存目叢書》48 冊所收北京大學藏明天啓刻快閣藏書本，《續修四庫全書》40 冊所收北京圖書館藏宋紹興十七年沈斐婺州州學刻本，皆作“氣墳”，未有作“地墳”者。

子夏易傳　（35-434）

二酉堂本

《子夏易傳》一卷，清張澍輯。《子夏易傳》，或謂韓嬰所作，或謂丁寬，或謂馯臂子弓。臧庸云嬰為幼孩，夏為長大，名與字取相反而相成，以子夏為韓嬰之字。宋翔鳳云嬰孫商傳易學，以子夏為韓商之字。望文生義，等於說經者之附會。至馬國翰輯佚書，以澍之輯本鈔為《丁氏易》，又鈔為《韓氏易》，疊牀架屋，徒充卷帙，尤無謂也。（柯劭忞撰）

按關於《子夏易傳》之作者，歷來說法不一。清朱彝尊《經義考》卷五云：

《唐會要》卷七十云：開元七年三月六日詔：《子夏易傳》，近無習者，令儒官詳定。四月七日劉知幾議曰："按《漢志》，《易》有十三家，而無子夏作傳者。至梁阮氏《七錄》，始有《子夏易》六卷，或云韓嬰作，或云丁寬作。然據《漢書》'《韓易》十二篇，《丁易》八篇'。求其符會，則事殊隳刺者矣。夫以東魯服膺，文學與子游同列；西河告老，名行將夫子連蹤。而歲越千齡，時經百代，其所著述，沉翳不行，豈非後來假憑先哲，亦猶石崇謬稱阮籍，鄭璞濫名周寶。必欲行用，深以爲疑。"司馬貞議曰："按劉向《七畧》有《子夏易傳》，但此書不行已久，今所存多失眞本。又荀勖《中經簿》云：'《子夏傳》四卷，或云丁寬所作'，是先達疑非子夏矣。又《隋書・經籍志》云：'子夏傳殘闕，梁六卷。'今二卷，知其書錯謬多矣。又王儉《七志》引劉向《七畧》云：'《易傳》子夏，韓氏嬰也。'今題不稱韓氏，而載薛虞記。又今秘閣有子夏傳，薛虞記，其質粗畧，旨趣非遠，無益後學，不可將帖正經。"五月五日詔：《子夏傳》逸篇，令帖《易》者停。

清張惠言《易義別錄》卷十四云：

《釋文敘錄》："《子夏易傳》三卷"，《七略》云："漢興韓嬰傳。"《中經簿錄》云："丁寬所作"，張璠云："或馯臂子弓所作，薛虞記，虞不知何許人。"《隋書・經籍志》："《周易傳》二卷，魏文侯師卜子夏傳，殘闕，梁六卷。"案《漢書・藝文志》，《易》有《韓氏》二篇，《丁氏》八篇，而無馯臂子弓，則張璠之言不足信。丁寬受《易》田何，上及馯臂子弓，受之商瞿，非自子夏，則荀勖言丁寬亦非。劉向父子，博學近古。以爲韓嬰，當必有據。《儒林傳》稱韓生亦以《易》授人，推《易》意而爲之傳，不聞其所受，意者出于子夏，與商瞿之傳異耶。今所傳《子夏傳》十一卷，《崇文總目》

云十卷，以《釋文》、《集解》諸書所引校之，都不相合。晁以道云："是唐張弧所作"，惠徵士棟以爲唐時子夏殘書尚存，無容僞爲，爲之必宋人也。然予謂即唐時二卷者，亦非眞韓氏書。其文淺近卑弱，不類漢文。殆永嘉以後，群書既亡，好事者聚斂衆説而爲之也。

臧庸《拜經日記》卷三云：

《釋文敘録》："《子夏易傳》三卷。"《七略》云："漢興韓嬰傳。"《文苑英華》載唐司馬貞議云："王儉《七志》引劉向《七略》云：'《易傳》子夏，韓氏嬰也。'"案考校是非，大較以最初者爲主，雖千百世之下可定也。《七略》劉子駿作，班孟堅據之以作《藝文志》，《七略》既云是漢興子夏韓氏嬰傳，便可知非孔子弟子卜子夏矣。《漢書·儒林傳》云："韓嬰燕人，嬰推詩人之意而作《内外傳》數萬言，亦以《易》授人，推《易》意而爲之傳"，此尤爲韓嬰作《易傳》之明證。嬰爲幼孩，故名嬰字子夏。夏，大也。《漢志》"《易傳》韓氏二篇名嬰"，與劉《略》合，但孟堅於志傳皆只書其名，而不載其字，所以滋後人之疑。王儉、陸德明所引《七略》，可補班書所未備。

臧庸論證子夏即韓嬰，此説一出，頗獲贊同，誠爲有功於經學。余嘉錫《古書通論》曾有詳論。張舜徽《清人筆記條辨》卷四《拜經日記》云：

自來言及子夏《易傳》者，劉《略》、班《志》，本甚分明。至荀勖、張璠、王儉、阮孝緒，始兼載異説，疑不能定。《釋文敘録》首題卜商，次引劉、荀、張氏之言，猶不敢質。《隋志》乃輒題子夏，非闕疑之道。《唐志》沿之，遂専屬之卜子夏矣。臧氏以子夏爲韓嬰之字，言之成理，考證審密，足成定論。以前一切傅會誣罔之説，可自此而廓清也。

更有學者推進一步，以爲子夏乃韓嬰之孫韓商。宋翔鳳《過庭録》卷一云：

《漢書·儒林傳》云："韓生亦以《易》授人，推《易》意而爲之傳。燕、趙間好《詩》，故其《易》微，唯韓氏自傳之。其孫商爲博士，孝、宣時涿郡韓生其後也。以《易》徵待詔殿中，曰'所受《易》即先太傅所傳也'。"翔鳳案，子夏當是韓商之字，與卜子夏名字正同，當是取傳韓氏《易》最後者題其書，故韓氏《易傳》爲子夏傳也。

然此說過於牽強，難於取信。清吳承志《橫陽札記》卷一《子夏易傳》駁之云：

> 近閱宋氏翔鳳《過庭錄》有《子夏爲韓嬰孫商之字》一條，爲前引所未及。按《漢書・儒林傳》云韓嬰孫商爲博士，孝宣涿郡韓生其後也。以《易》徵待詔殿中，曰"所受《易》即先太傅所傳也"。嘗受《韓詩》，不如《韓氏易》深，太傅故專傳之。如《傳》說，生《易》親受於嬰，非傳自商。《藝文志・易類》，《韓氏》二篇，注云"名嬰"。陸德明《經典釋文敘錄》，《子夏易傳》三卷，《七略》云"漢興韓嬰傳"。是書亦本題嬰名，無從再冠"商字子夏"之說，仍以舊所考定爲安。

周易京氏章句一卷　（35-487）

玉函山房本

漢京房撰。清馬國翰輯。房字君明，東郡頓丘人。受《易》於梁人焦延壽。官至魏郡太守。《漢書・儒林傳》有傳。漢《易》家有兩京房，一為授梁丘賀《易》者，官齊郡太守，在京君明前。元帝時立《京氏易》博士者，君明也。《漢書・藝文志》：《孟氏京房》十一篇，《災異孟氏京房》六十六篇。《釋文・敘錄》"《京房章句》十二卷"，又引《七錄》作十卷，錄一卷。《隋志》章句十卷，又占候書十種凡七十三卷。《唐志》五種二十三卷。按《敘錄》之《京房章句》，當即《漢志》之《孟氏京房》十一篇。《隋志》之京氏占候書七十二卷，當即《漢志》之《災異孟氏京房》六十六篇。今尚有《京氏易傳》三卷，則六十六篇之僅存者也。京氏長于災異，《易》家世應飛伏、六位十甲、五星四氣、六親九族、福德形殺，皆出於京氏。然陸德明、李鼎祚所引京氏之文，率與《京氏易傳》大異。張惠言謂出於《易章句》，京氏自以《易》說災異，而未始以災異說《易》。按陸績為京氏之學者，其說《易》皆發明義理，無一言及於災異。茗柯之說誠為篤論。（柯劭忞撰）

按清張惠言《易義別錄序・京氏》云：

漢《易》家兩京房。太中大夫京房者，淄川楊何弟子，梁丘賀所從受《易》者也，無書。元帝時京房，字君明，東郡頓丘人，本姓李，吹律自定爲京氏，受《易》梁人焦延壽，今所謂《京氏易》者也。《釋文敘錄》:《京房章句》十二卷。又引《七錄》云十卷，錄一卷。《隋書・志》云十卷。《京氏占候書》,《隋志》十種，凡七十三卷;《唐志》五種，二十三卷。其見于史傳有遺文者曰《易傳》，曰《積算》，曰《飛候》，曰《易占》，曰《易妖》，曰《易數》，曰《風雨占候》。其存者《積算易傳》三卷,《雜占條例》一卷。延壽自言嘗從孟喜問《易》，房以延壽《易》即孟氏學。孟氏之徒翟牧、白生不肯，曰“非也”。及劉向典校書，考《易》説，以爲諸《易》皆祖田何，大誼略同，唯京氏爲異。儻焦延壽獨得隱士之説，托之孟氏，不與相同；然《七略》猶著之曰《孟氏京房》十一篇,《災異孟氏京房》六十六篇。自君明長於災異,《易》家世應飛伏、六位六甲、五星四氣、六親九族、福德刑殺，皆出京氏。然嘗推求漢、唐以來引京氏言災異者，皆舉其《易傳》，而未嘗及《章句》。至陸德明、李鼎祚，往往引京氏之文，率與《易傳》大異，蓋出於《章句》。將非京氏自以《易》説災異，而未始以災異説《易》，後進之言京氏者，失其本耶？余嘗善陸績治《易》京氏，而其言純粹，與干寶絕不相類。如其言，雖謂之出孟氏可也。使京氏《章句》而在，其不當在陸下，章章明矣。

兩下相較，可知此篇提要全本張序而稍加潤飾，然有錯訛。提要又云“六日七分，京氏之法，以卦爻配期。坎、离、震、兌，其用事自分至之首，皆得八十分日之七，頤、晉、井、大畜皆五日十四分，餘皆六日七分。乃不與孟氏相應。然則遺文墜義，謂之《京氏易》則可，謂出於孟氏，亦未免武斷矣”，則又隱駁張氏“雖謂之出孟氏可也”之言，而不引之，幾成無的放矢矣。

京氏易八卷　（18-063）

《木犀軒叢書》本

漢京房撰，清王保訓輯。保訓無錫人，嘉慶庚申科舉人，充實錄館校錄，候選知縣。按《漢魏叢書》有《京氏易傳》三卷，王氏於三卷外採錄遺文，著為是書。凡分八卷：卷一《周易章句》，卷二《易傳》，卷三《易占上》，卷四《易占下》，卷五《易妖占》、《易飛候》，卷六《別對災異》、《易說》、《五星占》、《風角要占》，卷七《外傳》，卷八《災異後序》、《周易集林》、《易逆刺》、《律術》。卷首自目錄外，附載《序錄》、《傳述》、《論證》三篇。共約四萬餘言。凡《京氏易》之遺文散見者，大都具於此矣。尋舊史所載，孟喜受《易》家陰陽，立十二月辟卦，其說本於氣，以準天時、明人事，授之焦贛。焦贛又得隱士之五行消復，授之京房。房兼而用之，長於災變，布六十四卦於一歲中，卦直六日七分，迭更用事，以風雨寒溫為候，各有占驗，獨成一家。孝元立博士，迄東漢末，費直行而京氏衰。晉代猶有傳習者，至《隋志》亡《段嘉》十二篇，《唐志》又亡《災異》六十六篇之四十三篇，歷宋明而《漢志》之八十九篇僅存三卷，蓋京氏學久廢絕矣。此由士夫隨俗，好言禎祥，諱言災變占候，非得祿所需，故古書日亡，即存亦置不省覽，積漸使然也。然而《洪範》演五行，《周官》設眡祲、馮相、保章，左氏載魯梓慎、鄭裨竈、晉卜偃、宋子韋之言禨祥禍福，著乎天而應乎人，人主因之恐懼修省；占候廢則天變不足畏，人言不足懼矣。《易》道至大，無所不該，王弼以道家言解《易》，楊簡以佛家言解《易》，尚得名家，況京氏為漢《易》之宗，聽其廢絕，不可惜哉。今王氏輯《易傳》、《易占》、《飛候》、《五星》、《風角》等篇，雖京氏占候不盡此，亦大端具矣。其世應、飛伏、建積、互、游魂、歸魂之說，晁說之能言之，據《叢書》本三卷，亦畧可尋求。至六日七分之法，見《漢書》本傳孟康注、僧一行《大衍曆議》，則雖謂京氏《易》亡而不亡可也。惟此書雖輯自王氏，實則經嚴氏可均理董，正訛補闕，始成定本。嚴氏且為之序，其文載《鐵橋漫稿》卷五中。德化李氏既刻此書，而竟漏刻嚴氏之序，使後人莫知其為嚴氏之所校補者，亦其疏矣。（黃壽祺撰）

按嚴可均《鐵橋漫稿》（見《續修四庫全書》1488 冊）卷五《京氏易敘》云：

> 《京氏易》八卷，無錫王氏保訓輯本也。《漢魏叢書》有《京氏易傳》三卷，王氏於三卷外采錄遺文，得四萬許言，尋以病卒於都下。其同年友嚴可均理而董之，正其訛，補其闕，仍分八卷，繕寫而爲之

敍曰：《易》以道陰陽，有陰陽即有五行。孟喜受《易》家陰陽，立十二月辟卦，其說本於氣，以準天時，明人事。授之焦贛，焦贛又得隱士之說五行消復，授之京房。京房兼而用之，長於災變，布六十四卦於一歲中，卦直六日七分，迭更用事，以風雨寒溫爲候，各有占驗，獨成一家。孝元立博士，迄東漢末，費直行而京氏衰。晉代猶有傳習者，至《隋志》亡《段嘉》十二篇，《唐志》又亡《災異》六十六篇之四十三篇。歷宋入明，而《漢志》之八十九篇僅存三卷，蓋京氏學久廢絕矣。此由士夫隨俗，好言禎祥，諱言災變，占候非利祿所需，故古書日亡，即存亦置不省覽，積漸使然也。然而《洪範》演五行，《周官》設眡祲、馮相、保章，《左氏》載魯梓愼、鄭裨竈、晉卜偃、宋子韋之言，禨祥禍福著乎天，而應乎人，人主因之恐懼脩省；占候廢則天變不足畏，人言不足懼矣。易道至大，無所不該，王弼以道家言解《易》，楊簡以佛家言解《易》，尚得名家，況京氏爲漢《易》之宗，聽其廢絕，不可惜哉！今輯《易傳》、《易占》、《飛候》、《五星》、《風角》等篇，雖京氏占候不盡此，亦大端具矣。其世應、飛伏、建積、互、游魂、歸魂之說，晁說之能言之。據《叢書》本三卷，亦略可尋求。至六日七分之法，見《漢書》本傳孟康注、僧一行《大衍曆議》，則雖謂《京氏易》亡而不亡可也。然余又爲之深惜者，許叔重稱《易》孟氏爲古文，京氏將毋同（按《漢志》，《易經》十二篇，施、孟、梁丘三家。不言京者，京承孟，小異大同，故舉孟可包京也。下文著錄《孟氏京房》十一篇，《災異孟氏京房》六十六篇，《京氏段嘉》十二篇，不先言孟氏說若干篇者，漢時孟氏《易》說無專行本，僅《京氏易》中有之，故劉向以爲焦延壽得隱士之說，託之孟氏也。其語未確，然非無因。至梁陳而《孟喜章句》、《京房章句》各著于錄，不知何時何人從《京氏易》中取出分編之，蓋在魏晉之後矣）。《京氏章句》十卷《錄》一卷（《釋文》引梁《七錄》），或作十二卷（《釋文》），或作十卷（隋、唐《志》），亡于唐末。假令遺文散見，尚多異義異字，亦古文矣。今輯《章句》僅寥寥五十五事，曾不如《占候》之大端具也。

通觀嚴可均此序，則知提要取材於嚴序，實檃括嚴序而成。

馬融易傳　(6-434)

《二十一家易注》本，玉函山房本，《漢學堂叢書》本

清馬國翰等輯。《既濟》之"東西鄰"，乃因離東坎西，謂二陰不如五陽也。今謂東鄰為紂，周公之時，胡從與紂鄰乎？其誤三也。(尚秉和撰)

按周壽昌《思益堂日札》卷一《東鄰西鄰》云：

"東鄰謂商紂，西鄰謂周文王"。本鄭康成《坊記》注，顏師古即引以注《漢書·郊祀志》。班固《幽通賦》云："東厸（厸即古鄰字）虐而殲仁兮"，應劭注云："東鄰謂紂。"是漢《易》師本有此說。然"昏棄厥肆祀勿答"，紂之所以不敬上天也。"我將我享，維羊維牛"，周之所以獲祐于天也。是東鄰殺牛，必是豐于昵，即小祀用大牲之説。禴亦不得謂之薄祭，故《象》祇曰："不如西鄰之時。"禮，時爲大也。

重訂周易二閭記　(35-529)

《紹興先哲遺書》本

《重訂周易二閭記》三卷，清茹敦和撰。敦和字遜來，號三樵會稽人，乾隆十九年進士，官德安廳同知。是書玩辭考象，為二人問答之語。曰"二閭記"者，敦和自序"一曰茶閭，一曰薑閭，皆在會稽城外，有二老儒為東西閭師，嘗以《易》義質之，而記其語"，蓋託於寓言。後李慈銘校定是書，以茶閭、薑閭名不雅馴，易為左閭、右閭，今書之"左閭曰"皆慈銘所改也。是書多主卦變互體，貫穿羣經，以為證據，不愧實事求是之學。亦間有涉於支離蔓衍者，慈銘重加刪訂，尤有功於鄉獻。(柯紹忞撰)

按李慈銘《越縵堂讀書記·經部·易類》云："閱茹三樵《周易二閭記》。茹氏之《易》，以此種爲最佳。其詮象解義，多本漢詁，援據經史，疏證名通。惟假設茶閭、薑閭二人問答之辭，自相駁難，蓋仿西河毛氏白鷺洲主客說《詩》之例。然時涉諧謔，近於小說；又往往泛引不根，或存兩可之詞，是其病也。"

易守　（35-505）

自刻本

《易守》三十二卷，清葉佩蓀撰。佩蓀字丹穎，號辛麓，歸安人，乾隆甲戌進士，官湖南布政使。是書卷首為《易卦總論》，自卷一以下詮釋經文，不及《繫辭傳》、《文言傳》、《說卦》、《雜卦傳》，蓋未成之藁，故《繫辭傳》以下闕如也。《易卦總論》僅撮舉二十四卦，然於陰陽消長之理、順逆往來之數，發揮詳盡，不為影響之談。惟《賁卦論》謂"自漢司馬相如、枚皋、東方朔之徒皆輕薄不修行誼，專以靡漫之詞博取名高，繼之揚雄、馮衍輩轉相仿效，迨其後曹氏兄弟專尚翰墨，沿及六朝，流風益熾，徒以一篇之儁，一語之麗，輒相標榜，以為勝流。迄于唐韓氏昌黎始疾之，能反而求之于《六經》，宋則歐陽、蘇、曾皆能變綺靡猥褻之習。而究其趣，終不免沾沾以文自炫，故仿效之者祗求學為文詞，而于實學無與焉"。極論八代文章之弊，與經義毫無干涉，此則支離已甚，徒騁浮詞。佩蓀自言之而自蹈之矣。其釋經不依注疏本，亦不用古《易》本，先卦辭爻辭，次《彖傳》，次《象傳》，考《周易》古今諸本之異同，如周燔卦辭前列《大象》，卦辭後列《彖傳》，趙汝楳卦辭前列《大象》，卦辭後列《彖傳》。次《文言》，次爻辭，李遇、方逢辰《乾》卦卦辭後列《彖傳》，次《文言》釋彖處，次《大象》，次爻辭。蔡淵卦辭後《大象》，次《彖傳》，《文言》別為一傳。與佩蓀為五。要皆割裂綴附，自逞胸臆。篇章之同異，固無與於微言大義也。惟佩蓀之注，大抵條理貫通，不泥於考象，亦不迂於說理，較之標榜天人、高談河洛者猶為有取焉。（柯紹忞撰）

按清李慈銘《越縵堂讀書記・經部・易類》云：

閱歸安葉聞沚布政（佩蓀）《易守》，凡三十二卷。前有張侍郎師誠、潘文恭太傅兩序。佩蓀字丹穎，聞沚其別號也。乾隆十九年進士，官至湖南布政使，以事降知府，遂告歸。子紹楏，號琴柯，乾隆五十八年進士，官至廣西巡撫；紹本字紉之，號筠潭，嘉慶六年進士，官至山西布政使，左遷鴻臚少卿。葉氏父子三人俱以文學政績，致位通顯，朱文正作墓志言之極詳，王述庵亦相稱重。至道光壬辰，筠潭始刻以行世。其書依經詮次，彖、象各繫於卦爻之下，章解句釋。每卦之終，更標舉大義，參互眾說，以爲之證，而不及《繫辭》、《說卦》諸傳。卷首又別爲《總論》一卷，抉全經之要旨，明諸卦之定位。其學兼綜象理，而盡去納甲、卦氣、爻辰、卦變、太極、河洛之說；京、費、鄭、荀、虞、王、程、朱，皆所不滿，而駁詰荀、虞爲尤甚。于此經之學，頗爲樸實簡當，自成一家者矣。然予謂晚世說經，總以有家法者爲貴。蓋名物之學，漢儒已盡之，後人不過掇拾其散佚；義理之學，宋學亦已盡之，後人不過推演其緒餘。《易》之講象數者，漢家法也；講理蘊者，宋家法也。王弼之《易》，僅漢之別子小宗，不足成家。後世有述者，或漢或宋，皆所不祧，而與其爲宋，不若爲漢。何則？宋儒說《易》之書具在，元明更推闡之，其理已明，無取屋下架屋。漢儒之書已盡亡，自王厚齋始拾遺舉墜，畸僻單零，容有未盡，區區汲古之士，從而輯綴之，實爲古學首功，是所謂篤信謹守者也。京費所傳，豈無詭雜，鄭虞之義，亦有支離，得失並存，無傷儒術。近儒若惠氏棟，漢之大宗；張氏惠言，其繼大宗者矣。若李文貞，宋之嫡子，朱文端其嗣嫡子者矣。我朝《易》學，有此四家，紹往嬗來，便足以卓立一代。至於毛氏奇齡，則支子挺生；焦氏循，則旁宗遞衍，不守師承；各有所得，取備一說可耳。葉氏此書，與胡氏煦之《函書》差等，而識力出胡氏之上，故持議較確，舉例較嚴，無其迂蒙之習。而自信過專，棄取太決，故亦不如胡氏之尚有程朱家法。書中精言名論，多深得陰陽消息之理，不能具載。但以爲昭代一家之書，自不可廢，若云獨守孔子之傳，則吾未敢信也。

此論清代《易》學嬗變，實譏葉氏不守家法。又云：

讀《易守》數卦。葉氏言互而不言變，頗爲謹嚴。其經傳文於每卦彖爻辭之後，次以彖傳象傳，蓋從《乾卦》之例，而不標彖曰象曰之文。其《乾坤》文言，仍次《繫傳》之後，此用孔氏《正義》說，以爲夫子本如是。近儒莊珍埶之說亦同。然既非古本，又非今本，似蹈龜兹王驢非驢、馬非馬之譏也。

孔沖遠云：尋輔嗣之意，以爲象本釋經，宜相附近，其義易了，故分爻之象辭，各附其當爻下言之，此則經傳之合，始於王氏甚明。《三國志》高貴鄉公問博士淳于俊曰：孔子作彖象，鄭玄作注，其釋經義一也。今彖象不與經文相連而注連之，何也？則當高貴時，尚無經傳連合之本甚明。其曰鄭氏注連之者，古者經自爲經，注自爲注。《漢志易經》十二篇施孟梁丘三家，下又云章句施孟梁丘各二篇，上所謂十二篇者，三家經傳之本也；下所謂二篇者，三家所作之注也。注中無經文，故不依篇次，自爲二篇也。《尚書》之經，及歐陽大小夏之章句解故，《詩》之經及《魯故》、《齊説》、《齊故》、《齊傳》、《韓故》、《韓説》、毛之《詩》及《故訓傳》，《春秋》之經及《三傳》，無不如此，故皆分列其目。唐時義疏，亦尚如此。蓋鄭君傳《費氏易》，《漢書・儒林傳》言費直治《易》無章句，徒以《彖》、《象》、《繫辭》、《文言》十篇解説上下經。所云無章句者，謂費氏不爲經文作章句，惟注夫子之十翼，以解上下經之文，誠以十翼之義明則經義自明，其家法最爲謹嚴。而劉向以中古文《易經》校諸家經，則惟費氏經與古文同，又不脱去“無咎”、“悔亡”句，故東漢大儒陳元、鄭眾、馬融、荀爽皆傳之。《釋文》引《七錄》云，費直章句四卷；《隋志》云梁有費直注《周易》四卷，亡。所謂章句及注者，即其十篇之解説也。昔人謂經傳合于費氏固妄，而誤會班氏無章句之言以爲無注者，亦非。兩漢時經無師説者不能傳授，故《古文尚書》經、古《禮》經皆亡。使《費易》而一無注解，則僅有一經文之本，何以得傳業爲費氏學？何以欲立於學官？且所云解説者，又何所指也？《後漢書・儒林傳》云：馬融爲費氏《易》傳，融授鄭玄，玄作《易注》。所謂傳者，如歐陽《尚書》之既有章句，又有説義；大小夏侯《尚書》之既有章句，又有解故；魯《詩》之有故有説；齊《詩》之有故有傳；韓《詩》之有故有説有傳也。鄭君作注，乃併經文注之，如注《乾》彖象傳則先注經文，每卦如此，以補費氏之未備。蓋鄭君之學，網羅囊括，義極通貫，而云謹守家法，如箋《詩》注《禮》有讀爲、讀若、當爲之例，而必不肯改字。其所據者皆別本經文，或先儒之説，確有信依，始用其讀，而于所注之本，不肯輕易，此其所以爲大儒。後人妄謂鄭喜改字，瞽目之言也。其注《易》則謹依費氏文字篇第而備解經文，又博存別本之經字，以益讀者。後人謂鄭始亂經，一孔之見也。

易確二十卷　（24-479）

道光十五年江寧刊本

清許桂林撰。桂林字同叔，一字月南，海州人，嘉慶二十一年舉人。居母喪時，讀《禮》之餘，遂專學《易》，自己卯仲冬訖庚辰九月朔，編次學《易》所得為《易確》二十卷。卷首為自序，卷一至卷六為《總論》、《易圖》、《易理》、《易數》、《易用》、《易表》六篇，卷七至卷十八為《易說》，一以本經為次，卷十九為餘論，卷二十《北堂永慕記》附焉。道光壬辰、乙未間，其弟子陶應榮等為之校刊，陶澍、唐鑑等為之序。是書大恉，以為《易》道有三：一曰造化，陰陽是也；二曰學術，理欲是也；三曰治道，君子小人是也。觀象玩爻，舉不越此。故其為書也，圖書、象數、占筮、律曆、算術、聲音、訓詁、心身性命、人事治道，罔不綜貫。於漢學取反對、爻變、互卦、爻辰、納甲、六日七分、世應游歸之術。謂荀、虞以降卦變為不足邵；於宋儒河洛、太極、先後天之學，辨其是非真偽而節取之；於清儒《易》學，皆所博采，即校勘音讀，亦間一及之。自稱說經當以經為師，不當分別漢、魏、唐、宋，荀、虞、王、韓、孔、李、程、朱，孰是孰非，合理為是，違理為非，此其著作本意也。夫《易》道廣大，圓轉多通，苟能持之有故，言之成理，雖通以《九章算術》，會以六書條例，亦足自名其家。至若穿鑿附會，持論不根，則君子所不尚也。（吳承仕撰）

按清李慈銘《越縵堂讀書記·經部·易類》評述《易確》，較提要爲詳："此書共二十卷，前有唐確慎鑑、陶文毅澍兩序。卷首爲自序。卷一爲《總論》，卷二爲《易圖》，卷三爲《易理》，卷四爲《易數》，卷五爲《易用》，卷六爲《易表》，分爻辰、納甲、卦氣、八宮世應四表。卷七至十八爲《易說》，自乾坤至雜卦傳，依次說之。其書言《易》，以乾爲主，乾即太極，凡《易》之理象數氣，皆乾之理象數氣。孔子曰'乾確然示人易矣'，故名'易確'。以九宮爲即圖書之數，必先明九宮之法，然後知算數，知算數然後可以言《易》。而兼取反對、爻變、互卦，參取爻辰、納甲、六日七分、世應游歸，謂卦氣六日七分之說，出前漢孟氏，其來甚古，而以陽爲主，深合經意。虞氏知乾陽爲主，而消乾滅乾，大義既失，旁通之變，曲解多端。虞荀以降，變卦之說，無一可通。陳邵以來，卦位之改，尤極無理。於漢魏唐宋諸家，無所專主，而駁宋儒爲尤力。又極詆消息之說，謂經之所無。《易傳》言君子尙消息盈虛者，消息二字皆爲減退之義，盈虛二字，皆爲不美之辭，非漢儒之所謂消息。其持論甚堅，蓋一家學也。後附《北堂永慕記》一卷，敘其生母吳孺人行事（許氏言其父官南河通判，稱其嫡母劉爲安人，則吳當稱太孺人。此不諳定制之故，今從其原文）。末言自己卯居憂至庚辰編次所得學易之說，定爲《易確》，凡十九卷，並自序一卷爲二十卷，以此記綴於卷末。則其書自當連自序二篇（約六千言），爲二十卷，而《永慕記》不入卷數。今目錄乃以自序爲卷首，而列《永慕記》爲第二十卷，不合體例。其書刻於許氏歿後，是門人編次之失也。又言辨論諸家得失，別爲《庚辰學易記》二十卷，據其門人陶應榮等跋，稱分《記論古義》、《記辨新解》、《記申肊見》、《記存餘說》四目，是於《易》學，可謂盡心矣。”又云：“閱《易確》。其書通貫諸家，縱橫辯論，雖勇於任肊，亦或近於穿鑿，然鏗鏗不窮，亦一時之傑也。其論《困上九爻》辭云：困于葛藟于鼿卼，當以葛字爲句，鼿卼者藤蔓繳繞也，與困于石據于蒺藜一例。三乘剛爲困石，五乘柔爲困葛。其曰藟者纍也，係纍于葛而鼿卼也。《困》之六爻，用韻甚明。初之木、谷、覿（慈銘按，古無覿字，衹作儥。儥正與木谷爲韻）。二之食、來、祀，三之石、藜、妻，四之徐、車，五之卼、紱、說，上之葛、卼，皆韻也。石與藜、妻韻，如《江南可采蓮詩》，以北與西爲韻。古者四聲互相爲韻，又有間錯遙隔之韻。三爻之凶，四爻之終，五爻之祀，上爻之悔吉，亦韻也。北方讀石如詩，三代至今如一，而論韻者猶謂支脂無入聲，以石爲生之入聲，疏矣。上爻今讀藟字爲句，經生以《詩》有葛藟，誤讀相連，因於《象傳》增藟字耳。此條論韻甚精。近世古韻之學既明，觸類相發，甚有裨於經義。《乾》九三之‘夕惕若’下，自當有‘夤’字，與上田、人爲韻，其下作厲无咎，故《象傳》曰雖危无咎。惠氏棟之說不可易，而王氏引之謂必無‘夤’字。許氏謂一本作‘夤’，出於孟氏，諸本作‘厲’，皆非也。閩人何治運謂《說文》‘夤，敬惕也’，《文言》言惕而夤在其中矣，夕惕若夤，猶言終窶且貧，窶即貧也，古人自有此語例，其說是也。何之論《詩·雞鳴》'知子之來之，雜佩以贈之'云，《說文》繒，籀文作𦀚從綡省，知繒有宰音。古贈賄二字聲近而義同，故贈可與來韻，而段氏《六書音均表》讀來如淩，以與贈合韻，蓋失之。此說古韻可與許氏說《易》一條並傳，所謂日出不窮，令人解頤者也，故類列之。許氏之論《十翼》曰：《漢書·儒林傳》費直長於卦筮，無章句，徒以《彖》、《象》、《繫辭》十篇文言解說上下經。《彖》謂卦辭傳也，《象》謂大象爻象也。《繫辭》兼今《繫辭》《說卦》《序卦》《雜卦》而言，'文言'文字爲'之'字傳寫之誤，以《文言》亦即在十篇中也。《藝文志》云，孔子爲之彖象繫辭文言序卦之屬十篇，但云孔氏爲彖象，不云爲傳。若如諸儒以卦辭爲彖，則《儒林傳》所謂上下經者，非卦辭耶？將謂以彖釋彖耶？王弼注即費氏本，故於《彖》加'彖曰'，於《象》加'象曰'，於《文言》加'文言'曰，若卦辭爲彖，則當稱'彖傳曰'矣。弼不注《繫辭》，韓康伯注《繫辭》、《說卦》、《序卦》、《雜卦》，而《隋書·經籍志》謂之《周易繫辭》三卷，韓康伯注，此必因韓自題之名而著錄，益見《說卦》《序卦》《雜卦》古皆謂之《繫辭》也。《隋志》又云：周文王作卦辭，謂之《周易》；周公作《爻辭》，孔子爲《彖》、《象》、《繫辭》、《文言》、《序卦》、《說卦》、《雜卦》而子夏謂之傳，亦以彖象爲孔子《易》名也。此亦昔人所未發。"

六十四卦經解　（6-456）

鈔本

《六十四卦經解》一卷，元和朱駿聲集注。今觀其易解，皆集舊注。首《彖傳》，次《象傳》，低于經一格，次雜採各家《易》解，又低于《彖》、《象傳》一格，瑕瑜並列而无所是非。間附己意，則用小字注于中。惟題曰《六十四卦經解》，今祇一卷，至《需》、《訟》而止，並《乾》、《坤》、《屯》、《蒙》，祇六卦耳，其為殘本無疑，然可見其梗概。（尚秉和撰）

按《六十四卦經解》全本今存，凡八卷，《續修四庫全書》29 冊所收者，係影印浙江圖書館藏稿本。稿本卷一前原標書名"古易會通"，被鉤去，改爲"六十四卦經解"，可知此書原名《古易會通》。書後有朱駿聲孫朱師轍跋。

中華書局即據此手稿排印（1958 年 6 月第 1 版）。

今統觀全書體例，以釋《易經》爲中心。《周易大傳》七篇，即《彖》、《象》、《文言》、《繫辭》、《說卦》、《序卦》、《雜卦》，原皆單行，列於經後，不與經文相雜。今通行本《周易》，《彖》、《象》皆分列於六十四卦中，《文言》分別列於《乾》、《坤》兩卦之末，《繫辭》、《說卦》、《序卦》、《雜卦》仍獨立爲篇，列於經後。此種編法，一般認爲始於漢代。《六十四卦經解》則又將《繫辭》、《說卦》、《序卦》、《雜卦》分散開來，列於有關卦中。各卷卷題之下署"元和朱駿聲集注"，實則融鑄諸家之說，欲成一家之言。先綜合眾說而解經，然後列各種別解異說於注中。於古人之說，一般不注明出處。而於近人之說，如王念孫、王引之、惠棟等則一一標明。此種注書體例在清人中頗爲罕見。如釋《乾・九二》"見龍在田，利見大人"云："二於三才爲地道。地上爲田。陽在九二。丑月之時，陽氣將施，聖人將顯。此舜嬀汭、文王免囚、孔子設教之爻也。故利見大人。"按唐代李鼎祚《周易集解》於此爻下有云："鄭玄曰：二於三才爲地道，地上即田，故稱田也。干寶曰：陽在九二，十二月之時，自《臨》來也。二爲地上，田在地之表而有人功者也。陽氣將施，聖人將顯。此文王免於羑里之日也。故曰利見大人。"據此則朱氏之說乃是隱括鄭玄、干寶兩家之注而成，而皆未注明出處。統觀全書，取資于《周易集解》者甚多。朱氏還注意搜集古人用《周易》占筮之事跡及解說，如將《左傳》所載占筮文字悉數輯出列於相關卦、爻之下，對研究先秦筮法和易學甚有裨益。

《六十四卦經解》力主象數之說，以象數解釋卦爻辭和《易傳》，多依漢魏六朝易學家比、應、錯、綜、互體、約象之例。如《無妄・六三》："無妄之災，或系之牛，行人之得，邑人之災。"朱氏釋之曰："艮爲手，巽繩爲系，陰爲牛。後稷之孫叔均始牛耕。三爲人位。震爲大途。巽爲市邑。震足動爲行人，艮止爲邑人。此爻不中不正，無故而遇災者也。"完全以象數闡釋爻辭。此例通貫全書。朱駿聲以文字、音韻之學來解釋《易》之文字意義，可謂善用其長，尤喜分析字形以釋字義。如釋屯卦之屯字曰："屯从屮貫一。一，地。象艸木初生勾而未舒盈也。"如需卦卦辭云："需有孚，光亨。貞吉。利涉大川。"朱氏釋"孚"字曰："《易》言孚者二十五卦，《彖》八卦，爻三十。孚，卵孚也。从爪从子。覆手曰爪，鳥裛恒以爪反覆其卵。鳥之孚卵，皆如期不失。故轉訓爲信。"有時釋字義，亦重運用書證之法，頗能體現清代樸學之風。如《比卦》卦辭有曰："原筮，元永貞，無咎。"朱氏釋

“原”字曰：“原，再也。即《戴記》‘未有原’、《周禮》‘原蠶’、《漢志》‘原廟’之‘原’。”徵引古籍，可謂例顯義明。朱氏亦注重用音韻學來校訂文字、揭明《周易》用韻情況。如《坤・六二》：“直方大，不習无不利。”朱氏釋曰：“一本無‘大’字。‘方’葉‘霜’、‘章’、‘囊’、‘裳’、‘黃’韻。按《象傳》、《文言》皆不及‘大’，‘大’當爲‘无’字之訛。”另外，釋字義注意指明假借。如《同人・六二》：“同人于宗。吝。”朱氏釋曰：“宗，猶墉也。卑曰垣，高曰墉。《檀弓》注：‘宗在廟門內之西牆，主祭宗子取義焉。’”又釋《豫卦》之“豫”曰：“豫，象之大者，不害於物。借爲娛字，樂也。”

本書之好奇立異，亦甚特出。一是朱氏於前人之異說別解極意網羅，列於注中，不釋其義，亦鮮申其是非，大都存而不論。如釋《蠱卦》之“先甲三日，後甲三日”，備列古人十幾種解釋，間有辨正。又釋《畜卦》之“畜”爲“玄田”，不取許慎之解，而採《淮南子》之說。（《說文解字》：“畜，田畜也。《淮南子》曰：‘玄田爲畜。’”）二是朱氏自立新說。如卷一開首釋“易”字：“《周禮》太卜掌三易之法：夏曰連山，商曰歸藏，周曰周易。周者，言易道周普、無所不備也。三易之‘易’讀爲覡，周易之‘易’讀若陽。”此說對後世易學頗有影響。

朱師轍《六十四卦經解跋》評此書曰：“綜核漢宋以來各家之《易》說，而詳論其短長，附見於注中。訓詁必窮其原，文引古籍蘊義、歷史事實，以證明人事。又《易》之異同，咸爲臚列，而判其得失。其於之卦變化、互卦文義相通者，言之尤詳。非精熟深思、經數十年博覽考證研究之功，不克臻此。蓋其用功于《易》，與《說文通訓定聲》相等。實《易》空前之書，最便讀者。又于鄭氏爻辰、古今占《易》徵驗，並附載焉。至於天文算術之實求，陰陽術數之隱賾，地理方域之考證，卦辭古韻之增訂，固爲先大父之專擅，尤能貫通，非他家所可企及。”雖不免溢美之辭，然亦揭出本書之體例及特點。《六十四卦經解》在清代易學著作中別具一格，值得重視。

諸家易象別錄（存目）　（35-536）

南菁書院叢書

《諸家易象別錄》一卷，清方申撰。申字端齋，儀徵人。本姓申氏，舅氏方，取以為子，遂從舅氏姓，以申為名。著《易學五書》，此為五書之一。其撰集諸家易象，以《易緯》及鄭君《易緯注》為大宗。《易》注則取之李鼎祚《集解》。若他書所引，往往遺之。即如鄭注，《毛詩·采薇正義》引鄭注“坤上六為蛇，得乾氣雜似龍”，《後漢書·崔駰傳注》引鄭注“艮為手”，皆為申所漏，是其一證也。至於非逸象而強名為象，如坤六月，坤立秋，震二月，震春分，皆卦氣非象也。甲子乾，戌亥乾，乙癸坤，皆爻辰非象也。乾數九，坤數六，皆易數非象也。青齊震，徐魯震，揚吳离，荊楚离，皆分野非象也。凡此之類，不遑枚舉，亟應刊削者矣。（柯紹忞撰）

按除《諸家易象別錄》外，《續提要》收錄方申《易》學之書，尚有《虞氏易象彙編》一卷，《周易卦象集證》一卷，《周易互體詳述》一卷，《周易卦變舉要》一卷，共計五種，皆標注“存目”。李慈銘《越縵堂讀書記·經部·易類》有《方氏易學五書》，中云：“夜閱《廣陵思古編》，其中載儀徵方申所作《周易五書》自序文五篇，曰《周易互體詳述》，曰《周易卦變舉要》，曰《虞氏易象彙編》，曰《諸家易象別錄》，曰《周易卦象集證》，皆謹守漢學，專明古法，條分縷析，提要鉤元，其辨證精博，多足裨近儒惠、張之義，時亦正其疎舛，蓋近時易學互象名家也。惜其書未見，不知已刻否？汪氏附傳，言申字端齋，本姓申，爲舅氏後，從方姓。性至孝，年五十，始爲諸生，旋卒，時道光二十年也。是經生之最窮者矣。”則知《續提要》所收五種即《方氏易學五書》。

周易倚數錄三卷　（24-492）

《聚學軒叢書》本

清楊履泰撰。又案“震驚百里”，今文師以為建國之象，唯鄜炎《對事》云“陽動為九，其數三十六，陰靜為八，其數三十二，震一陽動、二陰靜，故曰百里”（《御覽》十三引），義近附會，要為漢學家所不廢。楊氏乃謂：“百數開方為十，震三反為艮七，故為十，乘之為百。”既不師古，又牽合不可通。（吳承仕撰）

按古人解“百里”多屬牽強，幾爲湊數。清周壽昌《思益堂日札》卷一云：“震卦位居四，四九三十六，爲一陽；四八三十二，又三十二，爲二陰，合之，適得百數也。”是又多一解矣。

周易故訓訂上經一卷　（24-447）

清光緒間唐文治刊本

清黃以周撰。又“天行健”下引趙汝楳云，《集韻》乾或作肌，當是肌譌健。檢今本《集韻》，並無此說，唯見於《五音集韻》，晚書本不足道，乃與《釋文》、《集解》等視，又不辨其形義是非。諸此小失，蓋無傷於大體耳。（吳承仕撰）

按方濬師《蕉軒隨錄》卷七《天行健》引俞文豹《吹劍錄外集》云：“《易》諸卦大象皆言卦名，《乾》、《坤》類也，《坤》曰‘地勢坤’，《乾》亦當曰‘天行乾’，而乃曰‘天行健’，何也？說者謂《乾》不可以象求，然《說卦》謂《乾》爲天、爲君、爲父、爲金玉，非象而何？李子美云：‘《集韻》曰健字即乾字，以乾爲健，傳寫誤。’此說差近之。”（按：李子美名隆，臨安人，樓攻媿之客。）則黃以周乃承襲宋人之說，未及檢《集韻》原書。

讀易一斑四卷　（6-302）

光緒刊本

清吳麗生著。又論“周易”云“謂之周易者，取交易、變易之義。周者，普遍也”，是也。惟又云“周以前未有此名，而或以易字加于《連山》、《歸藏》”，則非也。按《周禮·春官》“太卜掌三易之灋，一曰《連山》，二曰《歸藏》，三曰《周易》”，注：“易者，揲蓍變易之數，可占者也。”夫既曰“三易”，是《連山》、《歸藏》亦名易也。胡以皆名易？以三易皆揲蓍，皆以九六七八為用。若《連山》、《歸藏》古不名易，《周禮》能曰掌三易之灋乎？則持論太疏也。（尚秉和撰）

清張鴻楙《苕岑經義鈔》卷二張桂風《連山歸藏周易名義》云：

三易之名，見於《周禮·太卜》及《筮人》職，其義昔人嘗言之。《連山》、《歸藏》，鄭以爲夏、商《易》。或云《連山》伏羲，《歸藏》黄帝。鄭又於《禮注》云，名曰“連山”，似山出内氣也。“歸藏”者，萬物莫不歸而藏之於其中。孔沖遠以代號爲言，亦引鄭説云，連山者，象山之出雲連連不絕。説歸藏，同《禮注》。他若皇甫謐曰，《連山易》其卦以純艮爲首，艮爲山，山上山下，是名連山。雲氣出内於山，夏以十三月爲正，人統艮漸正月，故以艮爲首。劉氏敞曰，坤者萬物所歸，商以坤爲首。《禮運》“吾得坤乾焉”，此《歸藏》之易。二者説詳於鄭，而義足相成。若《周易》之義，鄭於《禮注》未及。孔氏《論易名》引鄭云，《周易》者，言易道周普，無所不備。賈於《禮疏》謂鄭雖不解《周易》，《連山》、《歸藏》皆不言地號，以義名易，則“周”非地號。《周易》以純乾爲首，乾爲天，天能周帀於四時，故名易爲周。賈蓋依鄭《易贊·易論》中爲説。陸氏《釋文》出“周氏”注云，代名也，周，至也、遍也、備也。今名書，義取周普。陸雖兼存兩義，仍主後義，當爲先儒相傳古説，此可見鄭君所釋不容異議也。乃自孔氏不達，妄用糾繩，既以鄭之釋爲無據，復謂《周易》稱“周”，取岐陽地名。文王作《易》之時，正在羑里，周德未興，猶是殷世，故題周以別於殷，猶《周書》、《周禮》題“周”以別餘代。按文王三分有二以服事殷，羑里著《易》即題周別殷，既非服事之心，商辛暴戾，事將不測，亦非明哲保身之道。《易》非盡出文王，繫“周”則以一代而盡揜前王，亦於理未合。此近儒姚氏配中所由譏爲非通論也。孔氏又援《世譜》等書，謂神農一曰連山氏，黄帝一曰歸藏氏，竝是代號。姚氏駁之，大致謂神農、黄帝以有《連山》、《歸藏》之易，而後有是稱，猶之明於農則稱神農，有軒冕、輪轅之制則稱軒轅，名隨事舉，非古聖所自名。果爲代號，夏、殷何取而因之不改？且杜子春《周禮注》以連山屬之虙義，《鄭志·答趙商之問》不以爲誤，果爲代號，不應所稱無定。上古質，亦無合兩字爲代號者。此三論，亦洞中窾郤，足知言代號之非。後儒拘執，故見申孔難鄭，覩於是可以息其喙矣。顧第取時代之義，易而爲周普、周帀之訓，尚無由見鄭義之精。自姚氏用以詮釋《易》中之元，乃知義益確鑿，有必不容更者。姚謂易有太極，元也。元之爲用，始終本末，上下四旁，無所不周，故曰周流六虛，曰知周乎萬物。聖人於乾元、坤元一再致意而贊之，漢儒如鄭氏、虞氏皆明此義，而於乾坤二用中已發之。蓋非元無以見《易》，非周無爲消息往來。此則姚所獨得之學，實能發千古未宣之蘊。故明於是，尤覺言代號者之未窺乎《易》之精也。《連山》、《歸藏》，《漢志》不著錄，知其亡已久。其佚文，《連山易》惟酈氏《水經注》引"羽山事"一見。《歸藏》則傳記所引較多於《連山》，其卦名如初奭、初犖、初鳌，有不同者，至若《三墳書》之作僞，固可置而勿論也。

周易述聞　（35-536）

愛梅樓刻本

《周易述聞》一卷，清林慶炳撰。惟《夬》九五"莧陸"二字，自《子夏傳》以下，或釋為一物，或二物，其義尚不甚相遠。虞氏則謂"莧，說也。陸，和睦也"，獨為異義，而惠氏《周易述》從之，慶炳亦主持此說。然以訓詁論之，莧陸連文拮鞠不辭，恐亦非經旨也。（柯紹忞撰）

按方濬師《蕉軒隨錄》卷四《莧陸》云：

《易》"莧陸夬夬"，子夏傳："木根草莖，剛上柔下也。"馬氏、鄭氏、王氏皆云莧陸一名商陸。方密之《通雅》："《爾雅》'蓫薚'，毛曰惡菜，鄭曰商陸。"查毛、鄭箋注，司農並無以蓫爲商陸解。按：《玉篇》："蔏陸，蓫也，垏也。（垏即所謂枝枝相對，葉葉相當者。）蓫亦作陸。"《程傳》："莧陸感陰氣之多，九五當決之時，爲決之主，而又不爲暴，合於中行。"此正合剛上柔下義，特專以今馬齒莧屬之莧陸，恐亦未當。不如正義直以草之柔脆者爲斷，較更精確。蓋莧有白莧、赤莧、人莧、五色莧等名，種於園圃，生於野田，隨處有之，似不必拘定馬齒莧一種。董遇獨謂："莧，人莧；陸，商陸"。分爲二物。按：莧之名見於《本草》，有六。而《博雅》之莔，《爾雅》之蕢，皆爲莧。至菜名連蟲陸，草名薰陸，又陸之實證也。鄙意渾莧、陸而統名之，則“草之柔脆者”五字最明豁。別莧、陸而分名之，則董氏之說亦不爲無見。毛檢討《仲氏易》以莧爲菜，以陸作高原，究涉牽強。若惠定宇本《虞氏易》莧讀如莞爾而笑之莞，陸爲和睦之睦，且引漢《唐扶頌》、《嚴舉碑》、《郭仲奇碑》作陸字的據，穿鑿附會，以之解經，入魔道矣。

周易爻徵廣義八卷　（7-645）

光緒刊本

清閻汝弼撰。此書據自敘言，訓詁則遵漢學，以其去古未遠，具有師承也。講義則遵宋學，以其切理饜心，皆從閱歷中來也。閒有與程朱異者，亦博採諸說，慎所去取，以求其近是，不欲存門戶之見也。近世言漢學者每詆宋儒為空虛，言宋學者每詆漢儒為穿鑿。不知穿鑿固所不免，何不擇其自然者，以為攷據之資；空虛容或有之，何不擇其確有體驗者，以為身心之助。且微言大義互相發明，不妨兼收竝採，究厥指歸，又何必問其為漢學耶？為宋學耶？分門別戶，愚所諱言，故略辨數語，以質之通儒。（高潤生撰）

按方濬師《蕉軒隨錄》卷七《漢學宋學》云：

靈皋侍郎主宋學，儀徵相國主漢學，一詆康成，一篤信康成，故《皇清經解》中凡侍郎著作皆不載。愚謂讀經者之於漢、宋兩家，猶之說詩者之於唐、宋兩派，但須擇取精華，歸於至是，不可稍涉門户之見也。黃東發平生服膺程、朱，而遇有他說之勝於程、朱者，亦未嘗不兼收並錄，經學家之最爲平允者。紀文達《筆記》曰：“宋儒之攻漢儒，非爲說經起見也，特求勝漢儒而已。後人之攻宋儒，亦非爲說經起見也，特不平宋儒之詆漢儒而已。平心而論，王弼始變舊說，爲宋學之萌芽。宋儒不攻《孝經》，詞義明顯，宋儒所爭祇今文古文字句，亦無關宏旨，均姑置弗論。至《尚書》、《三禮》、《三傳》、《毛詩》、《爾雅》諸注疏，皆根據古義，斷非宋儒所能。《論語》、《孟子》，宋儒積一生精力，字斟句酌，亦斷非漢儒所及。蓋漢儒重師傳，淵源有自，宋儒尚心悟，研索易深。漢儒或執舊文，過於信傳；宋儒或憑臆斷，勇於改經。計其得失，亦復相當。惟漢儒之學，非讀書稽古不能下一語；宋儒之學，則人人皆可以空談，其間蘭艾同生，誠有不能盡饜人心者。”此論出，雖起鄭、孔、程、朱於九泉問之，當亦心折也。毛大可專攻考亭，江藩著《漢學師承記》，據軫窺井，何如借鑑見睛也哉？

書　類

尚書歐陽夏侯遺說考一卷　（1-164）

家刻本

清陳喬樅撰。即如劉向世傳《魯詩》，而《說苑》、《新序》、《列女傳》等書，類皆雜采傳記，豈必悉本《魯詩》乎？（江瀚撰）

按全祖望《經史答問》卷三云：

> 劉向是楚元王交之後，元王曾與申公同受業於浮邱伯之門，故以向守家學，必是《魯詩》。然愚以爲未可信。劉氏父子皆治《春秋》，而歆已難向之説矣，安在向必守交之説也。向之學極博，其説《詩》，考之《儒林傳》，不言所師，在三家中，未敢定其爲何詩也。竹垞之説，本之深寧，然以《黍離》爲衛急、壽二子所作，見於《新序》，而先儒以爲是《齊詩》，則不墨守申公之説矣。

尚書王氏注二卷（著錄）　（1-240）

嫏嬛館補校本

清馬國翰輯。肅以不好鄭氏，清代諸儒崇尚鄭學，故詆之不遺餘力，謂《尚書孔傳》為肅偽撰。雖眾口同聲，然猶未敢輒定，而丁晏《尚書餘論》始斷然言之。其實王氏之注《尚書》，蓋與馬、鄭大同，《偽孔傳》雖多從王，而亦有舍王用鄭者。晏乃於王注與《孔傳》異義者，如“有能奮庸，熙帝之載”，《孔傳》“載，事也”，王注“載，成也”。“五服三就”，《孔傳》“行刑當就三處，大罪於原野，大夫於朝，士於市”，王注“三就，原野也，朝市也，甸師氏也”（案《正義》引馬、鄭、王）。“俊乂在官”，《孔傳》“俊德治能之士並在官”，王注“才德過千人為俊，百人為乂”（案《正義》引馬、鄭、王）。“厥土赤埴墳”，《孔傳》“土黏曰埴”，王注“埴讀曰熾”（案《釋文》徐引鄭、王）。“滎波既豬”，《孔傳》“滎澤波水”，王注“滎播澤名”（案《正義》馬、鄭、王皆作滎播）。凡斯之類，則皆諱而不言，偏執同者以據為王氏偽作之證，詎非舞文巧詆，如張湯之治獄乎？清《四庫全書總目・經部總敘》有曰“消融門戶之見而各取所長，則私心祛而公理出，公理出而經義明矣。蓋經者非他，即天下之公理而已”。紀昀雖未能自踐所言，而其說正確，固承學之士所當奉為椝矱者也。（江瀚撰）

按陳夢家《尚書通論・古文尚書作者考》列舉六證，力辨丁晏之非，其文曰：

主張王肅僞造古文，創自丁晏，詳所著《尚書餘論》。他的證據的薄弱，在此不必一一評駁，此但列舉王肅註本與《孔傳》本的《尚書》的歧異，便可見丁說的荒謬。今比較王肅註本與《孔傳》本如下：

（一）《堯典正義》云“案馬融、鄭玄、王肅別錄題皆曰：虞夏書”，此馬、鄭、王三家分《尚書》爲虞夏書、商書、周書與《孔傳》本分《尚書》爲虞書、夏書、商書、周書不同，所以孔穎達於‘虞書’標題下疏之如上。丁晏以爲杜預曾見《孔傳》古文，考《左傳》僖公二十七年引‘夏書’，杜註云：“《尚書・虞夏書》也”，可證杜氏所用仍是馬、鄭、王諸家《尚書》本。杜預于《左傳》引逸《尚書》皆註云“逸書”，孔穎達因謂杜氏未見古文《孔傳》是也。

（二）《堯典正義》云：“鄭、王皆以《舜典》合于此篇”，而《孔傳》本分出《舜典》于《堯典》。

（三）《康王之誥正義》云：“馬、鄭、王本此篇自‘高祖寡命’已上內于《顧命》之篇，‘王若曰’已下始爲《康王之誥》”，而《孔傳》本在“王若曰”以前一百三十四字不內于《顧命》而置于《康王之誥》。

（四）《益稷正義》云：“馬、鄭、王所據《書序》此篇名爲《棄稷》……又合此篇于《皋陶謨》，謂其別有《棄稷》之篇”，而《孔傳》本《益稷》、《皋陶謨》分爲二篇。

（五）馬、鄭、王本文字異于《孔傳》本的：

（1）《堯典》“帝曰我其試哉”，《正義》云“馬、鄭、王本說此經均無‘帝曰’”。

（2）《舜典》“僉曰益哉”，《正義》云“馬、鄭、王本皆爲‘禹曰益哉’”。

（3）《禹貢》“滎波既豬”，《正義》云“馬、鄭、王本皆作‘滎播’，謂此澤名滎播”。

（4）《酒誥》“王若曰明大于妹邦”。《正義》云“馬、鄭、王本以文涉三家而有成字”。《釋文》云“馬本作成王若曰”。

（5）《多士》“非我小國敢弋殷命”，《正義》云：“鄭玄、王肅本弋作翼”，《釋文》云“弋徐音翼，馬本作翼，義同”。

（六）鄭、王本文字異于《孔傳》本的：

（1）《禹貢》“島夷皮服”，《正義》云“鄭玄云，鳥夷，東方之民搏食鳥獸者也。王肅云，鳥夷，東國也。與孔不同”，是鄭、王本“島”作“鳥”。

（2）《洪範》“曰蒙曰驛”，《正義》云“王肅云圛霍驛消滅如雲陰，雺天氣下地不應，闇冥也，其意如孔言；鄭玄以圛爲明，言色澤光明也，雺者氣澤鬱鬱冥冥也，自以明闇相對，異于孔也”。是鄭、王本“蒙驛”作“雺圛”。

（3）《洪範》“曰豫”，《正義》云“鄭、王本豫作舒”。

（4）《大誥》“王若曰猷大誥爾多邦”，《正義》云“鄭、王本猷在誥下”。

（5）《大誥》“厥考翼其肯曰予有後弗棄基”，《正義》云：“鄭、王本于‘矧肯構下也’有此”。

由上所舉六事，可證王註本《尚書》的分書、分篇、書序、文字都有與《孔傳》本不同者，那末王肅僞造《孔傳尚書》，是一定不能成立了。況王註《尚書》，隋與唐初尚存，隋、唐二書《經籍志》皆著錄，王、孔並行，如何能混爲一書。

又《後漢書・祭祀志》中劉昭補註引晉武帝（公元 265 年—）初幽州秀才張髦上書，引“肆類于上帝”至“格于藝祖用特”一段見于《孔傳》本《舜典》而張氏直引《堯典》，可證西晉之初，《孔傳》尚未出世而王肅已死。

尚書章句內篇五卷外篇二卷（著錄）　（1-230）

新刻本

清任啟運撰。《金縢》謂《左傳》“王于是乎殺管叔而蔡蔡叔”，言王，則非公也。方是時周公在東，曷嘗有是舉？而曰公殺之哉！言于後乃作《詩》，則叔死時公未知也。其曰“恩斯勤斯，鬻子之閔斯”。追念先人，恤乎有深痛焉。公一生最痛事莫若管叔之死，故《鹿鳴》以下燕饗諸詩，皆懽忻鼓舞，獨《棠棣》燕兄弟，則曰“死喪”、曰“急難”、曰“鬩牆”，哀從中來，幾於一慟。而後世猶援公為誅鋤兄弟，嗚呼！說經可妄哉！此解居東，雖未必合當日情事，而用意深至，可厚人倫。（江瀚撰）

按周公未嘗殺管叔之說，由來已久。王弘撰《山志》初集卷四《周公》論之尤詳：

> 予觀經文，周公無殺管叔之事，而因曹能始之解弗辟，故嘗作小論。今讀郝京山之解，其言尤辯，因稍爲刪次而錄之，以補曹氏與予之所未備云。
>
> 武王克商後七年崩，蓋周公卜金縢之後，又五年也。武王年八十生成王。成王立年十有三，周公爲相。管叔以商歷兄終弟及，謀作亂，畏公在内，乃與羣弟流言於國，曰“公將不利於孺子”，以蠱王。公告於太公、召公曰“我之弗辟，我無以告我先王。”辟與避同，謂去位也。《詩》云“公孫碩膚。”孫即辟也。時王因流言疑公，公處此，惟有去位。不然，内疑而外叛，禍將大。所謂“無以告我先王”者，公之慮遠矣。然辟不之他，之東何也？東方初定，人情叵測，公知流言自東來，有變必以西討爲名，因而就之，變起可親察其情形。《詩》云“公歸無所”，即此行也。公初至東，叔之謀阻，而終不肯改步。明言將以殷叛，王覺，使人執而殺之，故曰“罪人斯得”。罪人即叔也。不曰討，而曰得，不用師，以計得也。誰得之？王與二公得之。公不知乎？曰不知也。公居東，叔叛，

王疑公且黨叔，故取叔不使公知。公知亦不敢爲叔請，進無以白於王，退無以解於兄。叔所以蕎然被戮，公所以黯然沉痛。於後公知，而乃作《鴟鴞》之詩，貽王也。不稱叔，稱罪人，何也？叛故曰罪人。孟子曰“管叔以殷叛”，朝廷以叛殺罪人，非以流言殺叔也。何以知之？以王不悟知之。何以知王不悟？得《鴟鴞》之詩，猶不悟也。欲誚公，而未敢耳。如王以流言殺叔，自知公無罪矣。何待風雷啓金縢，然後悟也。惟王不悟，故殺叔不以流言，以叛也。以叛爲罪，知叔之當討。以流言爲忠，不察公之無辜。甚矣，王之蔽於讒也。世儒不達，謂公以流言得叔，誤矣。或曰：“何以知非公得耶？”曰：“公得必以師。”是世儒所謂東征也。時王方以流言疑公，公欲出師則必請，請則王未必從。不請獨行，則王愈疑。人謂已不利，而又專制興師，是救焚益薪也。故當時聞謗不辨，輒自引辟，處憂患而巽以行權，非聖人不能，豈有倉皇東征之事乎？東征之説，繇漢儒誤解“我之弗辟”爲刑辟。孔書承譌，僞撰《蔡仲之命》，謂：“公以流言致辟管叔，囚蔡叔。”其説緣飾於《春秋傳》。衛祝鮀云：“王殺管叔，囚蔡叔。其子蔡仲改行率德，周公舉爲己卿士。見諸王而命以蔡。”其言自明。乃杜元凱釋之云：“周公以王命殺之，將爲公文殺兄之過”，而不知公本未嘗殺兄也。據孔書爲辟叔，而不知孔書後人僞增也。《詩》詠《東山》“破斧缺斨”，是爲東征。在悔悟迎公歸之明年，非居東之二年也。爲討武庚，非討叔也。爲黜商命，非爲流言也。是時罪人已得，叔已死。故《書·大誥》後《金縢》，《詩·東山》後《鴟鴞》，編次正同。世儒誤以居東爲東征，不思《書》記居東二年，《詩》詠東征三年也。又以《大誥》爲討叔，今《大誥》在，何嘗一字及管、蔡也。《孟子》之書爲近古，其載與陳賈問答之辭，皆言公失於使兄耳。若更有殺兄之事，陳賈巧詆豈不盡言，而孟子又豈直以誤使爲過。不知誤使猶爲過，況其殺之，豈但過而已耶！予嘗竊幸，公所以得免於殺兄，王與二公所以能取罪人如反掌者，正唯以公居東一行耳。使公聞謗不早辟，辟不即東，叔之叛何待二年。旦夕率紂子倒戈西向，公於此時，欲辟不及，欲不與於殺叔，不可得矣。唯其聞言即去，不利之謗自解。去而居東，反側之謀坐銷，罪人束手，社稷晏然，而公亦賴以免於推刃同氣之慘。此其應變精密，幾事能權，豈尋嘗思慮可到？嗚呼，虞舜愛弟，周公愛兄，同也！顧舜爲人主，力可曲全。而公爲人臣，勢不能兼庇。家庭之變，舜慘於公，而遇主之知，公不及舜，舜所以卒能容弟，而公卒不能救兄。今古遭逢有幸不幸哉！夫尊居叔父，貴爲冢宰，而鞠躬盡瘁，身先百辟，流言蔽主，一辭不辨，而引咎待命。故其自矢曰："作周孚先"，可不爲萬世人臣之師歟！必如世儒之説，口舌風聞，殺兄自明，此其暴戾衡行，何異莽、操！鄉願不爲，而謂聖人爲之乎？郝氏又言，"周公負扆明堂，朝諸侯"，亦無其事。蓋緐《禮記·明堂位》"周公朝諸侯"，誤於解《雒誥》"周公誕保文武，受命惟七年"之文。千古承譌，習而不察，其言竝鑿鑿也。

禹貢三江考三卷　（16-286）

刻本

清程瑤田撰。

是書乃其考論《禹貢》三江之作，其言曰"今欲考定三江，當取《禹貢》經文讀之。《禹貢》云'淮海惟揚州。彭蠡既豬，陽鳥攸居。三江既入，震澤底定'。蓋言揚州之水大治，於是而彭蠡水不沸騰，而既豬定矣。則向之陽鳥散處澤旁之高邱無定居者，今彭蠡豬而隙地治，徧生蘆葦以為陽鳥之棲，而得其所居。於是滙澤之漢水，至是行江中而為北江。會匯之江水，至是亦安瀾而為中江。而彭蠡所納上流之水，北入於江者，自然行江中而為南江，而三江之名成矣"。三江之名既依經文是正，後復旁徵博引，或駁諸家之說，或申三江之義，而二千年來傳誤之三江說，一廓而清矣。（徐世章撰）

按三江之説，歷來紛紜，未易廓清。全祖望《經史答問》卷二云：

三江之説，其以中江、北江、南江言之者，漢孔氏傳，據經文謂有中有北，則南可知，是爲三江。其道則自彭蠡分爲三，而入震澤；自震澤復分爲三，入海。按江、漢之水，會於漢陽，合流凡數百里，至湖口與豫章江會，會數千里而入海，即所謂彭蠡也。然則江至彭蠡並三爲一，未嘗分爲一爲三，況震澤在今之常、湖、蘇三府地，自隋煬帝鑿江南河，始與江通，當大禹時，江湖何自而會？且大江又合流入海，未聞三分，故前輩謂安國未嘗南遊，全不諳吳、楚地理，是《書傳》之說非也。班孟堅《地理志》，指松江爲南江，指永陽江、荊谿諸水爲中江，指大江爲北江。司馬彪《郡國志》因之。此與《書傳》所言，本自不同，乃孔穎達引以證傳，而司馬貞入之《索隱》。王荊公亦取其說，但其所謂中江出丹陽蕪湖縣，西南至會稽陽羨縣東入海者。按陽羨，今之宜興，與丹陽雖相接，而兩境中高，又皆有堆阜間之，其水分東西流，江之在陽羨者，固可通海，而蕪湖之水皆西北流，合寧國、廣德、宣、歙諸水，北向以入大江，安得南流以上陽羨也。夫諸水本皆支流，不足以當大江，經文明有中江，而乃背之，甚屬無謂。乃或言《地理志》之中江，在洪水時原有之，禹塞之以奠震澤。則何不云三江既塞，是地志之說尤非也。《水經》謂江至石城分爲二，其一即經文所謂北江者也。南江則自牛渚上桐水，過安吉縣，爲長瀆，歷湖口，東則松江出焉，江水奇分，謂之三江口，東至會稽餘姚縣東入海，其於中江闕焉。不知桐水，今之廣德；長瀆，今之太湖，其中高，水不相通，亦猶丹陽之與陽羨。而南江既爲吳松，安得更從餘姚入海。故胡朏明疑“東則松江出焉”十五字乃注之誤混於經者。蓋《地志》以松江爲南江，《水經》以分江水爲南江，酈元欲援《水經》以合《地志》，故曲傅之。總之，與《禹貢》不合，是《水經》之說又非也。鄭康成《書注》，左合漢爲北江，會彭蠡爲南江，岷山居其中，則爲中江。康成未嘗見《書傳》，然其說頗與之合，特不言入震澤耳。唐魏王泰《括地志》，謂《禹貢》三江，俱會彭蠡，合爲一江入澥。夫合爲一江，則仍不可以言三江。故眉山以味別之說輔之。古之言水味者，本諸唐許敬宗，但大禹非陸羽一種人物，則蔡九峯之所難，不可謂其非也。是《書注》之說亦非也。盛宏之《荊州記》，江出岷山，至楚都，遂廣十里，名爲南江。至尋陽，分爲九道，東會於彭澤，經蕪湖，名爲中江。東北至南徐州，名爲北江，入海。此本《漢·地理志》舊注：岷山爲大江，至九江爲中江，至徐陵爲北江，蓋一原而三目，今載在《初學記》中，而徐氏注《說文》宗之。但此則仍一江，非三江也。其與孔、鄭別者，不過一以南江爲大江之委，一以爲原，暮四朝三，不甚遠也。則《荊州記》之說亦非也。賈公彥《周禮疏》襲孔、鄭之說而又變之，謂江至尋陽，南合爲一，東行至揚，復分三道入海。但彭蠡在尋陽之南，幾見江、漢之分，至尋陽始合，而大江之合，至彭蠡又分者。則《周禮疏》之説亦非也。《初學記》又引郭景純《山海經》：三江者，大江、中江、北江，汶山郡有岷江，大江所出，崍山，中江所出，崌山，北江所出。此在《山經》，原未嘗以之言《禹貢》之三江，而楊用修因謂諸家求三江於下流，曷不向上流尋討。蓋三江發原於蜀，而注震澤。《禹貢》紀其原以及其委。用修多學，乃不考大江、震澤之本不相通，且亦思三江盡在夔峽以西，安得越梁而荊而紀之揚，況《山海經》安足解《尚書》也。試讀《海内東經》又有"大江出汶山，北江出曼山，中江出高山"之語，是又一三江也，是固不足信之尤者也。其以松江、東江、婁江言之者，張守節謂在蘇州東南三十里，名三江口：一江西南上七十里至太湖，名曰松江，古笠澤江；一江東南上七十里至白蜆湖，名曰上江，亦曰東江；一江東北下三百餘里，名曰下江，亦曰婁江。是本庾杲之《吳都賦注》，而庾又本顧夷《吳地記》。《吳越春秋》所謂范蠡乘舟出三江之口，與《水經》所云"奇分"者也。陸德明已引之，守節始專主其説，而薛季龍、朱樂圃、蔡九峯皆以爲然。但據諸書，皆云三江口，而不以爲三江。況東婁爲吳松支港，近在一葦，故孔仲達即已非之，謂不與《職方》同。今考《吳都賦注》，則東江、婁江並入海，據《史記正義》，則僅婁江入海，然則三江仍屬一江，而東、婁二江，至今無攷，則《吳地記》之説亦非也。《虞氏志林》謂松江到彭蠡，分爲三道。其所謂三道者，大抵即指松江、東江、婁江而言，則更紕繆之甚者。彭蠡爲中江、北江、南江之會，其水既入大江，即從毗陵入海。而松江之水，乃從吳縣入海，安得至彭蠡也。則《志林》之説尤非也。黄東發力主庾、張，而又疑之，謂予嘗泛舟至吳松，絕不見所謂東、婁二江者。考之《吳志》，有白蜆江、笠澤江，意者即古所謂三江者耶？不知白蜆江即東江，笠澤江即松江，東發既失記張氏原注，而又懸揣之。是《日抄》之説亦非也。金仁山曰："太湖之下三江，其説有二：一謂吳松江七十里，中爲松江，東南爲婁江，北爲東江。一謂太湖之下原有三江，吳松乃其一耳"。則亦疑松江、婁江、東江之未足以當三江，而別設一疑軍以岐之。究之別有江者，果何江也。是又欲爲之辭而不得者也。若韋曜則又謂吳松江、浙江、浦陽江爲三江，其意以大江之望，已舉彭蠡，于是南及松江，又南則及浙江，又南則及浦江。然浦江導源烏傷，東逕諸暨，又東逕始寧，又東逕曹江，然後返永興之東，與浙江合，則特錢唐之支流耳，安能成鼎足哉？或且祖《吳越春秋》，以浙江、浦江、剡江爲三江，則浦江原不過浙江之附庸，而剡江並不能與浦江並，大江以東，支流數百，使隨舉而錯指之，可乎？惟《水經·沔水下篇》注引郭景純曰："三江者，岷江、松江、浙江也。"《初學記》誤引以爲韋曜之言，蓋自揚州斜轉，東南揚子江，又東南吳松江，又東南錢唐江，三處入海，而皆雄長一方，包環淮海之境，爲揚州三大望，南距荊楚，東盡於越，中舉勾吳，此外無相與上下者，恰合《職方》大川之旨，即《國語》范蠡曰："與我爭三江五湖之利者，非吳也耶？"子胥曰："吳之與越，三江環之。"夫環吳、越之境，爲兩國所必爭，非岷江、松江、浙江而何？善乎《蔡傳旁通》曰"三江不必涉中江、北江之文，而止求其利病之在揚州之域，則水勢之大者，莫若揚子大江、松江、浙江"。經文記彭蠡之下，何爲直舍大江，而遠錄湖水之支流，則中江、北江之與三江，本不相合明矣。況岷江入，則彭蠡諸水皆從矣。鄭、孔諸家所謂中江、北江、南江者，已足該之。松江入，則具區諸水皆從矣，庾、張諸家所謂松江、東江、婁江者，已足該之。浙江入，則浦陽諸水皆從矣，韋、趙諸家所謂浙江、浦江、剡江者，已足該之。蓋既舉三大望，而諸小江盡具焉，是諸說皆可廢也。嘗考宋淳熙間，知崑山縣邊實作縣志，言大海自西滙分南北，由斜轉而西，朱陳沙謂之揚子江口，由徘徊頭而北，黃魚垛謂之吳淞江口；由浮子門而上，謂之錢唐江口，三江既入，禹迹無改，是其說最得之。乃有疑大江祇一瀆耳，不應既以表荊，復以表揚。不知江漢朝宗之文，尚兼漢水言之，至揚始有專尊，況自南康至海門，直下千五百里，不得專屬之荊也。試以《禹貢》書法言之，淮海惟揚，海岱惟青，海岱及淮惟徐，倘謂著之一方，即不得公之他所，則是夏史官亦失書法也。又有疑禹合諸侯於會稽，在攝位以後，若治水時，浙江未聞疏導，不得豫三江之列。不知《禹貢》該括眾流，不應獨遺浙江，而會稽又揚州山鎮所在，必無四載不至之理。其不言於導水者，或以施功之少，故畧之耳。若顧寧人疑古所謂中江、北江、南江，即景純所謂三江。北江，今之揚子江也；中江，今之吳淞江也，東迤北會爲滙，蓋指固城、石臼等湖，不言南江，而以三江見之，南江，今之錢唐江也。則愚又未敢以爲然。據先儒，固城等湖是闔廬伐楚開以運糧者。況經文中江，明指大江，似無容附會也。若胡朏明既主康成之説，又以秦、漢之際別有三江，以分江水、東歷烏程，至餘姚，合浙江入海者爲南江；以蕪湖水東至陽羨，由大湖入海者爲中江；合岷山爲北江。其説雖無關《禹貢》，而亦屬不考。分江水發安慶，至貴池，即有山谿間之，何由東行合浙？蕪湖之水，其北入江者，既不別標一名，其東由太湖入海者，安得復言江也？朏明將正《漢志》、《水經》之失，而不知自出其揣度之詞矣。景純之説，黃文叔頗不以爲然。其後季氏圀，東滙澤陳氏暢之，歸熙甫因爲定論。愚竊以景純之説爲不易云。

清袁棟《書隱叢説》卷九《三江》云：

"三江"之説，議者紛綸，班固、韋昭、桑欽、許愼、孔安國、鄭康成、郭璞各一其説。韋昭《越語註》"三江，松江也，錢塘也，浦陽也"。唐仲初《吳都賦注》"松江下七十里分流，東北入海爲婁江，東南流者爲東江，并松江爲三江"。鄭康成曰"左合漢爲北江，右合彭蠡爲南江，岷江居其中，則爲中江"。徐鉉註《説文》云"江出岷山，至楚都名南江，至潯陽爲九道，名中江，至南徐州名北江入海"。蘇軾、程大昌、黃震、胡渭宗之。朱長文曰"三江，北江、中江、南江也。歷丹陽、毗陵者爲北江，即今之大江也。首受蕪湖，東至陽羨者爲中江，分于石城，過宛陵至于具區爲南江。三江在震澤上下而皆入于海"。惟郭景純以岷江、浙江、松江當之者，爲近。歸震川曰"經特紀揚州之水，今之揚子江、錢塘江、松江並在揚州之境。范蠡云'吳之與越，三江環之'。夫環吳越之境，非岷江、浙江、松江而何？故注三江者迄無定論，惟郭景純及邊實之論爲是。自孔安國以下以中江、北江爲據，不免于泥。班固、韋昭、桑欽近似而不詳。經曰'三江既入，震澤底定'，先儒亦言三江自入，震澤自定，文不相蒙。《禹貢》每州文法都如此，不必分上流下流也。而吳淞一江實又爲震澤之下流耳。宋邊實修《崑山志》曰，大海自西滙分南北，由斜轉而西，朱陳河謂之揚子江口；由徘徊頭而北，黃魚垛謂之吳淞江口；浮子門而上謂之錢塘江口"。張守節《史記正義》曰"一江西南上太湖爲淞江，一江東南上至白蜆湖爲東江，一江東北下曰婁江。江水奇分謂之三江口，非《禹貢》之三江也”。顧亭林曰“北江，今之揚子江也。中江，今之吳淞江也。南江，今之錢塘江也。《禹貢》該括衆流，無獨遺浙江之理。‘三江既入’一事，‘震澤底定’又一事。後之解《書》者必謂三江之皆由震澤，以二句相蒙爲文，而其說始紛紜矣”。按爲三江之説者，以中江、北江、南江爲說者失之遠，以松江、東江、婁江爲說者失之近，以揚子江、錢塘江、吳淞江爲說者則得其中矣，而亭林之說尤爲明暢。

清李慈銘《越縵堂讀書記·經部·書類·禹貢注》云：

三江之說，最可折衷者，莫如郭璞岷江、松江、浙江之論。酈道元注《水經》因之，但其必欲強通《禹貢》一江分三江之旨，遂謂岷江水東注于具區，出爲松江；又一派東至會稽餘姚入海；曲折附會，不合地理矣。蔡沈《書傳》亦主郭說，而謂三江不必涉東江中江之文，但求其利病之在揚州之域，則水之大者莫如揚子大江松江浙江而已。此言最爲了當。國朝全祖望從之。王鳴盛《尚書後案》，泥於東爲北江東迆北會於匯東爲中江之經文，遂力主鄭康成左合漢爲北江，合彭蠡爲南江，岷江居其中，則爲中江；謂足以盡破諸說。抑知經文東爲北江，乃係於導漾之下，此是記漢水入海之文。而下文更記曰岷山導江，乃有東迆北會匯東爲中江語，此係於導江之下，是記江水入海之文，固各不相涉。且東迆北合於匯句，經文亦全不見所謂南江者。康成遽注曰東迆者爲南江，不過以上文言東爲北江，下文言東爲中江，遂臆斷此爲南江。然細玩經文，漾與江異源；漢出于漾，東匯澤爲彭蠡，東爲北江入海，與江之區別，各不相蒙。即如鄭說，亦不得謂一江分三矣。惟庾闡酈道元陸德明張守節諸人所言松江婁江東江（亦曰上江，在今吳江縣白蛇湖），則六朝以後吳地之三江，必非《禹貢》之三江。趙爗以浙江浦江剡江爲三江，則越地之三江。《國語》《吳語》《越語》及《吳越春秋》之所謂三江者皆是，非《禹貢》之所稱矣。王氏《後案》謂韋昭之註《越語》三江爲松江錢塘江浦陽江，此可以解《國語》，不可以解《禹貢》。浙江自杭言之曰錢塘，自越言之曰浦陽，一江而二名也。唐以後吳越爲財賦藪，而松江入海之口，亦漸淤塞。宋范仲淹郟亶單鍔諸人言

> 吳中水利，皆謂宜開松江俾歸於海，則震澤底定。蓋松江等三江爲震澤之利害，即爲吳中水利之要領；而禹時則吳下土曠人稀，震澤入海處，必皆深闊，未嘗以此爲重，不可執後世事以解經。此論誠當。其主鄭説之三江，則不若郭義爲長也。

是全、袁、李三家皆主郭璞岷法（長江）、松江、浙江之論，不與程氏同。程氏之說，實即"一原而三目"，不足爲據。

尚書協異二卷（著錄）　（1-166）

自刻本

清戴祖啟撰。祖啟字敬咸〔1〕，江蘇上元人〔2〕。是編其《序說》稱"竊簡唐本，先為《協異》，以明古今文字小異而不失大同，然後識經文之有所定。既乃略說其指趣，命曰《涉傳》，共若干卷"云云。今考此書多證明文字異同，所謂《涉傳》，未之見也。《序說》謂班固《漢書》言司馬遷嘗從孔安國問，乃《史記》竝無此說。《孔子世家》言安國為今皇帝博士，至臨淮太守，蚤卒。按巫蠱事起征和元年，《司馬遷傳》雖不言其卒年，《史記》序事至李廣利降匈奴止，大約遷卒於征和初而已。云安國蚤卒，何從遭巫蠱事。此駮班書，固自有見。然以《史記》初不言伏生有傳，今之《大傳》，其言荒陋，決不出於伏生，則未免詆之太過。此傳雖非伏自撰，當亦張生、歐陽生所述，源出於伏耳。篇中審定經文，多以《史記》為主。如《堯典》"僉曰益哉"，謂《五帝本紀》作"皆曰益可"，馬、鄭、王本並作"禹曰益哉"，今不從，此又見《史記》之愈于三家本，而可以證唐《正義》本也。又"咨！伯，汝作秩宗"，謂《本紀》作"嗟！伯夷，以汝為秩宗"，舜命九官皆名，無獨稱伯夷為伯之理，此與《周禮》鄭眾注所引明脫一"夷"字，《史記》作"嗟！伯夷"最為確證。然亦有不從《史記》者，《金縢》"公乃為詩以貽王，名之曰《鴟鴞》"，則謂歸報之說，《史記》誤也。斯其具有折衷，非漫無決擇者可比矣。（江瀚撰）

〔1〕案"敬咸"二字原缺，據中華書局本補。中華書本此句下尚有"別字東田號

未堂”七字。

〔2〕案中華書局本此句下尚有“乾隆四十三年進士，官國子監學正”兩句。

按清李慈銘《越縵堂讀書記・經部羣經總義類・戴氏經說》云：“閱《戴氏經說》，上元戴祖啓敬咸著，共三種：曰《尚書協異》二卷，曰《尚書涉傳》四卷，曰《春秋五測》三卷，前有朱石君相國序，言尚有《老子新解》一種。其曰協異者，專考二十八篇之異文。曰涉傳者，爲二十八篇之傳，取《史記》涉《尚書》以教之意。曰五測者，謂先儒之說《春秋》，紛而益遠，故以五者測之：一常文以定體，二變文以別嫌，三互文以通異，四便文以修辭，五闕文以慎疑。（前有袁子才序。）朱序稱其書爲其子衍善所錄，曾屬沈嵩門進士景熊，王畹馨孝廉紹蘭校之，二君皆湛深于經籍者，頗有異同。然以老書生穿穴眾室，成一家言，不必競是非於前賢，而自有不可沒者。又《尚書》專注今文，亦食肉必食馬肝也。案戴爲朱分校乾隆戊戌會試所得士，而其言如此，甚有不足之意，其不爲沈、王所許可，更不待言。（王即南陔先生，蕭山人，後官至福建巡撫。）戴夙爲畢秋帆尚書所知，朱序亦言其子將就正於尚書，然後開雕。今書無畢序，蓋弇山亦未取之。然其《尚書》頗能依據詁訓，專釋名物，不爲空言。雖不信書序，又簡略過甚，尠有獨得，而所采者皆《爾雅》、《史》、《漢》、馬、鄭、陸、孔之說，梅氏僞《傳》，一字不收。其解“皇極”，謂朱子作《皇極辨》，以漢儒訓大訓中爲非，而曰皇君也，極者至極之義，標準之名。然《釋詁》固明訓皇，君也，極至也；《漢書・五行志》固明訓皇君也，極中也。中所以爲至，則中與至固一訓也。漢成帝詔‘皇極者，王氣之極也’。《兒寬傳》‘唯天子建中和之極’。意既與朱子同，而《洪範・五行傳》明作建用王極，《史記・宋世家》又明言王極之傳言，然則朱子之說固同于漢人而偶未之考也。凡後儒創說多如此，故此書於一字之訓，務溯其原云云。即此一條，可知其留心古義矣。《春秋》亦依經爲說，不強通所不知，雖譏左氏從赴《公》《穀》設例之非，而尚知折衷三傳，意存簡覈，較之焦袁熹之《春秋闕如篇》、方苞之《春秋通論》，固爲勝耳。”按《戴氏經說》三種：《尚書協異》二卷，《尚書涉傳》四卷，《春秋五測》三卷，《續提要》均已著錄。可知《尚書涉傳》尚存，而提要云“所謂《涉傳》，未之見也”，是未深考耳。《續提要》（14-534）著錄《尚書涉傳》四卷，乾隆刊本，該篇提要由倫明撰寫。《四庫未收書》

第三輯第五冊收錄此書影印本，爲清嘉慶元年資敬堂刻本，前有朱珪序及門弟子跋。卷首題“上元戴祖啓著，門人汾陽田畿校刻”。鈐有“東方文化事業總委員會所藏圖書印”朱文及白文印。現藏中國科學院圖書館。《稿本中國古籍善本書目書名索引》著錄《尚書涉傳》四卷，清戴祖啓撰，清田畿刻本，中山大學圖書館收藏。當與此爲同一刻本。

禹貢指掌一卷　（15-227）

嘉慶刊本〔1〕

清闗涵撰。又論河源，謂星宿海之上，黃金河之西，尚有天池，則前人所不得知也。（倫明撰）

〔1〕案中華本作“道光二十八年刊本”。

按趙愼畛《榆巢雜識》上卷《星宿海》云：

黃河發源星宿海，後人遂以星海之名，疑黃河從天上來，非也。康熙間，上遣侍衛西窮河源。至星宿海，蒙古名鄂敦他臘（“鄂敦”即星，“他臘”即野），地上飛泉雜涌，成水泡千百，從高下望，大小圓點粲如列星，故名星宿耳。

尚書逸湯誓考六卷　（1-461）

同治壬申城西草堂刻本

清徐時棟撰。時棟字同叔，浙江鄞人，道光間舉人。是書為《烟嶼樓經學》之一。大旨以為伐桀之誓在今《商書》第一篇，其文首尾完具，焉得更有散佚。見諸他說，乃周秦人所引《湯誓》居然有出今文外者，其為別自一篇，而非今《湯誓》中佚語，概可知也。蓋今《湯誓》為伐桀之文，《逸湯誓》則為禱旱之詞。《荀子·大略篇》“湯旱而禱以六事自責”，適與《墨子·兼愛下篇》所引“未知得罪於上下”句相呼應。自《論語·堯曰篇》“朕躬有罪，無以萬方。萬方有罪，罪在朕躬”，《國語·周語上篇》“在《湯誓》曰余一人有罪，無以萬方。萬方有罪，在余一人”及《墨子・兼愛篇》、《尸子・綽子篇》、《吕氏・順民篇》凡五見，不意後之讀《論語》者無不以“予小子”一節為商湯伐桀告天之誓。此其謬誤實始於孔安國《論語注》。然注但謂此伐桀告天也。《墨子》引《湯誓》其辭若此，而皇侃《義疏》竟謂伐桀告天是《墨子》書所言，則《墨》書具在，何可誣也。邢昺疏則曰《湯誥》與此異。而不知《湯誥》是晉人偽作。其辨甚為明析。又謂伐桀誓中，屢稱夏罪，一則曰“有夏多罪”，再則曰“夏氏有罪”。聖人以天下為一家，不忍夏民之受虐，故必往正其罪，所謂“予畏上帝，不敢不正”者也。是則伐桀之舉，全為討罪起見。今此誓不稱夏罪，而忽曰“朕躬有罪”，又忽曰“萬方有罪”，又忽曰“萬方有罪，罪在朕躬”。然則當日大興問罪之師，將往而伐朕躬乎？此語解頤，足息羣喙。更援《禮記・坊記》引《太誓》曰“予克紂，非予武，惟朕文考無罪。紂克予，非朕文考有罪，惟予小子無良”。以勝、不勝為有罪、無罪，而非以空言歸罪於己也。歸罪於己，無伐人矣。是亦快論。至因惠棟《九經古義》以《論語》“予小子”，云為成湯大旱請禱，并以今所傳古人〔1〕《湯誥》如“敢用玄牡”等語，乃大旱詠禱之文，皆以篇中所論合。遂謂近時治漢學者必以定宇為巨擘，則亦黨同之見，殆未足為定評歟？（江瀚撰）

〔1〕案“古人”當作“古文”。

按清李慈銘《越縵堂讀書記・經部・書類・尚書逸湯誓考》云：“閱《逸湯誓考》，其據《墨子》及《說苑》諸書，謂《論語》所引予小子履一節，是湯禱旱之詞，以孔註伐桀告天爲誤，其說是也。謂《尚書》本有兩《湯誓》，一伐桀，一禱旱，則武斷矣。書中徵引辯駁，頗有斷制，旁及訓詁音韻，亦有依據。所附鎮海吳善述、平湖葉廉鍔、鄞劉鳳章及王子常籤校之語，亦具見讀書細心。”

釋書一卷　（14-523）

道光十三年刊本

清何西夏撰。西夏有《易經大意》，已著錄。卷首有序。分虞、夏、商、

周書，每篇或釋大義，或釋一字一句，不引他氏説，而意多膚淺，無甚闡發。惟《益稷篇》，謂五帝官天下，三王家天下，非也。古帝王皆世及，堯舜之子不肖，而朝有聖德，故傳賢耳。禹戒舜曰“無若丹朱傲，惟慢遊是好。傲虐是作，罔晝夜頟頟。**罔水行舟，朋淫于家，用殄厥世”。蓋以不世為為惡之罰云云。此論甚新。（倫明撰）**

案丹朱“罔水行舟”歷來視爲惡行，然亦有以爲未爲“大惡”者。劉聲木《萇楚齋三筆》卷一《論丹朱》云：

《尚書》“罔水行舟”，《孔傳》：“丹朱習于無水陸地行舟。”《孔疏》：“鄭玄云：‘丹朱見洪水時人乘舟，今水已治，猶居舟中頟頟，使人推行之。’案下句云‘予創若時’，乃勤治水，則丹朱行舟之時，水尚未除，非效洪水之時人乘舟也。”云云。聲木謹案：《史記·夏本紀》作“丹朱無水舟行”，則是丹朱習于洪水之時舟行便利，今水已治，無須舟行矣，仍居舟中，在陸地行之。是安于習慣，只知守舊，不達時務。舟無水自不能行，不得已，頟頟使人推行。謂之固執鮮通，不能因時制宜則可，謂之大惡，則未也。德清俞蔭甫太史樾《賓萌集》中《丹朱商均論》極力爲之開脱，不爲無見。

讀書隨筆二卷　（14-581）

光緒乙未刊《損齋遺書》本

清楊樹椿撰。考地理頗核，謂酈注南歷岡穴，即經逾字，自潛至沔有一逾，自沔至渭又一逾，經但言一逾耳。由桓入潛，潛即西漢水，由西漢逾沔，由沔入東漢水，由東漢入褒水，由褒逾斜水，由斜水入渭。經沔字即指東漢水，其實二水。（倫明撰）

按王弘撰《山志》二集卷五《岷嶓沔漢》云：

蜀山之居左者皆曰岷，居右者皆曰嶓。水出於岷者皆謂之江，出於嶓者皆謂之漢，或謂之漾，或謂之沔。出於江而別流，別而復合，皆謂之沱。出於漢而別流，別而復合，皆謂之潛。古今論岷、嶓、沱、潛者眾矣，參差不一，莫得其眞。唯緜不知左者皆得爲岷，右者皆得爲嶓，而獨指茂州之汶山爲岷山，金牛之嶓冢爲嶓山，隘矣！然今嶓冢又改隸陝西，非蜀可得並論也。此蜀《藝文志》中語。岷，《説文》作䢊，省作崏，《隸書》作汶，《史記》《禹貢》岷皆作汶，古字通用。今山東之汶上，音問；四川之汶川，音民；遼東之汶城，音文，不可溷也。沔水出武都沮縣東狼谷，至沙羨南入江，一名沮水。漾水出隴西柏道，東至武都爲漢。楊用修曰："蘇代謂漢中之甲出巴者，原出西和州徼處經階沔與嘉陵水合。閬水即漾水，浪、漾爲一水，字小別。墊江出江谷澤，經仇池，出宕渠，至巴郡入江。"馮嗣宗曰："漢二源：其出鞏昌府秦川之嶓冢，至四川重慶府江津縣而入江者，西漢水也。《水經》所紀《禹貢》導漾東流爲漢者也；出漢中府沔縣之嶓冢，至漢陽府入江者，東漢水也。《水經》所紀沔與漢合者也，漾至沮縣即爲漢水。沔水自出沮縣，蓋別爲一水也。沮縣，今漢中畧陽。惟漾至沮爲漢，而沔又出於沮縣，此古之言沔、漢二水者，多溷爲一也。"

香草校書四卷　（15-547）

光緒刊本

清于鬯撰。其校《尚書》四卷，最要者，如證四岳是四人，非一人。帝咨四岳者五事，其四事皆有"僉曰"字，是為四人無疑。唯巽位之咨，下接"岳曰：否德忝帝德"，無"僉"字，以為一人者據此。鬯謂此實四咨四人，而四人四對，所對皆同也。又說"烈風雷雨弗迷"，謂"弗迷"即前知，即《洛誥》之"御衡不迷"。衡者，"璿璣玉衡"之"衡"。大麓當是天文之府。（倫明撰）

案四岳爲一人抑或四人，學者各執己見，且由來已久。《尚書僞孔傳》云"四岳即羲和之四子，分掌四岳之諸侯"，此以四岳爲四人。宋蔡沈《書集傳》則以四岳爲一人，吳汝倫附和蔡說，其論甚辨。《吳汝綸日記・經學》卷一《咨女二十有二人》云：

二十二人，《史記集解》引馬注不數稷、契、皋陶，云："皆居官久，有成功，但述而美之，無所復敕。"《正義》謂：鄭"數殳斨、伯與、朱虎、熊羆，不數四岳"。王引之曰："'二十有二人'，當作三十有二人，豈有稷、契、皋陶不在亮工之列者乎，又豈有敕牧而遺岳者乎！馬鄭非是。”今按：引之非馬鄭，是也；其改經文，非也：當從蔡傳以四岳爲一人，于義爲優。殳斨等無專命，不敕可也。謂堯舜咨四岳，必稱“僉曰”爲四岳同辭，決非一人。不知凡咨四岳，皆詢謀僉同之義，必朝臣皆在，咨岳，舉尊者爲辭，非止問一人也。觀治水之命，稱“僉曰”，又稱“岳曰”；巽位之命，稱“岳曰”，又稱“師錫帝曰”；使“僉曰”爲四岳同辭，何以別于“岳曰”哉？且堯之禪位，豈得并讓四人？林之奇謂欲使四岳自相推舉，然經但云“汝能庸命巽朕位”，乃告一人之辭，不見有使相推舉之義也。引之謂：“凡言四者，其數實有四，謂四岳爲一人，則四門、四目、四聰，亦可謂一門、一目、一聰乎？”不知四岳與百揆同，百揆以治庶事，四岳以治庶官。《周官》云“内有百揆四岳，外有州牧侯伯”。其以岳名官，蓋兼主祭。四岳之職，《孟子》所謂“使之主事而事治”者；百揆之職，使之主祭而百神享者。四岳之職，若謂四岳爲四人，則百揆將爲百人乎！且分掌四方，乃州牧之職，今既有十二州牧以統群後，又有四岳以統十二牧，唐虞官制恐不若是繁矣。周召分陝，周制爲然，唐虞固不必同也。引之又謂：“‘乃日覲四岳群牧’，四岳四人，群牧十二人，故逐日遞見之。”按：此經“既月乃日”爲句。《史記》、《漢書》並云擇吉月日，是既擇吉月，又擇吉日，故曰“既月乃日”，非“逐日遞見”之云也。其曰“四岳群牧”，謂四岳旁之群牧，即下岱宗、南岳、西岳、北岳爲四岳，與他四岳異文；若四岳之官，固常在朝内，不必擇日月而覲之矣。

按“大麓”之義歷來眾說紛紜，清王庭植《書經疑言》（15-197）謂大麓者太山之麓，古“太”字無點，麓山足也。堯使舜行禮，而望秩于山川也。東方爲雷雨所從出，二月又雷雨發動之時。弗迷者，言雷雨應時，毋或愆期也。清賀淇《尙書集解》〔見《續提要》（1-182）〕謂“大麓在直隸順德府唐山縣東北嚾務山，蓋堯與舜至此相沇州之水而區畫治計也，舜官治既信，而當時治之大莫如洪水，而洪水之不治皆在計沇州之得失，而共工、鯀之無成功乃失計于九河，故內舜大麓以決其禪也。卒遇暴風雷雨而指畫不迷惑，言其計之豫也”。其辭殊創，全出臆測。徐天璋《闕里講經編》〔見《續提要》（14-769）〕謂大麓泰壇所在，堯將遜位於舜，故使攝祭祀之禮。烈風雷雨弗迷，雨暘時若，薦天而天享之也。而于鬯又謂“大麓當是天文之府”，愈說愈奇。方濬師《蕉軒隨錄》卷二《烈風雷雨弗迷》云：

“納于大麓”，孔安國傳：“麓，錄也，納舜使大錄萬機之政，陰陽和，風雨時，各以其節，不有迷錯愆伏。明舜之德合於天。”東坡先生《書傳》云：“‘烈風雷雨弗迷’，是天有烈風雷雨，而舜弗迷也。今乃以爲陰陽和、風雨時，逆其文矣。”濬師按：《孔傳》陰陽和，風雨時，正以各有其節，故無烈風雷雨之迷錯衍伏耳。東坡集《史記》，又截去“各以其節”二語，便覺《孔傳》所說不圓。安國蓋本《孔叢子》孔子答宰我之問，楊升庵《筆記》采之。升庵曰：“今以大麓爲山麓，是堯納舜於荒險之地，而以狂風霹靂試其命，何異于茅山道士之鬬法哉？”語謔而虐，其意在駁蔡沈《集傳》，不知蔡沈實從司馬公、東坡先生來也。

似仍以孔傳爲是，則舊說不可遽廢也。

求益齋讀書記六卷　（15-013）

光緒戊戌刊本

清強汝詢撰。又說“鳥鼠同穴”，謂實有其事。其山在萬山之中，四望童然無樹木，鳥力薄，不能遠去，故與鼠同穴。蓋嘗親至其地，詢之土人者，可以釋前人之惑。（倫明撰）

按明陸容《菽園雜記》卷四云：“鳥鼠同穴之說，自幼聞之。及讀《禹貢》蔡氏傳，則以爲二山名，頗疑之。後訪陝西人，莊浪山鳥鼠二物同穴，同穴而處，遂爲雌雄，行者多見之。”

書序畧考不分卷（著錄）　（1-183）

傳鈔本

清不著撰人名氏。篇中引諸書之次，輒有“舉案”云云。“舉”當是名，

其姓則不可考矣。（江瀚撰）

按《續提要》另有一篇倫明撰寫的同書提要《書序畧考一卷》（14-138），舊鈔本，謂作者“疑是方世舉”。據王亮君見告，國家圖書館、南京圖書館藏有《書序畧考》五卷本縮微膠卷，清馬邦舉撰。與提要所云“舉案”相合，蓋《續提要》所收兩種皆爲鈔本，且不全，五卷本爲全本。柳向春君云，五卷本爲清抄本，現藏南京圖書館。其生平履歷待考。

三亳攷一卷　（15-627）

光緒寫刊本

楊守敬撰。《書序》“始居亳，從先王居”，鄭注“亳，今河南偃師縣，有湯亭”。《地理志》〔1〕河南郡偃師鄉，殷湯所都。（倫明撰）

〔1〕案“志”原作“注”，據文義改。

按《三亳考》原文作：

> 《書序》“湯始居亳，從先王居”，鄭注“亳，今河南偃師縣，有湯亭”。《地理志》河南郡“偃師，尸鄉，殷湯所都”。

提要漏掉“湯”、“尸”二字。

今人王純新《論語事實錄前言》（《楊守敬集》第一冊）云：

> 這次整理《論語事實錄》，依據的版本爲中國科學院圖書館所藏（南開大學圖書館、日本東京大學人文研究所等處亦藏有此書）之木刻本。該書版心高十九厘米，寬十二點二厘米；黑色單下魚尾，下注頁碼；楷字雕版，每面八行，每行二十字，加注爲小字雙行，共三十八頁（兩面爲一頁）。該書與楊氏另一著作《三亳考》合訂在一起，前無序言，後無跋尾，既未載刊刻年代，也未載刊刻出處。據《鄰蘇老人年譜》云：己巳年，即同治八年，楊氏在家鄉湖北宜都縣城教書時，“爲《論語事實錄》成，刻之。”這一年，他三十一歲。別據李慈銘《桃華聖解盦日記》（收入《越縵堂日記》）同治十三年八月二十八日記：“惺吾以早年所著《論語事實錄》、《三亳考》相質……”日記中所說“早年所著”之“早年”，雖未明確爲何年，但若與《年譜》中所云“己巳年刻之”一語相互印證，顯然，同治

> 十三年李氏所見之本必係同治八年楊氏所刻本，即初刻本，此點當無問題。此後，《論語事實錄》即未見再有刻本，似乎只有初刻本。因而據此推斷，今日所見之木刻本，雖未載刊刻年月，估計就是這個“己巳年”所刻之初刻本。科學院圖書館此書之目錄標爲“光緒年”本，不知何據。

據此，《三毫考》即與《論語事實錄》合訂在一起，二書當刻於同時，即同治八年己巳。

詩　類

毛詩故訓傳箋二十卷　（19-227）

稽古樓刊本

漢鄭玄撰。其書發明毛義，自命曰箋。《博物志》云"毛公嘗為北海郡守，康成是此郡人，故以為敬"。推張華之言，蓋以公府用記、郡將用箋之意。然康成生漢末，乃修敬於四百年前之太守，殊無所取。按《說文》曰"箋，表識書也"。鄭氏《六藝論》云"註《詩》宗毛為主，毛義若隱略，則更表明。如有不同，即下己意，使可識別"。是康成不過因毛傳而表識其旁，如今人之簽記，積而成帙，故謂之"箋"，實無庸別為曲說也。陸氏《經典釋文・敘錄》云"鄭玄作《毛詩箋》，申明毛義，難三家，於是三家遂廢"。是其箋《詩》實以宗毛為主，然今考其書，《箋》與《傳》義亦時有異同。魏王肅作《毛詩注》、《毛詩義駁》、《毛詩問難》諸書以申毛難鄭。歐陽修引其釋《衛風・擊鼓》五章，謂鄭不如王。王基又作《毛詩駁》以申鄭難王，王應麟引其駁《芣苢》一條，謂王不及鄭。晉孫毓作《毛詩異同評》復申王說，陳統作《難孫氏毛詩異同評》，又明鄭義，袒分左右，垂數百年。（張壽林撰）

按此段暗引《四庫全書總目・毛詩正義》，其文云：

鄭氏發明毛義，自命曰"箋"。《博物志》曰："毛公嘗爲北海郡守，康成是此郡人，故以爲敬。"推張華所言，蓋以爲公府用記、郡將用箋之意。然康成生於漢末，乃修敬於四百年前之太守，殊無所取。案《說文》曰："箋，表識書也。"鄭氏《六藝論》云："註《詩》宗毛爲主。毛義若隱略，則更表明。如有不同，即下己意，使可識別。"（案此《論》今佚，此據《正義》所引。）然則康成特因《毛傳》而表識其傍，如今人之簽記，積而成帙，故謂之"箋"，無庸別曲說也。自《鄭箋》既行，齊、魯、韓三家遂廢（案此陸德明《經典釋文》之說）。然《箋》與《傳》義亦有異同。魏王肅作《毛詩註》、《毛詩義駁》、《毛詩奏事》、《毛詩問難》諸書，以申毛難鄭。歐陽修引其釋《衛風・擊鼓》五章，謂"鄭不如王"（見《詩本義》）。王基又作《毛詩駁》，以申鄭難王。王應麟引其駁《芣苡》一條，謂"王不及鄭"（見《困學紀聞》，亦載《經典釋文》）。晉孫毓作《毛詩異同評》復申王說，陳統作《難孫氏毛詩評》，又明鄭義（并見《經典釋文》）。袒分左右，垂數百年。

毛詩述義一卷　（20-438）

《玉函山房輯佚書》本

隋劉炫撰，清馬國翰輯。是編為清馬國翰輯本，蓋輯錄孔穎達《毛詩正義》所引二條，鄭樵《六經奧論》所引一條，合為一卷。按孔穎達《正義序》云，近代為義疏者，有劉焯、劉炫等。然焯、炫並聰明特達，文而又儒，擢秀幹於一時，騁絕轡於千里，固諸儒之揖讓，日下之無雙，於其所作疏內，特為殊絕。今奉敕刪定，故據以為本。故馬氏序謂《正義》引二節，二劉並稱，蓋與兄焯說義同也。然考《北史・儒林傳》云，焯少與河間劉炫結盟為友，同受《詩》於同郡劉軌思。則炫之與焯，不過結盟為友，非屬兄弟。馬氏以焯為炫兄，未免失之意度矣。其書雖僅三條，然觀其謂《小雅》"以雅以南"之"南"為《周南》之"南"，實頗具特識。又如《正義序》所云云，則劉氏之說，其醇者固皆具於《正義》，特皆晦其名，使後人無由區別，為可惜耳。（張壽林撰）

按《五經正義》多以劉炫之說爲本，雖加改削，而不能盡去其痕。俞正燮《癸巳存稿》卷二《五經正義》云：

《書·舜典》“鞭作官刑”正義云：“大隋造律，始除之。”《武成》“罔有敵于我師”《正義》云：“史臣敘事得稱‘我’者，猶如今文章之士皆云‘我大隋’耳。”《呂刑》“宮辟疑赦”，《正義》云：“大隋造律，除宮刑。”是孔穎達等兩奉唐敕，考定詳審，而于其書不曾寓目。然則《正義》雖是佳書，而作奏之工，乃葛龔力也。

又清劉文淇《左傳舊疏考正自序》云：

近讀《左傳疏》，反復根尋，乃知唐人所刪定者僅駁劉炫說百餘條，餘皆光伯《述議》也。文十三年《傳》：“其處者爲劉氏。”《疏》云：“討尋上下，其文不類。深疑此句或非本旨。蓋以爲漢室初興，捐棄古學，《左氏》不顯於世，先儒無以自申，劉氏從秦從魏，其源本出劉累。插注此辭，將以求媚於世。”此《疏》未著何人之說，無以知爲光伯語。及檢襄二十四年《傳》：“在周爲唐杜氏。”《疏》云：“炫於‘處秦爲劉’，謂非邱明之筆，‘豕韋’、‘唐杜’，不信元凱之言。”則前《疏》爲光伯語顯然可見。襄二十九年《傳》：“爲之歌《頌》。”《疏》云：“成功者，營造之功畢也。天之所營，在於命聖；聖之所營，在於任賢；賢之所營，在於養民。民安而財豐，眾和而事濟，如是則司牧之功畢矣，故告於神明也。劉炫又云：‘干戈既戢，夷狄來賓，嘉瑞悉臻，遠近咸服。羣生遂其性，萬物得其所，即功成之驗也。’”此《疏》似前爲唐人之說。及檢《詩·關雎序》：“‘頌’者，美盛德之形容。”《疏》文義與此大同，惟刪去“劉炫又云”四字。據《詩疏》知此《疏》皆光伯語，據此《疏》知《詩疏》皆非沖遠筆也。約舉二端，足見唐人勦襲之跡已然。按孔氏《左傳疏序》云：“其爲義疏者，則有沈文阿、蘇寬、劉炫。沈氏於義例粗可，於經傳極疏。蘇氏則全不體本文，惟旁攻賈、服，使後之學者鑽仰無成。劉炫於數君之內，實爲翹楚。然聰惠辨博，固亦罕儔，而探賾鉤深，未能致遠。又意在攻伐，性好非毀，規杜氏之失，凡一百五十餘條。習杜義而攻杜氏，猶蠹生於木而還食其木，非其理也。然比諸義疏，猶有可觀。今奉勑刪定，據以爲本，其有疏漏，以沈氏補焉。”既云“據以爲本”，原非故襲其說。又

《序》以"旁攻賈、服"爲非，而《疏》中攻賈、服者正復不少，豈孔氏既斥其非，而復躬犯其失？光伯亦攻賈、服，非止蘇氏。《序》稱辯博寡儔，即指《疏》中駁正賈、服者。光伯之《疏》，本名《述議》，隋《經籍志》及《孝經疏》云："述議者，述其義，疏議之。"雖指《孝經述議》而言，其餘《詩》、《書》及《左氏傳》，光伯皆名《述議》，應亦述其義疏議之。然則光伯本載舊《疏》，議其得失。其引舊《疏》，必當錄其姓名，而或引伸其説，或駁正其非。永徽中，將舊《疏》姓氏刪去，襲爲己語，便似光伯申駁唐人。《唐書》孔穎達本傳云："本名《義贊》，後詔改爲《正義》。"今《左傳疏》間有刪改未盡。言"今贊"者（隱元年，襄元年，二十九年，昭二十年），即是《義贊序》所謂特申短見者也。其言"今贊"，皆在舊《疏》之後，而別爲一説。又《疏》凡云"今刪定知不然"者，斯則沖遠之筆，與序"奉勑刪定"之言合，其無"刪定"之文，必是光伯原本，足知勦襲舊《疏》，斷非沖遠之意，而出於永徽諸臣之增損也。又按，《唐會要》云："貞觀十二年，國子祭酒孔穎達撰《五經義疏》，馬嘉運駁正其失，有詔更令詳定（《會要》不載詳定年月，據孔氏《序》云：'至十六年又與前修《疏》人覆更詳審。'知爲貞觀十六年）。永徽三年，詔太尉趙公無忌等（穎達本傳云："於仲謐等就加增損。"）刊正，四年進之，頒於天下，以爲定式。"然則沖遠受詔刪定在貞觀十二年，更令詳定在十六年，沖遠卒於十九年，而永徽中諸儒考正僅及一載，期限更促。乖謬宜多。宋端拱間，孔維表上《五經正義》云："孔穎達考前代之文，採衆家之説，用功二十餘年，成書百八十卷。"是乃未經考詳，失其事實者也。

或又謂：《疏》中每引定本（《易・繫詞》引定本二條，《書》、《禮》各數條，《毛詩》、《左傳》所引最夥）。定本出於顔師古，則《疏》爲唐人之筆可知。近世諸儒咸同斯論。按顔師古本傳云："帝嘗歎《五經》去聖久遠，傳習浸訛，詔師古於秘書省考定，多所釐正。"是師古原有定本。然漢、魏以來校定書籍者正復不少，即如北齊郎茂于秘書省刊定載籍，隋蕭該開皇初奉詔與何妥正定經史。又《劉焯傳》云"焯與諸儒於秘書省考定羣言"，是齊、隋以前皆有定本（《詩・關雎序》："故正得失。"《疏》云："今定本皆作正字。"襄二十三年《傳》："申鮮虞之傅摯爲右。"杜《注》："傅摯，申鮮虞之子。”《疏》云：“俗本多云‘申鮮虞之子’。今案：《注》云‘傅摯，申鮮虞之子’，若《傳》先有‘子’字，無煩此注，故今定本皆無。”皆之云者，非一本之詞也)。《疏》中所云“今定本”者，當係舊《疏》指齊、隋以前而言。必知非師古定本者，其驗有十焉：《禮記》：“匹士太牢而祭，謂之攘。”《疏》云：“盧、王《禮》本並作‘匹’字，今定本及諸本並作‘正’字，熊氏依此而爲‘正’字，恐誤也。”據此是定本乃在熊氏前。《檀弓》：“弁絰葛而葬。”《注》：“既虞卒哭乃服，受服也。”《疏》云：“皇氏云：《檀弓》定本當言‘既虞與喪服’，《注》會云‘卒哭’者，誤也。”《文王世子》：“諸父守貴宮貴室。”《疏》云：“此貴宮貴室總據路寢。皇氏云：‘或俗本無貴宮者，定本有貴宮。’”據此是定本亦在皇氏前。其驗一也。襄二十七年《傳》：“皆取其邑，而歸諸侯。諸侯是以睦於晉。”《疏》云：“古本亦有不重言‘諸侯’者，今定本重言‘諸侯’。劉炫云：‘晉、宋古本皆不重言諸侯，不重是也。’”劉炫豈及見師古定本，而以定本爲非？其驗二也。《詩疏》多引定本、《集注》，《集注》乃梁代崔靈恩所作，若唐人引師古定本，不應定本、《集注》並列，而定本反在集注之前。其驗三也。師古但定《五經》，未聞更校《公》、《穀》。宣十七年《左傳疏》引《穀梁》定本，作“晉郤克眇，衛孫良夫跛。”《公羊疏》云：“案舊題云《春秋隱公經傳解詁第一公羊何氏》，今定本則升‘公羊’字在‘經傳’上，退‘隱公’字在‘解詁’下，未知自誰始也。”則是《公》、《穀》皆有定本。其驗四也。《孔穎達傳》：“與師古同受詔，撰《五經正義》。”今《疏》中有以定本爲非者，夫豈師古自駁其說？其驗五也。顏之推《家訓》云：“‘齊侯痎遂痁’世間傳本多以‘痎’爲‘疥’，俗儒就爲通云：‘病疥令人惡寒，變而成瘧。此臆說也。”今《左傳疏》云：“今定本亦作‘疥’。”若謂師古所定，則是數典忘祖。其驗六也。《匡謬正俗》云：“襄五年，楚公子王夫字子辛。今之學者以其字子辛，遂改王夫爲壬夫，此與庚午不相類，固宜依本字讀爲王夫。”此書亦師古所作，其定本應與之同，今《左傳疏》作“壬夫”，不云定本作“王夫”。其驗七也。又師古本傳云：“詔師古於秘書省考定，既成，悉詔諸儒議，各執所習，共相非詰。師古輒引晉、宋舊文，隨方曉答，人人歎服。帝因頒所定書於天下。”定本既已奉勑頒布，《正義》豈能復議其非？其驗八也。《舊唐書》云：“貞觀七年，頒新定《五經》於天下。”“永徽四年，頒孔穎達《五經正義》於天下。每年明經依此考試。”

是則二書並行，不聞以師古定本載入《正義》。其驗九也。陸德明卒於高祖末年。貞觀四年，師古始受詔考定《五經》。《詩・兔爰箋》云："有所操慼也。"《釋文》云："操，七刀反。今作躁，與定本異，與《箋》義合。"《魚麗傳》云："草木不折不芟，斧斤不入山林。"《釋文》云："定本芟作操，草刀反。"陸氏不見師古定本，《釋文》乃兩引之，且爲之作音。其驗十也。凡此證驗，易爲討覈，定本既非師古書，則《疏》安見盡皆唐人筆耶？

然李慈銘對劉文淇之說頗持異議，《越縵堂讀書記・經部・春秋類・左傳舊疏考正》云："閱劉孟瞻《左傳舊疏考正》，其大指以唐人作《五經正義》，多用舊疏而沒其名，《左傳》尤甚。孔沖遠《序》謂以劉光伯《述義》爲本，而劉頗規杜過，孔專申杜，因取劉之申杜者襲之，攻杜者芟之，間一二存其規語，而復駁之，以致出入紛錯，辭氣不屬，而《正義》成後，太宗復詔詳定，高宗又勅更正，已非沖遠之舊，而舊疏益以泯沒。今取疏文之隔閡者，尋其脈絡，較其從違，爲分條別出之，孰爲沈氏（文阿）之文？孰爲劉氏之說？孰爲孔氏增加？孰爲唐人改竄？皆援據證明，其用力可謂勤而用心亦良苦。然唐初儒學尚盛，況其時沈之《義疏》，劉之《述議》，徧布人間，世所共習，沖遠以耆儒奉勑撰述，而盡掩前人，攘爲己有，獨不畏人言乎？太宗非可欺之君，士亦何能盡罔，恐非甚無恥者不肯出此也。蓋《正義》之病，在於筆舌冗漫，故複沓迂回，接續之間，多不連貫。其間用舊說而失繫姓名者，或亦有之。若以爲一部書中惟駁光伯之語出於沖遠，餘皆襲舊義，毋乃言之過歟？孟瞻此書，存此一段公案可耳。"李氏之說不無道理。

新編詩義集說四卷　（19-653）

故宮博物院影印《宛委別藏》影鈔明刻本

明孫鼎編。孫鼎字宜鉉，廬陵人。永樂中領鄉薦，任松江教授，擢監察御史，提督南畿學政。是編朱彝尊《經義攷》曾著錄之，而注云"未見"。攷之黃虞稷《千頃堂書目》，知其書實成於正統十二年丁卯，此本從原刻影鈔，惜其序文已佚。書凡四卷，蓋採取《解頤》、《指要》、《發揮》、《矜式》等書，擇其新義，彙為一編。不盡釋全經，每篇仍分總論、章旨、節旨各類。阮氏《四庫未收書目提要》稱其展卷釐然，頗屬精備。今攷其書，雖多篤實之論，如引《旨要》之言以釋《小雅・白駒》云“此詩惜賢者之去”，又引《主意》之言曰“斯大好賢之心，固無所不用其極也。賢者天下生民之所依賴，當時既不能用之，庶幾縶之足以留之，久留之不可，而暫留之，是則斯人之拳拳於好賢為何如哉”？又如《小雅・斯干》總論引《解頤》之言曰“古人築室既成而落之，必有頌美禱祝之辭，如‘美哉輪焉，美哉奐焉’，所謂頌美之辭也。‘歌於斯，哭於斯，聚國族於斯’，則所謂禱祝之辭也”。其說於詩內微旨，詞外寄托，皆推闡無餘。阮氏謂其頗屬精備，固非虛譽。惟其所纂輯，皆明人說《詩》之書，往往敷衍語氣，為時文之用，尤多迂腐之論，是不免白璧之微瑕。然核其所引，如彭奇《詩經主義》、曹居貞《詩義發揮》，朱氏《經義攷》皆云未見，謝升孫《詩經斷法》且稱“已佚”，則其書亦足補文獻之缺畧，要不可廢也。（張壽林撰）

按明葉盛《水東日記》卷六《不序經解》云：“古廉李先生在成均時，松江士子新刊孫鼎先生《詩義集說》成，請序，先生却之，請之固，則曰：‘解經書自難爲文，近時惟東里楊先生可當此。況《六經》已有傳註，學者自當力求。此等書吾平生所不喜，以其專爲進取計，能怠學者求道之心故也。’”則知此書在當日不過“爲時文之用”而已。然在當時爲俗書，在今日爲古籍，亦“不可廢也”。

爾雅堂詩說一卷　（15-057）

舊抄本

明顧起元撰。說《燕燕》，謂燕之宿相向，飛則相背，故以“燕燕于飛”為離別之詩。（倫明撰）

按王士禛《分甘餘話》卷三《燕燕之詩》云：“《燕燕》之詩，許彥周以爲可泣鬼神。合本事觀之，家國興亡之感，傷逝懷舊之情，盡在阿堵中。《黍離》、《麥秀》，未足喻其悲也。宜爲萬古送別詩之祖。”

毛詩註疏鈔不分卷　（19-328）

明刊《十三經註疏鈔》本

不著撰人姓氏。編首題“《子貢詩傳》,《子夏詩序》，朱熹《集傳》”。考《明史·豐坊傳》，稱坊為十三經訓詁，類多穿鑿，世所傳《子貢詩傳》即坊編本，清儒毛奇齡因之作《詩傳詩說駁義》五卷以辨其偽。是《子貢詩傳》為豐坊依託之作，學者考証，久成定讞。其書自郭子章傳刻之後，明代說《詩》諸家以其言往往近理，多採用之。（張壽林撰）

按《四庫全書》收錄毛奇齡《詩傳詩說》,《四庫提要》云“明嘉靖中鄞人豐坊作《魯詩世學》一書，往往自出新義，得解於舊註之外。恐其說之不信，遂託言家有《魯詩》，爲其遠祖稷所傳，一爲《子貢詩傳》，一爲《申培詩說》，並列所作《世學》中。厥後郭子章傳刻二書，自稱得黃佐所藏秘閣石本，於是二書乃單行。明代說詩諸家以其言往往近理，多採用之，遂盛傳於時。奇齡因其託名於古，乃引證諸書以糾之。夫《易傳》託之於子夏，《書傳》託之於孔安國，其說之可取者皆行於世，其源流授受則說經之家務核其真。奇齡是書不以其說爲可廢，而於依託之處則一一辨之，亦可謂持平之論矣”。早於毛氏者，清初朱彝尊《豐氏魯詩世學跋》（見《曝書亭集》卷四十二）言豐坊造僞，頗爲詳晰：

豐氏坊《魯詩世學》三十六卷，列僞《子貢詩傳》于前，而更《小雅》爲《小正》,《大雅》爲《大正》，盡反子夏之《序》。謂之世學者，以《正音》歸之遠祖稷，以《續音》歸之慶，以《補音》歸之耘，以《正說》歸之其父熙，而己爲之《考補》，其實皆坊一手所製也。坊恃其能書以篆隸體，僞爲《正始石經》，一時鉅公若泰和郭子章、京山李維楨輩皆信之，而又爲此書以欺世。不知《魯詩》亡于西晉，自晉以後，孰得見之？其僅存可證者，洪丞相适《隸釋》所載蔡邕殘碑數版。如“河水清且漣漪”作“兮”，“不稼不穡”作“嗇”，“坎坎伐輪兮”作“欿欿”，“三歲貫女”作“宦女”，“山有樞”作“蓲”。此外“素衣朱薄”作“綃”，見《儀禮注》；“傷如之何”作“陽”，見《爾雅注》；“豔妻煽方處”作“閻妻”，“中冓之言”作“中區”，見《漢書注》。而豐氏本則仍同《毛傳》之文，是未覩《魯詩》之文也。楚元王受《詩》于浮丘伯，劉向元王之後，故《新序》、《說苑》、《列女傳》說《詩》皆依《魯故》，其義與《毛傳》不同。而豐氏本無與諸書合，是未詳《魯詩》之義也。至于《定之方中》爲楚宮移入《魯頌》，又移《逸詩》"唐棣之華"四句于《東門之墠》二章之前，而更篇名爲《唐棣》；又增益《漸漸之石》之辭曰"馬鳴蕭蕭，陟彼崖矣。月麗于箕，風揚沙矣。武人東征，不遑家矣"，肆逞其臆見，狎侮聖人之言。且慮己之作僞，未能取信于人，則又假託黃文裕佐作序。中間欲申魯說而改易毛鄭者，皆託諸文裕之言。排斥先儒，不遺餘力。其如文裕，自有《詩傳通解》行世，其自序略云"漢興，魯、齊、韓三家列于學官，史稱魯最爲近之。其後三家廢而《毛詩》獨行，世或泥于'魯最爲近'一語，必欲宗之。然《魯詩》今可攷者，有曰佩玉晏鳴，《關雎》歎之，以爲刺康王而作，固已異于孔子之言矣。又曰騶虞，掌鳥獸官。古有梁騶，天子之田也。文王事殷，豈可以天子言哉？其爲《周南》、《召南》首尾已謬至此"。以是觀之，則文裕言《詩》不主于魯明矣。又四明楊文懿著《詩私抄》，改編《詩》之定次，文裕罪其師心僭妄，是豈肯盡棄其學而甘心助豐氏之邪說乎？至于黨豐氏者，不知《石經》爲坊僞撰，乃誣文裕得之中祕。今文淵閣之書目錄具在，使果有魏時《石經》，目中豈不登載？洵無稽之言，稍有知識者，當不爲所惑也。

又杭世駿《訂訛類編》卷四《子貢詩傳申公詩說》云：

汪堯峯《文鈔》云，王子底（諱士祿，自號西樵山人）晚歲潛心六經，其論僞《詩傳》曰：近世所傳《子貢詩傳》、《申公詩說》皆僞也。明有鄞人豐道生好撰僞書，自言其家有《魯詩世學》一書，傳自遠祖稷，實自撰也。又作《詩傳》，託之子貢，以爲張本。而所謂"世學"者，若相與發明。尋有妄人依傍《詩傳》別撰《詩說》，其體類《小序》，其說與豐氏盡同，惟篇次小異。道生敘《詩傳》源流，又詭其所從出，云魏正始中，虞喜奉詔摹石，而宋王子韶開河得之。其說最支離，而同時諸公無覺之者。惟道生同郡周應賓著《九經考異》，辨之特詳。然微周氏，其僞亦灼然也。凡古書源流存亡眞贋，漢《藝文》、隋《經籍》降及鄭《通志》、馬《通考》諸書，可覆而按也。《漢書·儒林》敘諸家授受尤悉，並無一言及《子貢詩傳》者。考《虞喜傳》，亦無奉詔書石經事。獨申公爲《魯詩》，《漢志》"《魯故》二十五卷、《說》二十八卷”。《隋志》明言亡于西晉，安得至今猶存耶？且其卷數亦不合，所謂“說”者，殆即毛氏訓故之流，必不效《小序》體也。至《詩傳》、《世學》之僞，穿鑿牽合，又好影借《春秋》事，與《詩》語相附會，其義之善而與毛鄭異者，又特暗竊諸家，非有所受也。

讀詩箚記八卷　（1-489）

景紫堂全書本

清夏炘撰。然如《齊風》、“甘與子同夢”。謂夢為“視天夢夢”之夢，引《說文》“夢，不明也”。《唐風》“自我人居居”。謂《說文》凥、居異字，幾部“凥，處也”，尸部“居，踞也”。皆本《說文》以申毛義，確有依據，不同虛說。（江瀚撰）

清方濬師《蕉軒隨錄》卷三《居居究究》云：

《唐風羔裘章詩序》：“刺時也。晉人刺其在位不恤其民也。”故曰：“羔裘豹袪，自我人居居。”“羔裘豹褎，自我人究究。”毛傳：“居居，懷惡不相親比之貌。”鄭箋云：“羔裘豹袪，在位卿大夫之服。役使我之民人，意居居然有悖惡之心，不恤困苦。”其箋“豈無他人，維子之故”、“豈無他人，維子之好”云：“豈無他人可歸往，乃念子故舊之人。”又云：“我不歸往他人，乃念子而愛好之。民之厚如此，亦唐之遺風。”朱子詩傳“居居”、“究究”均注“未詳”，並云“此詩不知何謂，不敢強解”。蓋不信《詩序》，遂並毛、鄭之說而刪去之。濬師按：《爾雅》：“居居、究究，惡也。”鄭漁仲注謂“相憎惡”，實與《詩》義合。李、黄《毛詩集解》疑《爾雅》出於漢世，以居究爲惡，未甚顯然明白。而但是鄭氏箋“維子之故”句，不知居究字義，不作憎惡解，則下文“維子之故”、“維子之好”亦解釋不明。張横渠先生曰：“自我人居居，自我人而晏安之。自我人究究，言得我民而察察作威。皆怨其反不恤己也。”其說雖迂曲，究從《詩序》中體會而出，非憑空穿鑿。《集解》謂其難曉，亦屬非是。惟黄實夫解曰：“桓叔既修其政，而卿大夫乃不恤其民，是爲曲沃毆民。”本歐陽公“國人將叛而歸沃，未嘗適他國，而其心已離”數語，實亦從《詩序》中“不恤其民”四字體會而出也。實夫《總論》又曰：“《詩》美是人，則言其車馬衣服之美盛；而刺是人，亦復以是言之。此當觀其愛惡之情，不必辨其物之等差也。”是眞善言《詩》者矣。（逸齋《補傳》云：“作《詩》者與在位有舊，故曰我以不恤民之事語子，與子故舊相好，是以不嫌彊聒也。”是又一解。）

詩古音三卷　（15-450）

原藁本

清楊峒撰。峒，山東益都人，他無所考。是書首有峒自序，大旨以顧寧人《音學五書》、江慎修《古韻標準》為主。謂顧氏始以偏旁求聲，說二百六韻部分，考古音之離合；江氏精于等韻，所作《四聲切韻表》析二百六部為百有四類，至嘖而不可亂，所以能循末會本云云。其書就三百篇入韻之字分條標列，取其與今異讀者〔1〕，合二家之音，注之於下，而證其得失。於二家之外，亦間下己見，補所未備，不斤斤墨守為也。（倫明撰）

〔1〕案原無“今”字，據鈔本《詩古音》楊峒自序補。

按清光緒《山東通志》卷百二十八《藝文志》第十《經部》著錄是書，云：

《毛詩古音》三卷，楊峒撰。峒字書巖，益都人，乾隆甲午舉人。縣志載是書云：光緒初年昌樂閻湘蕙於李文藻家故書中搜得之，存青州同善堂。其自序略云：條舉三百篇入韻之字，列其與今異讀者，合二家之音爲之注。間有未安，則下己意，且別爲凡例如左。按二家謂顧炎武、江永。

據此則楊氏生平略考可見。又據《山東通志》卷百七十五《人物傳》第十一《國朝人物》、王欣夫《蛾術軒篋存善本書錄》、李靈年、楊忠主編《清人別集總錄》、柯愈春《清代詩文集總目提要》所載，楊峒（1748-1804），字書巖，益都人。乾隆三十九年舉人，淹貫經史，工古文詞，尤精韻學。周嘉猷令益都時，爲《齊乘考證》，草創未就，病革，以屬峒。峒乃參考卒業。其喪葬用儒禮，學者尤稱之。與桂馥、郝懿行、汪大紳、彭允初爲友。桂氏《晚學集》有《答楊書巖孝廉論音韻書》。著有《毛詩古音考》三卷、《書巖剩稿》一卷、《律服考古錄》二卷、《楊書巖古文抄》二卷、《經師堂存詩》一卷。其從孫楊濵編有《書巖公年譜》。

讀詩辨字略三卷　（14-511）

嘉慶刊本

清韓怡撰。"惄如調飢"，《傳》云"調，朝也"，後蜀石經"調"作"輖"。案《說文·車部》"輖，重也"，不從"朝"字解。而心部"惄"下引作"朝"，則疑"輖"為"朝"之譌。（倫明撰）

按清袁棟《書隱叢說》卷九《調飢爲朝飢》云：

> 《詩》"惄如調飢"，調音周，注云"重也"。《韓詩》作"惄如朝飢"，言朝飢難忍也。《焦氏易林》云"棋如旦飢"，益明"調飢"之爲"朝飢"也。

詩切□□卷（存目）〔1〕　（1-226）

原刻本

清牟庭撰。庭初名廷相，字陌人，號默人，山東棲霞人，乾隆六十年優貢，官觀城縣教諭。是書大旨，以為魯申培受業荀卿門，浮丘伯、齊轅固、燕韓嬰非別有師授，各就魯詩自推其意，最後趙人毛萇託名子夏，最叵信。衛弘為《毛詩》作《序》，鄭康成拾其燕石強名為寶。當刻鄭箋，黜衛序，尋博徵浮邱、申培之墜緒，因憑臆自專，改作《詩》序。其中如云《關雎》刺周南夫人晏起。《芣苢》謂夫有惡疾。《行露》折酆人獄詞。《式微》傅母傷黎莊夫人不得意。《小弁》孝子尹伯奇見放。此類皆有所本。至謂《兔罝》刺周南君私養士也。《葛覃》去婦詞也。《鵲巢》刺召南君以妾為妻也。《騶虞》刺輸禽而獵也。《麟趾》刺世族自矜大也。是殆以《關雎》例之，遂皆仞為刺耳。其謂《卷耳》思婦吟也。《谷風》妬婦詞也。《簡兮》刺大夫獮猴舞也。《泉水》衛女為須句夫人思歸也。《新臺》賢婦人既嫁不答而自悔也。《定》成公夫人遷帝邱而思楚邱也。《擊鼓》迎喪也。《有麻》遺民祭忠臣劉子也。《女曰雞鳴》悼亡也。《風雨》問疾也。《揚水》刺人用婦言薄兄弟也。《出東門》巫臣喜得夏姬也。《匪風》刺叔妘賣國也。《十畝》刺人悅桑女也。《渭陽》刺康公納公子雍而無備也。《萇楚》老人刺其子長而孝衰也。《東山》周公悼亡也。《菁莪》伯奇之弟伯封作也。《車攻》刺王欲襲鄭而不能也。《吉日》刺王欲襲秦而不能也。《黃鳥》鄭莊公怨王貳於虢也。《采薇》、《出車》、《杕杜》閨思也。《十月》責賢相皇父避位居向也。《巧言》鄭公子忽刺虢公也。《鼓鐘》徐偃王竊尊號也。《巷伯》刺黨讒也，宮人有讒人曰巷伯也。《篤公劉》刺王欲北巡不窋之地也。《有聲》止康王議遷都也。《隰桑》寵妃刺王私悅宮婢也。《緜蠻》窮士謁貴而借資也。《桑柔》芮良夫刺共和也。《雲漢》刺共和禱雨無應也。凡斯之類，或影響依坿，或鑿空結撰，是豈浮伯之說乎？其尤可哂者，《桑中》刺醜夫欲得美室而不諧也。《有蓷》詠醜婦欲去其夫也。《有狐》童子宦學，其友作詩戒之以衛多女閭也。《羔裘》刺婦人好游也。《葛生》刺寡婦不謹也。《蜉蝣》刺裸裎而游也。《魚麗》刺眾客無廉恥而嗜飲食也。《東門池》觀美女戲舟也。《東門楊》詠夜游張燈也。《澤陂》嘲人怕婦也。如此鄙俚不經，恐偽作《魯詩世學》之豐坊亦將見而駭走矣。乃俛焉孳孳三十餘年，手稿六易，非莊周所謂大惑不解者與？（江瀚撰）

〔1〕案“卷”字前原空兩格，今以“□□”代之。

按此篇提要完全襲自清朱緒曾《開有益齋讀書續志·同文尚書詩切》。牟庭《詩切》未有刻本，僅有抄本流傳。不知提要何以云“原刻本”。1983 年齊魯書社影印《詩切》，《出版附記》云：“三十年代，王獻唐與丁伯弢先生從日照丁氏所藏作者手寫定稿本各過錄一部，擬編入《山左先哲遺書》印行，未果。王抄本只剩殘卷，丁抄本由山東大學圖書館收藏，基本完好，僅缺《鹿鳴》至《雨無正》三十三篇。”遂據丁抄本影印。書前王獻唐《〈詩切〉序》云，《詩切》凡五十卷，爲牟庭最後手書定本。《詩切》之大旨及編纂緣起，牟庭《詩切自序》（影印本後所附）已詳言之，其文云：

荀卿子有言：“《詩》、《書》故而不切。”切之云者，依經爲説，桉循文意，如切脈然，楊倞注所不知也。古之治《詩》、《書》者，訓故字義，而不切其文意，蓋荀卿所見周秦師儒舊法相傳簡略如此。漢以來《詩》稱四家，魯申培公自秦時受學於荀卿門人浮邱伯，爲《訓故》以教，而無《傳》，猶古者不切之遺意也。齊轅固、燕韓嬰俱非別有師受，各就魯經自推其意，取《春秋》，采雜説，而爲《詩傳》。又趙人毛萇最後，亦就三家經作《故訓傳》，而獨變用古文，遠托子夏，取貴來世。嘗試辨其由來，申培師法古正，轅、韓變古而不欺人，毛公最巨信，然皆爲申培之學，簡略難明使其然也。譬之故訓如乘車，切文如指路，車輕路熟，不失寸步；靡識其路而借其車，數武之外，下道横趨。觀諸家之紛紛，變而益遠，正猶是也。向使浮邱所傳，故而又切，申釋古義，人人曉暢，轅、韓亦將不作，又況毛公？毛公亦求之不得而不能已者也。及衛宏爲《毛詩》作序，亦猶謝曼卿作訓，各爲一家之言，雖頗蚩鄙無會，自其本色，非志欲譸張眩人也。何意鄭康成拾其燕石，強名爲寶，乃刻畫東海衛生，唐突西河夫子，詩教自是始大壞亂。《詩箋》棄魯宗毛，失之千載，遂使《三家詩》廢滅無餘，惜哉惜哉！居今日而學《詩》，古法盡湮，遺經僅在，法當就毛氏經文，考群書，挍異聞，劾鄭《箋》，黜衛《序》，略法轅、韓，推詩人之意，博徵浮邱、申培之墜義，以資三百篇作者之本懷。如有所合，試誦其篇，即聞詩人嘆息之聲，又睹其俯仰之情，音詞婀娜，枯槎春生。能如是者，詩人所諾，不如是者，詩人所否。所否則古雅亦俗，所諾則近俗皆古。此中得失，一聽作者神魂對人決正，漫漫古今如一邱之貉也，豈可謂舊藏之菜果酸甜，而新造之密酪辛苦哉！余既以此指揚榷風雅，頗復辨正它書，精覈古訓，故訓既明，依文爲切。故者古之所同，切者今之所獨，是以自名其學，不曰“故”而曰“切”。又不欲俯同群碎，墜於學究講章之流，是以略倣歌謠，稱心避俗，詩人之作金玉鏘聲，切以韻語，體亦宜之。在昔王逸之注《楚詞》，郭璞之注《爾雅》，釋訓時作韻語，愔愔雅致。又上溯之，則《易彖傳》、《繫辭傳》文皆用韻，王、郭承風，有自來矣。《易》曰乾健也，坤順也，咸感也，恒久也，風此之類，皆切也。余觀大聖之贊《易》，亦故亦切，然後知《詩》、《書》之不切，要是古人簡略之失，今固不當慕而效之也。俛焉孜孜，三十餘年，手稿六易，頭顱如雪，得意者既不可讓，其所未愜十或二三，留作後來修改功夫。不少餘年，憒樂之緣，窮居而不憫，老至而不知，美於膏粱文繡，樂於鐘鼓瑟琴，人事翻覆，不感於心，此則學《詩》所得，聊不爲薄也。繕寫既畢，莫與商論，爰自爲序，敷陳梗概，以遺數百年後博雅君子。義例已具篇中，故不詳著焉。嘉慶二十一年丙子之歲春三月初八日清明節，棲霞牟庭陌人撰。

今觀其書，每篇每章，先精覈故訓，考其本事，然後依文切義。每章之後，將詩意用淺顯之文字切爲七言韻語。此乃牟氏解《詩》之創舉，開白話譯《詩》之先河。

提要所述，皆針對牟氏所作《詩小序》。蓋僅以牟氏《自序》及《詩小序》立說，未見原書，不知其書卷數，故標爲“□□卷”而已。王獻唐《〈詩切〉序》云：“後世李越縵、朱述之等未見原書，只就《雪泥書屋目》所載《自序》、《小序》，大共非訾，以爲好奇。若就本書一一繹其事證，皆理實俱在，鐵案不移，但見其確，不見其僻也。”提要所譏“鄙俚不精”、“大惑不解”，乃襲朱緒曾之語。李慈銘《越縵堂讀書記·雪泥屋遺書》云“閱牟默人《雪泥屋遺書目錄》”，是李氏未見原書，而譏牟氏“痛改《毛詩》，悉反《小序》，甚至改定篇名，蓋近病狂之言”，又指爲“風狂寐語，名教罪人”，誠捕風捉影之論也。

至於《詩切》之傳本，姜亮夫《〈詩切〉序》（見齊魯書社影印本《詩切》第一冊）云，其在抗戰時曾於長安得讀一抄本，後不知所在。齊魯書社影印時，得兩抄本，“一爲樂陵宋氏抄本（實爲王獻唐君抄本，假宋氏名也），一爲山東大學藏日照丁氏抄本。兩本皆殘，而樂陵本殘最甚。丁抄僅殘《小雅·鹿鳴》以下三十三篇。樂陵本有王獻唐君《序》，蓋其三十年代初收輯《山左先哲遺書》時所爲。以兩本照之，實同出一底本”。姜亮夫 “所見長安本，字跡行款皆不精審，蓋輾轉重錄者。則此書副本在人寰者恐尚不止此”。據王獻唐《同文尚書序》，《詩切》原有牟庭稿本，今已流入海外。近聞本師董治安先生言，《詩切》原稿本現藏台北，雖亦不全，然恰可補丁抄本所闕之三十三篇，眞幸事也，他日延津之合有望矣。

《詩切》之學術宗旨及價值，姜亮夫《〈詩切〉序》有詳論，簡而言之，“可以兩端攝之。一則語言各科之規律至精審；二則考之於古史、古制、古地、古事物，必切磨於事理、情實，而不穿鑿。如此則使文理詞氣兩皆順適而無扞格。古今說《詩》者，至牟氏而義嚴法明矣”。又云牟庭“盡棄秦漢以來師儒專詁釋文字而循詞理文義之通病。所謂切者，切迎於人情，切磨於詞義，以得詩人之旨。則牟氏此書，可謂《詩》學中之反漢學途轍。棄《詩》之大小《序》，破《詩》有正變，鄭衛爲淫詩，風、雅、頌、賦、比、興之說。凡此等義，皆漢儒倡不休，其勢至唐未衰。朱熹而後，《詩集傳》又以國家功令定爲學子所必讀。牟氏於諸宋儒之說，亦一字不提。數千年《詩》學之巨流，皆爲牟氏之所不取。但求有合於作者之本懷，誦其篇什，即聞詩人嘆息之聲，又見俯仰之情。音詞阿娜，枯槎復生。求以讀者游神三古，以吾心合於古人，以吾情透入《詩》文。非漢，非宋，戛戛獨造。此正足以矯漢學舊習之蔽，爲千古獨創之局。處乾嘉漢學大昌之時，高密當道之日，而一手支柱其間，其雄偉亦可觀矣！此如壯士單槍匹馬入萬軍之中，勁弩長劍，環身而來，必一一摧陷擴清之，而後能自立。此李慈銘所以剌剌不休者。蓋環而視之，亦莫不然。則有勇往直前之氣，必需有勇往直前之才，而後能取勝當時。此吾所以一再誦習其書，而後深知其學之雄偉，不能不爲牟氏爭者，非好奇怜才之意。牟氏確有其卓奇不倚，不可顛撲者也”。其推崇可謂備至。

或謂郝懿行《詩問》引牟庭說作《詩意》，《曬書堂集》又有《詩意序》，或《詩切》之名乃後定歟？按郝懿行著有《詩問》七卷（《續修四庫全書》第65冊影印清光緒八年東路廳署刻《郝氏遺書》本），書前有自序云：“又獲牟氏《詩意》，搿撦如干條。”後署“乾隆甲寅二月既望棲霞郝懿行書”。甲寅爲乾隆五十九年（1794），據牟庭《詩切自序》末署“嘉慶二十一年丙子之歲春三月初八日清明節”，《詩切》大概定稿於此時。嘉慶二十一年爲1816年，前後相距22年。郝氏所云《詩意》恐怕與《詩切》非一書。郝氏《曬書堂集·文集》卷三《〈詩意〉敘》云：

> 雪夜余翦燭，瑞玉擁爐，婢子注水銅壺煮茗，拂几塵，相與讀《詩意》。未終卷，余曰：“此非《詩》意，牟子之意也。牟子蓋疾世俗之談《詩》者不顧其安，都令人晝欲臥，乃獨崎嶇尋絕壑荒邱，蘄合於古作者之意。吾惡知必有合也。”瑞玉曰：“牟子言之矣。其述子輿氏也，以意逆志，其爲得之。牟子之意，則《詩》之意也。”余曰：“《小序》

吾不知之矣，乃若《二南》之篇，吾知爲周之西，《王風》之作，吾知爲周之東。今也西其東，亦東其西，非倫也。宣有雅，平無頌，吾所知者。今也劣宣而優平，此亦非吾所知也。'吾其爲東周乎'？以是爲孔子予平王也。夫東周之説，則未知平王歟？敬王歟？審如牟子之論，惟東周無盛王，故孔子欲興起其治爾，安在爲予平乎？"瑞玉曰："無以多譚爲也。夫時鳥候蟲自鳴天籟，語不同聲，聊以適己意焉爾。且子不嘗爲《詩問》乎？其意亦若是焉已矣。子難牟子，人又以難子也。"余無以應之，乃笑曰："如卿言，亦復佳耶？"爐炭熾甚，茗熟啜之，更翦燭，相與讀之終篇焉。

郝氏夫婦圍爐夜話，談笑之間，《詩意》已讀之終篇。而影印本《詩切》在闕失三十三篇之情況下，裝成煌煌五巨冊，斷非一夕可終篇者，亦可知此《詩意》斷非《詩切》。今觀《詩問》所引牟氏之說，皆爲詩之本事，未涉及文字訓詁，或即是牟庭所撰《詩小序》，原名《詩意》耳。（牟應震《詩問》亦屢引牟庭說，例同郝氏。）《詩小序》今附於《詩切》後，抄本不足三十頁，誠可一夕終篇也。

重訂空山堂詩志六卷　（15-154）

道光刊本

清牛運震撰，田昂重訂。昂字伯頫，山東安德人。首有昂序並例言，又有《讀法》十則。《讀法》推原詩教之本，謂士氣之弱可以亡國，何以弱？由於不知自有性情，拘溺近習，怯於道義，此北宋所敗於金也。又喻說《詩》之善，如人家有三代尊彝，向不置重，忽遇嗜古者為之論讚其美，則古器之神光，制作之精意，一時俱現，而其人亦寶愛摩挲，猶創獲然，說《詩》者蓋如是。其論運震是書，謂專剖其意，故有依意不依語者，有務解語以得其意者。惟是書非經運震手訂，原刻不免粗率，因為之刪節繁冗，并於其中數篇有所附益云。（倫明撰）

案《續提要》著錄牛運震《詩志》八卷、《大學解》一卷、《中庸解》一卷、《孟子論文》七卷、《讀史糾謬》十五卷、《重訂空山堂詩志》六卷等六種，然牛氏著述甚富，此只是其一部分而已。劉聲木《萇楚齋四筆》卷四《牛運震撰述》云：

滋陽牛階平明府運震，撰《空山堂全集九種》，嘉慶戊寅正月，陸續自刊本。中有《詩志》八卷，經文有圈點，註解皆評文之語，非訓詁也，前有目例並宛平陳預序。《周易解》九卷，無序例年月，全編皆屬論體，頗似衡陽王而農行人夫之《尚書引義》、《春秋家說》等書。《論語隨筆》十九卷，嘉慶六年七月自刊本，前有目錄並張涵齋熹序，類於平湖陸清獻公隴其《三魚堂賸言》、《松陽鈔存》等書。《孟子論文》七卷，無序例年月，經文及評論均圈點，書名《論文》，意本在此矣。《春秋傳》十二卷，其體例以論書法爲本，嘉慶六年七月自刊本，前有張涵熹序。《史記評註》十二卷，前有例目並武功張玉樹序，乾隆五十六年陬月自刊本，與《孟子論文》同例，但無圈點耳。《讀史糾謬》十五卷，無序目年月，中爲《史記》、《前》、《後漢書》、《三國志》、《晉書》、《宋書》、《南齊書》、《梁書》、《陳書》、《南史》、《魏書》、《北齊書》、《後周書》、《隋書》、《五代史》等十五種，共十五卷，其體例係以校勘書法爲主，決非史論。南皮張文襄公之洞《書目答問》，云"《空山堂十七史論》□□卷"。明府本名《讀史糾謬》，並無《十七史》名目，且實只十五史，亦並非十七史，可知文襄當日實未見其書，姑列其目，以備史論中之一種，而不知亦並非史論也。外仍有《詩集》四卷，無序跋年月，《文集》十二卷，前有嘉慶八年三月，武進趙味辛司馬懷玉序。尚有《金石經眼錄》一卷，摹刻極工，別刊行。聲木謹案：明府生當乾嘉時，言漢學最盛時代，獨能博綜羣籍，崇重宋儒，撰述繁富，大半皆以辨論文義書法爲主，不以訓詁爲高，可謂特立獨行，絕無僅有者，其全集頗爲罕見，因並志之。

詩經小學錄四卷　（20-428）

乾隆十年辛亥刊本

清臧庸撰。是編蓋就金壇段玉裁所著《詩經小學》刪煩纂要而成，編首有臧氏自序，謂"《詩經小學》全書數十篇，亦段君所授讀。鏞堂善之，為刪煩纂要，《國風》、《小大雅》、《頌》各錄成一卷，以自省覽。後段君來見之，喜曰'精華盡在此矣，當即以此付梓'"。又云"段君所著

《尚書撰異》、《詩經小學》、《儀禮漢讀考》，皆不自付梓，有代為開雕者，又不果。而此編出鏞手錄，卷帙無多，復念十年知己之德，遂典裘以畀剞劂氏”。是亦足見昔賢治學之虛心與交友之風義矣。其書都凡四卷，《風》、《小雅》、《大雅》、《頌》各為一卷。校之經韻樓所刊段氏《詩經小學》，大體無殊。故竊疑段氏原書，即臧氏自序所謂數十篇者，實未嘗刊行，經韻樓所刊蓋即臧氏手錄之本。其書以六書假借之誼，明《詩》傳訓詁之旨，頗稱精審。其於音韻多用十七部之說，蓋據《六書音韻表》之例也。（張壽林撰）

按提要所云“乾隆十年辛亥刊本”實屬子虛烏有。復旦圖書館藏清嘉慶二年武進臧氏拜經堂刻本《詩經小學錄》四卷，前有臧庸序，記此書緣起甚爲明晰，全文爲：

> 《詩經小學》，金壇段君玉裁所著。初，鏞堂從翰林學士盧召弓遊，始知段君以鄙論《尚書》古今文异同四事就正，段君致書盧先生云“高足臧君學識遠超孫洪之上”。盧先生由是益敬異之。既而段君自金壇過常州，攜《尚書撰異》來授之讀，且屬爲校讐，則與鄙見有若重規而疊矩者，因爲參補若干條。劉端臨訓導見之，謂段君曰：“錢少詹簽駁多非此書之旨，不若臧君箋記持論正合也。”而《詩經小學》全書數十篇，亦段君所授讀。鏞堂善之，爲刪煩纂要，《國風》、《大、小雅》、《頌》各錄成一卷，以自省覽。後段君來見之，喜曰：“精華盡在此矣，當即以此付梓。”時乾隆辛亥孟秋也。竊以讀此而六書假借之誼乃明，庶免穿鑿傅會之談。段君所著《尚書撰異》、《詩經小學》、《儀禮漢讀考》皆不自付梓，有代爲開雕者，又不果。而此編出鏞堂手錄，卷帙無多，復念十年知己之德，遂典裘以畀剞劂氏。此等事各存乎所好之篤不篤耳，原未可以力計也。書中每言十七部者，段君自用其《六書音均表》之說。嘉慶丁巳季冬武進臧鏞堂書於南海古藥洲之譔詁齋。

據序文，則乾隆辛亥乃段玉裁看到《詩經小學》刪定本之時，決非臧氏雕板之歲。且乾隆辛亥爲乾隆五十六年（1791），亦非十年（乙丑，1745），此又誤中之誤也。序中明言“段君所著《尚書撰異》、《詩經小學》、《儀禮漢讀考》皆不自付梓，有代爲開雕者，又不果”，則嘉慶二年（丁巳）乃《詩經小學》首次雕板，前此未有刻本。此書前題“詩經小學錄四卷”，卷前題“詩經小學”，各卷首葉下題“金壇段氏”，各卷末署“臧鏞堂錄”，則提要當署“清段玉裁撰，臧庸錄”，署“清臧庸撰”者，又一誤也。乾隆十年段氏年方十一，必不能著此書，其誤更不待言。

讀詩經偶錄二卷　（19-353）

東方圖書館藏原刊本

清金榮鎬撰。榮鎬字芑汀，爵里始末未詳。（張壽林撰）

劉聲木《萇楚齋四筆》卷五《金榮鎬論辭達二字》云：

韓陽陳瀛士孝廉從潮，撰《韓川文集》十卷、《文外集》二卷、《詩集》七卷，嘉慶庚申九月，梧陰書屋自刊本，目錄予已錄入《續補彙刻書目》及《萇楚齋書目》中。其文集前，建甯金芑汀孝廉榮鎬序云：“自歐陽廬陵學韓昌黎而以古文名世，後之學者，因奉昌黎爲古文大宗。昌黎論文，莫詳於《答李翊書》，而榮鎬竊謂是書之旨，有可以一言蔽之者，如夫子所謂辭達而已者是也。其言取心注手，汩汩其來，浩乎沛焉者，達之義也。言非三代兩漢之書不敢觀，非聖人之志不敢存者，所以正達之本也。言不可不養氣，氣盛而言之短長，聲之高下皆宜者，所以裕達之才也。又言平心察之，醇而後肆者，則欲人愼其所以達，使所言不謬於聖人也。夫子生羣聖後，特揭言爲文之旨，以樹學者之鵠。昌黎生夫子後，能發明所揭之旨，以正學者之趨，此其所以爲古文大宗者與。然則不有廬陵其人，不可謂之能學韓也。廬陵曰：道勝者，文不難而自至。若子雲、仲淹，方勉焉以模言語，此道未足而強言也。蓋道勝而文至者，達也，取心注手焉已矣。道未足而強言者，非達也，模言語焉已矣。自子雲、仲淹猶不免此，故曰不有若廬陵其人，不可謂之能學韓也。”云云。聲木謹案：金孝廉夙從建甯朱梅崖廣文仕琇受古文法，與同邑朱和鳴茂才雝、余羽皋□□仕翺、新城魯絜非明府九皋，皆以工古文詞鳴一詩，語見甯化吳清夫廣文賢湘《甚德堂文集》中，予已錄入《桐城文學淵源考》。金孝廉所撰《芑汀古今文》□卷、《遺詩》□卷，

> 已刊，未見。此文專解“辭達”二字意義，最爲深切著明，能發明韓歐爲文之旨，亦學人所宜知也。

則可知金榮鎬字芑汀，福建建寧人。除《讀詩經偶錄》外，尚撰有《芑汀古今文》、《遺詩》等書。

詩緒餘錄八卷　（14-515）

道光己亥刊本

清黃位清撰。又綠竹，“綠”、“菉”古今通字，《史記》“下淇園之竹為楗”，蓋淇上多竹，“綠竹”當如字，與《爾雅》稱菉王芻者異。（倫明撰）

按清吳翌鳳《遜志齋雜鈔·戊集》云：

> 學者説經，往往過信注疏，其閒有決不可從者。《淇澳》，衛詩也，“綠竹猗猗”注云：“綠，王芻。竹，萹竹也。”《疏》云：“郭璞曰，似小藜，赤節，好生道旁，可食。”案《漢書·寇恂傳》曰：“伐淇園之竹，爲矢百萬。”則綠竹乃竹之可爲矢者，綠言其色耳，何至以綠爲王芻、竹爲萹竹乎？以綠竹之盛比衛武之美，有何不可，而反取道旁小藜乎？《竹竿》，亦衛詩也，“籊籊竹竿，以釣于淇”，即淇澳也，取淇竹爲釣竿，與伐以爲矢，皆今之竹也。《注疏》陋矣。

周壽昌《思益堂日札》卷四《遵〈集注〉》云：

> 宋神宗熙寧四年，太子左贊善大夫吳安度試舍人院，已入等，有司以安度所試《綠竹詩》背王芻古説，而直以爲竹，遂黜不取。富弼言：“《史記》敘載淇園之竹，正衛產也。安度語有據。”遂賜進士出身（見《文獻通考》卷三十。）

讀詩傳譌三十卷　（1-666）

原刻本〔1〕

清韓怡撰。又《何彼穠矣》“平王之孫，齊侯之子”，顧炎武《日知錄》

斷以桓王之女，平王之孫。且云東周之後，其詩可存《二南》之遺音。聖人附之于篇，與《文侯之命》以平王之事而附于《書》一也。其說似未可厚非。《詩》三百篇皆稱文王，不應此獨易稱平王，不見經傳。且《序》只言王姬下嫁於諸侯，初未指實。怡欲從《毛傳》，乃斥為考覈不精，肆談無忌，抑已過矣。（江瀚撰）

〔1〕案"原刻本"，中華本作"嘉慶二十年刊本"。

按"平王之孫，齊侯之子"，"平"、"齊"二字歷來解說紛紜。清陳宗起《經遺說》（1-509）謂《周語》"王子晉曰十五王而文始平之"。"平王"義當取此。清崔述《讀風偶識》（22-015）

以《何彼穠矣》明言平王之孫，其爲東遷後詩無疑。或以寧王、辟王爲比，夫所謂寧王者，猶其稱哲王也。所謂辟王者，猶其稱君王也。可以稱此王，亦可以稱彼王。故寧王或以爲文，或以爲武，泛稱之則可耳。若云寧王之孫、辟王之孫，則不知其果出於何王也？古人寧有如是不通之文理乎？且《大雅》、《尚書》稱"文王"無慮百餘，何以不一稱爲平王，則平王斷斷非文王，明矣。齊侯之子，亦決非齊襄公。襄公即位始取王姬，不得稱齊侯之子。清胡文英《詩疑義釋》（14-508）據《儀禮·士昏禮疏》云，《何彼穠矣篇》曰"曷不肅雍，王姬之車"，言齊侯嫁女，以其母王姬始嫁之車遠送之，王姬指齊侯之妻。又據《春秋》桓公三年九月，齊侯送姜氏于讙。諸侯不親送女，今齊僖公送姜氏直至魯境，故《傳》云非禮也。平王之孫，齊侯之子，言周平王親外孫女，齊侯之女也。清張汝霖《張氏詩說》（14-742）解"平王之孫，齊侯之子"，謂即武王元女下嫁胡公，詩人蓋揣度王姬謙損之意，但平等于王之孫，齊比于侯之子。倫明以爲，如此解，則"王之孫"、"侯之子"三字連讀，雖似勉強，視解作平正之王、齊一之侯之望文生義者，當較勝之。若以平王爲周平王，齊侯爲齊襄公或桓公，則王姬歸齊，在《春秋》莊元年者，其時襄公即位已五年，宜稱齊侯之弟，不得稱齊侯之子。皆不可通也。清王兆芳《才茲經說》（15-125）據序言王姬下嫁諸侯，不言王姬之女，則鄭說齊侯嫁女者非，因斷爲邑姜幼女嫁齊侯呂伋之子。並據《文王世子》，武王九十三而終，文王終時，武王八十三歲。又謂邑姜歸武王，在太公相周後，武王八十而娶，又十年而崩，而有十三歲之子（見所引《古尚書》說），殊不近理。清方濬師《蕉軒隨錄》卷七《平王之孫齊侯之子》云：

《詩序》："《何彼襛矣》，美王姬也。雖則王姬，亦下嫁於諸侯，車服不繫其夫，下王后一等，猶執婦道以成肅雝之德也。""平王之孫，齊侯之子"，毛傳："平，正也。武王女，文王孫。"鄭箋則不言文王、武王，後人或指平王即宜臼，引《魯莊元年》"王姬歸齊"爲證，以爲平王之孫嫁齊襄公子。朱晦翁並存其説，無所折衷。本朝顧亭林謂："平王而附於《召南》，其與《文侯之命》以平王之事而附於《書》一也。東周以後詩得附《二南》，惟此一篇。"撇去毛傳"武王女，文王孫"六字，直定爲東周以後詩，似以毛傳所云康成亦未曾牽就歟？宋袁絜《講義》云："平王之孫，平王以德而言，以平王之孫而適齊侯之子，以齊侯之子而娶平王之孫，等而言之，不敢自大也。"此論最與《詩序》合，但仍以齊爲齊國。愚按:《詩序》言王姬下嫁於諸侯，不過統言王之女嫁侯之子，能執婦道成肅雝之德，並未指明齊國。猶之《采蘩》"夫人不失職"，《采蘋》"大夫妻能以禮自防"，不過統言夫人及大夫妻，若必考其係何姓夫人，係何姓大夫之妻，恐吾夫子刪《詩》時，亦不能爲之詳核也。《爾雅釋詁》："平，成也。"《白虎通》："妻者，齊也。與夫齊體也。"蓋明言成德之王孫，妻侯之子，而能執婦道耳。是齊字作妻字解，於義頗洽。嗚呼！《詩序》廢而《詩》義微矣。

鄭風考辨一卷　（14-671）

刊本無年月

清章謙存撰。謙存有《周誥考辨》，已著錄。是書首就《論語》、《孟子》之言鄭聲者及《左氏傳》季札論鄭詩者，為釋其義。次就《鄭風》、《緇衣》、《叔于田》、《太叔于田》、《清人》、《有女同車》、《山有扶蘇》、《蘀兮》、《狡童》、《褰裳》、《子衿》、《揚之水》、《溱與洧》十三篇，取時事以證《序》，而為之辨。大意謂鄭聲即鄭樂，樂即詩。鄭人多失其是非之正，故見於詩者，如《緇衣》，《序》云"美好賢"，而《國語》載鄭桓公以欲逃周難故，寄賄與孥，謀併虢鄶，其子武公遂至通鄶夫人而併其國。又《叔于田》，詩稱其美好而又仁，而叔乃作亂之賊。又《清人》，

《序》稱高克好利而不顧其君，文公惡而欲遠之，不能，使高克將兵而禦敵于境，翱翔河上，久而不召，詩散而歸。公子素進之不禮，文公退之不以道云云。據《序》所言，即可證失其是非之正。（倫明撰）

按關於《叔於田》之美刺，劉聲木《萇楚齋五筆》卷六《論叔于田詩》云：

> 桐城吳辟彊司馬闓生《詩義會通》云："案《敘》：'《叔于田》，刺莊公也。叔處於京，繕治甲兵，以出於田，國人說而歸之。'朱子曰：'國人之心貳於叔，而歌其田狩適野之事。'王士禛云：'此詩當是叔段黨羽造作，案詞雖美段，而實有刺譏之意，所謂甚美甚惡，其中必有所不足者也。刺段，即所以刺莊公矣。'嚴粲以爲詩人之意，以段之不令而羣小相與縱臾如此，必爲厲階以自禍，莊公奈何不制止之。得詩之恉。"云云。聲木謹案：此詩及下篇，决非莊公處叔段於京城時所作。既名曰太叔，以武姜之愛子，國君之母弟，爲屬邑之大夫，且加特別名稱，爲春秋所未有，治事臨民，宜有官舍，宜居一城之中心，豈有仍伏居里巷之理。觀《詩》云"巷無居人，豈無居人，不如叔也，洵美且仁"云云。是分明言叔段仍伏居里巷，非治事臨民，爲京城太叔之時甚明。據《左傳》言，武姜愛共叔段，欲立之，亟請於武公，公弗許，則並非鄭武公愛之明甚。當時諸侯世子例居東宮，《左傳》云衛莊公娶於齊東宮得臣之妹曰莊姜是也。叔段爲莊公母弟，實爲支子，出居於巷，雖未見記載，亦事理所必有。當是武姜請立之志既未遂，又因叔段出居於巷，不得與莊公同居東宮，使其黨羽造作此詩，假國人意，愛叔段才勇，宜嗣鄭國，以誘惑挾制武公，不待煩言而解。若謂爲莊公時所作，則莊公本曰"姜氏欲之，焉辟害"，又曰"多行不義必自斃"，又曰"無庸，將自及"，又曰"不義不暱，厚將崩"，是莊公之於叔段，平日言行，早已深惡痛絕，及出而臨民，又歷知其無能爲役，必致眾叛親離，決難久安於其位。鄭人雖愚，明知叔段爲莊公所不喜，而造作此詩，叔段更應明知素不爲兄所喜，而使其黨羽造作是詩，似皆愚不至此。若謂鄭人愛之出於至誠，何以京叛，太叔段繼入於鄢，又不容於鄢耶。詩中稱"叔"，乃叔段之叔，非太叔之叔明甚。《檀弓》云"夫子之母名徵在，言在不稱徵，言徵不稱在"云云。是古禮原是如此，更爲稱"叔"之確證。何況"獻於

公所，將叔無狃，戒其傷女"，此分明人父戒子之詞，決非兄弟相戒之語，"公"乃指武公，非莊公也。豈有望其自斃將崩之莊公，而友于之愛忽篤乎！後人以詩中有"叔"字，遂以爲必京城太叔後之詩，余意非然，故辨之於此。

學詩毛鄭異同籤二十二卷附一卷　（19-673）

道光元年辛巳刊本

清張汝霖撰。按《詩》在兩漢四家並行，自鄭司農因《傳》作《箋》，力排眾說，而三家之說遂廢。然鄭氏之學間亦特標新穎，與《傳》義時有異同。鄭氏《六藝論》云"注《詩》宗毛為主，如有不同，即下己意，使可識別"。是鄭不敢自謂無異於毛，亦不肯自為苟同於毛也。魏王肅作《毛詩注》、《毛詩義駁》、《毛詩奏事》、《毛詩問難》以申毛難鄭，王基又作《毛詩駁》以申鄭難毛，晉孫毓作《毛詩異同評》復申毛說，陳統又作《難孫氏毛詩評》以明鄭義，至唐孔穎達等奉敕作《正義》，融貫群言，乃歸一定。宋儒爭排毛、鄭，而朱氏《集傳》於訓詁仍多採毛、鄭。是毛、鄭異同固不能無是非，要在學者之抉擇。（張壽林撰）

按《四庫全書總目・毛詩正義》云：

> 自《鄭箋》既行，齊、魯、韓三家遂廢。（案此陸德明《經典釋文》之說。）然《箋》與《傳》義亦有異同。魏王肅作《毛詩註》、《毛詩義駁》、《毛詩奏事》、《毛詩問難》諸書，以申毛難鄭。歐陽修引其釋《衛風・擊鼓》五章，謂"鄭不如王"（見《詩本義》）。王基又作《毛詩駁》，以申鄭難王。王應麟引其駁《芣苡》一條，謂"王不及鄭"（見《困學紀聞》，亦載《經典釋文》）。晉孫毓作《毛詩異同評》復申王說，陳統作《難孫氏毛詩評》，又明鄭義（并見《經典釋文》）。袒分左右，垂數百年。至唐貞觀十六年，命孔穎達等因《鄭箋》爲《正義》，乃論歸一定，無復歧途。……至宋鄭樵，恃其才辯，無故而發難端，南渡諸儒始以掊擊毛、鄭爲能事。……然朱子從鄭樵之說，不過攻《小序》耳。至于《詩》中訓詁，用毛、鄭者居多。

可知此段提要乃檃括《四庫提要》而成。

詩毛氏傳疏三十卷附釋毛詩音四卷毛詩說一卷毛詩傳義類一卷鄭氏箋考徵一卷（395）

道光吳門陳氏刊本

清陳奐撰。奐字碩甫，江蘇長洲人。諸生。咸豐元年舉孝廉方正。奐始從江沅治古學，後從學段玉裁，遂專精《毛詩》。是書晚出，最有名。其自序謂齊、魯、韓可廢，毛不可廢。然《疏》於齊、魯、韓三家與毛同字同義者，固多採之，且有強齊、魯、韓以牽合毛義者，則齊、魯、韓亦曷可廢乎？段氏《毛詩故訓傳》言《葛覃》篇《毛傳》"父母在"九字，恐後人所增。《疏》守師說，以為《箋》語竄入《傳》文。且為之說曰"古者有寧父母禮，無歸寧父母禮。《左傳》歸寧，春秋時制。文王初年不應有此"。而於《泉水序》則祇得云非西周舊禮而已。夫殷周天子諸侯之婚禮，其亡已久，不審有何依據？況經明著歸寧父母，《序》以"何以歸"絕句，尤於經不辭。王符《潛夫論·斷訟篇》云"不枉行以遺愛，故美歸寧之志"，又曰"長貞潔而寧父兄者，以言兄則然耳"。《疏》乃易"寧父兄"為"寧父母"，則更屬舞文矣。《凱風篇》"睍睆黃鳥"，亦用段說，破經"睍睆"為"睍睍"，殆如劉歆所譏"是末師而非往古"與（案《說文·艸部》，莀从睆聲，疑原有"睆"字，今本奪漏）？《山有扶蘇篇》"狡童"，毛無傳，《疏》謂"狡猶狂也。狡童當指陳佗。蓋陳桓公既為病狂之人，不能足恃。陳佗弒立，淫亂之輩不能援救，忽反辭昏於齊，以失大國之助，是為刺爾"。今考《左傳》，忽如陳逆婦嬀，在隱八年。辭昏在桓六年，佗之立在桓五年，次年即為蔡人所殺，渺不相及。詩人乃以為刺，殊無是理。《東山篇》"勿士行枚"，《傳》"士事枚微也"，《箋》云"初亦無行陳銜枚之事，言前定也"。《正義》述毛仍就枚釋之，以為枚微者，其物微細也。胡承珙《毛詩後箋》謂"微"即"徽"字，徽者止也，銜枚以止言語者也。陳與胡契，此則異之，引《荀子·堯問篇》"執一無失，行微不怠"，謂毛公親受業於荀門（案申公受《詩》於浮丘伯，故《魯詩》出荀卿可信。《釋文敘錄》載徐整所述《毛詩》源流，並無荀卿。陸璣《詩草木疏》恐不可信。若魯、韓同出荀卿〔1〕，不應互相違異也），故常用師說。"勿"

猶“勉”也，“勿士行微”，言周公密勿從事，行微不怠也。是雖巧合，然詩本勞歸士，忽於“製彼裳衣”下，橫插一句頌周公之美，恐無此文法。《文王序》“文王受命作周也”，《疏》以受命者，受命為西伯也。既與《序》“作周”相違，更與所引《書大傳》曰“天乃大命文王”不合。詩述周家王業之興，無緣稱受殷命也。《昊天有成命序》“郊祀天地也”，《疏》據《祭法》“周人禘嚳而郊稷”，謂周人於冬至圜丘之禘，以帝嚳配，此《昊天有成命》之詩是也。但《序》於《思文》明言后稷配天，此衹言郊祀天地。是圜丘之禘，以帝嚳配，為《序》所不知，《疏》何由知之（案魏源《詩古微》曰“《詩》言二后受之，是歌《思》以獻稷尸，歌《昊》以獻文武之尸，安得舍郊祀同配之文，而傅之圜丘祭嚳哉”）？況《詩》、《書》俱無一語及嚳，《祭法》惡可信耶？其稱有虞氏禘黃帝而郊嚳，祖顓頊而宗堯。據《史記・五帝本紀》及《大戴禮・帝繫篇》，舜不出於嚳，何為郊之？宗堯益謬，詎舜之繼堯，亦如五季柴之嗣周邪？此《疏》為近世治《毛詩》者所宗，故粗舉其失，亦愈見其瑕少而瑜多也。《疏》末附《釋毛詩音》、《毛詩說》、《毛詩傳義類》三書，其於《毛詩》一家之學，可謂盡心焉耳矣。至《鄭氏箋考徵》則無甚可採，雖古名儒亦焉能所著皆善哉！

〔1〕案“韓”當作“毛”。

按陳奐《詩毛氏傳疏》爲《詩經》學名著，然其書恪守《毛傳》，《毛傳》之失亦曲爲回護，是以屢遭學者詰難。提要“粗失其失”，多屬確當。清張文虎與陳奐交誼甚契，服膺其學，於《詩毛氏傳疏》曾反復研讀，然於陳奐僅知墨守毛氏之學，解《詩》處處爲之委曲回護，則亦不無惋歎之意。其有多條札記，見於《舒藝室餘筆》卷一中，柳向春君曾輯出其商榷反駁《傳疏》者十三條（詳見柳向春《張文虎與陳奐》），今錄於下：

1、《詩・周南・葛覃・序》云“后妃之本也”。次章《傳》云“古者王后織玄紞，公侯夫人紘綖，卿之內子大帶，命婦成祭服，士妻朝服，庶士以下各衣其夫”。明是言婦人已嫁之事，故三章末云“歸寧父母”，《傳》曰“父母在，則有時歸寧耳”。《箋》云“言嫁而得志，猶不忘孝”。其解本同，乃續《序》以爲后妃在父母家，志在女工，躬儉節用，服澣濯之衣。尊敬師傅，則以“言告言歸”爲“于歸”之“歸”，故其《傳》云“婦人謂嫁曰歸”。夫女將于歸，必自告於師氏邪？然《序》又云“則可以歸安父母”，則末句仍以“歸寧”連文，而陳氏奐《傳疏》則讀“可以歸”截句，於文義不順，未知果得《傳》意否？古經不詳家庭婦子相見之禮，歸寧無文，抑有而傳者佚之，故說經者以爲始自春秋。（陳《疏》以‘父母在則有時歸寧耳’九字爲《箋》文誤入《傳》。）

2、《墻有茨》“言之長也”，長謂委曲不可盡。《集傳》云“託以語長難竟”，義亦同。《毛傳》云“惡長也”，不成文義。陳《疏》云“言君之惡長”。案，此自謂昭伯及宣姜，與惠公無涉，君指何人？

3、“出其東門，有女如荼”，案“有女如荼”猶之首章“有女如雲”耳。《傳》云“荼，英荼也。言皆喪服也”。則何以解“雖則如荼，匪我思且”乎？陳《疏》曲狥毛義，牽引“匍匐救之”，亦太迂矣。

4、《齊風・雞鳴》“無庶予子憎”，稱君爲子，義不協。《傳》云“無見惡於夫人”，亦不可通。陳《疏》云“子”乃“于”之誤，引“比予于毒”、“寘予于懷”、“胡轉予于恤”爲證，如此則與《傳》文正相發，《傳》之“於”字即《經》之“于”字也。案此詩首章、次章上二句皆夫人告君，下二句皆君答夫人。三章上二句君之言，下二句則夫人之言，其意甚明。

5、《無衣序》“刺用兵也。秦人刺其君好攻戰，亟用兵而不與民同欲也”。案此《序》不著何世，《續序》與《詩》意亦不協。陳《疏》以爲亦刺康公。此時秦未稱王，而《詩》三稱‘王于興師’，此何王邪？定四年《傳》，申包胥如秦乞師，哀公爲之賦《無衣》，則《詩》非刺用兵好戰可知。曰“同袍”、“同澤”、“同裳”，蓋即同仇之義，則亦非不與民同欲也。疑此爲周平王命襄公伐戎時所作，秉王命而興師，不啻從王師也。失其次，故羼列於康公時。

6、《小雅・伐木》“伐木丁丁，鳥鳴嚶嚶”，《爾雅・釋詁》“嚶嚶，音聲和也”。蓋伐木以相助爲義，鳥鳴以相和爲義。《毛傳》牽連爲說，故云“嚶嚶，驚懼聲也”。若鳥因伐木而驚懼，則當下喬木而入幽谷矣。陳《疏》知其不可通而又強爲迴護，門戶之見耳。

7、《黃鳥序》“刺宣王也”。蓋宣王始勤終怠，無復勞來安集之舉。

薄俗化之，相投者惘然以去。“不我肯穀”，不能通有無也。“不可與明”，不可與述困苦也。“不可與居”，並不能與居處矣。《傳》以室家爲言，故訓“明”爲“明夫婦之道”，有云“婦人有歸宗之義”。陳《疏》亦多方以解。

8、《節南山》“駕彼四牡，四牡項領。我瞻四方，蹙蹙靡所騁”。《箋》云“四牡者，人君所乘駕，今但養大其領，不肯爲用。喻大臣自恣，王不能使”。案《後漢書·宦者傳》呂強疏“羣邪項領”，意謂不可駕禦，與鄭《箋》同。陳《疏》歷引《潛夫論》、《中論》、《新序》、《費鳳碑》、《抱朴子》，以爲謂賢者懷才莫用，靡所馳騁，《箋》義非《傳》意。然《傳》文只云“項，大也。騁，極也”。未知毛與鄭同異。古人引《詩》，斷章取義，不必盡合作《詩》之旨也。“式訛爾心”，陳《疏》云“訛，當作吪。《破斧傳》，吪，化也”。案《無羊傳》“訛，動也”。字從化聲，亦引申其義。從言從口，古字多通。動則變，變則化。其義相因，不煩改字。

9、“正月”條：“燎之方揚，寧或滅之”，《傳》云“滅之以水也”。案滅之以水者，猶淖博士所謂“此禍水也，滅火必矣”。故下云“赫赫宗周，褒氏滅之”也。陳《疏》以“燎之方揚”爲“惡萌易滋”，非《傳》意。

10、《四月》“先祖匪人”，猶言在天之靈耳。陳《疏》讀“匪”爲“彼”，仍詰屈。

11、“采綠”條：末二章陳《疏》以爲婦人設想之詞，亦本《集傳》。而謂“悔不從夫”，則又牽於《箋》、《疏》矣。

12、《皇矣》“維此王季”，昭二十八年《左傳》引作“唯此文王”，《正義》引《詩》王肅注及《韓詩》，皆作“文王”，《稽古編》及段氏《小箋》、陳《疏》據以爲宜作“文王”。案……《左傳》本偶誤作“文王”，《韓詩》沿之，王肅遂挾之以與鄭立異，奉毛者又據之以爲毛本亦同韓，毛公聞之當壺盧地下也。

13、《既醉》“釐爾女士”，案女曰女，男曰士，此承上“家室”而言。陳《疏》以“爾女”連文，引《孟子》“人能充，無受爾女之實”爲證，不只《孟子》所謂“爾女”，乃或稱“爾”或稱“女”，非以“爾女”相連，且“爾”即“女”，“女”即“爾”也。如此詩曰“鼞爾爾士”、“鼞女女士”，可通乎？毛公無文，鄭讀如字，而陳以爲毛讀“汝”，何以見之？

清王炳燮《毋自欺室文集》(《近代中國史料叢刊》237冊)卷三《讀陳實甫毛詩疏》於陳氏之失，亦頗多糾正，其文云：

> 陳實甫徵君《毛詩疏》，墨守《毛傳》，雖《鄭箋》有異毛義，皆不之從，然《毛傳》實多有未安處。如《君子陽陽傳》“君子遭亂，相招爲祿仕，全身遠害而已”。按本詩“君子陽陽，左執簧，右招我由房，其樂只且。君子陶陶，左執翿，右招我由敖，其樂只且”。簧、翿爲樂舞器，其事其詞皆爲喜樂，與“全身遠害而已”，意不相應，此可疑也。《兔爰傳》“桓王失信，諸侯背叛，構怨連禍，王師傷敗，君子不樂其生焉”。按兔狡物，所以喻小人；雉文明而介，以喻君子。今兔舒緩自得，而雉乃離於罔羅，喻小人得志，而君子反遭縲紲之凶，是政刑之失，與諸侯構怨，“王師傷敗”，微不相似，亦可疑也。《大車》之詩舉車服之嚴，以自言其不敢犯，詞甚簡直，謂之“陳古以刺今”，亦不相似。《丘中有麻》詩以留爲氏，子嗟、子國爲字。“彼留之子”，何以亦言“子”，而不得以“之子”爲人名？凡此之類，尚須攷證。
>
> 《毛詩·柏舟》“憂心悄悄，慍于羣小”，《傳》云“慍，怒也”。陳《疏》謂“怒”爲“怨”字之誤，引《文選注》以證之。按本詩通首皆言憂意，故言“憂心悄悄，慍于羣小。覯閔既多，受侮不少。靜言思之，寤擗有摽”。所以憂者，爲己守正見怒于羣小。覯、構古通，羣小見怒，故構病于己者既多，而己受侮不少。“寤擗有摽”，亦憂所致。若云怨羣小聚而非議賢者，則是一念方憂，一念又怨，無此情矣。《孟子》趙注非是，《思玄賦》因趙注而誤，毛不誤也。
>
> 《終風》章，《序》謂莊姜傷己，遭州吁之暴，見侮慢而不能正。夫州吁嬖妾之子，暴疾之狀，莊姜雖以爲悼，而姜爲嫡母，何至欲往州吁之所？次章“莫往莫來，悠悠我思”，故知《集注》之指莊公言爲審矣。
>
> 《谷風傳疏》，陳引高誘《呂覽注》“橜機”以釋“畿”字，亦引《呂覽》原文，説見《龍城筆記》。不知《呂覽·本生篇》云“出則以車，

入則以輦，務以自佚，命之曰招蹷之機”。此言養生者不宜過逸，出車入輦，務以自佚，適所以致蹷。機、幾古通用，所謂幾者動之微，吉凶之先見者也。高誘不得其解，誤以“招蹷之機”爲“㯕機”。陳氏引“㯕機”以釋“畿”，連引《呂覽》原文，無謂也。

《谷風》“不我能畜”，陳氏據《説文》改爲“能不我慉”，證以“既不我嘉”、“能不我知”、“能不我甲”。然以下文“反以我爲讐”玩味之，則“不我能畜”語意爲長，蓋猶云不能我畜焉耳。至“昔育恐育鞫”，《傳》云“育，長也”，自是生長、長養之意，言昔日養育之，而恐養育之窮，故及爾同乎顛覆之事，今則既生既育矣，而反比予于毒，怨之深矣。陳氏讀“長”爲“長短”之“長”，而謂“既育”之“育”訓同義異，失之。

“静女”章“愛而不見”，陳氏以“愛而”爲語，引《左傳》“踰隱而避之”，謂“愛而”即“隱而”。愚按薆有隱蔽之訓，以愛爲隱猶可通，至截“愛而”爲語，殊不可解。《左傳》“踰隱而避之”，言踰越隱處而避之耳，亦豈得以“隱而”爲成語？竊意“心乎愛矣”，同一“愛”也，釋《静女》之詩，謂心雖愛而不得見，亦何不可？

“説懌女美”，陳氏以爲作“説釋”，《頍弁》“庶幾説懌”，説並同。謂《爾雅》作“悦懌”爲誤。予意詩之言“説”爲“歡悦”者，如“我心則説”之類，其解較優。若以“説釋”連文，殊不可解。

陳《疏》多可疑處，惟《柏舟》引《史記》言衛太子共伯餘立，其弟和襲攻之于墓上，共伯入，釐侯羨自殺，而立和爲衛侯，以爲與《序》乖戾，甚善。按和爲武公，《國語》稱武公年九十有五猶作《懿戒》之詩以自屋。《淇澳》之詩稱爲有匪君子，切磋琢磨，《大學》言其道學自脩，而又以盛德至善歸之，《抑》詩之詞亦皆粹然儒者之言，安有好學如武公，而攻殺其兄以自立者乎？太史公採雜説而爲之記，固有未可據信者矣。

《女曰雞鳴》第二章《傳》云“君子無故不撤琴瑟，賓主和樂，莫不安好”。陳氏引《正義》，以爲加肴飲酒，所以燕賓客，故下《傳》云“賓主和樂，無不安好”。子，君子，謂主人言。“與子”者，賓與主人也。陳氏又云“賓主和樂，無不安好”以釋經“莫不静好”

句，“賓主和樂”蒙燕飲而言之也。又引《白虎通義·禮樂篇》引《詩傳》曰“大夫士琴瑟御”，謂是《鄭風》“琴瑟在御”之《傳》。愚按琴瑟就賓主言者，惟《鹿鳴》鼓瑟、鼓琴而已。《關雎》“琴瑟友之”、《常棣》“如鼓瑟琴”，皆以喻夫婦。本詩首章“女曰雞鳴，士曰味旦”，明是夫婦之詞，“弋言加之”蒙首章甚明。《傳》乃云“賓主和樂，無不安好”，以釋次章，是毛公之不可從，顯矣。況“靜好”之義，惟閨房爲合，以屬賓客，亦不相似。詩中“子”字皆是女謂士之稱，“與子偕老”是“一與之齊，終身不改”之義，乃以爲賓與主人，不亦傎歟？

《有女同車》，《小序》謂刺忽，齊女賢而不娶，卒以無大國之助，至于被逐。《疏》謂追刺之詞，並引《正義》，以爲齊女非文姜。《傳》言“親迎同車”，《疏》引《士婚禮》主人“乘墨車，從車二乘，執燭前馬，婦車亦如之”，以爲“親迎同車”之證。愚按詩言“有”者，多係實有之詞，如“有女如雲”、“有車鄰鄰”、“有馬白顛”、“有客有客”，均指目前言之。若鄭人追刺忽之辭婚，以致失援於齊，而竟實其詞爲“有女”，“親迎同車”云云，揣其語氣，殊不相類。況齊侯欲以文姜妻太子忽，而忽辭之，其後文姜卒以醜行亂魯。齊女之賢否亦烏足置議，忽之辭婚正堪嘉予。徒以後之見逐，而追咎其辭婚失援，已爲薄俗之見，胡爲目昭公爲狡童？詩人忠厚之旨不應如是也。《狡童序》以爲刺忽不能與賢臣圖事，權臣擅命。“不與我食”，《傳》以爲不與賢臣共食祿。如此則當爲惜忽之詞，而詩皆不然，故知《序》之可疑也。《狡童傳》云“昭公有壯狡之志”。按《禮記·月令》“養壯佼”，《呂覽》“佼”作“狡”，高誘注云“壯狡，多力之士”。《蘀兮序》謂忽君弱臣彊。然則既以忽爲弱矣，《傳》無緣復以壯狡多力目之，乃迂其詞云“昭公有壯狡之志”，合《詩》詞與《序》、《傳》前後觀之，齟齬多矣。朱子就《詩》詞體味，決然斷爲淫奔之詩，而不從《序》、《傳》，所見良是。

《丰序》以爲夫倡而婦不隨。陳氏《疏》謂夫親迎而女不至。按《傳疏》以《士婚禮》“壻御輪先歸，俟於門外”爲“俟我乎堂巷”之證，然女既不至矣，胡爲後有“悔予不送”、“悔予不將”之詞？就本詩味之，殊不可通。《東門之墠序》以爲男女有不以禮義而相奔者。按本詩首章言“其室則邇，其人甚遠”，次章言“豈不爾思，子不我即”，此皆思其人而不得見之詞，不可以相奔釋之。《青青子衿》之三章“一日不見，如三月兮”，《傳》以爲不可一日而無禮樂，陳氏《疏》以“不見”爲“不見禮樂”。愚按首章“縱我不往，子寧不嗣音”，次章“縱我不往，子寧不來”，則末章所“一日不見”者，正我不見子之云也。乃以爲不見禮樂，抑何其詞之迂曲而難明也？“城闕”正謂城缺，必離城闕而二之，謂闕爲懸書之魏闕，本詩亦爲不詞矣。

“瑣兮尾兮”，陳《疏》謂婉孌爲疊韻，瑣尾爲雙聲。予按同母爲雙聲，如參差、玄黄、高岡、厭浥之類皆是。瑣字音从心，尾字音从微，兩字音不相入，胡爲以雙聲釋之？豈別有古音同出乎？

毛詩傳箋異義解十六卷　（1-671）

咸豐刊本

清沈鎬撰。其中“有屺有堂”一條，謂王引之《經義述聞》因《白帖》作“有杞有棠”，取其杞、棠、條、梅皆木名，舍毛義而從之，未免過好新奇。引《小雅·南有嘉魚詩》三章言樛木，首章、次章俱言魚，末章又言鵻。《菁菁者莪詩》前三章俱言莪，末章又言舟。以為一章言木，未必全詩盡言木之證。（江瀚撰）

按沈氏之言甚是，蓋先秦之時文法未密，不可拘于一例。王引之《經義述聞》卷五《有紀有堂》云：

《終南篇》“終南何有？有紀有堂”。《毛傳》曰“紀，基也。堂，畢道平如堂也”。引之謹案，終南何有，設問山所有之物耳。山基與畢道仍是山，非山之所有也。今以全《詩》之例考之，如“山有榛”、“山有扶蘇”，“山有樞”，“山有苞櫟”，“山有嘉卉”、侯栗、侯梅，“山有蕨薇”，“南山有臺”，“北山有萊”。凡云山有某物者，皆指山中之草木而言。又如“邱中有麻”、“邱中有麥”、“邱中有李”，“山有扶蘇，隰有荷華”、“山有橋松，隰有游龍”，“園有桃”、“桃有棘”，“山有樞，隰有榆”、“山有栲，隰有杻”、

> "山有漆,隰有栗","阪有漆,隰有栗","阪有桑,隰有楊","山有苞櫟,隰有六駮"、"山有苞棣,隰有樹檖","墓門有棘"、"墓門有梅","南山有臺,北山有萊"、"南山有桑,北山有楊"、"南山有杞,北山有李"、"南山有栲,北山有杻"、"南山有枸,北山有楰",凡首章言草木者,二章三章四章五章說皆言草木,此不易之例也。今首章言木,而二章乃言山,則既與首章不合,又與全《詩》之例不符矣。今案"紀"讀爲"杞","堂"讀爲"棠",條、梅、杞、棠皆木名也。考《白帖·終南山類》引《詩》正作"有杞有棠",唐詩齊、魯《詩》皆亡,唯《韓詩》尚存,則所引蓋《韓詩》也。且首章言"有條有梅",二章言"有紀有堂"。首章言"錦衣狐裘",二章言"黻衣繡裳"。條、梅、紀、堂之皆爲木,亦猶錦衣、黻衣之皆爲衣也。自毛公誤釋紀、堂爲山,而崔靈恩本"紀"遂作"屺",此眞所謂說誤於前、文變於後者矣。

章太炎《菿漢閑話》于高郵王氏父子之失論之更詳,其文曰:

> 讀古書須明辭例,此謂位置相同,辭性若一,如同爲名物之辭,或同爲動作之辭是也。然尚有不可執者,《論語》發端便云"不亦說乎"、"不亦樂乎"、"不亦君子乎",君子與說、樂辭性豈得同耶?或者拘攣過甚,同爲名物,尚以天成、人巧、動物、植物瑣細分之,流衍所極,必有如宋人說《滕王閣序》以落霞爲霞蛾者。高郵王氏父子,首明辭例,亦往往入于破碎。如《秦風》"終南何有?有紀有堂",與"有條有梅"相偶,同爲名物之辭也。王氏以其屬對未精,必依《白帖》改"紀"、"堂"爲"杞"、"棠"。《商頌》"受小球大球","受小共大共",《傳》曰"球,玉也。共,法也",亦間爲名物之辭。王氏又以屬對未精,必依《大戴記》一本及《淮南》高誘注改"共"爲"拱",引《廣雅》"供、捄,法也"說之。苟充其類,則霞蛾之說亦不可破矣。

蓋辭例可據,而不可拘,章氏之說可謂通達。

"實始翦商"一條,謂《傳》"翦,齊也",《箋》"翦,斷也"。《爾雅·釋言》"劑、翦,齊也"。故《正義》謂"齊"即斬斷之義。太王自豳徙居岐陽,四方之民咸歸往之,於時而有王迹,故云是始斷商。惠棟《九經古義》謂太王遷岐，始能光復祖宗，修朝貢之職，勤勞王家。此於太王身分則得，而於經旨則未合。陳奐補《毛詩後箋》申《傳》“齊”為正，謂周家有正商室之功。義更懸而無薄。

按“正商”之論，實爲舊說。清袁棟《書隱叢說》卷九《翦商》云：

胡庭芳曰：“《詩》云‘太王實始翦商’。論者不能不以辭害意也。太王蓋當祖甲之時，去高宗、中宗未遠也，後二百餘年商始亡，且武王十三年以前尚臣事商，則翦商之云，太王不但不出之于口，亦決不萌之于心。特以其有賢子聖孫有傳立之志，於以望其國祚之綿洪，豈有一毫覬覦之心哉？議者乃謂太王有是心，太伯不從，遂逃荊蠻，是太王固已形之言矣。夫以唐高祖尚能駭世民之言，曾謂太王之賢，反不逮之乎？”楊升菴云：“《說文》引《詩》作‘實始戩商’，解云福也。蓋謂太王始受福於商而大其國爾。不知後世何以改‘戩’作‘翦’。且《說文》別有‘翦’字，解云滅也。以事言之，太王何嘗滅商乎？改此者，必漢儒以口相授，音同而訛。許氏曾見古篆文，當得其實。人知翦之爲戩，則紛紛之說可息。若如今文作翦，雖滄海之辨，不能洗千古之惑矣，曾謂古公亶父之賢君，而蓄后羿寒浞之禍心乎？”顧亭林曰：“太伯不從。不從者，謂太伯不在文王之側耳。《史記》云太伯亡去，是以不嗣。以亡去爲不從，其義甚明。自誤以不從父命爲解，而後儒遂傅合《魯頌》之文，謂太王有翦商之志，太伯不從，此與莫須有何以異哉？”

毛詩多識二卷（著錄）　（1-259）

《求恕齋叢書》本

清多隆阿撰。此編為吳興劉承幹校刊。據其序云“係盛伯熙祭酒藏本，有程棫林侍講按語。書分上下兩卷，止於曹風”。又云“多姓舒穆錄氏，字文希。檢閱道光乙酉同年齒錄，知為是科拔貢。抑名氏偶同，疑莫能明”。今考王筠所著《菉友蛾術編》有《與多雯溪隆阿書》，並論及《毛詩多識》之作，故篇中《葛覃》毛傳“黃鳥，摶黍也”下注引王菉友云，末復引王云。《芣苢》、《麟之趾》、《摽有梅》下注竝引王云。其它引筠說頗多。文希即雯溪，無疑也。近有遼陽張氏刻本，名與此同，其中一字不異，《曹風》以下皆完，共為十二卷，而題曰“遼陽張氏繡江著”，殊不可解。卷首原序有云“或又曰此多氏之所識者”，則書出多手，亦其一證。殆張氏傳鈔多書，後人不知，乃誤為先代所作歟？然張刻無闕，當取之補成完書也。（江瀚撰）

按《續提要》又有張壽林撰同書提要，著錄《毛詩多識十二卷》（見《續提要》19 冊 359 頁），遼陽張氏排印本，清張玉綸撰。云“玉綸字繡江，遼陽人，始末未詳。是編編首有序二篇，一題自序，一題歲次重光大淵献相月夢月軒後覺張氏玉綸再序。以後序推之，則玉綸蓋道咸間人。是編之成，當在咸豐元年辛亥七月也。又考其前序末云‘或又曰此多氏之所識者’，按清道光間滿州多隆阿亦有《毛詩多識》之作，吳興劉承幹據盛伯熙祭酒藏本刻入《求恕齋叢書》中，書凡兩卷，止於《曹風》。取校此編，不寧書名相同，其中文字亦無大異，則其書之爲多隆阿所著，殆無疑義。惟是編曹風以下皆完，都凡十有二卷，且以二本互校，其間異同，大抵皆劉氏刊本較是編爲勝，豈是編爲玉綸據多氏初稿傳鈔，其子孫不知，誤爲先世遺書，遂妄題‘遼陽繡江張氏玉綸著釋’於編首歟？然其書之題玉綸著釋，雖猶郭象之盜莊，多氏全書乃得因是而傳，亦至可喜。其書《曹風》以下，體例與劉氏刊本全同，專依經文次第以釋《毛詩》名物，凡草木鳥獸蟲魚之名，皆援古証今，以爲之釋”。又云“苟能以是編補劉氏刊本之所闕，使多氏之書復成完璧，亦治《毛詩》名物者之一助也”。

按此書爲多隆阿著，確切無疑。多隆阿字雯溪，姓舒穆祿氏，世居岫巖。道光乙酉拔貢，自署所著曰慧珠閣。其後人則冠姓李。《遼海叢書》收入其著作有《易原》十六卷，《毛詩多識》十二卷，《慧珠閣詩》一卷。《慧珠閣詩》書前載有張玉綸撰《例封文林郎乙酉科拔貢生多公墓誌銘》，記多隆阿事跡甚詳。墓誌稱其著有《易原》十五卷、《易圖說》一卷、《易蠡》十五卷、《毛詩多識》十二卷、《慧珠閣詩鈔》十八卷、《文鈔》四卷、《詩話》四卷。尤工堪輿學，所著《陽宅拾遺》四卷、《地理一隅》一卷。關於《毛詩多識》，《遼海叢書總目》云“蚤年遼陽張繡江之後裔排印此書，以爲繡江作。後吳興劉氏亦刊此書，題曰多隆阿撰，頗滋人疑。及讀何紹墀《陽宅拾遺序》稱多氏有《毛詩多識》十二卷。又遼陽袁氏藏舊鈔本，有多氏再序，亦稱雯溪氏自識，乃知張刻之誤。或疑張氏有意攘美。然張氏爲多氏誌墓，亦稱有《毛詩多識》十二卷。得此乃知張氏決非攘美，證以袁氏藏本，始知爲張氏後裔誤署"。《遼海叢書》所收《毛詩多識》十二卷，書後有丙子初夏金景芳跋云"其書舊有三本，一爲嘉業堂刊本，鐫於吳興劉氏。校仇極審，並有程棫林按語，文字亦似幾經修正者。惜止六卷，未爲完璧。一爲遼陽張氏排印本，乃張繡江之後裔所印，卷首即以繡江名署之，較刊本稍遜。一爲遼陽袁氏藏書，舊鈔本。文詞煩冗，譌奪最甚。今茲所印，即據三本互校，擇善而從。前六卷以刊本爲主，後六卷以排印本爲主。其三本并誤，則檢所引原書是正之"。則是本集眾本所長，又加校正，張壽林"補劉氏刊本之所闕，使多氏之書復成完璧"之願望，已實現矣。

又據《遼海叢書總目》，張玉綸字繡江，遼陽人。隸漢軍正白旗，道光壬辰舉人。

詩傳補義三卷　（1-481）

家刻本

清方宗誠撰。宗誠本以道學自居，故治經不尚考據。是編亦以義理為主，每失之疏。如謂讀十二國風，無重學校者，惟《魯頌》有"思樂泮水"之篇。然《鄭風・子衿》刺學校廢，非重學校乎？雖朱《集傳》以為淫奔之詩，其作《白鹿洞賦》則云"廣青衿之疑問，樂菁莪之長育"，固未嘗不從《序》說也。（江瀚撰）

按引朱子《白鹿洞賦》以難《詩集傳》之廢《序》，可謂以其人之道制其人之身。此論自楊愼拈出之後，學者皆喜引以爲說。楊愼《丹鉛總錄》卷十八《詩小序》云：

朱子作《詩傳》，盡去《小序》，蓋矯呂東萊之弊，一時氣信之偏，非公心也。馬端臨及姚牧菴諸家辯之悉矣。有一條可發一笑，併記於此。《小序》云"《菁莪》，樂育人才也"，"《子衿》，學校廢也"，《傳》皆以爲非。及作《白鹿洞賦》，有曰"廣青衿之疑問"，又曰

"樂菁莪之長育"。或舉以爲問，先生曰：舊説亦不可廢。此何異俗諺所謂"玉波去四點，依舊是王皮"乎？

清初陳啓源《毛詩稽古編》卷十《菁菁者莪》：

朱子釋《子衿》、《菁菁者莪》二詩，皆不從《小序》而自立新説，及作《白鹿洞賦》，中有曰"廣青衿之疑問"，又曰"樂菁莪之長育"。門人請其故，答曰：舊説亦不可廢。可見朱子傳《詩》之意，祇爲從來遵序者株守太過，不能廣開心眼，玩索經文，領其微旨，故悉掃舊詁，别開生面，爲學《詩》者示一變通之法，以救後學之滯，俾與古注相輔而行，原不謂《集傳》一出，便可盡廢諸家之義也。其中或矯枉過直，不無稍偏，朱子固自知之，應不罪後儒之指摘耳。今人奉《集傳》爲繩尺，束《注疏》而不觀，此末學之陋也，非朱子之本懷也。

《四庫全書總目》卷十五《詩類一》著録《詩集傳》云：

卷首自序作於淳熙四年，中無一語斥《小序》，蓋猶初稿。序末稱時方輯《詩傳》是其證也。其註《孟子》，以《柏舟》爲仁人不遇。作《白鹿洞賦》，以《子衿》爲刺學校之廢。《周頌·豐年篇小序》，《辨説》極言其誤，而《集傳》乃仍用《小序》説。前後不符，亦舊稿之刪改未盡者也。楊慎《丹鉛録》謂文公因呂成公太尊《小序》，遂盡變其説。雖臆度之詞，或亦不無所因歟。自是以後説《詩》者遂分攻《序》、宗《序》兩家，角立相爭，而終不能以偏廢。

詩雙聲疊韻譜不分卷　（1-488）

道光十八年廣州自刻本

清鄧廷楨撰。廷楨字嶰筠，江蘇江寧人。嘉慶六年進士，選庶吉士，授編修，官兩廣總督。奪職戍伊犁，旋起為甘肅布政使，再授陝西巡撫。是書成於任粵督時，在安邱王筠《毛詩雙聲疊韻說》前。自顧炎武著《音學五書》，古音大明。江、戴、孔、段、王諸儒繼起，益暢厥旨。顧皆言古音，而不明言疊韻，惟王引之《經義述聞》偁古詩隨處有韻，首言崔嵬、虺隤通為一韻。所謂通為一韻者，即疊韻也。至雙聲之義，則尤罕及。雙聲六朝人始發明之，然錢大昕嘗譏沈休文不識雙聲，其《養新錄》中，嘗以古人名及草木蟲魚之名多取雙聲而撮舉之。段玉裁《說文解字注》亦多有偁以雙聲為訓詁者，第不專言《詩》。廷楨之意，則以為讀《詩》知疊韻易，知雙聲難。言韻而不知雙聲，則無以通古今變易之故。故讀《詩》而不知雙聲，則無以見詩人研鍊之精。然則欲知雙聲，於何求之？亦仍於《詩》求之而已。因創為此譜，條分件繫。其目有四。曰錯綜。如"肅肅兔罝，椓之丁丁。赳赳武夫，公侯干城"。丁、城正韻，罝、夫間韻。兔、武韻上韻。兔罝、武夫又皆疊韻。肅、赳句首疊韻是也。曰對待。如"參差荇菜，左右流之。窈窕淑女，寤寐求之"。參差雙聲，窈窕疊韻是也。曰絫句。如"北流活活，施罛濊濊。鱣鮪發發，葭菼揭揭，庶姜孽孽"。活活、濊濊、發發、揭揭、孽孽疊韻是也。曰單辭。如"關關雎鳩"，關關疊韻是也。王說有雙聲在二四者，在一三者，更有以雙聲字分用於兩章者。疊韻亦有在二四、在一三者，更有以疊韻分用於兩句者。篇中則皆統於錯綜一類。其於諸家之說互有異同，虞之就侯，不从顧而从江。妻之韻室，不从段而从孔。弗為膠執，具有苦心，蓋非徒鈔撮經句焉爾。（江瀚撰）

按李慈銘《越縵堂讀書記・經部・詩類》云：

> 閱鄧嶰谷《詩雙聲疊韻譜》，凡分四目：曰錯綜，曰對待，曰累句，曰單詞。謂錯綜爲古人巧思，對待爲作者常例，累句偶見，單詞最多，大率通所可通，而不強通所不通，猶有亭林愼修諸君家法。以虞協侯，不從顧而從江，以妻韻室，不從段而從孔；亦爲謹嚴。前有自序及凡例八則，持論皆佳，惜於古音同異之故，俱不標注，過爲簡略，又其中可補者尚多耳。此書與《說文雙聲疊韻譜》皆成於總督兩廣時，俱有番禺林伯桐序。以駢儷言音韻之學，源流深邃，裁制精工，亦近世之名篇也。林字月亭，廣東舉人。

毛詩讀三十卷　（1-665）

自刻本〔1〕

清王劼撰。此編大意，以為子夏序《詩》，毛公作《故訓傳》，皆責備賢才，明臣道，與《春秋》相表裏。其旨於《二南》篇中發之，而實語多支離。於《鵲巢篇》云“《鵲巢》自為夫人作，經借為諸侯之喻，序以明垂教，列爵惟五，為王配偶，當有其德，即《葛覃》之所謂本也。《葛覃》為宰輔，《鵲巢》為諸侯。宰輔近王，則以后妃言之。諸侯立其國，故於夫人見之。此《周南》、《召南》之別也”。其下復云“《采蘩》亦猶《關雎》以進賢言荇菜也。又以見夫人寓言國群，猶淑女寓言王臣也。《草蟲》之大夫妻，寓言大夫，可相因見義矣”。此真創解，前此未聞。又於《摽有梅篇》云“此詩為將仕者託詞。《序》推觀之，以為未仕之賢才，得以及時登進，又推言文王化被。蓋《召南》皆遐不作人，令事也。《風》、《雅》一貫，《小雅》之《天保》以上治內，《采薇》以下治外。《大雅》之《既醉》太平、《鳧鷖》守成，莫非本於《關雎》，和摯而有別。《鵲巢》德如尸鳩，平均如一，以為豈弟作人者。故《周南》變文王而言后妃，《召南》變文王而言夫人。終必借證文王明道化，必待其人，況賢才得以及時，尤非文王之遐不作人不及此。此為詩教所最重，《大雅》所以借文王立臣道之極也”。是尤說得眉飛色舞，其如非詩意何？至論文王受命作周，謂“文王請於帝紂，命之名周”，語殊無稽。其釋“文王陟降，在帝左右”，亦謂文王仰不愧天，俯不怍人，故帝紂亦左右以之也。蓋因古有文王受命稱王之說，特變更舊訓，以明臣道，而不知其於經不合。書雖刊行，恐終供人覆瓿爾。（江瀚撰）

〔1〕案“自刻本”，中華本作“同治刊本”。

按李慈銘《越縵堂讀書記・經部・詩類》云：

閱近人巴郡王劼《毛詩讀》，凡三十卷，咸豐乙卯刻於成都。自序謂初爲《毛詩述義》，與包愼伯陳碩甫相商榷，道光戊申於南昌舟次失去，歸田後重輯此書。大抵掊擊鄭《箋》，以朱子《集傳》爲不足辨，而謂《詩》皆是責備臣道之辭，寓言婦德。《關雎》序言后妃，后妃謂王者之匹偶，引《晉語》若翟公子吾是之依兮、鎮撫國家惟王妃兮。韋昭注言重耳當霸諸侯，爲王妃偶，以證后者王也，妃者匹也，后妃之德，言賢臣當匹其君之德。不特周召爲后妃，即文王亦爲后妃，雅則后妃之政有大小者也，頌則美后妃之成功者也，變則非其后妃者也。舊說誤后妃爲王后，他經前史無稱王后爲后妃者，《周書》

之后皆斥王，《周禮》皆稱王后，不稱妃，《何彼穠矣序》云“下王后一等”，《葛覃傳》云“王后織元紞”，與《周禮》合，惟《關雎》八篇序傳合正喻二義，而立后妃之名，示人以臣道之重，有偶王之責，不得如後世公卿徒卑以自牧也。所言皆狂悍迂曲，絕不可通，雖亦頗講古本章句及典禮名物，而大端已謬，其文義又多故爲晦窒，不足取也。

荀子詩說一卷　（22-016）

《春在堂叢書》本

清俞樾撰。其實《毛詩》之傳自荀子，初無確證。《釋文》兩存其說，殆疑以傳疑之意。陳奐《詩毛氏傳疏》顧深信之，甚至於豳風《東山篇》“勿士行枚”，《傳》“枚，微也”，輒引《荀子·堯問篇》“執一無失，行微無怠”，解“行枚”為“行微”。（江瀚撰）

按李慈銘《越縵堂讀書記·經部·詩類》云：“制彼裳衣，勿士行枚。《正義》引《定本》云勿士行枚無銜字。臧氏琳《經義雜記》謂據此知孔本經作勿士銜枚，《箋》作初無銜枚之事。今《正義》本依《定本》及《釋文》改經銜作行，《箋》初無下增行陳二字，當以孔本爲是。《太平御覽》卷三百五十七引詩勿士銜枚與孔合。慈銘案，臧說極確。《毛傳》行字無訓，於枚訓微。胡氏承珙謂微即徽字，徽者止也，銜枚以止言語者是也。毛以銜字人所盡解，不煩爲訓，鄭《箋》即申毛誼，行陳二字，明是後人妄加，蓋必銜枚二字連文，方能成誼。若經文本作行枚，而鄭《箋》以行陳釋行字，銜枚釋枚字，夫不曰陳，則行者何事？不曰銜，則枚者何物？古人有此文誼乎？阮氏《校勘記》及胡氏、馬氏（瑞辰）皆以臧說爲非，殊不可解。至制彼裳衣，《箋》云女制彼裳衣而來，謂兵服也，蓋言在家婦女，方爲征人制裳衣遠寄，而東國已平，無有銜枚之事。所謂兵服者，即征人所服，非必戎服；所謂無事銜枚者，不過謂無事征戰，故《箋》云言前定也，謂衣方來而事已定也。馬氏謂制彼裳衣，是制其歸途所服之衣，亦非。”

學詩詳說三十卷　（22-033）

光緒三年刊本

清顧廣譽撰。廣譽字惟康，號訪溪，晚又號愼子，浙江平湖人。由廩膳生以優行貢成均，咸豐元年，復舉孝廉方正，未赴廷試。是書先名《學詩求是錄》，其自序稱“弱冠即從事《毛詩》，始嘗專宗《集傳》，或專宗注疏，久而知皆非自得之道。經者，天下之公，天地萬物之理，蓋無不該。既名窮經，則當以經為主，不可偏有所徇。偏有所徇，是經之道廣而自我隘之也。於是衷之毛、鄭、陸、孔、朱、呂以正其端，參之歐陽、蘇、李、范、嚴以究其趣，采之宋、元、明、國朝諸家以暢其支，擇其合於經者取之，違於經者丟之，說似可通而實乖正義者辨之，或申或駁，務直陳所見”。蓋其自信如此。厥後乃有味於孟子之言曰“博學而詳說之，將以反說約也”。易其名為《學詩詳說》，此編是也。篇中如《柏舟》，則主序“仁而不遇”，《終風》則主《集傳》為莊公作，洵不偏徇。然於《二子乘舟》，《傳》以乘舟為涉危之喻，玆載呂氏引蘇氏說，自衛適齊必渡河。《集傳》亦曰“乘舟，渡河如齊也”。既知自衛適齊必渡河，而不援《新序·節士篇》言“伋壽同舟”為證，似失之疏。又“維鵜在梁，不濡其翼”，引歐陽氏謂此當居泥水中，以自求魚而食。今乃邈然高處魚梁之上，竊人之魚以求食，而得不濡其翼咮，如彼小人竊祿於高位而不稱其服也。程子亦謂“鵜在梁不濡其咮，以興無功而受祿，不稱其章服之美，待遇之禮，方於興義為切”。案王讜《唐語林》曰“施士丐說，此詩謂梁，取魚之梁也。言鵜自合求魚，不合於人梁上取其魚，譬之人自無善事攘人之美者，如鵜在人之梁”。即是此意，歐程特小變其詞耳。至謂“不弔昊天”，《傳》“弔，至”。《箋》“至猶善”。歐陽以為皆失之，言昊天不弔哀此下民，而使王政害民如此也。李氏引《書》與《左傳》文，證“不弔”為“不恤”，諸家竝依為說。近儒復主《傳》、《箋》。詳經文訓“恤”為直截，況有明證乎？今考哀十六年《左氏傳》“旻天不弔”，注“弔，至也”。《周禮·大祝》鄭司農引《春秋傳》作“閔天不淑”，淑亦善也，訓與“至”同。新出土漢石經《瞻卬》“不弔不祥”，“弔”正作“淑”。三體石經《尚書·

君奭》"不弔"之"弔"，古文作"[illegible]"，篆文作"[illegible]"，是今文"弔"字，固古文、篆文之"淑"字也。然則《傳》、《箋》之義，庸可非乎？廣譽本講宋學，自幼慕其鄉張履祥、陸隴其之為人，似此說經硜硜，與世之空腹高心者固有殊焉。（江瀚撰）

按清李慈銘《越縵堂讀書記·經部·詩類》云：

比日讀顧惟康《學詩詳説》，其書雖自稱不專漢宋，然實墨守《集傳》，攻擊鄭《箋》，於鄭間有取者而不敢直言其是，於朱亦有一二異者而不敢顯言其非。蓋嘉興守張楊園、陸三魚之學者，惟恐以一語背朱，爲得罪聖門，猶不出學究之見。觀其札記中稱一吳下少年，著《止敬編》，其學於顯處都已勘透，微處都已加工。然其人余曾識之，乃一聲氣之士，好言經濟，於學實全無所解。惟康所言，尚在余識之者十年以前，而推許等之聖人，則其識卑可知矣。其説詩所采諸書，頗亦不陋，亦間涉考據。然止獺祭諸家，擇其文從字順有當於私肊者，以爲折衷。自詡實事求是，以意逆志，而於恉趣之博，制度之精，名物之賾，皆未能探討。於治亂升降、風會政事之大，四始六義微言之緒，及漢儒專門授受之業，尤所未知。故其論《小序》，亦出入依違，忽疑忽信，雖如《鄭風》，亦不敢斥爲淫詩，而終橫一朱子之辯説於胸，謂《序》所指刺忽者不可盡據，其他無論矣。惟其涵文會意，亦頗有得於經恉，尤甚便於初學，不可廢也。

毛詩異文箋十卷　（1-676）

南菁書院叢書本

清陳玉樹撰。篇中謂"睍睆黃鳥"，《傳》訓好貌，當是"婉"之聲借字。《猗嗟》"清揚婉兮"，《傳》"婉，好眉目也"。《鄭風》"清揚婉兮"，《傳》"婉然美也"。美亦好也，眉目好謂之婉，故俗改從"目"，此睆、婉字通之證。（江瀚撰）

按周亮工《書影》卷二云：

用修謂《詩》古註"睍睆黃鳥"，睍睆，色也，非聲也。下句"載好其音”，以爲重複，訓之爲色，古註可憑也。嚴氏《詩緝》謂“睍睆”指羽毛之鮮潔，而說詩者又謂目之流盼也。按二字俱從“目”，此解較長。

說詩解頤二卷　（15-229）

光緒九年刊本

清徐瑋文撰。《左傳》稱莊姜美而無子，衛人所為賦《碩人》，正意蓋惜其無子，觀結語“庶姜孽孽，庶士有朅”二語自明，解家只讚其美，非也。（倫明撰）

按莊姜無子之論，持之者不乏其人。清梁紹壬《兩般秋雨盦隨筆》卷五《碩人》載沈彤《果堂集》云：“美之說，詳于次章，至無子之云，以《傳》義考之，未有所見。竊嘗反覆末章，而得其說焉。夫所謂庶姜孽孽者，謂娣姪之生子，如木芽之旁出，孽孽然也。庶士有朅者，謂眾子中有朅然健以武者也。言眾妾多士，而莊姜之無子自見。”

詩義擇從四卷　（14-572）

光緒戊子刊本

清易佩紳撰。昏期之說，毛鄭互異，而各有所據。毛以十月至正月為及時，鄭以三月以後為過時。佩紳調停之，謂九月霜降，二月冰泮，《家語》霜降而嫁娶行，自九月以後，即可嫁娶也。冰泮而始殺，殺者減也，至於二月，始減其禮，而嫁娶者亦少也。《周禮》仲春奔者不禁，以貧不能備禮，至於將過時，故不禁其奔，即殺其禮也。雖殺禮者亦止於二月，則過時實在三月以後，鄭謂三月以後為過時是也。（倫明撰）

按清蔡啓盛《經窺續》（見《續提要》第 14 冊 575 頁）謂“令會男女，奔者不禁”，舊說奔指禮不備，是也。錢大昕引《內則》“奔則爲妾”以釋“奔”，已屬添足。洪頤煊更據《內則注》“奔”或爲“衒”，因謂賣以爲妾。啓盛更據《職方氏》列各州男女之多寡，荊一男二女，揚二男五女，幽一男三女，謂女倍於男，非聽其爲妾，將終身爲無夫之女。不思《職方》男女多寡之説本無稽，賣妾乃後世陋俗，語曰婚姻論財，夷虜之道。詎可援以釋經耶？清李揚華《經解籌世》（15-047）説奔者不禁，謂佞《周官》者曰“奔者，六禮不備也”。然古者娶妻，純帛無過五兩，五兩二十丈布也，雖至貧者亦能備之。奔者無媒妁之言，自鬻其身，如《左傳》“泉邱人有女，夢以其幕帷孟氏之廟，遂奔僖子”，即《內則》所云奔則爲妾也。且禮不下庶人，而加以奔字，刻矣。近人徐天璋《闕里講經編》（14-769）講“中春之月，令會男女，於是時也，奔者不禁，若無故而不用令者罰之”，謂周正建子，中春是建丑之月，今十二月。“會”讀音“儈”，令會男女，正媒氏掌判總稽其數。“不”作“丕”，“不禁”當作“丕禁”，丕大也。“故”謂變故，無故而不用令，未有不罰者。清李光炘《李氏遺書》（見《續提要》第34冊792頁）：

至或問禮云：仲春令會男女，奔者不禁，果有諸？曰：有之。曰：何爲其然也？喟然嘆曰：嗚呼！先王之爲教也，禮樂而已矣。樂勝則流，必有禮以節之，節之故禁之，禁之而後民知畏天，知畏天而後民志定，民志定，天秩從矣。禮勝則離，必有樂以宣之，宣之則不禁也，不禁而後民乃樂天，樂天而後民氣和，民氣和，天時順矣。斯義也，周公孔子皆用之，故曰，一張一弛，文武之道也。

明謝肇淛《五雜組》卷之十三《事部一》云：

朱子《詩傳》謂《周禮》以仲春令會男女，而以桃之始華爲婚姻之候，此誤也。《周禮》媒氏之職以仲春令會男女，司其無夫家者而會之，是月也，奔者不禁。蓋先王製禮，“士如歸妻，迨冰未泮”，則婚姻之期當在冬末春初，而貧賤之家有過期不得嫁娶者，至仲春而極矣，故聖人以是時令媒會合之，無使怨女曠夫過是月也。其有法令不及之處，私相約而奔者亦不禁。奔者，非必盡淫奔也，凡六禮不備者皆謂之奔，故曰：“聘則爲妻，奔則爲妾。”昏期已過，即草率成親，亦人情也，此即《詩》所謂“求我庶士，迨其今兮”之意也。

清杭世駿《訂訛類編》卷一《奔非淫奔》云：

《堅瓠集》（長洲褚人獲學稼著）云：《周禮·媒氏》“仲春之月，令會男女。”是月也，奔者不禁，非踰牆行露之謂。古有“聘則爲妻，奔則爲妾”之言，以奔對聘，是明有奔之例矣。意奔也者，當是草率成婚，若今鄙野小家之爲，不能如聘者之六禮全備耳。蓋荒祲死喪，或孤弱而不能自存，必待備禮，而需以歲處，則遲歸無時，男女之失所多矣。故周公通此一格，以濟大禮之窮，不待其既亂而爲之所也。其曰令者，媒氏令之也。既有令者，非私合矣。不禁者，不禁其闕禮也。若以淫冶之私，雖後世昏淫之主，亦無此治，曾是周公制禮而有之乎？

方濬師《蕉軒隨錄》卷十一《奔者不禁》云：

《周官·媒氏》：“仲春之月令會男女，於是時也，奔者不禁。若無故而不用令者，罰之。”錢竹汀少詹述德州梁鴻翥解曰：“會字讀如‘惟王不會’之會。謂會計其未嫁者，令其及時嫁娶。古者女子有罪爲人妾，而《内則》云‘奔則爲妾’，以其六禮不備卑之也。仲春奔者不禁，謂不禁其爲人妾耳。聖人豈導民以淫奔哉？”林薌溪《三禮通釋》云：“萬氏謂奔者不禁，是作《周官》者見周末時俗有男女相誘，如《溱洧》詩所云，而官不禁者，遂以爲周禮固然，而遂筆之。案：孫卿曰：‘霜降逆女，冰泮殺止。’謂九月即有昏娶，至冰泮農業起，則昏禮殺也。毛公《詩》傳多用其說。據此，則仲春正昏娶殺禮之時，故有故而遲至於此，禮雖不備，官可不禁。葉氏亦謂奔非《桑中》所謂奔。萬氏以爲即《詩》所刺之奔，誤。”臨海洪頤煊《讀書叢錄》云：“《禮記内則》：‘聘則爲妻，奔則爲妾。’鄭注：‘奔或爲衒。’《說文》：‘何，行且賣也。’重文作衒。奔者不禁，亦謂賣者不禁，疏義失之。”以上三說，皆似是而非。梁主不禁爲人妾之議，不知有罪爲人妾，與六禮不備之爲妾，皆無所用其禁。林之有故而遲，禮雖不備，官可不禁，較梁說差勝，然有故而遲解下“無故而不用令”句則可，乃明明指爲“仲春之月，令會男女”，而必強謂仲春正昏娶殺禮之時，插入“有故而遲”四字，頗不圓到。（何異孫《十一經問對》：“會男女於仲春者，順時令陰陽交也。周正建子，即今十二月，故《詩》曰‘士如歸妻，迨冰未泮’，獨奔者不禁。注疏鄭解不通，聘爲妻，奔爲妾，淫奔之事，安有不禁乎？嘗謂全《禮》非周公之全書，必末世添入者。”）洪錄以《說文》衒字拉到賣字，亦屬牽強無味，近於改字陋習。濬師按：宋樂清王東巖（名與之，一號次點。）《周禮訂義》引鄭鍔云：“或謂是時令會男女之當嫁娶者，使得以及時，則奔者宜禁，反不禁之。鄭康成以謂‘重天時權許之’是否，余以爲康成一語之謬，傷敗風教，至今牢不可破。周人立法之本義，言奔者不禁若無故而不用令，與今律文言若之若同。若之爲言，及也。謂不禁男女之奔及無故不用令者，俱有罰耳，奈何以‘重天時權許之’耶？”此論未經人道，蓋賈公彦已有“權許之實，實非正禮”之語也。潁州連叔度《周官精義》於“仲春之月”至“司男女之無夫家者而會之”三十七字，謹遵御案，斷爲莽歆增竄，羣儒強爲之説，皆不足辯。所見實正大。其注“娶判妻”謂已出之婦入，“子”謂他人之子，書之慮其有悔，亦原本鄭鍔《訂義》。（俞氏樾《羣經平議》謂“娶判妻”判字係衍文，謬。）濬師又按：“司男女之無夫家者。”注：“無夫家是鰥寡之人。”寡可以稱無夫家，鰥亦可以稱無夫家乎？是眞不得其解矣。（王開祖曰：“奔者不禁，示天下無禮。復讐而義，示天下無君。蓋疑《周禮》削於六國，焚於秦，出諸季世，所存者寡。聖人不作，無從而取正也。”）

清袁棟《書隱叢說》卷九《奔非淫奔》云：

《禮》曰“聘則爲妻，奔則爲妾”者，禮不備之謂也。有聘而嫁者，亦有奔而嫁者。禮不逮庶人，故仲春奔者不禁，恐失時，而不以禮爲重也。則妾無不奔，而奔則不盡妾也。淫而奔者謂之淫奔，淫者必至奔，奔者不必淫。後人有以奔字誤認爲淫奔者，謬矣。如凌遲是久緩之貌，律有凌遲處死，謂久緩以死之也，人竟以凌遲二字當罪名，不亦謬乎？

韓詩內傳徵四卷　（1-758）

《積學齋叢書》本

清宋緜初撰。緜初字守端，江蘇高郵人，乾隆四十二年拔貢，官訓導。是書蓋因宋王應麟《詩考》所輯《韓詩》尚多遺略，特為搜補。以《漢志》韓詩凡四種，《隋志》止有《內外傳》，《內傳》益以《薛氏章句》

為二十二卷。今書載薛注甚多而統曰《韓詩》，從《隋志》也。其中如“和樂且耽”，《釋文》“《韓詩》曰：耽，樂之甚也”。案慧琳《一切經音義》載《韓詩》“無與士媅”，又引《韓詩》云“媅，樂之甚者也”。是《毛詩》作“耽”，《韓詩》作“媅”。“棄予如隤”，《文選·陸機〈歎逝賦〉》注“《薛章句》曰：隤猶遺也”。案此與馮登府《三家詩異文疏證》同。《唐本玉篇零卷》阜部引《韓詩》曰“昊天上帝，即不我隤。隤，遺也”。是《韓詩》此字屬《雲漢》不屬《谷風》。二書晚出，殆未之見。又有兩說竝存。無所折衷者。如《汝墳》，《後漢書·周磐傳》注“《韓詩》曰：辭家也”。《塵史》中“思親之詩”。《雞鳴》，《太平御覽》“《韓詩》曰：讒人也”。《玉海》“《韓詩章句》曰：說人也”。序各歧異，必有一譌。至《采苢》，《文選·劉峻〈辨命論〉》注“薛君曰：芣苢，澤舄也。芣苢，臭惡之草”。《說文繫傳通釋》“《韓詩》曰：芣苢，木名，實似李”。此似《文選》注是而《說文繫傳》非。《燕燕》，李黃《集解》“《韓詩》曰：衛定姜歸其娣送之而作”。范處義《補傳篇目》“定姜歸其婦”（案劉向《列女傳·母儀篇》衛姑定姜曰：“公子既娶而死，其婦無子。畢三年之喪，定姜歸其婦，自送之，至於野，乃賦詩”云云。《禮記·坊記》鄭注雖亦以為衛夫人定姜之詩，而說又小異。鄭從張恭祖受《韓詩》，故或以此注為《韓詩》。疑不能明也）。此似《補傳》是而《集解》非，乃不著一語，何也？惟謂《御覽》引《韓詩》“簡簡黃鳥，載好其音”，“簡”與“睍”同部字，其下字當必係與“睆”字同部，與簡字雙聲。《御覽》影宋本但有“簡”字，無“簡”字重文，第二字空白，知其不作“簡簡”明矣，但未審當係何字。錄存誤文，以待參攷。是則得之。或以為本作“簡斤”，“簡斤”雙聲，如“間關”之類，亦未必誤。陳喬樅又謂“斤”字乃“反”之譌，《韓詩》作“簡昄”，轉寫脫去“目”旁，僅存其半為“反”字。皆強為文解，不如闕疑之為當也。（江瀚撰）

按清王謨輯有《韓詩內傳》一卷，載入《漢魏遺書鈔》中。首有《序錄》，凡得《釋文》一百五十八條，《詩正義》九條，《周禮正義》五條，《禮記正義》七條，《公羊傳注》二條，《孟子音義》一條，《爾雅注疏》四條，《史記注》

五條，《前漢書注》五條，《後漢書注》十六條，《文選注》九十三條，《水經注》一條，《說文》一條，《玉篇》三條，《廣韻》一條，《白虎通》二條，《藝文類聚》二條，《初學記》六條，《北堂書鈔》一條，《太平御覽》十一條，《玉海》四條，朱子《詩集傳》一條，董氏《詩故》一條。然罣漏尙多，見於王氏《詩故》者亦未收入，他可知矣。近人楊樹達則以爲《韓詩內傳》未曾亡佚，實在今所傳《韓詩外傳》中。楊樹達《增訂積微居小學金石論叢》卷第五《韓詩內傳未亡說》云：

何以說《韓詩內傳》未亡？曰：以在今本《韓詩外傳》中故。有何證？曰：《漢書・藝文志》載《韓內傳》四卷、《韓外傳》六卷，則《外傳》本止有六卷也。今本《外傳》脱佚頗多，書減於前，而卷數卻增於舊，不爲六卷而爲十卷，爲理所不當有，其證一也。然焉知非本爲六卷爲後人所分析乎？曰：不然。試考《隋書・經籍志》止載《韓詩外傳》十卷，而《內傳》則不見於志。十卷之數又恰合於《漢志》《內傳》四卷、《外傳》六卷之合數，則知十卷固非後人所分析；又可知兩傳之合併，其時代在隋以前，而今本《外傳》雖有脱佚，約猶是隋以來相傳之舊本，其證二也。焉知此非偶合乎？曰：不然。試覽今本《外傳》之第五卷，其首節爲：

子夏問曰："《關雎》何以爲《國風》始也？"孔子曰："《關雎》至矣乎！夫《關雎》之人，仰則天，俯則地，幽幽冥冥，德之所藏；紛紛沸沸，道之所行；雖神龍變化，斐斐文章。大哉《關雎》之道也，萬物之所繫，羣生之所懸命也。河洛出書圖，麟鳳翔乎郊，不由《關雎》之道，則《關雎》之事將奚由至哉？夫六經之策，皆歸論汲汲，蓋取之乎《關雎》，《關雎》之事大矣哉！馮馮翼翼，自東自西，自南自北，無思不服。子其勉強之！思服之！天地之閒，生民之屬，五道之原，不外此矣。"子夏喟然歎曰："大哉《關雎》！乃天地之基也。"《詩》曰：鐘鼓樂之。

夫《關雎》者，《詩》之首章也，而子夏者，又孔門弟子傳《詩》之本師也。以孔子與子夏論《關雎》之辭，韓太傅自當褎然列於全書之首。而今本《外傳》竟列於第五卷之首章者，何也？則以今本之卷數次第並非太傅之舊也。今本《外傳》之前四卷者，本太傅之《內傳》也。今本《外傳》之後六卷者，本太傅之《外傳》也。論《關雎》一章，太傅本列於《外傳》第一章之首者也。隋以前人合兩傳而一之，先内而後外，故此章退居於第五卷也。其證三也。子之説確矣！然清以來治《韓詩》諸家皆以《内傳》爲解釋訓詁之書，體裁與外傳不同，治三家最精者有陳喬樅。其所集《三家詩考》亦如是也。子亦有説乎？曰：此陳氏等之誤也。《漢書·藝文志》不云乎？

漢興，魯申公爲《詩》訓故，而齊轅固燕韓生皆爲之傳，或取《春秋》，采雜説，咸非其本義。與不得已，魯最爲近之。（按或取以下三句只論齊韓，不及魯，以魯爲訓故，故獨云近之。）

夫以傳與訓故對言，是傳非訓故也。（志有《魯故》、《魯説》，無訓故，則訓故非書名。）於傳之下而云取《春秋》，采雜説，咸非其本義，則傳又非訓故也。荀悦《漢紀》稱轅固爲《詩内外傳》，則轅固與韓太傅同有内外兩傳，而班孟堅只云皆爲之傳，不復區别内外，則知内外傳本同體也。《儒林傳》又云：

嬰推詩人之意而作内、外《傳》數萬言，其語頗與齊魯間殊，然歸一也。

既以内、外《傳》同舉，而又曰推詩人之意，則又知《内傳》本同《外傳》之體裁也。惟其同體裁，故後人爲之合併也。（鄉先輩王先謙氏《藝文志補注》據《儒林傳》此數語，謂《内外傳》皆韓氏依經推演之詞，得之矣。）其證四也。然則陳氏等所采《韓》詩之故訓當何屬？曰：《藝文志》不載有《韓故》三十六卷乎？此則韓本經之訓故也。陳氏等不知，而以屬於《内傳》，故誤也。鄉先輩王船山先生作《周易内傳》爲訓故體，作《周易外傳》爲依經推演之體，其誤亦與陳氏同也。

重訂三家詩拾遺十卷　（15-066）

嘉慶庚午刊本

清范家相撰，葉鈞重訂。鈞字石亭，籍題程鄉，按即今廣東梅縣也。乾隆□□鄉試第一人，官直隸知縣。是本首有韓對序及鈞自序，末有李士楨跋。其羅暹春及家相原序并凡例，俱仍之。按家相《三家詩拾遺》，《四庫》已著錄。惟自序稱以《古文考異》及《逸詩》二卷附《拾遺》之後，而其書乃以二卷居《拾遺》之前，故《四庫提要》據以駁之。鈞是本即依原序移其次第。所稱正譌補脫者，蓋據保定奎畫樓所藏抄本，而未見刊本。按范氏是書亦刊於嘉慶庚午，是本適同時授梓。據李跋，書尚梓於鈞歿之後，故所據惟抄本也。所訂正者，如《關雎》四句，原書引《韓詩內傳》曰"窈窕貞專，淑女奉順坤德"，俱以"文選注"三字統之。按"窈窕，貞專貌"，見《文選・秋胡詩注》引薛君《章句》；"淑女奉順坤德，成其紀綱"，見《文選・顏延年〈宋元皇后哀策文〉注》引《韓詩》，而家相於"貞專"下缺引"貌"字，鈞雖補引"貌"字，而以"貞專貌"三字列為夾行小注，亦不合。且《文選》分見兩注，而家相與鈞俱混作一條，亦非也。如此之類，亦不多見。至家相援引之顯然譌誤者，舉未及正也。惟李跋稱家相所著《詩瀋》本於《二閭詩說》，二閭者，皆隱於會稽山中，一曰茶閭，業販茶，一曰薑閭，業販薑，相遇則耦坐說《詩》，其說多創獲、饒理趣云云，未曾經人道過，奇而堪傳。（倫明撰）

按李慈銘《越縵堂讀書記・經部・詩類》云：

校閱范蘅洲先生《三家詩拾遺》。《四庫提要》本及吾越嘉慶庚午刻本，俱以《文字考異》及《古逸詩》各一卷冠於首，卷三至卷十方依次以《毛詩》三百篇爲綱，而輯綴魯齊韓三家之說。《提要》以古逸詩與三家無涉，譏其開卷名實相乖。然蘅洲自序，明言以此二卷附後，其凡例亦先言魯齊韓三家之次第得失，而後言文字異同及古逸之詩，則《四庫》所收本及家刻本皆鈔胥之誤。（凡例第三條有云：列之於首，以廣見聞。首乃後字之誤。）《嶺南遺書》所刻嘉應葉鈞重訂本，其序言嘉慶六年得范氏書鈔本於保定蓮花池之奎畫樓，亦以《文字考異》及《古逸詩》居首，因據其自序爲移附於後，蓋鈔本同出一本也。《提要》既不及細審序例，葉鈞不過略一迻易，而遽自稱重訂，其序幾欲據爲己有，伍氏遂收入《嶺南遺書》，亦可笑矣。至范氏此書搜尋功深，具有心得，《提要》亦稱其詳贍有體，較王氏所錄爲備，雖時有引據稍疏，於三家亦間有出入，而功在創通大義，使後人得以推求先秦漢初經師微恉，非僅以掇拾繁碎爲浩博也。近儒嘉興馮氏登府及閩陳氏壽祺父子推衍遞精，要皆原本范氏，沿襲爲多；而陳氏跋馮氏《三家詩異文疏證》，詆范氏爲自鄶以下，抑何言之過與？

詩三家義集疏二十八卷　(1-678)

長沙自刻本[1]

清王先謙撰。是書搜緝三家遺說，誠卓然可傳。其《序例》竟謂“毛之詁訓，非無可取，而當大同之世，敢立異說，疑誤後來。自謂子夏所傳，以掩其不合之迹，而據為獨得之奇”，其言似亦稍過。使無《毛詩》，則三家之說除見傳記外，并其經文作何字尚不可知，安得還為完籍邪？即先謙是編亦不能作也。蓋三家於《詩》無說者甚眾，故先謙之書，仍不能不采取《序》說及《毛傳》、《鄭箋》。其於三家無說者，於引《序》、《傳》下輒注云“三家無異義”，亦非。三家之說多佚，焉知其無異義？此只可曰無聞，不可竟決其無異義也。至引魏源《詩古微》云“三家遺說，凡《魯詩》如此者，韓必同之。《韓詩》如此者，魯必同之。《齊詩》存什於千百，而《魯》、《韓》必同之。苟非同出一原，安能重規疊矩”。則殊未然。如《邶風・柏舟》，劉向《列女傳・貞順篇》以為衛宣夫人作，焦贛《易林》則云“汎汎柏舟，流行不休。耿耿不寐，心懷大憂。仁不逢時，復隱窮居”。殆與《序》言仁而不遇義同。《王風・黍離》，依《韓詩》說則尹吉甫信後妻之讒，而殺孝子伯奇，其弟伯封求而不得，作《黍離》之詩（案此見《太平御覽・羽族部》引曹植《令禽惡鳥論》文）。而《新序・節士篇》又言衛公子壽。閔其兄伋之見害，作憂思之詩，《黍離》之詩是也。其相戾若是。先謙列韓說於正文，而抑魯於疏中，且引胡承珙援《左傳》駁《新序》之說，謂其不足據。然則漢儒之言，抑有不可盡信者矣。乃如《周南・漢廣》，載劉向《列仙傳》“江妃二女者，不知何所人也。出游於江漢之湄，逢鄭交甫，見而悅之，不知其神人也”。《韓詩內傳》“鄭交甫遵彼漢皋臺下，遇二女與言，曰願請子之佩，二女與交甫。交甫受而懷之，超然而去十步，循探之即亡矣。回顧二女，亦即亡矣”。此非語怪乎？於義何取？竊謂三家遺說，以少見珍。博稽詳考，固儒者事。若必顓己守殘，是丹非素，則亦非通人所宜出此爾。（江瀚撰）

〔1〕案“長沙自刻本”，中華本作“民國四年刊本”。

按提要所云“長沙自刻本”，即民國四年虛受堂刻本。中華書局排印本《詩三家集疏》（1987 年 2 月第 1 版）即以此爲底本。本師吳格先生《詩三家集疏校點說明》云：“王氏《詩三家義集疏》一書，初名《三家詩義通繹》，屬稿始於中年，時在江蘇學政任上，然僅至《衛風·碩人》而中輟，曾以成稿寄繆荃孫等商討。晚歲賡續成書，二度修訂，刻行已在民國四年（1915），時年七十有四（見《藝風堂友朋書札》）。王氏於纂輯集注類著作既富經驗，《集疏》成書又歷時長久，故此書體例博洽嚴謹，用心精密，使三家《詩》說之輯集達到完備程度。今人欲通三家《詩》說，即可以《集疏》爲主要讀本，一編在手，庶免翻檢尋覓之勞。《集疏》遍采歷來研治三家《詩》學已有之成果，合《邶風》、《鄘風》、《衛風》爲一卷，以還三家《詩》二十八卷之舊觀。經文之下，先將采自秦漢以下各類典籍中有關三家《詩》之佚文遺說，條分縷析，以次臚陳。疏文首列《毛傳》、《鄭箋》，又徵引自宋至清數十家《詩經》學者之論說，兼綜並蓄，精密排比，並參以己意，詳爲疏解，用力精深，創獲頗夥。《集疏》繼承前人成果，於三家《詩》佚文之采用，尤得力於陳壽祺、陳喬樅《三家詩遺說攷》。陳氏所輯，大都爲《集疏》所利用。《集疏》於三家《詩》義說解，則廣泛吸收自宋至清代學者之心得。在文字聲韻、名物地理的考證方面，《集疏》對戴震、惠棟、錢大昕、郝懿行、段玉裁、王念孫、王引之等乾嘉以來學者之精見卓識，善爲融會，尤多徵引。王氏雖宗今文經學，以整理三家《詩》爲己任，但對專治《毛詩》或今、古文兼通的學者如陳啓源《毛詩稽古編》、陳奐《詩毛氏傳疏》、馬瑞辰《毛詩傳箋通釋》、胡承珙《毛詩後箋》等作，亦折衷異同，多所稱述，使內容更爲充實。《集疏》之問世，固能不能爲兩千年來今、古文《詩》之爭端定案，但搜殘補闕，網羅遺佚，爲後人提供迄今最完備之三家《詩》讀本。”於此書之編纂體例及學術價值論析可謂詳確。提要對《集疏》多所貶損，此則平正公允。

禮　類

儀禮管見三卷　（22-336）

《粤雅堂叢書》本

清褚寅亮撰。江蘇長洲縣人。乾隆十六年南巡，召試，賜舉人，授內閣中書，遷刑部主事。丁父憂，服闋，補員外郎。明於律，尤戒深刻，研鞫無冤濫，侍郎杜玉林嘗以疑獄屬之。尋乞假歸，主講常州龍城書院。中年覃精經術，一以《注疏》為歸。乾隆五十五年卒。著有《周易一得》等書。是書見《蘇州府志・藝文》。書首有王鳴盛序，略言：鄭學尤精者《三禮》，獨《儀禮》為孤學。其貌似宗仰，陰肆掊擊，而書盛行于世者，敖繼公而已。吾友褚先生搢生，泠而隔俗，沈思好古，著《儀禮管見》三卷（《蘇州志》誤作四卷）。於敖氏洞見其癥結，驅豁其雲霧，宛然以入，劃然而解，辨敖氏之失，而鄭氏之精乃明。所以明《鄭注》之精者，正為《鄭注》明而經義乃明。其自序，謂敖之意不專在講經，而在與鄭立異，及其說有不通，則改竄經文，以遷就其詞。此言可謂切中敖氏之病。微先生之詳審善讀書，何由發其覆？大抵自宋迄明，說經者十九皆以叛鄭為事，其叛鄭者十九皆似是而非，但恨不能多得詳審善讀書者十數輩，盡舉而釐正之云云（末題“乾隆四十九年正月上日王鳴盛再拜謹序”）。次為寅亮自序。茲為釐覈，是書于自序後卷一前，有摘錄敖氏妄改經文，自《昏禮》"授於楹間"，"授"改"受"，至《有司徹》"奠于羊俎東"，"羊"改"魚"，"其綏祭"，"綏"改"授"，凡四十餘條。其次曰《宮室廣脩考》，曰《笙詩有聲無詞辨》，曰《拜下解》，曰《旅酬考》，皆褚氏特著者。卷上自《士冠禮》至《燕禮》，分目六（曰卷上之一至六）。卷中自《大射儀》至《喪服》，分目五。卷下自《士喪禮》至《有司徹》，亦分目六（卷中、卷下，亦曰卷某之某）。是書以表章《鄭注》，辨駁敖氏為主。如《士冠禮》玄端玄裳、黃裳雜裳下，胡氏《正義》採用是書，駁敖氏前黃後玄之說。如《士相見禮》"與眾言，言忠信慈祥"下，敖氏據《大戴禮注》無"忠信"二字，欲刪之。胡氏《正義》謂唐石經、嚴本俱與今本同，未可輕刪，與是書合。如《聘禮》"卿為上擯"一節，是書言鄭據《大行人》推之，雖無明文可徵，亦略得其概。敖氏創為新論，竊所不取。胡氏《正義》亦謂擯之人數，與諸侯待天子同。是書駁敖說固多，然間有以為是者，足徵重在明經，並無偏執。至若於《喪服》"旅人以支子後大宗"下，力言改稱其所生父母為世叔父母之非，曰於為所後者，正其為父母之名，於生我者，加以本生父母之名。經言為其父母，即本生之義，即歐陽子所云"不沒其父母之名"之義。《濮議辨》取之，因有《本生考》之說。是書于此不可謂非特見。此外輔翼《鄭注》，有所發揮者頗夥，洵經學家所宜研究也。（吳廷燮撰）

按李慈銘《越縵堂讀書記·經部·禮類》云：

> 閱褚搢升氏（寅亮）《儀禮管見》，分上中下三卷，而上卷又分爲六，中卷又分爲五，下卷又分爲六，仍如十七卷之數，故諸家序或偁爲三卷，或偁爲十七卷也。其書專明鄭注，務申古誼，於敖繼公《集説》之故與鄭違而實背經訓者，一一訂正，先摘錄敖之妄改經文者四十二事，又冠以《笙詩有聲無詞辨》、《拜下解》、《旅酬考》、《宮室廣脩考》四篇，前有自序及王西莊序。褚氏於士禮肉貫髮梳，精心禮會，可謂專門名家之學，驟讀之不能得其要領。其中亦間有舍鄭從敖者，尤非黨護者比。然如謂大夫士有西房，大夫士無主，庶人妻衣用錦，外加禪縠，其名曰褧，爲文之太著，

士妻緇衣纁袡，不爲文著，故外加者爲景，轉取鮮明；笙詩有詞，金奏《九夏》亦有辭，而《九夏》夫子删之數說，皆鄙意所未安也。(《九夏》之亡，自以鄭君《周禮·鐘師注》謂此歌之大者載在樂章，樂崩亦從而亡，其說最塙。褚氏謂夫子當以無所關繫而删之，則肊說無稽。豈有樂之大歌，頌之族類，爲祭祀宴饗鐘鼓之所奏而其詞轉無關繫者？至謂六笙之詩皆有詞，故夫子錄之三百篇，至秦以後始亡，非本無詞者，是也)。

禮經釋例十三卷　(22-463)

《皇清經解》本

清淩廷堪撰。如《封建尊尊服制考》，“慈母如母”下，引《傳》喪之三年，而駮胡氏安國以妾母為夫人之說。(吳廷燮撰)

清趙紹祖《讀書偶記》卷三《慈母如母》云：

《傳》曰：慈母者何也？傳曰：“妾之無子者，妾子之無母者，父命妾曰‘女以爲子’，命子曰‘女以爲母’。若是則生養之終其身，如母。死則喪之三年如母，貴父之命也”。賈疏曰“若是則生養之終其身者，案《内則》云孝子之身終，終身也者，非終父母之身，終其身也。彼終其身爲終孝子之身。此終其身下乃云如母，死則喪之三年，惟據終慈母之身而已”。余案如《疏》所言，則是子生養其庶母，此子既能生養其母，何取於去其死母而母他人？又何以謂之慈母？竊意“生養之終其身”句内，兼有此慈母生之養之之意，故子報其生養之恩，死則喪之三年如母也。

《喪服小記》曰“爲慈母後者，爲庶母可也，爲庶祖母可也”。蓋妾母生子而死，而他妾生子而子死，或庶祖母生子而子死，皆可以乳此子而生養之。又或子雖已不須乳，而尚甚幼，不能自生自養，而庶母無子者，庶祖母之無子者，亦可以生養此子，死則皆當喪之如母。《小記》之所謂爲後，即《喪服傳》之所謂爲子，非立此子以爲庶母、庶祖母後也。

喪禮或問一卷　（22-286）

《抗希堂集》本

清方苞撰。又《戴記或問》內，謂嫂叔無服，先王制禮，使人自別于禽獸。此則有可議。按貞觀十四年魏徵諸人已有長年之嫂，遇孩童之叔，劬勞鞠養，情若所生，及其死也，則曰推而遠之，求之本原，深所未諭，故有服小功之制。《韓昌黎集》於嫂鄭《誌》曰"兄命服以期"，此則小功為服，亦曲體人情天理之至，不可以變禮非之。（吳廷燮撰）

按《五百家注昌黎文集》卷二十三《祭鄭夫人文》云："昔在韶州之行，受命于元兄曰：'爾幼養于嫂，喪服必以朞。'今其敢忘，天實臨之。"注引洪氏曰："貞觀中魏徵、令狐德棻等議嫂叔服云：或有長年之嫂遇孩提之叔，劬勞鞠養，情若所生，分飢共寒，契闊偕老，其在生也，愛之同於骨肉，及其死則推而遠之，求之本原，深所未諭。且事嫂見稱載籍非一，鄭仲虞則恩禮甚篤，顏洪都則竭誠致感，馬援則見之必冠，孔汲則哭之爲位，察其所尚，豈非先覺。嫂叔舊無服，今請服小功五月。制可。公幼養於嫂，服朞以報，可爲士大夫之法矣。李漢序公文集及李習之狀亦云。"魏徵、令狐德棻等議嫂叔服文載《舊唐書》卷二十七《禮儀七》，洪氏引文有節略。自唐代定爲五月之服，宋以後因之，明清亦然。明謝肇淛《五雜組》卷之十四《事部二》云："古者，嫂叔不相爲服，所以別嫌也。然兄弟同室，一居杖期之喪而一緇衣玄冠，不惟禮有不可，亦心有不安矣。我國家定爲五月之服，其於情、禮可爲兩盡。又古者有服內生子之禁，今亦無之。夫喪不處內，此自孝子之心有所不忍耳，禁之無爲也。律設大法，禮順人情，如我國家之制，可謂兼之矣。"清周壽昌《思益堂日札》卷一《嫂叔無服》論之甚詳：

禮制莫密於今，而實有大過乎古者。《禮·檀弓》："嫂叔之無服也，蓋推而遠之也。"又云："子思之哭嫂也爲位。"《奔喪記》云："無服而爲位者唯嫂叔，及婦人降而無服者麻。"夫謂推而遠之爲遠嫌，說禮者至引嫂不撫叔、叔不撫嫂之訓，則哭之爲嫌較甚于服矣。無服而猶麻，麻不亦服乎？程子曰："推而遠之，此說不是。古之所以無服者，只爲無屬。今上有父有母，下有子有婦。叔父、伯父、父之屬也，故叔母、伯母之服與叔父、伯父同。兄弟之子，子之屬也，故兄弟之子、之婦服與兄弟之子同。若兄弟則己之屬也，難以妻道屬其嫂，此古者所以無服，以義理推不行也。”愚謂：程子發明禮意甚暢，而謂無服必因無屬，竊不敢謂然。父母之視嫂，非冢婦即介婦也，猶爲之服三年。服期，子獨不可推父母之愛以愛之乎？兄弟之子，即嫂與弟妻之子也。其子爲吾服期，吾亦以期報之，獨不可以待其子者，推以待其母乎？此似皆義理之可以推，屬之上而可，屬之下而亦可者也。《儀禮・喪服》：“傳曰：何以大功也？從服也。夫之昆弟何以無服也？其夫屬乎父道者，妻皆母道也；其夫屬乎子道者，妻皆婦道也。謂弟之妻婦者，是嫂亦可謂之母乎？故名者，人治之大者也，可無愼乎？”而下章《喪服記》曰：“夫之所爲兄弟服，妻降一等。”晉成粲據此以爲嫂叔有服是也。而庾蔚之謂其排棄經傳，苟樹己説。應撝謙則謂此語可疑，當闕。善夫，萬斯同之言曰：“鄭氏於此條無注，賈氏亦不得其解，謂當是夫之從母之類。噫！從母之類而可稱之爲兄弟乎？既言兄弟，而可索之于兄弟之外乎？”又曰：“此正嫂叔有服之明證也。《喪服》經雖不言嫂叔之有服，亦未嘗言嫂叔之無服。子夏作傳自爲問，而以母道、婦道解之。以此爲子夏之意則可，以此爲經之本旨則未可。蓋記禮者於經之所未及，往往見之於記，人無不以記與經並信。獨此條之記不可信乎？所爲沒其文於經，而補其説于記者，蓋從古嫂叔原未制服，至作《儀禮》之人，見其不可無服也，故不直筆之於經，而但附著之於記，以見后人之所補，而非先王之所制也。至《大傳》所言名治之説，即引子夏傳。且細觀之，只言名之宜愼，而未嘗言服之宜無，則亦不足以爲無服之據。”徐乾學《讀禮通考》，亦因萬氏説而衍之，以《儀禮》爲信，謂《戴記》實多漢儒之語，《儀禮》自是周代之書，是作記者因古制五服不列叔嫂，而補之于記，猶之唐以前未有嫂叔之服，貞觀時始補之爾。豈可因《檀弓》諸説，反不信《儀禮》乎？又云：“後世如五代與宋初，固嘗增叔嫂爲大功矣，當時亦未嘗以爲非，然則何疑於《儀禮》哉？”近世胡培翬《儀禮正義》，於此條特從而爲之辭曰：“記明云夫之所爲兄弟服，不云夫之兄弟。則兄弟指服言，不指人言明矣。”愚謂兄弟非人，則兄第二字可刪。刪去兄弟，則所爲服當何等乎？不解一也。其引沈彤

> 説云："若夫之從祖父母、夫之從父姊妹之類，皆以小功而降爲緦，夫之族曾祖父母，及夫之從祖姑姊適人者之類，夫皆爲之緦，妻皆降而無服，並包含于其中矣。"是直以兄弟兩字總括諸人，如何包含法？不解二也。引江筠説云："此與上室老兩條，非止爲服不見者。以此求之，亦兼爲不服者明之也。蓋小功降一等則緦，緦降一等則無服矣。"是應云降二等，非降一等，不解三也。且胡氏獨不記前一條乎？記云："君之所爲兄弟服，室老降一等。"其正義云：兄弟服者，指小功以下言之，小功是兄弟之服，不云不指人言也。降一等者，君服小功，室老則服緦也，不云無服也。記語皆同，何獨于此條相違反乎？自開元禮定爲五月，宋以後因之，今律文定爲小功之服，酌古準今，于禮眞無遺憾矣。

或謂：據此"則推而遠之"一語為無當乎？曰：萬氏曾言之矣。萬氏曰："此世儒附會之說也。先王之制禮，豈專為不肖者設哉！世之亂常瀆倫之事，苟非大不肖者必不至此也。欲為不肖者立防，而反廢親親之紀，先王之所不忍也。且彼之所為遠嫌者，將由夫淫邪之人與？雖無服制，豈能禁之？將由夫修飾之君子與？雖有服制，豈能亂焉？況所為遠別者亦當遠之于生前，而不必遠之于身後，當夫身沒之後，舉家縞素，而我獨吉服于其間，曰：'將以遠嫌也。'天下豈有此不情之人哉！"此論最快。或又謂："《禮》'嫂叔不通問。'既不通問于生前，而轉服于身後，為無謂。"愚謂：此即萬氏所說也。不通問，所以遠嫌于生，若既死，尚何嫌之可遠乎？唐貞觀十四年，太宗曰："同爨尚有緦麻之恩，而嫂叔無服，宜集學者詳議。"于是魏徵、令狐德棻等奏議，請服小功五月，服其弟妻及夫兄亦小功五月，制可之。厥後，韓昌黎之于嫂鄭氏服期以報，人皆賢之。蓋稚叔鞠于長嫂，雖千百中僅一見，亦不得謂禽獸之行。千百中即常見也，君子亦道其常而與其善而已。

又案《檀弓》："曾子曰：'小功不爲位也者，是委巷之禮也。'子思之哭嫂也爲位。"細繹之，此言是爲小功爲位立案，而子思爲位，乃合乎小功之禮也。古豈有爲喪位而無服者乎？《禮記·奔喪記》之言，漢儒說經者之自爲言，皆以嫂叔無服之一言囿之也。

儀禮正義四十卷　（22-429）

木犀香館家刻本

清胡培翬撰。是書首有羅惇衍（同治戶部尚書，謚文恪〔1〕）序，略言：績溪戶部胡先生，夙承家學（培翬祖匡衷有《儀禮釋官》），邃精《三禮》。以《儀禮經》為周公作，有殘闕而無偽託，《鄭注》而後，惟唐賈氏公彥《疏》盛行，而或解經而失經旨，申《注》而失《注》意。因參稽眾說，覃精積思四十餘年，成《正義》若干卷。先生自述其例有四，曰補注，補鄭君注所未備。曰申注，申鄭君注義。曰附注，近儒所說雖異鄭恉，義可旁通，附而存之。曰訂注，鄭君注義偶有違失，詳為辨正。顧嬴秦滅學而後，高堂生傳《禮》十七篇，大小戴、慶氏之學並置博士。賴康成鄭君本小戴之學，又校以古經，為鄭氏學，而是經以明。自王肅、沈重、黃慶、李孟悊而外，如袁準、孔倫數十家，多解《喪服》，故賈氏並疏二禮，而《儀禮》不逮《周禮》之該洽，即《儀禮》一經，而眾篇亦不如《喪服》之該洽，詳細殊致，亦以所本者多寡不同。是非旁搜博考，神與古會，念釋所在，回翔反覆，即器數以考義理之存，使精融形釋，若親接古人，而與之進退酬酢於其間，亦安能抉經之心，析異同之見，以折衷一是？余於茲識先生為之之勤，研之之久，而益信所擇者精，所成者大云云（末題"道光己酉十月順德羅惇衍椒生氏撰"）。（吳廷燮撰）

〔1〕案"文"下原爲空格，無"恪"字，據《清史稿·羅惇衍傳》補。

按《儀禮正義》之成書，柳向春君有詳考。培翬致力於三《禮》研究，積四十餘年之力，在其晚年時基本完成《儀禮正義》之定稿。《清史稿》卷四八二云："尚有《士昏禮》、《鄉飲酒禮》、《鄉射禮》、《燕禮》、《大射儀》五篇，未卒業而歿。門人江寧楊大堉從學《禮》，爲補成之。"同時各家記載皆同，如《清史列傳》卷六十九："培翬覃精是書，凡四十餘年。晚歲患風痺，猶力疾從事。尚有《士昏禮》、《鄉飲酒禮》、《燕禮》、《大射儀》五篇，未卒業而歿。門人江寧楊大堉從學《禮》，爲補成之。"陸建瀛《校勘儀禮正義序》："……績谿胡農部撰《正義》，以鄭注爲宗而萃輯羣言，辨析精密，洵足輔翼鄭氏，嘉惠來學。因屬陳君奐詳校授梓，仍依原帙分四十卷。《士昏禮》及《鄉飲酒禮》、《鄉射禮》、《燕禮》、《大射儀》五篇十二卷，則其門人楊君大堉所補也。至是書之體例，已詳椒生侍郎原序中，不復贅論。咸豐壬子九月沔陽陸建瀛序。”陳奐《師友淵源記》：“《儀禮正義》廣採博收，成書最富。業未竟而病卒。《士昏》、《鄉飲酒》、《鄉射》、《燕》、《大射》五篇，其門人江寧楊大堉□□（今按：字雅輪，見《清史列傳》卷六十九）爲之補編，成四十卷。”又其《流翰仰瞻小傳》：“培翬，字紫蒙，又號竹邨，安徽績溪人。嘉慶二十四年己卯進士，戶部主事。著《燕寢考》一卷、《研六室文鈔》十卷，先刻《儀禮正義》四十卷，《士昏》、《鄉飲酒》、《鄉射》、《燕》、《大射》五篇原缺，其門人楊大堉補。”“大堉，字正（疋）侖，江寧人，廩生。胡竹邨弟子，爲竹邨補《儀禮正義》五篇。”《儀禮正義》各刻本在此數卷（卷三、卷五至十五，共十二卷）卷端亦皆題爲“受業江寧楊大堉補”，故，此五篇爲楊大堉所作似當爲定論。

《清史稿》卷四六三：“大堉，字雅輪，諸生。篤學寡交，研窮經訓。初從元和顧廣圻、吳縣鈕樹玉遊，備聞《蒼》、《雅》閫奧。著《說文重文考》六卷，純以聲音求叚借，以偏旁繁省求古、籀異同之變。又作《五廟考》，專駁王肅之失……他著《論語正義》、《毛詩補注》、《三禮義疏辨正》，皆佚。”楊大堉在胡培翬生前，即蒙其賞識，多所讚譽，如《研六室文鈔》卷三《論語居必遷坐解》中，胡氏自注曰：“楊生大堉爲余舉一證曰……”同卷《儀禮姑姊妹說》自注：“楊生大堉、汪生士鐸據《烈女傳》……楊生、汪生俱金陵人，貧而力學嗜古，余主鍾山講院，常從余問難經義，多有足以益余者。爰記之於此。”凡此種種，似皆可爲楊大堉補作《正義》之能力與可能之證。然十數年之後，異說別出。《雪堂類稿・雪堂書畫隅錄》之《趙之謙手札》第三通致胡培系書：“其《儀禮正義》發刻者何人，竊曉庭按語者何人，求示之。”第五通：“《儀禮正義》中引《讀經記》須再檢尋，全載俱可。楊君襲筿汀說，不必舉其證，可無鈔。”（按：筿汀亦培翬從侄胡肇昕字）又其《漢學師承續記》：“胡秉虔附肇昕”：“肇昕字曉庭，諸生，師事竹邨戶部，性淡泊，不慕榮利，無競心……戶部之撰《儀禮正義》也，未成而感疾，命之補作，及書成，爲戶部刊之。攜摹至江寧，戶部弟子楊大堉實任校讎，及刻成，則某竊君按語爲己有，君見之夷然不問也。”“胡培翬附楊大堉”：“大堉字疋掄，嘗爲君校勘《儀禮正義》。”趙氏此言當聞諸胡培翬族弟胡培系，若所述不虛，則胡培翬之《儀禮正義》已經肇昕刊行。

且據文中之意，竊肇昕按語之人亦呼之欲出，即爲楊大堉。

今考諸家公私藏目，《儀禮正義》最初刊於沔陽陸建瀛，校勘者爲培翬友人陳奐。又據同治七年胡培翬侄胡肇智跋文："書成，沔陽陸笠夫先生適總制兩江，聞之訪以付梓未及而粵寇陷金陵。陸公殉節，書板與原藁均失所在。"可知此爲該書之首次付梓，之前並無刊本，故趙之謙氏文中所言"及書成，爲戶部刊之。攜摹至江寧……"等數語，實爲無憑。再查所謂肇昕按語被竊之事，以卷九《鄉射二》爲例，文中稱"胡氏肇昕云"者，總計三十四次，而稱"堉案"者，僅六次而已。再以卷十二《燕禮二》爲例，文中稱"胡氏肇昕云"者，計九次，而稱"堉案"者，不過區區一次而已。若云肇昕按語被竊，則見存者又何其之多？若云大堉竊人，則大堉之按語又何其之少？更何況，卷九《鄉射二》"取矢委楅第一番射事竟"節，"命弟子設楅"句下，"堉案"之後，即又有"胡氏肇昕云"。凡此皆可證明，所謂肇昕按語被竊之事，當屬烏有。

今《雪堂類稿・雪堂書畫隅錄》中，收有趙之謙致胡培系書十九通，幾全爲探討趙氏所撰《國朝漢學師承續記》者。據羅繼祖先生按語："時大令（趙之謙）方撰《國朝（漢學）師承續記》，故搜求諸儒述作甚力，以績谿胡氏數世傳經，踵武惠氏，故訪其世系著述於教諭（胡培系）。"即趙之謙書及其《續記》中所述胡氏著述生平等有關資料，十九當即緣於胡培系所述。趙氏既已致信胡培系詢問所謂有關肇昕按語被竊事，以情理度之，培系當亦有所答覆。然今國圖所藏《漢學師承續記》殘本（即漆永祥整理本之底本）中，仍以此事質疑，又可見此殘本非趙氏最後定本。

大約從陸氏刻本始，胡培翬未竟之五篇即標爲楊大堉補作，其間除前述趙之謙氏之質疑之外，大體人無異議。然正如上文所述，五篇中亦多見胡肇昕按語，即此而言，則刻本中此五篇卷端所題"楊大堉補"已有不妥。同治七年胡肇智跋云："（胡培翬）以族姪肇昕留心經學，命助校寫。己酉夏，嘗寄智書曰，假我數月，全書可成。詎意背疽復發，遽於七月棄世，尙有《士昏禮》、《鄉飲酒禮》、《鄉射禮》、《燕禮》、《大射儀》五篇未卒業。江寧楊明經大堉先從先叔父學禮，因爲補綴成編，書中有'堉案'及'肇昕云'者即二君之說，餘皆先叔父原藁。"據此文意，則此五篇胡培翬亦有初稿，胡肇昕、楊大堉僅爲增補校正而已。今以《正義》文本證之，如卷三十九《有司一》中，多處可見"餘詳《士昏禮》"、"餘詳《鄉飲禮》"、"注詳《鄉飲禮》”、“詳《士昏禮》”、“詳《鄉飲酒禮》”，卷四十《有司二》中，又可見“義詳《鄉飲酒禮》”等語，可知此五篇確如肇智所述，在培翬生前已有未竟之稿。再以胡、楊二人在文中表述自己觀點所用措辭而言，肇昕作“胡氏肇昕云”，而大堉則作“堉案”。肇昕措辭與《正義》中引人姓名之作“某氏某某云”或“某氏某某曰”正同，故肇昕之自視增補《正義》，殆無異議。而“案”則用如斷語，學界多以爲源於《漢書·賈誼傳》：“驗之往古，按之當今之務。”後由“審查、考核”等義轉爲“按語”之義（“按”、“案”通用），以此表達勘正、補充之義，爲後世作校箋者所習用。大堉自用“案”之形式與上文所言其曾任校讎之事正相符合，故以大堉之措辭分析，大堉亦僅以校勘者自居而已。由此可証，五篇之中，除“堉案”、“肇昕云”各條之外，全爲培翬原稿。故此五篇十二卷之作者署名，或可改題爲“績谿胡培翬學，受業績谿胡肇昕增補、江寧楊大堉校正”。然今本此五篇誤題“受業江寧楊大堉補”之緣起，揆諸當日之情理，係因此書訪自大堉而爲陸、陳二氏誤會而致。金天翮《胡培翬傳》所述：“自癸卯病疽，體稍衰，而《儀禮正義》未卒業，乃命從子肇昕手錄《士昏》、《鄉飲》、《鄉射》、《燕禮》、《大射》諸篇，采輯諸說，鱗次排比，授以己意，令附諸後。越六年己酉，卒，年六十有八。沔陽陸建瀛督兩江，屬培翬弟子楊大堉據肇昕所輯本，補纂五篇，成四十卷，刊於金陵。”可謂得其窾隙。

又有疑者云，今五篇中有逕稱培翬祖父匡衷之名者，培翬、肇昕，爲人孫、曾，絕無直呼先人名諱之理，而今《正義》中，或可見有直稱匡衷名者，如卷三《士昏禮》“舅姑沒婦廟見及饗婦饗送者之禮”節“祝盥……”句下，即有“胡氏匡衷曰”。故僅以此點即可證五篇之作當出大堉之手。然據《汪胡尺牘》某年十一月廿四日胡培翬致陳奐函：“拙《疏》內引諸家之說甚多，或引出姓名，或引出書名，似宜畫一。又引家大父及先師之說，宜作何稱？均祈教示。又啓。”可知，胡氏在作疏之時，引書體例並未畫一，即徵引其祖父胡匡衷、座師王引之所述時，亦未有一定之規，或直呼其名，或以尊稱，或稱引書名。如有云“先大父樸齋先生《三禮目錄校正》云”者，有云“先大父《儀禮釋官》云”者，有云“《儀禮釋官》云”者，有云“《釋官》云”者。再如，有云“《經義述聞》云”者，有云“王伯申尚書《經義述聞》云”者，有云“王氏引之云”者……書中多有其例，不贅。因全書未及定稿，培翬即歸道山，故原稿中稱引不當之處並未回改完畢。《正義》中引人姓名，其例正作“某氏某某云”或“某氏某某曰”，故此處之稱“胡氏匡衷曰”不惟不可證明此篇爲大埥所作，乃適可爲此篇在大埥、肇昕訂補前培翬已有草稿之明證。胡肇智跋文中所云：“其所引樸齋公《釋官》之文，有直稱先曾祖父之名者，蓋補編時失於檢點也。”正是指大埥、肇昕不曾以一定之規，將培翬原稿中之稱引不當之處一一回改也。

道光三十年，兩江總督陸建瀛聘陳奐代爲校勘《儀禮正義》，並隨即付蘇州湯晉苑局刊行。依前引諸文推斷，《正義》稿當是由肇昕轉託大埥校勘，而又經大埥之手進獻於陸建瀛者。《儀禮正義》卷帙浩繁，迄太平軍佔領江南而尚未蕆事，而陸建瀛旋亦家毀身亡，書版遂沉寂於蘇州湯氏局中數載。其間，據《師友淵源記》，胡培翬子肇潢嘗索版於湯氏，然未果。之後，此書版又輾轉南北，至同治六年始得安藏於京師。建瀛之孫光祖同治七年所作書跋述其始末最詳：

> 道光己酉，先大夫持節兩江。次年，延長洲陳碩甫先生校勘郝氏《爾雅義疏》、金氏《求古錄禮説》、江氏韻書三種爲家塾課讀，次第刊成。惟胡氏《儀禮正義》卷帙最繁，後付剞劂，工未竣而軍事遂起。癸丑，先大夫殉節金陵，全家避難山左，是書雖在姑蘇刻局，亦不遑過問其存否。甲寅，自山左移寓袁江，子岷叔父至蘇取歸。己未旋里，以難於運載，寄存山陽友人處。中遇捻逆之亂，幸未毀棄。丁卯，余北行過淮，始得移至京寓。其中間有殘蝕，重爲補刻成帙。惜原稾已佚，復校莫由，亥豕傳譌，在所不免。因念家藏圖籍存於金陵節署者，盡歸一炬，惟是書以刻事未蕆，幸免劫灰，且出自烽燹之餘，竟得完好如故，展讀期編，不禁悲幸交集也。同治戊辰夏六月沔陽陸光祖謹識。

從書版刻竣至其庋藏於陸氏京邸，是否曾經刷印，已不可考。然即有印刷之舉，亦不過寥寥數部。總之，此書在當日流傳甚稀，當日學者於此書皆多有耳聞而未獲寓目。

同治六年，趙之謙入京，訪得《正義》書版藏於京師，乃多方設法，終於得將書版租出並刷印三十部。其具體經過可見於趙氏致胡培系諸書：

> 第十通：“竹邨先生《儀禮正義》板在京師，尚未刷印，聞之即往求刷印，而價值太昂（每部須六金），又必得刷十部或二十部。弟去年冒失入都，本無多資，兼以捻逆驟入直隸，百事驚散，書畫買賣，

無過問者，以致不能希冀。現惟俟荄老入都，再商辦法。又欲與西老言之，而既打把勢，復勸出買書錢，難以兼營並進。鄙意此書若失此機會，不印數十部出來，將來便成希世物。又欲晤侍郎商之，而苦不得見。或彼亦不願此事，已屬潘侍郎漏其意矣。未知兄意以何者爲善，求即示。"

第十一通："《儀禮正義》刷印事，荄甫已言之季臨侍郎，頗允許，而渠大忙，當不能速辦，萬一悠忽過去又可惜。陸氏本欲印本發坊，爲厰肆坊賈以'無銷數'三字所沮，此事豈亦在天運中耶？"

第十二通："竹邨先生《儀禮正義》於八月間始設法假板刷印三十冊（部），君家侍郎及潘少農各得數冊（部），恐此後陸氏更祕不出，求治仍難。然盡一年之力，居然得讀此書，未必未竹邨先生有心默佑之也。"

書中所云荄甫、荄老者，績谿胡荄甫戶部澍也。西老、西垞者，溧陽王西垞也。侍郎、季臨侍郎、君家侍郎者，即胡培翬侄胡肇智也。

南京圖書館所藏今影印入《續修四庫全書》之《儀禮正義》本（91、92冊），卷前有"木犀香館，家刻藏板"牌記，當即爲書版尚存陸氏家中時所刷印，或即係爲趙氏此次所印者，疑不能明。

此次刷印之後不久，書版即由陸氏轉手於績谿胡氏族中。據胡肇智同治七年跋文："今年夏，聞陸公文孫泰初觀政比部，往詢之，知其書板已運京師，不勝竊幸。乃請以他物相易，而比部慨然允之，即將書板歸智，感何可言！"

胡氏獲取書版後不久，即於同治八年將此書與胡匡衷《儀禮釋官》合爲一種，重新刷印若干部行世，今各館所藏者多爲此本。因係同版所印，故版式行款一同南圖所藏本，然書版已經易主，故原版卷前之牌記已改爲："研六堂藏板"，此亦題中應有之意。然以今復旦大學所藏同治印本與南圖本相較，尚多陸建瀛序一篇，以情理度之，南圖本原當亦有此序，今缺者，乃遞藏中偶失，審非原本即無。

圖籍之流佈，在手工時代極爲不易，《儀禮正義》雖經數次刷印，流傳仍不甚廣。直至民國十六年，丁福寶在其所購同治本上仍題曰："書板存北京，久不印刷，故傳本絕少，書値因此益貴，宜寶藏之。丁卯冬守一子識。"

同治間與《正義》合刻之《儀禮釋官》，亦命運多舛。茲藉述《正義》之由，並錄其跋文如下，以見書籍流傳之不易：

公（胡匡衷）歿後，以先叔父竹邨公幼從公受《禮經》，凡所著作皆歸先叔父收藏，惟此《儀禮釋官》九卷，曾於嘉慶丙子刊板行世，其餘藁本仍藏於家。咸豐庚申，粵寇擾及績谿，藏藁及《釋官》原板盡被燬……攷此書儀徵相國阮文達公嘗刻入《皇清經解》，惜其刪去卷首《鄭氏目錄校證》一卷，未爲全書。今年春，從琉璃廠書肆購得全帙，即嘉慶丙子所刊之本……謹將《釋官》重付剞劂，與《正義》同垂久遠，庶以塞後死之責焉。同治己巳三月曾孫肇智謹記。

王欣夫先生曾云："著述之傳否，蓋有幸不幸也。"《正義》與《釋官》，雖多經顛沛流離，然究屬幸者。（詳見柳向春《〈儀禮正義〉成書考》）

儀禮古今文疏義十七卷　（16-029）

家刻本

清胡承珙撰。按鄭君注《禮》，并列今古文，而或從或否，非審定聲義，莫從折衷。承珙是書取注中疊出之字，并"讀如"、"讀為"、"當為"各條，排比疏櫛，考其訓詁，明其假借，參稽羣經，旁采眾說，一一疏通而證明之，可與段氏玉裁《周禮漢讀考》並行焉。（徐世章撰）

按李慈銘《越縵堂讀書記·經部·禮類》云：

閱胡氏承珙《儀禮古今文疏義》。其書臚舉鄭注，所載古今異文，援據《說文》及古籍故訓，詮其通假，辨其正俗，務明鄭君取舍之意，致爲謹嚴。自序謂墨守鄭學，倦厥指歸，良不誣也。又謂鄭注略例，蓋有數端，有必用其正字者，取其當文易曉，從"甒"不從"廡"，從"盥"不從"浣"之類是也。有即用其借字者，取其經典相承，從"辯"不從"徧"，從"膉"不從"嗌"之類是也。有務以存古者，"視"爲正字，"示"乃俗誤，行之而必從視是也。有兼以通今者，"升"當爲"登"，"升"則俗誤已久，而仍從"升"是也。有因彼以決此者，則別白而定所從，《鄉飲》、《鄉射》、《特牲》、《少牢》諸篇是也。有互見而竝存者，可參攷而得其義，《士昏》從古文作"枋"，《少牢》從今文作"柄"是也。可謂深明指要者矣。

周禮故書考　（22-287）

《積學軒叢書》本

清程際盛撰。程君之為是書，深欲便受書者，由古文漸而致于古訓，以合韓子凡為文宜識奇字之意，其功詎不偉云云。（吳廷燮撰）

按韓愈《科斗書後記》云："凡爲文詞，宜略識字"，一作"宜略識古字"（見《五百家注昌黎文集》卷十三），未有作"識奇字"者，此屬改易原文，不足爲訓。

周禮古注集疏二十卷　（37-438）

排印本

劉師培撰。師培此書，成于《正義》刊行之後，多所參攷，故于兩漢古文師說，辨跡遡源，咸有籤論，堪稱為信心之作。當是書告成，嘗迻寫淨本，凡四十卷，交蘄春黃侃，屬為製序代梓。及師培既歿，而黃侃持淨本，久不謀刊，是以世鮮流傳。寧武南氏刊行劉氏遺書時，假劉家所藏稿本付梓，惜卷一至卷六，又卷十三"敬敏任恤者"以後，及卷十四，原稿具已散佚。其卷十五《均人》至"大均"，與卷二十，則皆為未完之篇。卷二十以下，原稿均佚。方將商諸黃氏，冀得清稿，而久不獲報。旋黃氏亦下世，淨本更無從得。即以此殘本印行，而師培絕卓之學，遂任湮沒不得盡傳，此士林之所共悼者也。（孫海波撰）

按寧武南氏校印《劉申叔先生遺書》，《周禮古注集疏》即在其中，書後有陳鍾凡跋云：

中華建國之八年秋九月，鍾凡北旋故都，謁先師儀徵劉君於寓廬。君以肺病沉緜，勢將不起，不禁愀然棖觸，涕零被面，慨然謂鍾凡曰："余平生述造，無慮數百卷。清末旅滬，爲《國粹學報》撰稾，率意爲文，說多未瑩。民元以還，西入成都，北居北平，所至任教國學，纂輯講稾外，精力所萃，實在《三禮》。既廣徵兩漢經師之說，成《禮經舊說考略》四卷。又援據《五經異誼》所引古《周禮》說、古《左氏春秋》說及先鄭、杜子春諸家之注，爲《周禮古注集疏》

四十卷，堪稱信心之作。嘗迻寫淨本，交季剛製序待梓，世有論定予書者，斯其嚆矢矣。”鍾凡謹識之不敢記忘。季剛蘄春黃氏侃字也。於其年七月辭大學講席，南返武昌。越時兩月，君亦逝世。同門諸子檢君遺文，獨缺斯編，僅著其卷帙於遺目總目而已。十二年春，君猶子葆儒以此殘本見貽。其勾乙涂改，跡如亂絲，幾令人不可識別。所識有至鄂者，託求清藁於季剛，久不得報。十七年春，季剛自遼寧南來，相見於滬上，亟以兩藁爲詢。謂藏諸篋衍，容謀刊布，不任湮晦也。廿三年冬，鄭子友漁函徵左庵遺著。適鍾凡于役廣州，告以季剛在京寓所，屬其函索，芒無端緒。明年秋，鍾凡親抵京邑，季剛又以瘵疫，遽爾逝世。原著遂不可復得矣。爰舉此殘本，寄諸友漁，校刊既竟，爲志顛末如此。誠使不朽之作呵護得人，不致盡付羽琌之蠹、昆明之灰，他年或能再見於斯世，則視兹殘叢，不啻覆瓿之資，豈僅友漁與鍾凡一二人之厚幸哉！民國二十五年冬十二月陳鍾凡跋於南京清暉山館。

據此跋，《周禮古注集疏》四十卷清稿，嘗交黃侃處，侃逝世後，書稿無從獲得。然《黃侃日記》後附黃焯《黃季剛先生年譜》“一九一九年民國八年”條云：

劉君歿後十數年，寧武南君桂馨爲刻其遺書七十四種，此可以慰君於泉壤矣。劉君遺書目載《周禮古注集疏》，後有陳某跋語，稱劉君有《禮經考略》四卷，又有《周禮古注集疏》四十卷，皆迻寫淨本，存黃君處。又劉師穎跋亦謂《周禮古注集疏》、《禮經舊説》二種全稿爲黃君假以去。閱之不勝駭異。凡先生所藏書稿，經焯數度清理，從未見有所謂四十卷與四卷之清稿，亦無所謂全稿。案先生祭劉君文有“《春秋》、《周禮》，纂述未竟”之語，是《周禮古注集疏》本爲未完成之作。又據錢玄同序，知《禮經舊説》亦不全。今附記於此，以諗世之關心劉君遺書者。

然陳氏親炙劉君，聆其遺言，述之鑿鑿，當非誣妄。觀黃侃《祭劉君文》云“君之絕業，《春秋》、《周禮》，纂述未竟，以屬頑鄙”，則劉氏確有清稿交付黃氏之事，蓋《禮經考略》四卷、《周禮古注集疏》四十卷皆未完之稿，屬黃氏代爲續成改定者。錢玄同《禮經舊説後記》云“廿五年秋，余又於《制言》雜志中得《士喪》、《既夕》、《士虞》三卷，係孫鷹若及沈延國兩君據黃季剛君所藏申叔君手稿而校印者”。《禮經舊說・士虞禮》後附民國廿五年九月孫世揚、沈延國識語云“劉君《禮經舊說》手稿,《士喪禮》、《既夕禮》、《士虞禮》三篇,《特牲饋食禮》一條,藏量守廬。黃小同兄錄三篇以付《制言》,並出示原稿俾爲校勘”。《禮經舊說》與所謂《禮經考略》當是一書,可證劉氏《禮經考略》清稿確曾藏于黃侃處。而黃焯之“不勝駭異”,深致疑問,并加辯難,殆未深考也。今此二種清稿已難覓影蹤,不知尚在天壤間否。

禮記章句四十九卷　(4-664)

《船山遺書》本

清王夫之撰。然如論《明堂位》,力破呂不韋、蔡邕之說,謂天子朝諸侯於太廟戶牖之間,其廟之堂坫即所謂明堂也。此與《論語》“管氏亦有反坫”之說,可相互證。(葉啟勳撰)

按全祖望《經史答問》卷六釋坫制甚詳,其文云:

坫本有三:《爾雅》垝謂之坫,古文作襜,是乃以堂隅言,郭景純所謂蝨也。至許叔重以爲屏牆,則又是一坫。其累土以度物者,又是一坫。而累土度物之坫又有三:有兩楹之間之坫,即《明堂位》所云“反坫出尊”,及《論語》之“反坫”也;蓋兩君之好,用之度爵者。《鄉飲酒禮》,尊在房户間;《燕禮》,尊在東楹之西。至兩君爲好,則必於兩楹之間,而特置坫以反之。有堂下之坫,乃《明堂》所云“崇坫”也,蓋用之度圭者。何以知度圭之坫在堂下?《覲禮》,侯氏入門奠圭,則在堂下矣。惟在堂下,故稍崇之。有房中之坫,即《内則》閣食之制也。士於坫,康成謂士卑,不得作閣,但於房中爲坫,以度食也。然則同一累土之坫,而度爵、度圭,尊者用之;度食,則卑者用之。方密之曰:“凡累土度物者,皆得曰坫。”是也。堂隅之坫亦有二:《士虞禮》,苴茅之制僎於西坫。《士冠禮》,執冠者待於西坫南。蓋近於奥者,故謂之西坫。《既夕》記設棜於東堂下,南順,齊于坫。是近於突者,則東坫也。至屏牆之坫,亦曰“反坫”,而其義又不同,《郊特牲》所云“臺門旅樹反坫”是也。是乃以外向爲反。黃東發曰:“如今世院司,臺門内立牆之例”,是正所謂屏牆也。蓋反坫與出尊相連是反爵，反坫與臺門旅樹相連，是屏牆之反向於外者。《郊特牲》所云，乃大夫宮室之僭。《論語》所云，乃燕會之僭。而東發疑《論語》之反坫，與上塞門相連，恐皆是宮室之事，不當以坫之反爲爵之反，則又不然。蓋反坫出尊，正與兩君之好相合，禮各有當，不必以《郊特牲》之反坫，強并於《論語》之反坫也。貫氏不知坫有三者之分，又不知累土之坫，亦有三者，而漫以爲累土之坫爲專在廟中，則既謬矣。又誤以豐爲坫，不知豐用木，坫用土；豐形如豆，故字從豆，坫以土，故字從土，不可合而爲一也。至《周書》"既立五宮，咸有四阿反坫"，注以四阿爲外向之室，則反坫者，亦屏牆也。再考《廣韻》，則葬埋之禮不備而攢塗權厝，亦謂之坫。是又在諸經之外者，蓋亦取於累土之意。

禮記集解六十一卷　（22-443）

同治刊本

清孫希旦撰。如《曲禮》"國君死社稷"一節引《鄭注》"死社稷，死其所受于天子"，孫氏亦謂國君守社稷者，故社稷亡則死之。按《曲禮》所言國君，皆指諸侯而言，明思宗竟以天子殉社稷為正，此未知天子以四海為家之義。(吳廷燮撰)

按清李元春《益間散錄》卷上《國君死社稷謂諸侯》云：

《隨園隨筆》:《曲禮》"國君死社稷"，注謂"死其所受於天子也"，爲諸侯言之。如今督撫死一省之社稷，州縣死一郡之社稷也。若天子固以四海爲家矣。《春秋》"天王出居於鄭"、"天王狩於河陽"是也。明懷宗不肯南遷，似悞讀《曲禮》，未讀《春秋》之累。即以諸侯論，公劉、大王皆夏商諸侯，亦何嘗不遷，必拘拘死社稷乎？按先儒言東坡《平王論》悞欽宗於前，又悞崇禎於後。據此，論天子以四海爲家是。然必度其遷能圖存則可，不然，不如死守社稷之爲愈也。古諸夏自有君道，夏商末亦有隙地可遷，又人心繫屬，正未可輕效。至今之外臣，則斷斷不可語此矣。

讀小戴禮盧植注日記无卷數　（35-586）

《學古堂日記》本

蔣元慶撰。惟如《月令》“以大牢祠于高禖”，盧氏謂高禖之神居明顯之處，故謂之高。是釋高為明顯，確然無疑，其說蓋同蔡邕。王引之《經義述聞》據高誘《呂覽注》，謂“高”者“郊”之借字，“高禖”即“郊禖”，譏蔡、盧之說皆非，其言實精審不可易。而元慶必欲曲為之說，謂盧注居明顯之處，本指郊言，斷不可誤駁，則亦未免阿其所好矣。（黃壽祺撰）

按清言中履《古今釋疑》卷五《高禖》云：

《月令》曰“仲春玄鳥至，至之日，以太牢祠于高禖”。注曰“玄鳥以施生時，來巢人堂宇，而孚乳，嫁娶之象也。媒氏之官，以爲候。高辛氏之世，玄鳥遺卵，簡狄吞之，而生契，後王以爲媒官嘉祥，而立其祠焉。變媒爲禖，神之也”。疏曰“按蔡邕以爲禖神，是高辛已前舊有。高者，尊也，謂尊高之媒，不由高辛氏而始有高禖”。又《生民》及《玄鳥》，《毛詩傳》云“姜嫄從帝而祈于郊禖”，則是姜嫄簡狄之前，先有禖神矣。而此注立高辛氏爲禖神，是高辛氏已前，未有禖神，參差不同也。朱子《生民詩集傳》曰“古者立郊禖，蓋祭天於郊，而以先媒配也。其禮以玄鳥至之日，用太牢祀之。姜嫄出祀郊禖，見大人跡而履其拇，遂歆歆然如有人道，而震動有娠，乃周人所由以生之始也”。楊氏曰“高禖事，當以《毛傳》及朱子《集傳》爲正”。宋高宗時，禮部言，竊詳《生民》之詩，言“履帝武敏歆”，先儒以敏爲拇，謂姜嫄履巨跡之拇，以歆郊禖之神，是生后稷，以爲從帝嚳祀禖神之應。其說頗附會玄鳥生契之意。如《詩》言“繩其祖武”，《傳》言“夫子步亦步，趨亦趨”，皆繼踵相因循之意。“履帝武敏歆”猶言帝嚳行禖祀之禮，姜嫄踵而行之，疾而不遲，故上帝所歆，居然生子，以見視履考祥，其應亦速。而後世弗深考經旨，傳注怪詭禨祥，併爲一談。至北齊妃嬪參饗，黷而不蠲，去禮逾遠矣。履按，蘇洵曰“吞卵履跡，皆出于《史記》，馬遷蓋因《玄鳥》、《生民》之詩耳。而毛公之《傳》以玄鳥降爲祀郊禖之候，履帝武爲從高辛之行，及鄭之箋，而後有吞踐之事。當毛之時，未始有遷史也。遷之説出于疑《詩》，而鄭之説則起于信遷矣"。宋徽宗時，配以高辛氏，而簡狄、姜嫄皆從祀，豈非惑于馬鄭之説耶？

大戴禮注補十三卷　（22-370）

《皇清經解續編》本

清汪照撰。書首有王昶序，略言：《大戴禮》宋時列于十四經，先哲謂其探索陰陽，窮析物理，推本性情，嚴禮樂之辨，究度數之詳，固已度越諸子百家，與《小戴記》並行，宜也。河間獻王所獻共百三十一篇。劉向得《明堂陰陽記》三十三篇，又后氏、戴氏古經七十篇。今自《小戴記》四十九篇及《大戴記》三十九篇，去重複外，實八十四篇，遺佚已踰其半，可勿鄭重愛惜，疏通而證明之歟？（吳廷燮撰）

按錢大昕《潛研堂文集》卷二七《跋大戴禮記》云：

《大戴禮記》八十五篇，《史記索隱》云："四十七篇亡，見今存者有三十八篇。"自宋以來，相傳之本，篇第始三十九，終八十一，中間闕者四篇，重者一篇（韓元吉云兩七十三，晁公武云兩七十四。），實四十篇。視小司馬所稱多二篇者，唐以前無《明堂》篇。後人從《盛德》篇析而二之，而《遷廟》、《釁廟》兩篇，疑古本亦合爲一也。《小戴記》經北海鄭氏表章，得列十經之數，而大戴之書無師授者，以致亡佚過半。宋、元以後，《小戴記》與《易》、《書》、《詩》、《春秋》列而爲五，而《儀禮》、《周官》亦束之高閣，士夫之能讀《大戴》者，益以少矣。然兩家之記，要各有所長。如《夏小正》勝於《呂氏月令》，《武王踐阼》較之《文王世子》爲醇，而《孔子三朝記》七篇，《曾子》十篇，皆古書之僅存者，實賴斯《記》以傳。必軒彼而輊此，非通論也。

學者惑於《隋志》之文，謂大戴之書爲小戴所刪取。然《隋志》述經典傳授多疏舛不可信。鄭康成《六藝論》但云戴德傳《記》八十五篇，戴聖傳四十九篇。別無小戴刪大戴之説。今此書與《小戴》略同者凡六篇，可證其非刪取之余。《詩正義》引《大戴禮・辨名記》云："千人爲英"，又引《大戴禮・政穆篇》云：“太學，明堂之東序也。”劉昭注《續漢書》引作《昭穆篇》。《漢書・儒林傳》服虔注《驪駒》：“逸《詩》篇名，見《大戴禮》。”今本皆無之，蓋在逸四十七篇中矣。（王式言：“聞之於師，客歌《驪駒》，主人歌‘客毋庸歸’。”江翁曰：“經何以言之？”式曰：“在《曲禮》。”服虔《注》以爲見《大戴禮》，是《大戴》亦有《曲禮》篇也。）

夏小正補傳一卷（14-057）

光緒八年臨嘯閣刊《朱氏羣書》本

清朱駿聲撰。其傳釋名物，博采眾長，務求於當，不泥陳言，多生新義。如釋“時有俊風”，謂“俊”讀為“陖”，高也。風至春，自下上升，故紙鳶因之以起，葛洪所謂風高者道遠也。又釋漢案戶，謂天河。泰西以遠鏡測之，小星無數，合而成光也。是與近代天文氣象學說相合。想駿聲當時，亦涉獵西學，有得於中，故不篤守舊論。（孫曜撰）

按李慈銘《越縵堂讀書記・經部・禮類・夏小正補傳》云：

閱朱豐芑《夏小正補傳》。朱氏精於形聲、訓詁，故推闡古人文字，頗有創解。其解匽之興五日翕望乃伏，傳曰五日也者、十五日也，謂望讀爲朢。古以五月十五日爲五日節，故《淮南》高誘注五月望作梟羹。《文子上德篇》詹諸辟兵壽盡五月之望。匽讀爲蝘，蝘蜓，守宮也，在壁曰蝘蜓，在艸曰蜥易。世稱它蠍之類，五日節必伏，興者生也。此說爲前人所未發。

求古錄禮說補遺一卷（22-722）

清金鶚撰。金鶚撰有《四書正義》及《禮說》二書。《正義》之稿已佚，今存之《求古錄禮說》十六卷。前十卷鶚所自定，後五卷長洲陳奐編定。最後一卷為《鄉黨正義》，則《四書正義》之存稿，非本書也。惟前刻并非完書，會稽趙撝叔至台州，求其遺書，而潘祖蔭為之刊行。

清李慈銘《越縵堂讀書記・經部・禮類・求古錄禮說》云：

閱金氏《求古錄禮說》。其《天子四廟辨》、《星辰說》、《屋漏解》、《樓考》、《冬祀行辨》、《夏禮尚文辨》，皆實能發古人之隱。以星爲五星，辰爲二十八宿，日月所會之十二次，申明《周禮·大宗伯》鄭注之義，極爲精塙。《屋漏解》言《喪大記》所云甸人取所徹廟之西北厞，薪用爨之，謂廟後之西北厞人所罕至，檐下可以積薪，供祭祀爨饎，不得褻用，喪禮取以炊浴、所以神之也。舊說或以厞爲門扉，或以厞爲屋檐，皆謂抽取屋材。劉熙謂撤毀室之西北隅以示不復用，孔沖遠以廟爲正寢，謂主人已死，此堂無復用，皆悖於理。慈銘案：以新死而遽徹毀屋材以爨，理所必無。金氏以厞爲隱處，以徹爲取，即取所積之薪，尤前人所未發。惟以屋漏爲即《詩·豳風》之向禮，《明堂位》之達鄉，似猶無堅據。（案云：取所徹者。以廟厞所積之薪，本甸人所供，主人新死後，甸人已先發廟薪以待，至此而取之，故曰取所徹也。）

按金鶚邃於三禮之學，解經披郤導窾，實事求是，不雜門戶之見。所著《求古錄禮說》，陳奐稱其“深明乎禮，咀嚼白文，鎔鑄故訓，眞爲一代大作手”（《師友淵源記》）。其刊刻歷經艱難，柳向春君有詳考。《求古錄禮說》取《禮經》宫室、衣服、郊禘、祭祀、井田之類，並羣經內關涉輿地、名物者，條考而詳辨之。每條各爲一篇，貫穿漢唐宋及本朝諸儒之說，可謂是博大精深。但書稿在金鶚生前並未整理成帙，故其卒後不久，即已有所散佚。金氏手稿原在汪廷珍處，汪氏在金氏歿後即返歸其臨海家中。胡承珙在金鶚居於汪廷珍宅時，從金鶚手稿中抄錄一部分。這部分輯稿，在後來《求古錄》刊刻時，被陳奐編爲三卷附入《求古錄》之中。

除上述三卷之外，金鶚原稿之其它部分其實也並未眞正亡佚。經由陳奐多方訪求，終于在其子金城處取得。雖然時隔不久，這部分書稿又被王懷佩攫去其中二卷。陳奐於道光二十二年從金城處獲得《求古錄禮說》手稿，但次年即於應楊以增邀赴開封之際遺失二卷。被王懷佩所攫取之二卷，陳奐雖經多方設法，但最終也沒能使《求古錄》再成完璧。

道光三十年，陸建瀛首次刊行《求古錄禮說》全書，此刻本共十六卷，前十卷爲金鶚手訂本，十一至十四卷包括金誠所輯藏之兩卷和胡承珙所鈔之兩卷；卷十五的前五篇從《詁經精舍文》錄出，後四篇從胡錄本鈔出。卷十六爲金鶚所著之《四書正義》中遺存之《鄉黨正義》。另外，在正文的目錄之後，爲便於日後搜求，陳奐將佚文篇名附列。在此之後，《求古錄禮說》又有幾次刻本，但其前十六卷則基本保持了陸刻本的原來面目，並無太多改動。

其實，在陸刻本之前，金鶚《禮說》中已有部分篇目被收入了嘉慶六年阮氏琅汐僊館所刊之《詁經精舍文集》中，計爲卷四之“禹都考”、“千乘之國出車考”，卷五之“招搖在上解”、“釋貫”，卷十四之“釋葵”，卷十五之“釋庸”、“釋祇”、“釋咎”，均收入《詁經精舍文集》之卷十；又有卷十四之“《史記》太初元年歲名辨”，收入《文集》之卷八；卷十五之“漢唐以來書籍制度考”、“緯侯不起於哀平辨”，分別收入《文集》之卷十一、卷十二。殆因陸刻此書時，原稿已多有散失，故其第十五卷之太半即係從《文集》中輯出者。

陸刻本問世不久，即遭兵燹，流佈並不廣泛，得之不易，當日學者皆深以爲憾事。且陸刻《求古錄》也並非完帙，幸賴陳奐之佚文目錄可助以訪求。不數年之後，趙之謙即訪得七篇佚文，被潘祖蔭作爲補遺單刻入《滂喜齋叢書》第一函之中。這七卷佚文之搜求頗爲不易，趙之謙《求古錄禮說跋》中對此記述頗詳：“長洲陳徵君校刻《求古錄》，列佚文篇目于後，且云有別本藏閩王氏。先是，之謙避亂居閩一年，詢王氏藏本，云毀久矣。同治丙寅客台州，訪金君後嗣，知君子城歿後，存者惟一孫，辛酉之變孫又死，遂無後。求遺書，無知者。黃巖王子莊棻，篤學士也，曾搜輯鄉前輩遺稿，問及君書，言尚有殘本，遂假以歸。紙爲水漬，揭之猶見點畫，悉心校錄，復得佚文七篇。中‘日祭月祀辨’，又陳徵君目錄所未及取校。已刻諸篇，亦互有同異（刻本旁注閒溷入正文），子莊言君書稿凡七八易，未知孰爲定本，因依次寫存之，別錄七篇爲補遺。丁卯冬，集京師，言於潘伯寅侍郎，侍郎忻然爲謀彫版，并題卷耑……”

除趙之謙所輯錄之七篇而外，《滂喜齋叢書》第一函中另有《續補遺》一卷。據《補遺續》王頌蔚《跋》：“同里管君申季於滂喜齋所刊《求古錄禮說補遺》外，續搜得佚文四篇，因致之伯寅侍郎爲并刊之。其‘齊必變食說’，不見於陳徵君目錄，檢‘鄉黨正義’（即陸刻《求古錄》之卷十六），於此句亦無說，蓋箸書誼取互見，故詳此略彼也。吾鄉孫大令憙，於浙中有復刻《求古錄》之舉，未知采獲有逸出於此者否？”

孫憙所刻爲《求古錄禮說》十五卷《鄉黨正義》一卷《補遺》一卷，係以黃巖王棻藏本爲底本，並結合潘氏《補遺》，經王士駿等人校勘而成。其光緒二年《序》曰："臨海金誠齋先生《求古錄禮說》舊有刻本，版燬於火。黃巖王子莊孝廉以臧本見遺，書十六卷，並吾鄉潘侍郎所刻《補遺》爲十七卷，屬王生士駿校定重梓，几八閱月而刻成。"孫刻本《補遺》一卷，較潘刻《補遺》多出"齊必變食說"一篇，其目錄下自注曰："此篇子完目錄所不載，今從盧蘋洲所售何氏鈔本采入"，而此篇在潘氏刻《續補遺》中已見，又《續補遺》中其他三篇孫刻本中未收，可知孫氏刊印時並未見《續補遺》，此又可知《續補遺》亦當刻於光緒二年前後。孫刻本沿襲先前之陸刻本之優點，將其後所附之闕目目錄進一步擴充，又附"佚目"一份，其下自注"佚目" 內容來源爲："（佚目）十六篇皆子完目錄所不載而見於本書各篇注中者。今別標出以俟後人采入。"

孫刻本尤其値得稱道之處，是將王士駿所作之三卷《校勘記》附於書後。據王士駿《校勘記跋》，我們不僅可以知曉當日刻書時所據以校勘之依據，亦可由此窺知當日所存《求古錄》各本之大概。各本今雖不存，但據王氏《校勘記》，我們亦可得其仿佛於萬一。王氏《跋》云："孫懽伯師思有以饜學者之意，叚吾鄉王子莊棻臧本附以補遺而重梓焉。王書楊定甫晨校，訛謬訂正過半。駿承命復勘，購求遺藁，得何氏鈔本於盧蘋洲鴻年，互校一過，卷二增多'齊必變食篇'（附入《補遺》）。異文所在多有，然非足本，十一卷以下文不備。子莊別臧殘本，更叚得之，二卷爲一冊（其卷爲十三、十四），編次與陸刻殊。'郊葬'、'大路'諸篇即潘氏《補遺》所本。餘七篇中多點竄，有始義與陸刻同而改從它說者，有初用它義而改與陸刻同者，宷其字出一手，疑即金氏原藁，未可定也。聞先生此書藁凡數易，由今所見，何氏鈔本未定之藁也，王本則經改正矣。十一卷以下匯存之藁也，十卷則精選擇矣。"由此《跋文》可知，後人之所輯，即《求古錄》之十一卷以下，均爲當日金氏未定稿，其價値正如光緒二年朱詵《校勘記序》中所言："是書諸本互異，大致原書爲長，而鈔本勝處亦時有之。"

綜前所述，欲求金鶚《求古錄禮說》之大概，可以孫憙刻本與潘氏《續補遺》結合，則金氏說禮之大要庶幾可得。

《兩浙著述攷・經術攷》介紹此書云："是書皆說經之作，而《三禮》爲多，故稱《禮說》。有陸建瀛、孫憙、潘祖蔭、廖鴻荃序，趙之謙、陳奐、金誠、王蜺跋。其說融會貫通、實事求是，不墨守鄭氏一家之學。郝懿行《爾雅義疏》、胡承珙《毛詩後箋》、胡培翬《儀禮正義》、陳奐《毛詩疏》、劉寶楠《論語正義》皆採用其說。道光中，陸建瀛督兩江，爲刻於江寧，屬陳奐校定。前十卷鶚自定，後五卷奐所定，末附《鄉黨正義》一卷。同治中，趙之謙獲逸文七篇，爲補遺一卷，潘祖蔭爲刻入《滂喜齋叢書》中。光緒初，孫憙知黃巖，取王棻藏本及何氏抄本屬王士駿互校重訂，士駿別爲校勘記三卷附於末。其版今藏黃巖九峰書院。又瑞安孫詒讓得德清戴氏藏本，曾爲手校，舊藏玉海樓，今歸溫州圖書館。”可謂言簡意賅。

金鶚《求古錄禮說》之版本有：（一）《求古錄禮說》零篇，嘉慶六年阮氏琅嬛僊館刻《詁經精舍文集》本。（二）《求古錄禮說》十六卷，道光三十年陸建瀛木犀香館刻本。（三）《求古錄禮說補遺》一卷《續補遺》一卷，同治光緒閒潘祖蔭《滂喜齋叢書》本。（四）《求古錄禮說》十五卷《鄉黨正義》一卷《補遺》一卷，光緒二年孫憙刻本。（五）《求古錄禮說》十五卷《補遺》一卷，光緒十二至十四年南菁書院刻《皇清經解續編》本。（六）《求古錄禮說》十五卷《補遺》一卷，光緒十五年蜚英館石印《皇清經解續編》本。（七）《求古錄禮說》十五卷《補遺》一卷，上圖藏刊刻年代不詳之《皇清經解正續合編》本。（八）《求古錄禮說補遺》一卷《續補遺》一卷，《叢書集成初編》本。（八）《求古錄禮說補遺》一卷《續補遺》一卷，《叢書集成新編》本。（九）《求古錄禮說》十五卷《鄉黨正義》一卷《補遺》一卷，《續修四庫全書》影印光緒二年孫憙刻本。（詳見柳向春《金鶚〈求古錄禮說〉刊刻源流略述》）

五服釋例二十卷　（22-394）

同治刊本

清夏燮撰。燮有《校漢書八表》，已著錄。書首有燮自序，略言：《喪服》之旨，莫先正名，名正而後尊親之殺、伸降之差，禮所由生，義所由起。至尊之服，則父、君、夫，所謂三綱者是。至親之服，則母及妻子昆弟，所謂一體者是。由尊尊之義推之，則祖也、適也、宗也，此正統不降之例。由親親之義推之，則上殺、下殺、旁殺，此五服遞降之例。不降之例，大夫所同。遞降之例，大夫有異，諸侯以上又異。所謂尊降厭降者，是尊降之服，始於大夫，天子諸侯則絕之。然天子絕期以下，而不絕其正統之大功、小功，諸侯之於尊同亦然。大夫絕緦而不絕其正統尊同之緦，與降服之緦。厭降之服，始於大夫庶子之為其母，然父為正尊，母為私尊，故母之尊不得伸之於夫，而猶得伸之於其子（中略，以文繁）。五服之例，經皆著之於書法中。傳記注之言，不過推廣經例。而《喪服》為周公完書，無佚文，無漏義，鄭君所謂凡不見者以此求之。竊取其義，撰《五服釋例》，以成專門之業云（末題“同治七年著雍執徐當塗夏燮嗛父敘”）。茲詳為釐覈，卷一為《釋尊服例》。卷二為《釋正尊私尊服例》（父為尊服之首，條其異于母者，如斬衰不緝，衰三升，冠六升，衰裳，杖用苴，繩纓絞帶等，凡十。父沒為母為三年章之首，父在為杖章之首，異于凡齊衰者，如衰四升，冠七升，削杖疏屨等，亦十）。卷三為《釋不降服例》（天子諸侯，則有父在為祖服斬者。按後世若宋寧宗）。卷四為《釋尊降例》（如天子諸侯絕旁期，大夫絕緦，大夫之庶子降，皆入此卷）。卷五為《釋厭降例》（如記公子為其母練冠麻麻衣縓緣等，是書謂此諸侯之公子，父在為母妻厭降之服，似此者皆列）。卷六為《釋出降例》（此指女子出適人，降其親等服，及為出適人之姑姊妹，天子諸侯后夫人以下為父母，出降為人後者降服，亦在此卷）。卷七為《釋殤降例》（始斬齊喪服同降例，迄為殤後者服例）。卷八為《釋從服例》（始臣從君服例，迄從無服而有服例）。卷九為《釋報服例》（始尊加之服無報例，迄出母嫁母之報例）。卷十為《釋女君與妾異同例》（始妻為夫，妾為君，迄妾從女君而出例）。卷十一為《釋適子庶子異同例》（始長子通乎上下例，迄庶子為慈母後例）。卷十二為《釋大宗小宗服例》（始為人後者後人宗例，迄有小宗無大宗例）。卷十三為《釋族親服例》（始小功已下之兄弟例，迄凡妾為私兄弟例）。卷十四為《釋士與大夫以上異同例》（始天子諸侯不服例，迄凡端衰無等例。按天子諸侯不服至大夫士之妾六例，以詳見前卷，此無解說）。卷十五為《釋弔服例》（始天子諸侯以下弁經例，迄有君喪不敢受弔例）。卷十六為《釋五服精麤等殺例》（始斬衰命名例，迄大祥服縞例）。卷十七為《釋五服變除例》（始斬齊受服例，迄變除不視主人例）。卷十八為《釋兼服變除例》（始除重易輕例，迄有殯開外喪改服例）。卷十九為《釋通禮例》（始為祖母後者例，迄介冑衰葛例。引

《夏官·旅賁氏》"喪紀，則衰葛執矛盾〔1〕")。卷二十為《釋變禮例》（始奔喪未成服例，迄金革之事服例）。按是書根據《三禮》，網羅眾說，凡關服制者，皆以類相從，各為卷帙。有參互會通者，有舉一相例者，可謂禮類罕見之作。蓋既使閱者誦者可一目瞭然，而歷來解釋爭執及有舛誤者，亦可於此窮其辨難，而得所折衷。惟于貴臣貴妾之服，仍不主馬氏天子諸侯為服之說，而專主鄭注為大夫，未免稍泥。至謂明議禮諸臣，于考孝宗、考興獻之爭，舍閔、僖相當之證據，而求之于定陶、濮議之間，此最有理。蓋明世宗之入承大統，本引兄終弟及之祖訓，明楊廷和等必欲認世宗為孝宗子，與清孝欽必欲德宗為文宗子，皆所謂私而非公。是書又謂不必稱本生，持論亦屬正大。蓋漢成帝、宋仁宗、高宗、理宗，皆于在日立漢哀宗等為子，而明世宗、清德宗之立，皆去孝宗、文宗之崩已久，自與《禮經》為後之義相同。清代言禮者頗多，如凌廷堪之《禮經釋例》與是書及《釋官》諸作，皆極有功于《禮經》，即偶有瑕纍，亦不足為病，洵可寶貴之編也。（吳廷燮撰）

〔1〕案"矛盾"當作"戈盾"。

按李慈銘《越縵堂讀書記·經部·禮類·五服釋例》對此書有詳論，駁其失而稱其是，其文云：

《儀禮·喪服經·斬章》"爲人後者"，《疏》引雷氏云：此文當云"爲人後者，爲所後之父"。闕此五字者，以其所後之父或早卒，今所後其人不定，或後祖父，或後曾高祖，故闕之，見所後不定故也。又傳曰：爲所後者之祖父母妻，妻之父母昆弟，昆弟之子若子，注云：若子者，爲所爲後之親如親子。疏云：爲所後者之祖父母，則死者祖父母當己曾祖父母，齊衰三月也。妻謂死者之妻，即後人之母也。夏氏燮《釋例》云：爲人後者，爲其所後之祖，即父卒爲祖後者服斬之例也。傳言若子，但言所後之祖父母，不及所後之父母，蓋以此爲人後者，因所後之父已卒，來爲祖後，故經但言爲人後者以統之。雷氏所云猶是經之第二義。蓋凡經言爲父後者，皆父卒之稱，若父在，不得直云爲後也，故言所後之祖父母，而不及父母者，非逸也。慈銘案，雷氏之意，謂經文特闕此五字，以見所後之不定，本非謂逸也。蓋經文爲人後者四字，關乎天子諸侯，雖以兄繼弟，以從父繼從子，(如唐宣宗之繼武宗，金衛紹王之繼章宗。)以從祖繼從孫，(如晉簡文帝之繼哀帝。)皆爲人後之義，皆服斬也。聖人之經，立意深遠，雷氏謂見所後之不定，亦所包甚廣，不特士之繼宗子者，爲祖後爲曾祖高祖後，當服斬也。至傳文爲所後者之祖當讀句，父母讀句，爲所後者之祖即曾祖，關乎高祖以上也，爲所後者之父母，即祖父母也。疏連讀祖父母爲句者，非。夏氏誤遺傳文所後者之者字，遂誤認爲所後之祖父母矣。夏氏又云其不及所後（案後下當增一者字）之曾祖父母何也？蓋曾祖父母齊衰三月服之盡者，而此所後（案後下亦當有者字）之曾祖父母于爲人後者，爲高祖父母，故經不見高祖父母之服也。鄭謂高曾同服，今不據。慈銘案：鄭君謂高祖亦齊衰三月，此必漢儒相傳孔門之微言，塙不可易者。曾者，重也，(俗作層。) 絫也。故入廟之稱，雖於始祖，亦曰曾孫。《詩》稱成王爲曾孫，《書》稱武王爲曾孫，(見《墨子・兼愛篇中》云：昔者武王將事太山隧。傳曰，太山有道，曾孫周王，所謂傳者，蓋《周書》中語也。東晉僞《尚書・武成篇》襲之。)《左傳》蒯聵自稱曾孫，皆非對曾祖之辭。曾孫以下之稱同，可知曾祖以上之服同也。蓋人多有及見高祖者，既不可無服，則齊衰三月以下，將何服乎？故即高祖以上推之，凡及見者，皆齊衰三月，則爲人後者，如受之曾祖，當服重若子，即推之高祖以上，亦皆然也。夏氏用王肅之說，謂高祖無服者不可通。至云：父卒始有爲後之稱，援爲長子三年。傳文將所傳重下一將字，可知未傳重者不稱爲後，足補先儒所未及。

樂　類

樂經律呂通解五卷（著錄）　（1-202）

光緒九年婺源刻本

清汪烜撰。烜有《書經詮義》，已見前。

案《續修四庫全書》115 冊所收《樂經律呂通解》五卷，即據光緒九年婺源刻本影印。書前有光緒九年吳鶚《汪雙池先生樂經律呂通解序》，次《汪先生著述書目》，次《自敘》，末署“乾隆癸亥季秋月望婺源汪烜自敘”。

春秋類

春秋左傳類對賦一卷　（20-376）

傳鈔本

宋徐晉卿撰。晉卿里貫不可考，宋仁宗皇祐中為將仕郎試祕書省校書郎。是編都凡一卷，考之晁氏《讀書志》、趙氏《讀書附志》、鄭氏《通志・藝文略》、陳氏《書錄解題》、朱氏《授經圖》、焦氏《國史・經籍志》皆不著於錄，惟清朱彝尊《經義考・春秋類》第十三著錄之，並引區斗英之言曰“是賦乃徐秘書所作，江陵路總管太原趙嘉山得其善本，授之郡庠，俾鋟梓以淑諸生”。按區斗英為元惠宗至正中長沙教授，則其書蓋至有元中葉始行於世。又考是編書名作《春秋左傳類對賦》，而朱氏《經義考》則作《春秋經傳類對賦》。按晉卿自序云“乃於暇日，撰錄成賦，命曰《春秋經傳類對》”，與朱氏之說正合。則是編或後人以賦中大旨多據《左傳》以立說，故易“經”字為“左”字歟？今考其書，蓋以《春秋》三傳莫善於左氏，而苦其義理牽合，卷帙繁多，難以殫記，因賅括其意，而為斯賦，凡一百五十韻，一萬五千言。詳其詞旨，頗稱簡古，欲包羅經傳，牢籠善惡，故引其辭以倡之。欲綜錯名跡，原始要終，則簡其句以包之。欲按其典實，故表其年以証之。欲循其格式，故比其類以對之。屬辭比事，釐然不紊。惜其書之作，雖以敘事為宗，不以能文為本，仍不免限於體製，往往立意迂闊，多所疏漏，不過為初學誦習之便，未足以語於著作之林也。（張壽林撰）

按王紹曾、杜澤遜《漁洋讀書記》經部《春秋左傳類對賦》云：

> 《春秋左傳類對賦》一卷，似連珠體，宋將仕郎試秘書省校書郎徐晉卿撰，海昌重刊本。晉卿自序云："余讀五經，酷好《春秋》，治《春秋》三傳，雅尚《左氏》，然義理牽合，卷帙繁多，顧茲謏聞難以殫記，乃以暇日撰成錄賦一篇，凡一百五十韻，計一萬五千言，首尾貫穿，十得其九，命曰《春秋經傳類對賦》。"北宋人也。又有元至大戊申長沙教授區斗英跋云："是賦乃徐秘書所作，江陵路總管太原趙嘉山得善本授之郡庠，俾鋟之以淑諸生。"予觀其比事屬辭，頗自斐然，然無關經傳要義，大抵宋人著述如《事類賦》、《蒙求》之類，皆類俳體，取便記誦云爾。(《居易錄》卷十三)

清袁棟《書隱叢說》(見《續修四庫全書》1137 冊)卷七《讀左傳類對賦》云："周誠哉(愼)與余爲總角交，力學寡營，洞悉古今，詩文甚富。所著《續左傳類對賦》一卷，脈理魚貫，篇什蟬聯，較難于徐秘書所編。蓋徐文破碎，宜於散記，周文條理，宜於長誦耳。宋有毛友《左傳類對賦》六卷，今有梁溪王武沂(繩曾)《春秋經傳類聯》一卷。周又著《春秋說疑》若干卷。"周愼《續左傳類對賦》及《春秋說疑》，《續提要》均未著錄，而著錄《春秋經傳類聯》三十二卷(19-687)，清王繩曾撰，屈作梅補注，嘉慶七年壬戌紉蘭堂刊本。

精選東萊先生左氏博議句解八卷 (19-471)

國立北京圖書館藏明刊本

不著撰人姓氏。朱氏《經義考》及諸家書目亦罕見著錄。是編現藏國立北京圖書館，據該館目錄，著錄為明刊本。觀其版式行欵，亦頗近是。考《宋史·藝文志》著錄呂祖謙門人張成招撰《標注左氏博議綱目》一卷，竊疑是編蓋當時坊間據成招標改訂者也〔1〕。其書都凡八卷。按呂氏《博議》，《通考》作三十卷，此外諸家書目所載，又有二十五卷、二十卷、十五卷諸本，而坊間所刻則多為十二卷。蓋其書輾轉翻刻，久失其真。至於是編，僅存八卷，不知為何人所選。不惟篇目不完，字句尤多脫誤。(張壽林撰)

〔1〕案"標"下當有"注"字。

案明郎瑛《七修類稿》卷二十《辯證類·左氏博議》云：

東萊呂成公祖謙娶後一月不出閨，人謂其色荒也。及出，乃成《左氏博議》一帖，今之爲師者皆以此警惰。余則疑之，蓋一月三十日，今《博議》不下八、九十篇，一日將幾篇耶？況又言“精選”，則其他尚多，古人雖力勤，而亦恐不若是之易也。後乃於金陵鬻書者得一全帙，總二十五卷，百六十八篇，前有自序，謂爲諸生課試之文而作。紙板皆佳，信舊書也。則知不傳已久，宜乎人言若是。

《四庫全書總目·左氏博議》云：

是書相傳祖謙新娶於一月之内所成，今考自序，稱屏處東陽之武川，居半歲，里中稍稍披蓬藋從予遊，談餘語隙，波及課試之文，乃取《左氏》書理亂得失之跡，疏其説於下，旬儲月積，浸就篇帙。又考《祖謙年譜》，其初娶韓元吉女，乃紹興二十七年，在信州，不在東陽。後乾道三年五月持母喪，居明招山，學者有來講習者，四年已成《左氏博議》，五年二月除母服，五月乃繼娶韓氏女弟。則是書之成實在喪制之中，安有新娶之事？流俗所傳誤也。書凡一百六十八篇，《通考》載作二十卷，與此本不同。蓋此本每題之下附載《左氏傳》文，中間徵引典故，亦畧爲注釋，故析爲二十五卷。其注不知何人作，觀其標題板式，蓋麻沙所刊。考《宋史·藝文志》有祖謙門人張成招《標注左氏博議綱目》一卷，疑當時書肆以成招《標注》散入各篇也。楊士奇稱别有一本十五卷，題曰“精選”，黄虞稷稱明正德中有二十卷刊本，今皆未見。坊間所鬻之本僅十二卷，非惟篇目不完，併字句亦多妄削，世久不見全書。

綜而觀之，則郎瑛所見“精選”，當即《精選東萊先生左氏博議句解》，亦即楊士奇所稱十五卷本。張壽林所見乃“僅存八卷”之殘本，非原本八卷也。《文獻通考》卷一八三著錄《左氏博議》二十卷，與《四庫提要》所引同，知本篇作“三十卷”，“三”乃“二”之誤。劉聲木《萇楚齋三筆》卷九《左氏博議》云：

俗傳南宋呂成公初婚，一月不出，乃撰《左氏博議》二十五卷，《四庫提要》辨之詳矣。不謂明歸有光《震川集》中小簡已言之，是明時已有此等俗説。《左氏博議》全屬論體，實爲史論之一種，《四庫》列入經部，其或書以人重歟。

春秋左傳詁二十卷　（04-195）

《洪北江全集》本

清洪亮吉撰。名為《春秋左傳詁》者，詁、古、故字通，欲存《春秋》之古學耳。嘗言自孫炎反切起，而漢魏之音亡；自杜預《春秋集解》出，而漢儒訓詁失；豈不難哉！惟盡陳漢魏以前之說，而後儒之虛造者自見。自戍所歸，主講洋川書院，成是書。其明訓詁，釋地理，足洗魏晉以後虛造附會之習。（楊鍾羲）

按清李慈銘《越縵堂讀書記・經部・春秋類・春秋左傳詁》云："其書務爲杜難，搜尋古訓，具見苦心。然杜氏大病，在于貶孔父仇牧諸人，誤會《春秋》之旨；又好傅會左氏稱國以弑稱人以弑之言。其他年月小差，地理小失，俱不能以一眚之誤，遂廢全書。賈服之義，又盡零落，剌取諸義疏中所引單詞片語，或轉不足以勝杜說。洪氏惟述前賢，罕下己意，所詁經傳，僅得十一，蓋亦尚待增訂，非成書也。"又云："閱洪氏《左傳詁》。其書頗多誤字，爲隨筆校正數條。稚存好攻惠松崖氏，屢舉其《左傳補注》之失，然惠氏湛深古學，實非稚存所能及。此如虞刺鄭違，劉規杜過，雖可各存其說，終難遽掩前賢。"

按《春秋左傳詁》爲洪亮吉晚年之作。清代經學興盛，提倡漢學，對漢人舊注非常重視，而對唐人所作《五經正義》多所不滿，或作駁正，或另立新疏。顧炎武《左傳杜解補正》、惠棟《春秋左傳補注》，即致力糾正杜注之偏失。洪亮吉認爲杜注"望文生義、不臻古訓者，十居五六"（洪亮吉《春秋左傳詁序》），杜注出，而漢儒訓詁漸亡，若校正杜注之誤，必須盡力搜集漢魏學者之舊詁，特别是漢人之解說，使與杜注相比照而見其優劣，即所謂"以前人以前之人正前人之失，則庶可釐然服矣"（洪亮吉《春秋左傳詁序》）。其最終目的，"非與杜氏爭勝，不過欲復漢儒說經之舊而已"（見呂培《春秋左傳詁跋》）。故洪氏廣徵群籍，搜討遺說，盡力恢復《春秋左傳》古學之面目。洪亮吉反對杜注將《春秋》與《左傳》合爲一書之做法，他依據《漢書・藝文志》將經與傳離析開來，分經爲四卷，傳爲十六卷，分别加以訓詁。他解其書名說："名爲《春秋左傳詁》者，'詁'、'古'、'故'字通，欲存《春秋左傳》之古學耳。"（洪亮吉《春秋左傳詁・序》）皆見其恢復古學之用心。

其訓詁以賈逵、鄭玄、服虔之說爲主，地理則以班固、應劭、京相璠、司馬彪之說爲主，晉以前輿地圖經之可信者，亦酌取之。對《左傳》傳本之古音、古字、俗字，則依據《春秋》經文、《公羊傳》、《穀梁傳》、漢唐石經殘本、《經典釋文》及先儒之說信而可征者逐條校正，疑者闕之。他還注意吸收清代學者研究成果，書中多次引用顧炎武、惠棟之說。

除了搜集前人之說，洪亮吉對杜注也做細緻分析和鑒別，凡杜注承襲前人之說而未加注明者，皆一一指出，並有明確義例，凡杜注襲用賈逵、服虔舊注者，則注曰“杜取此”；襲用漢、魏諸儒訓詁者，則注曰“杜本此”；襲用京相璠、司馬彪諸人之說者，則注曰“杜同此”，以相區別。

利用舊注匡正杜注，是《春秋左傳詁》用意之所在。如《左傳》僖公十五年“晉侯使郤乞告瑕呂飴甥”，洪氏注曰：“按《竹書紀年》作‘瑕父呂甥’。今考呂甥先食采於瑕，故稱瑕父。《郡國志·河東郡》：‘解，有瑕城。’是也。後又食采于呂，故又稱瑕呂。劉昭《補注》引張華《博物志》：‘河東郡永安有呂鄉，呂甥邑也。’是瑕、呂皆所食埰地。杜注云：‘姓瑕呂，名飴甥。’非矣。下《傳》云‘陰飴甥’，陰亦采邑名。”又如《左傳·文公十七年》“鹿死不擇音”，洪氏注曰：“服虔云：‘鹿得美草，呦呦相呼。至於困迫將死，不暇複擇善音，急之至也。’按《莊子·人間世》‘獸死不擇音’，郭象注：‘譬之野獸，蹴之窮地，意急情迫，則和聲之至。’劉逵《吳都賦注》：‘凡閒暇則有好音，逼急不擇音。凡獸皆然，非惟鹿也。’皆主音聲而言。杜注以‘音’作‘蔭’，義轉迂曲，則無所承。劉炫規之，最得。《正義》非也。”皆言之有據。對於舊注、杜注皆誤者，亦作辨正。如《左傳》僖公二十四年“王遂出，及坎欿”，洪氏注曰：“京相璠曰：‘鞏東地名坎欿，在澗水東。’服虔以爲鞏東邑名也。(《水經注》)《郡國志》作‘坎埳’，注引《左傳》同。按《水經注》稱《晉書·地道記》、《晉太康地志》云：‘坎埳聚在鞏西。’按杜注云‘在縣東’，蓋承京、服之舊，實則聚在縣西南也。”對於通行本《左傳》杜注之佚文，亦間加鈎輯。如《左傳·僖公二十四年》：“三月，晉侯潛會秦伯于王城。”洪氏注曰：“《郡國志·左馮翊》：‘臨晉，有王城。’（杜同此。）按今本杜注脫去，惟《史記索隱》引《左傳》有之。”

洪亮吉撰《春秋左傳詁》，費時十年，于杜預以前之《左傳》舊注搜羅較爲完備，徵引舊說皆注明出處。洪氏行文務求簡約，一般只列舊說，不作闡發，間有按語，但求明晰而已。而李慈銘以爲“洪氏惟述前賢，罕下己意，所詁經傳，僅得十一，蓋亦尚待增訂，非成書也”，純屬臆測，恐未深考耳。

春秋左氏傳補注十二卷　（04-202）

《功順堂叢書》本

清沈欽韓撰。欽韓憤世嫉俗，至謂陰忮刻薄之人，竊何休之餘以詿誤梧子，蓋聖世之賊民。言其實有所指。王鎏所撰墓志，謂賦性剛褊，有劉四罵人之癖，世亦以此少之。於此可見其概矣。（楊鍾羲）

按李慈銘《越縵堂讀書記·經部·春秋類·左傳補注》云：“閱沈文起《左傳補注》，其自序極詆公、穀及杜氏《集解》，言雖雋快，而以胡毋生等爲漢之賤儒；以杜氏爲起紈絝之家，習篡殺之俗，以孔沖遠爲賣國之諂子，以啖助等爲僨惡，以宋人爲吮杜預之涕唾，以元明人爲目不識丁，以近人劉申受等爲聖世之賊民；至謂以左氏視公、穀，如二八妙姝與盲母狗，殊病偏激，不似儒者之言。”則知其所罵者爲劉申受。

又云：“其書意主發明左氏禮學，如論繼室，以聲子謂大夫而下繼室有爲嫡者，故喪服之繼母如母，天子諸侯不再娶，故繼室而非嫡，《雜記》所謂攝如君也。論先配而後祖，謂《聘禮》大夫之出，既釋幣于禰，其反也，復告至于禰。忽受君父醮子之命于廟以逆其婦，反不告至，徑安配匹，始行廟見之禮，是爲墜成命而誣其祖。大夫宗婦覿用幣，謂禮有內宗、外宗，鄭云王同姓之女謂之內宗，王諸姑姊妹之女謂之外宗，又得兼母之黨。《雜記》外宗爲君夫人，猶內宗也。鄭云謂姑姊妹舅之女及從母皆是。又有同姓大夫之妻，《喪大記》所謂外命婦也。又有外親之婦，亦通謂之外宗。《服問》注云：外宗，君外親之婦也，大夫宗婦覿，則外內宗之嫁大夫者及同姓大夫之妻覿夫人，非謂大夫與宗婦雙雙而至也。其言男女同贄者，謂婦人而用幣，是無別於男子。《列女傳·孽嬖》載此事，謂婦贄用幣，是男女無別也，語尤明。論北面重席，新尊絜之召悼子，及旅而召公鉏，謂《鄉射禮》主人獻眾賓後大夫辭加席主人對不去，加席注云：不去者，大夫再重席正也，賓一重席。又《燕禮》司宮筵賓于戶西東，上無加席，此以賓無加席，故《燕禮》卿辭重席，明非君在前則得重席。臧紇以重席待悼子，明其爲卿之適從卿禮也。

新尊絜酒，如《士冠禮》再醮攝酒，有司徹司宮攝酒（《士冠禮》注：攝，猶整也、又三醮、攝酒如再醮。）更新，示敬也。《燕禮》卿大夫皆脫屨就席，主人乃獻士于西階上，所謂大夫舉旅行酬而後獻士也。《鄉飲酒禮》云：既旅士不入，明士入，當旅酬節也。旅而召公鉏，以士禮待之，明其不得嗣爵。論使與之齒，謂與旅者子姓兄弟爲齒也。《特牲》《饋食禮》設堂下尊之後兄弟之子舉觶，爲旅酬悼子，設席自在堂上，所旅酬之人堂上無位，公鉏安能與悼子爲齒？論韤而登席，謂《燕禮》命安徹俎之後，乃脫屨升就席，皆坐。詩傳不脫屨升堂謂之飫，是君之享臣有終日不脫屨者。燕雖脫屨，亦在禮終，故《少儀》云：堂上無跣，燕則有之。今褚師聲子必是未命坐之先已跣而升堂，玩其臣有疾異於人、若見之君將案之之語，必是足創不堪著屨，若勉著之，恐潰浥，須擱拭，將使君見而嘔也。古者除遭喪於禮事，未聞徒跣。（案去屨謂之跣，去韤謂之徒跣。）杜謂見君解韤，出於杜譔。此類皆數典精確，足以推明禮制，餘亦多所折衷。其謂僖十五年傳文曰：上天降災至唯君裁之四十七字，證以《列女傳》並有此文，是孔陸之本偶爾褫奪，與余舊說合。”

春秋左傳補疏五卷　（04-199）

《焦氏叢書》本

清焦循撰。自序謂閱杜預《集解》及所為《釋例》，以預為司馬氏之私人，假《左氏》所云稱君君無道、稱臣臣之罪之說，而暢衍之，以解懿、師、昭之惡。懿、師、昭，亂臣賊子也。賈充、成濟，鄭莊之祝聃、祭足，而趙盾之趙穿也。王凌、毌丘儉、李豐、王經，則仇牧、孔父嘉之倫也。射王中肩，即抽戈犯蹕也。而預以為鄭志在苟免，王討之非，顯謂高貴討昭之非，而昭禦之為志在苟免。孔父嘉之義形于色，仇牧之不畏強禦，而預皆鍛鍊深文，以為無善可褒。此李豐之忠而可斥為奸，王經之節而可指為貳，居然相例矣。摘奸發伏，義正詞嚴。（楊鍾羲）

按清李慈銘《越縵堂讀書記・經部・春秋類・左傳補疏》云：

其補疏《左傳》，抉摘杜氏作《集解》之私心，尤爲快論。其序云：“杜預爲司馬懿之壻，其初以父幽州刺史恕與懿不相能，遂以幽死，故預久不得調。及昭嗣立，預尚昭妹，起家拜尚書郎，轉參相府軍事。蓋昭有篡弒之心，收羅才士，遂以妹妻預而使參府事。預出意外，於是忘父怨而竭忠於司馬氏。既目見成濟之事，將有以爲昭飾，且有以爲懿師飾，即用以爲己飾，此《左氏春秋集解》之所以作也。懿師昭亂臣賊子也；賈充、成濟，鄭莊之祝聃祭足，而趙盾之趙穿也；王凌、毌丘儉、李豐、王經，則仇牧孔父之倫也。昭弒高貴鄉公而歸罪於成濟，已儼然託於大義，而思免于反不討賊之譏。師逐君，昭弒君，均假太后之詔以稱君罪，則師曠所謂其君實甚，史墨所謂君臣無常位者，本有以啓之，預假其說而暢衍之。射王中肩，即抽戈犯蹕也，而預以爲鄭志在苟免，王討之非，顯謂高貴討昭之非，而昭禦之爲志在苟免矣。師昭而後，若裕、若道成、若衍、若霸先、若歡洋、若泰、若堅，他如石虎冉閔苻堅，相習成風，而左氏《傳》杜氏《集解》適爲之便，故其說大行於晉宋齊梁陳之世。唐高祖之於隋，亦踵魏晉餘習，故用預說作《正義》，而賈服諸家由是而廢。吾於左氏之說，信其爲六國時人，爲田齊三晉等飾也。左氏爲田齊三晉等飾，與杜預爲司馬氏飾，前後一轍，而孔子作《春秋》之義乖矣"云云，深心卓見，尤爲聖人不易之論。蓋其論枚氏之僞作孔《傳》，猶屬意必之詞，雖雄辯絕人，而事無確證，若此所論，則論世知人，灼見幽伏，元凱百口不能解矣。左氏一書，自爲聖經羽翼，其中要不無取義未純，此蓋七十子之言，已皆不能無疵；又經戰國秦漢，至東京始列學官，尤不免後人羼入。王介甫鄭漁仲皆因其紀及趙襄子之謚，疑爲六國時人，（介甫所疑十一事，其說不傳，惟書錄解題載介甫左氏解，專辨書韓趙魏殺知伯事，去孔子六七十年，決非邱明所及見。漁仲舉左傳紀韓趙知伯等事八驗，見《通志‧六經奧論》。）毛舉數端以概全經，不若近時姚姬傳言《左傳》蓋有吳起輩竄入以媚時者，如公侯之子孫必復其始語，尤其明驗。他紀魏氏及趙氏韓氏齊田氏等事亦多夸，非邱明本文，此論最爲近理。理堂仍介甫漁仲石林諸人之說，概指爲六國時作，亦未免武斷。然其論衛宣公烝于夷姜生急子一條，據洪容齋毛西河年數不合之說，謂當據《史記》及《列女傳》《新序》諸書，以夷姜爲宣公夫人。烝、《廣雅》訓爲淫，烝夷姜猶《衛世家》所云愛夫人夷姜也，杜注誤依服虔上淫曰烝之訓，自足爲左氏功臣。竊謂此論與錢竹汀《潛研堂答問》謂衛戴公文公，當依班氏《古今人表》爲公子黔牟之子，《左傳》以爲頑與宣姜所生者誤。二事皆足永垂寶書，不然以上淫君母之人，而衛人立之，石碏等純臣奉之；以鶉奔無良之孽，而衛人依之，齊桓宋桓等賢諸侯輔之，則春秋之初，已無人心，康叔之澤，亦太衰矣。其關係於人倫世教，豈淺鮮哉！

焦氏此疏，其正杜氏助逆之旨者，如宋督弑其君與夷，（桓公二年。）鄭伯使祭足勞王，（五年。）鄭伯突出奔蔡，（十五年，焦謂杜注譏突不能倚任祭仲，反與小臣造賊盜之計，故以自奔爲文，罪之。是明喻齊王芳不能倚司馬氏，而與李豐張緝謀廢師也。）衛侯朔出奔齊，（十六年。）宋萬弑其君捷，（莊公十二年）晉里克弑其君卓，（僖公十年。）宋人弑其君杵臼，（文公十六年。）晉趙盾弑其君夷臯。（宣公二年。）鄭公子歸生弑其君夷，君子曰仁而不武。（四年。焦謂杜注以例司馬昭本不許將士傷害高貴，故初稱畜老憚殺爲仁。歸生不討子公，而昭能討成濟，是仁而且武矣，故云不討子公爲不武。）凡弑君稱君，君無道也；稱臣，臣之罪也。（焦謂左氏此二語最爲悖理，而杜氏釋例乃暢發其義，所以解昭之即弑高貴，而必假太后令，以甚言其無道也。）民不與郤氏，胥童道君爲亂，故皆書曰晉殺其大夫。（成公十八年。焦謂杜注言郤氏失民，胥童道亂，宜爲國戮，此司馬懿之殺曹爽何晏，而罪爽之驕盈，晏之浮虛也。三郤胥童殺而欒書不可制矣，曹爽殺而司馬氏起矣。）枕尸股而哭。（襄公二十五年。焦謂司馬孚哭高貴，全效晏嬰所爲，蓋當時左氏盛行，故王經諫高貴，亦引魯昭公不忍季氏之事。）下車七乘不以兵甲。（焦謂杜注齊舊依上公禮九乘。又有甲兵，今皆降損，以比昭弑高貴以王禮葬之。習氏漢晉春秋云，丁卯葬高貴鄉公于洛陽西北三十里，下車數乘，不設旌尾，全襲左氏此傳。）凡十三條，皆徵引魏晉間事，以誅杜之隱衷。餘皆攷證訓故名物，於地理尤詳，固非如宋儒之純尚議論也。

春秋左氏古義六卷　（04-204）

《滂喜齋叢書》本

清臧壽恭撰。嗜漢儒經學，喜《春秋左傳》。嘗言諸家經學，後人輯注已辨。惟《春秋》賈服義尚無所屬。摭周秦兩漢舊說賈服注，閱二十年，

成《春秋左氏古義》六卷。本先為《左氏春秋經古義》，後為《左氏傳古義》。歿後其《傳》稿全佚，惟存其經。而闕自昭公二十三年以下，弟子楊峴補完之。（楊鍾羲）

按清李慈銘《越縵堂讀書記・經部・春秋類・春秋左氏古義》云："校臧壽恭眉卿《春秋左氏古義》，得三卷。其書于經文之有漢儒舊說者，皆采而存之，附以案語，多本之《漢志》、《說文》、《五經異義》及《左傳正義》，大怡主駁杜氏以復左氏經之舊，然不輕改經文，頗爲謹嚴，又往往據《經典釋文》參互考證，以知《三傳》經文今本多有轉相竄改之誤，亦阮氏校勘所未及。其人通算學，據三統術以考晨星超辰及朔閏積分之法，亦較諸家爲密也。"又云："校臧氏《春秋左氏古義》一卷，共六卷訖。所載實止經文，據其門人楊峴跋，言臧氏本以經傳分編，先以經文，後爲傳文，未成而卒。經自昭公二十三年以後亦全闕，峴爲之補完。則此書當題曰左氏春秋經古義考，今之所名，殊未妥也。其列三家經文異同，多以趙寬夫《春秋異文箋》爲藍本，而約略其語。其采掇賈服穎諸家古義，亦遠不如李次白《春秋左傳賈服注輯述》之詳，然其長處亦不可沒。"

春秋左氏傳述義拾遺八卷　（04-131）

光緒十五年廣雅書局刊本

清陳熙晉撰。六朝經術之盛，南莫著于崔靈恩，北莫著於徐遵明。而河間劉氏學通南北，疏家疏注之多，未有過於光伯者。熙晉輯錄《春秋規過》，謂《隋書・經籍志》載《春秋左氏述義》四十卷，東京太學博士劉炫撰。光伯本傳復有《春秋攻昧》十卷，不及《規過》。據孔氏序稱"習杜義而攻杜氏"，疑《規過》當在《述義》中，非別為一書。劉昫《舊唐書・經籍志》載《述義》三十七卷，較《隋志》少三卷，而多《規過》三卷，此其證也。孔氏於《規過》一百七十三事，無一不以為非。茲於《規過》之外又得一百四十三事，并皆《述義》之文。其异杜者三十事，駁正甚少。殆以唐初奉敕刪定，著為令典，黨同伐异，勢會使然。參稽經籍，援據群言，案其事理，辨其得失，成《春秋述義拾遺》八卷。

復據《隋書》本傳并《經籍志》、《舊唐書·經籍志》、《新唐書·藝文志》、《玉海》、《通志考》諸書，作《河間劉氏書目考》一卷，附於卷末。（楊鍾羲）

按李慈銘《越縵堂讀書記·經部·春秋類·春秋述義拾遺》云：

> 閱陳熙晉《春秋述義拾遺》。其首一卷辨杜氏《集解》序注疏之説，自卷一至卷八依傳文之次，共一百四十三條，末一卷爲河間劉氏《書目考》，又綴以《隋書·儒林傳》。其每事先標舉經文，附以杜注，然後頂格錄劉氏《述義》語，皆采自《正義》，又低一格列《正義》説及古今諸家説，後加案曰，以折衷之，亦間有駁劉氏説者。論頗平允，而考證未博，頗有空言，文義近於批抹家者。其"爲魯夫人"一條，不知傳文本無"曰"字，"爲"即"曰"也。每條下多附監利龔紹仁評語，尤爲非體。

春秋左氏傳舊注疏證稿若干卷　（27-051）

稿本

清劉文淇撰，子毓崧、孫壽曾續撰。文淇字孟瞻，儀徵人嘉慶二十四年優貢生。毓崧字伯山[1]，道光二十年優貢生。壽曾字恭甫，同治三年、光緒二年兩中副榜。三世並以經學名，儒林咸宗仰之，稱為儀徵劉氏，尤以《春秋左氏》名。案毓崧撰《先考行畧》，稱文淇生平湛深經術，於《春秋左氏傳》致力尤勤，嘗謂左氏之義為杜注剝蝕已久，其稍可觀覽者皆係襲取舊說。爰輯《左傳舊注疏証》一書，先取賈、服、鄭三君之注，疏通証明，凡杜氏所排擊者糾正之，所勦襲者表明之，其沿用韋氏《國語注》者亦一一疏記。他如《五經異義》所載左氏說，皆本左氏先師；《說文》所引《左傳》，亦是古文家說；《漢書·五行志》所載劉子駿說，實左氏一家之學。又如經疏史注及《御覽》等書所引《左傳注》，不載姓名而與杜注異者，亦是賈、服舊說。凡若此者，皆稱為舊注，而加以疏証。其顧、惠補注及洪稺存、焦里堂、沈小宛等人專釋左氏之書以及錢、戴、段、王諸通人，說有可采，咸與登列。末始下以己意，定其從違。上稽先秦諸子，下考唐以前史書，旁及雜家筆記、文集，皆取為証佐，期於實事求是，俾左氏之大義炳然著明。草創四十年，長編已具，然後依次排比成書八十卷云云。蓋當文淇之時，長編已具，祇待編比。然所云八十卷者，乃文淇擬編之卷，而非已成之書。再據孫詒讓撰《專曾墓表》，謂孟瞻草創四十年，長編褎然，疏証則僅寫定一卷。是則文淇編成者，僅得一卷而已。然証之原稿以及劉氏子孫所云，則已編至文公，而孫說蓋未是矣。孟瞻既未編成，踵其事者，子毓崧，孫壽曾，而壽曾為尤力，編至襄公四年而歿。據詒讓撰《壽曾墓表》〔2〕，謂伯山先生繼其業，亦未究而卒。伯山先生長子恭甫，紹明家學，志尚閎遠，念三世之學未有成書，刱立程限，銳志研纂，屬稿至襄公四年，而恭甫又卒。千秋大業，虧於一簣，斯尤學人所為累欷而不釋者矣云云。証之原稿，亦復信然。蓋劉氏三世晬於一經，而卒未獲成，世人惜之。第其長編已具，待闕編次成書，是則未成猶已成矣。其書去取精詳，排比確當，固已見之前人所評，不復再及。茲僅就隱公疏証言之，其疏証“惠公元妃孟子”，云“《世本》‘惠公名弗皇’，《逸周書·謚法解》‘愛人好與曰惠’。《春秋元命包》‘元，首也’。《爾雅·釋詁》云‘孟，長也’。《世本》‘宋，子姓’，則孟子亦宋女也。《北史·張普惠傳》‘兼善《春秋》百家之說，任城王澄遭太妃憂，臣僚為立碑頌，題碑欲云康公元妃之碑。澄訪於普惠，答曰：“謹案朝典，但有王妃，而無元字。魯夫人孟子稱元妃者，欲下與繼室聲子相對。今烈懿太妃作配先王，更無聲子、仲子之嫌。竊謂不假元字，以別名位。”’按張說是也。《爾雅·釋詁》‘妃，媲也’，《說文》‘妃，匹也’，《國語·齊語》‘九妃六嬪’韋昭注‘正嫡稱妃，言九者，尊之如一，明其淫侈非’，《禮記·曲禮》‘天子之妃曰后，諸候曰夫人〔3〕’則正適稱妃之說信矣。杜注言元妃，明始適夫人，意猶未誤。《正義》謂妃者，名通嫡妾，則誤矣。陳哀公元妃、二妃、下妃，正如齊之九妃，非禮制，不當引為嫡妾通稱之証”云云。其疏證精湛，大率類此。世既誤以是書謂久佚，而不知尚存天壤，故特表而出之，以見是書之端倪云。（劉思生撰）

〔1〕案“字”原作“子”，據文義改。

〔2〕案“詒”原作“治”，據文義改。

〔3〕案“諸候”當作“諸侯”。

按劉文淇（1789～1856），字孟瞻，江蘇儀證人。嘉慶優貢生。少家貧，從學于舅父淩曙，以淹通經史，與劉寶楠齊名，有“揚州二劉”之稱。著有《左傳舊疏考正》八卷。曾與劉寶楠等相約，爲諸經各作新疏，劉文淇撰《春秋左氏傳舊註疏證》，仿焦循作《孟子正義》之例，作長編數十巨冊，晚年編輯成疏，僅得一卷而歿。劉毓崧（1818～1867）思卒其業未果，劉壽曾（1838～1882）發憤以繼志述事爲任，嚴立課程，孜孜不倦，編至襄公五年而卒。僅存稿本，未有完書。直至1959年始由科學出版社出版整理本。

《春秋左氏傳舊註疏證》先列左傳原文，將舊注列於相關語句之下，然後加以疏證。其沒有舊注者，則直接加以疏證。本書的一大成就是盡力收集舊注。所謂舊注，是指賈逵、鄭玄、服虔等人的注。劉文淇認爲《左傳》杜注錯謬甚多，其稍可觀者，皆是承襲賈、服舊說。洪亮吉《春秋左傳詁》一書已多所揭明，然尚未全備。他認爲韋昭《國語注》，其爲杜氏所襲取者，正複不少。夫韋氏注，除自出己意者，餘皆賈、服、鄭君舊說。“他如《五經異義》所載杜氏說，皆本左氏先師，《說文》所引《左傳》，亦是古文家說，《漢書·五行志》所載劉子駿說，皆左氏一家之學。又如經疏史注及《禦覽》等書所引《左傳》注，不載姓名而與杜注異者，亦是賈、服舊說。凡若此者，皆稱爲舊注而加以疏證。”這可以說是集《左傳》舊注之大成。在疏證時更是廣征博引，對於清代學者的研究成果更是盡力採錄。“其顧、惠補注及洪稚[illegible]堂、沈小宛等人專釋左氏之書，以及錢、戴、段、王諸通人說，有可[illegible]與登列”。對於一些疑難問題，還直接向同時的經學大家請教。例如劉[illegible]曾就向孫詒讓請教過《左傳》宣公四年所載“笠轂”之義。這是集清代《左傳》研究之大成。“未始下以己意，定其從違”，這是辨析眾說，斷其是非。（本段引文皆見劉毓崧《先考行略》）

《春秋左氏傳舊註疏證》是不滿杜注而作，因此匡正杜注是其重要任務。在疏證賈、服、鄭玄之注時，凡杜氏所排擊者糾正之，所剿襲者表明之。

本書《注例》說：“釋《春秋》必以周禮明之。”因此書中對於典章制度、服飾器物、姓氏地理、古曆天算、日食晦朔、鳥獸蟲魚，皆詳加訓釋，充分體現出清代考據學的成就。

《春秋左氏傳舊註疏證》集《左傳》研究之大成，取著廣博，資料豐富。“上稽先秦諸子，下考唐以前史書，旁及雜家筆記文集，皆取爲佐證。期於實事求是，俾左氏之大義炳然復明”（劉毓崧《先考行略》）。雖是未完之書，仍是我們研究《左傳》的重要參考書。

春秋左氏答問一卷　（37-429）

排印本

劉師培撰。如答蕭定國問“僖三十三年十二月，隕霜不殺草，李梅實。賈氏云‘月者，為公薨，不憂隕霜李梅實也’。杜駁之曰‘然則設不憂，即不得書月，無緣知霜不殺草之月’”。師培答“先師之例，以為憂災則日月益詳，弗隱則略。賈以隕霜不殺草繫月，則為憂災甚明。杜以霜殺草繫月，旨主標時，無關義例。不知憂災之忱，基于憂民，經文之旨以憂民弗憂民憲臧否。僖以憂民昭美，以弗憂民示譏。杜氏未識微旨，其駁非是”。

按據排印本首頁及劉師培自序，書名當爲《春秋左氏傳答問》。“弗隱則略”，排印本“隱”作“憂”。“以弗憂民示譏”，此句當作“文以弗憂民示譏”。“文”指魯文公。省去“文”字，則主語爲僖公，原意頓失。

公羊春秋經傳通義十一卷序一卷　（04-190）

《顨軒孔氏所著書》本。

清孔廣森撰。《通義序》云“七十子沒而微言絕，《三傳》作而大義睽，《春秋》之不幸耳。幸其猶有相通者，而三家之師必故各異之，使其愈久而愈歧。何氏屢蹈斯失，若‘盟于包來’下不肯援《穀梁》以釋《傳》，‘叛者五人’不取證《左傳》，而鑿造諫不以禮之說”。其義允矣。乃又謂大凡學者，謂《春秋》事略，《左傳》事詳，經傳必相待而行。此即大惑。文王繫《易》，安知異日有為之作《十翼》者。

周公次《詩》，安知異日有為之作《小序》者。聖人之所為經，雖無三子者之傳，方且揭日月而不晦。陳澧謂使有經而無傳，何由知隱公為惠公之子、桓公之兄，何由知弒隱公者為何人。聖人作經，待傳而著，去傳解經，始於啖、趙，㢲軒何亦為此說？劉逢祿《解詁箋》，其“惠公仲子”不從《公羊》而從《穀梁》，㢲軒則不取《穀梁》。此類未免千慮一失耳。（楊鍾羲）

按清李慈銘《越縵堂讀書記·經部·春秋類·春秋公羊通義》云：

閱孔㢲軒《公羊通義》。三傳惟《公羊》最偏譎，何休注亦最駁。㢲軒偏信《公羊》，又謂《左傳》舊學湮於征南，《穀梁》本義汩於武子，而以何氏生於漢世，授受具有本原，三科九旨之說，體大思精，爲二傳所未有。其說皆偏。蓋以漢世最尊《公羊》，而休爲漢人，杜范皆晉人。乾嘉間漢學極盛，㢲軒故爲此說，是亦蔽於漢儒者矣。

夫三傳各有師承，左氏事最詳，昔人謂其親見列國之史者，其言最確，故三傳自從《左》爲長。即如僖公十七年夏滅項。《左》氏以爲魯滅。《公羊》以爲齊滅，不書齊者，爲桓公賢者諱；此義本鑿。外滅未有不書國者，爲桓公諱而僅曰滅項，則何以別於魯滅之耶？諱伯主而引外惡爲內惡，夫子必不出此！《左》氏以爲僖公因淮之會滅之，齊桓怒而止公，夫人姜氏會齊侯以請之，乃得釋。故下又云公至自會，此自是當時實事。㢲軒謂《左》氏云魯滅者，未知內諱不言滅之義。然終春秋世魯自項外未嘗滅國，何以知其內諱不言滅乎？隱公二年無駭率師入極，《左》氏亦僅曰入，不曰滅；《公羊》以爲諱滅而言入者，未可信也。趙匡曰：滅而言入，實入者將如何書之？此言頗當。又十九年邾婁人執鄫子用之。《左》氏以爲宋襄公使邾文公執之者，《公羊》不言所以，而何氏以爲邾鄫因季姬故，二國交忿，邾因鄫子至其地，執而用之。此本鑿空之談，㢲軒遂附會其說，而曰左氏豈不知季姬事實，乃歸惡於宋襄，又託子魚諫語；趙匡譏左氏凡謬釋經文，必廣加文辭，欲以證實其事，信哉斯言，云云。此無論其蔑傳妄斷，即論季姬之事，《經》於僖公十四年書曰夏六月季姬及鄫子遇於防，使鄫子來朝，至九月又書季姬歸於鄫。左氏以爲季姬來寧，公怒鄫子不朝，止之。季姬因會鄫子于防而使來朝，公乃歸季姬。《公羊》但曰非使來朝，使來請己也，其說亦可與左氏相通。曰請己者，即言請己歸鄫也，固絕無私會擇壻之言。而何氏創爲使來請娶己以爲夫人之說，夫春秋世雖淫亂，未有以諸侯女私會外侯要昏於父者。況魯號秉禮，僖公賢主，斷無縱其息女至此！此固何氏之最謬妄者。顨軒更曰：季姬者伯姬之媵也，伯姬許嫁邾婁，於上九年卒。禮、嫡未嫁而死，媵猶當往，故是時魯致季姬于邾婁，行及防，遇鄫子而悅之，使來請己，僖公許焉。則更無稽可駭。九年《經》書伯姬卒，左氏無傳，《公穀》亦僅曰許嫁而不言何國。漢人有曰許嫁邾婁者，亦不知何據。且伯姬卒以九年，亦無遲至五六年之久而媵始行者。媵即行則邾有迎，魯有送，豈得塗遇目成，挺身更嫁？顨軒更引《白虎通義》曰：伯姬卒時，娣季姬更嫁鄫，《春秋》譏之，以爲即此注之證。班氏等說雖有師承，然總不如左氏之親承聖教；況其說亦不過曰季姬更嫁于鄫，終不見私許事。自邵公以鄙倍之見申私說，宋胡安國元趙汸和之，顨軒更附會其詞，而《春秋》幾成穢史矣。

聖祖仁皇帝御案從左氏而闕《公》《穀》，前人若蘇子由，近人若李穆堂，皆深斥何氏此詁之悖。總之左氏或有浮夸處，不過張皇文飾，其事自有本末。二《傳》雖已多疎舛，然各有師授，非嚮壁虛造之談。唐之啖助趙匡，生千餘載之後，憑其私智小慧，而欲盡廢傳記，可謂小人之無忌憚者。宋劉敞孫復輩繼興，流及明代，其怪詭百出，幾以解經爲笑柄，眞讀書之厄也。顨軒此書，喜學漢人注書文法，多曲奧其句，未免筆鈍舌強。然博識細心，其可取處甚多。又言何氏設例與經詭戾，序中舉其不通者數端；注中亦時有異同，往往兼采《左》《穀》，旁及諸家，擇善而從，多所補訂，是固非專己守殘者。且亦深譏啖趙之徒，橫生異義，深爲經病，而時不免轉引其說以難左氏，則所謂蔽耳。

又云：

孔氏注義簡覈，既多正何解，亦不曲護傳文，治公羊家最爲謹確。然如齊仲孫來之爲公子慶父，季姬及鄫子遇于防之爲淫奔，滅項之爲齊桓，皆《公羊》之曲說，最不可通。注家例不駁傳，從而申之可也，乃必橫詆左氏，反以爲誣。今即以齊仲孫一事明之，無論子女子所謂齊無仲孫，果何所見；齊既無仲孫，左氏何以能強造一仲孫湫之名？以魯公子外之而強屬之齊，名何以正？言何以順？此皆三尺童子能辨之矣。此經上文季子來歸，《公羊傳》曰：其稱季子何？賢也。此據其他皆稱公子友也。然前書公子慶父如齊矣，此又何賢乎篡弒烝淫之賊而稱仲孫也。豈爲季子賢者諱而并諱慶父之名乎？外之以齊而美之以字，此何説也。以矛刺盾，恐百喙不能解也。

春秋公羊傳注疏校勘記十一卷　（19-408）

光緒二十四年戊戌刊《十三經注疏校勘記》本

清阮元撰。按《春秋公羊傳注疏》，注為漢何休《解詁》，疏則《唐志》不載，《崇文總目》始著錄，亦不著撰人名氏，或云為徐彥所撰。董逌《廣川藏書志》謂世傳徐彥，不知時代，意其在貞元、長慶之後。阮氏自序云，何休為膠西四傳弟子，邃於陰陽五行之學，間以緯說釋傳疏，不詳其所據。徐彥疏，《崇文總目》始著錄，無撰人名氏，世傳徐彥所作，其時代里居不可得而詳矣。光祿寺卿王鳴盛云"即《北史》之徐遵明"，不為無見也。蓋其文章似六朝人，不似唐人所為者。惟考疏中"葬桓王"一條，全襲楊士勛《穀梁傳疏》，則其時代當在貞觀以後，董逌之說不為無理。阮氏據王鳴盛之說以彥為《北史》之徐遵明，蓋未深考。（張壽林撰）

按《公羊注疏》之作者，《四庫提要》從董逌之說，定爲唐人。阮元《校勘記序》頗認同王鳴盛之說，以爲似六朝人作。洪頤煊《讀書叢錄》云："《公羊疏》，不著撰人名氏。或云徐彥，不知何時人。按疏中引《爾雅》孫炎注、郭璞《書序長義》、《孝經疏》之類，皆唐以前本。疏'司空掾'云'若今之三府掾'。'三府掾'亦六朝時有之，至唐以後則無此稱矣。此疏爲梁齊間舊帙無疑。"姚範《援鶉堂筆記》亦云："隋唐間不聞有三府掾，亦無三府之稱，意者在北齊、蕭梁之前"。嚴可均《鐵橋漫稿・書〈公羊疏〉後》云："《公羊疏》無譔人名，《崇文總目》或云徐彥，亦不知何代人。東晉有徐彥，與徐眾同時，見《通典》九十五，又九十九有武昌太守徐彥與征西將軍桓溫箋。而疏中引及劉宋庾蔚之，則非東晉人。今世皆謂唐徐彥，尤無所據，蓋涉徐彥伯而訛耳。疏先設問答，與蔡邕《月令章句》相似，唐疏無此體例。所引書百三許種，最晚者郭璞、庾蔚之，餘皆先秦漢魏。開卷疏‘司空掾’云：‘若今之三府掾是也。’齊、梁、陳、隋、唐無此官制。惟北齊有之。則此疏北齊人譔也。《隋志》有失名疏十二卷，唐不著錄，北宋復出，以卷大分爲三十卷，又分爲二十八卷，即今本也。”今人段熙仲云：“鐵橋此跋，多正前人之誤。《提要》以多設問答，遂謂似杜光庭《兼明書》，嚴以蔡中郎《月令問答》難之，遂可定論非唐末書。《提要》此說蓋由《崇文總目》始著錄而起也。至嚴疑即《隋志》著錄失名疏十二卷，北宋復出，以卷大分爲三十卷，又分爲二十八卷，謂即今本，則未知何據，不如阮元云其參差之由無可考爲愼矣。至據官制定爲北齊人，則疏中所引《禮》、《論語》注多從鄭說，然《北史》雖謂何氏《公羊》行於北方，而三《禮》則南北學均從鄭義，亦未足定撰疏者之爲北人。況疏中引江熙、庾蔚之均爲南方學者，北齊人似無由傳其書也。若三府之官，北齊同時并置外，劉宋時有之。蕭齊褚淵死時以司空新除司徒，亦有其官制。梁時丘希範曾爲司徒從事中郎，湘東王及王僧辯曾爲司徒，陳霸先爲司空，僧辯改官太尉，是亦有三府也。陳世則安成王爲司徒，侯安都爲司空，仍有其官。惟隋承北周之制，用《周官》，乃可云無此官制耳”（見《春秋公羊學講疏》第一章《經傳注疏作述考略》）。又云“其人既下不逮隋，上不過宋，則爲南士當在齊梁以降，北人則在北齊之世矣”，則爲南北朝人，殆可斷言。

春秋公羊禮疏十一卷公羊禮說一卷公羊問答二卷　（04-211）

《凌氏叢書》本

清凌曙撰。曙初治鄭氏，熟於典禮。聞劉逢祿論何氏《春秋》之學而好之。為阮元校輯《經郛》，盡見魏晉來諸家《春秋》說，以《解詁》言禮亦詳，《公羊》舊疏不著撰人，言例雖詳，於禮則略，注中雜引四代之禮，不盡周制，《疏》概以為時王之禮，殊欠明晰，乃取而補疏之，成《公羊禮疏》十一卷。自言義若隱略，則更表明，如有不同，便徵他議。自鄭氏《三禮注》、晉宋諸《志》、《通典》、唐《志》，罔不甄綜。如郊禘、六宗、明堂、祥禫之制，異論紛如，但取合於何義者引一二說以證之。疏不破注，向例如此。有未安者，引先儒之說以正之，復撰《禮論》三十篇，都為一卷。（楊鍾羲）

按清李慈銘《越縵堂讀書記·經部·春秋類·公羊禮疏》云："閱江都凌曉樓先生（曙）《公羊禮疏》。乾嘉間諸儒多尚《公羊》之學，以西漢特重《公羊》，首立學官博士，而何氏作註，又在東漢，遂謂《公羊》最存古義，何注又最有師法。自武進莊氏方耕、曲阜孔氏㢲軒皆專精其業，著有成書，凌氏與武進劉申甫起而和之，蓋自兩漢以來，言《公羊》者莫之先也。此書皆取其注之有關禮學者，條分件繫，博引羣書以證之，俱詳贍而不蕪，名通而不滯，可謂必傳之作。凌氏字子昇，以諸生貢太學，著有《四書典故覈》六卷、《春秋繁露注》十七卷、《禮論》一卷、《公羊禮說》一卷、《公羊問答》二卷及《禮疏》十一卷，總爲《蜚英閣叢書》，皆精確得漢儒家法。先生食貧力學，阮儀徵督兩廣時，曾延教其子，並刻其《禮論》等入《皇清經解》。先生有自撰《禮論》前後序，述其貧悴之況，令人酸鼻。三旬九食，忍餓著書，眞有不媿古人者。"

影宋紹熙本穀梁傳十二卷　（19-373）

遵義黎氏校刊《古逸叢書》本

晉范甯集解。此本為宋紹熙間余仁仲萬卷堂刻本，范書之不絕如線，實賴於此，誠希世之瓌寶也。其書都凡十二卷，每公為一卷，與諸家著錄皆同。每半頁十一行，行十八九字，注雙行二十七字，每章附音義，每卷末有經傳注及音義字數，又記仁仲比校訖，余仁仲刊於家塾。十二卷末記國學進士余仁仲校正，國學進士劉子庚、陳幾、張甫同校，奉議郎簽書武安軍節度判官廳公事陳應行參校，癸丑仲秋重校訖。卷首有范氏自序，卷末附何休《公羊傳序》，《公羊序》末有紹熙辛亥孟冬朔日建安余仁仲跋，又范氏自序末及十二卷卷尾，各有"余氏萬卷堂藏書記"長方印。范氏自序前、第七卷卷端及《公羊序》末，各有"金澤文庫"長方印。原本舊為日本學士柴邦彥所藏，文政間狩野谷望之與松碕慊堂謀就阿波國學影摹之，纖毫畢肖，宛然宋槧，後歸向山黃村。光緒間宜都楊守敬從使日本，從黃村求得之，慫恿星使遵義黎庶昌刻入《古逸叢書》，行款悉依原本，橅刻甚精。（張壽林撰）

按楊守敬《日本訪書志》卷一云：

> 《春秋穀梁傳》十二卷，宋刊本，刻入《古逸叢書》。余仁仲萬卷堂所刻經本，今聞於世者，曰《周禮》、曰《公羊》、曰《穀梁》。《公羊》揚州汪氏有翻本，《周禮》舊藏盧雅雨家，惟《穀梁》僅康熙間長洲何煌見之。然其本缺宣公以前，已稱爲希世之珍。此本首尾完具，無一字損失，以何氏校本照之，有應有不應，不由何氏所見爲初印本，此又仁仲覆校重訂者。故於何氏所稱脱誤之處，皆挖補擠入。然則此爲余氏定本，何氏所見猶未善也。原本舊爲日本學士柴邦彦所藏，文政間，狩谷望使人影摹之，纖毫畢肖，輾轉歸向山黄村。余初來日本時，即從黄村求得之，慫恿星使何公重翻以傳。會瓜代，不果。既新任星使黎公乃以付梓人，逾年而後成。按《穀梁》所據之經，不必悉與《左氏》、《公羊》合，而分經附傳之例，亦與二《傳》差互。至范氏之解，則傳習愈希，除《注疏》刊本外，絕題證驗。即明知有脱誤，亦苦於無徵不信。然則此本之不絕如線，誠爲瑰寶。今以唐石經證經、傳，以唐宋人説《春秋》三傳者佐之，以宋監本余所得日本古鈔經注本，首題"監本春秋穀梁傳"，多與十行本經注合、注疏本證《集解》，以陸氏《釋文》佐之。又自宋以來所傳經注本，不必與《釋文》合，而合刊注疏者，往往改釋文以救之。至毛本則割截尤甚。此本後有仁仲自記，不以《釋文》改定本，亦不以定本改《釋文》，猶有漢唐經師家法。今單行《釋文》俱在，此本既悉與之合，故於注疏所附，亦不一一訂正焉。

春秋穀梁傳時月日書法釋例四卷　（04-212）

《粤雅堂叢書》本

清許桂林撰。阮元序稱其居魯地而修魯學，可與鎮江柳氏之書相輔而

行。書中謂《左氏》因《穀梁》蔓衍而成，《穀梁》以《公羊》為外傳，如《左氏》之與《國語》。近於武斷，為唐仲冕所譏。（楊鍾羲）

按清李慈銘《越縵堂讀書記・經部・春秋類・春秋穀梁傳時月日書法釋例》云："得問月書，以孔氏微波榭所刻宋元憲《國語音》及近人海州許月南孝廉（桂林）《春秋穀梁傳時月日書法釋例》見贈。《穀梁》之學鮮傳者，邵氏、洪氏所輯皆未行。近日鎮江柳賓叔孝廉（興恩）撰《穀梁大義述》，儀徵太傅爲之序；閩中陳頌南侍御復譔《穀梁傳廣證》，而其書都未見於世。許氏與柳氏同出吾鄉湯文端之門，（文端典江南試，二君皆以經學得雋。）許氏此書，先從《穀梁》所書時日疏通其大旨，以《公羊》爲《穀梁》外傳，《左氏》爲《穀梁》衍義。唐陶山作序已譏其武斷，則漢人專門之結習，其能謹守師法者在此，其不能擇善而從亦在此。"又云："閱海州許桂林《穀梁傳時月日釋例》，亦一家之學，而首爲總論，極詆左氏，其言甚悖，且云所著尚有《疑左》二卷，蓋妄書也。是書成於道光丁未，前有阮儀徵、唐陶山兩序，唐序尤佳。"

穀梁大義述三十卷　（04-127）

《皇清經解續編》本

清柳興恩撰。為《述日月例》五卷，《述禮》一卷，《述異文》三卷，《述師說》六卷，《述經師》四卷，《述長編》十一卷。（楊鍾羲）

按李慈銘《越縵堂讀書記・經部・春秋類・穀梁大義述》云："閱鎮江柳興恩《穀梁大義述》。僅一冊，前有序例七則，言第七爲《長編》，言取載籍之涉《穀梁》者，以經、史、子、集依次摘錄，附以論斷，今所刻止《尚書》《史記》寥寥數條；其第二《述禮》，止賵賻三從庶母祭錫命四條；第五《師說》，止及何休《廢疾》、鄭君《釋廢疾》四條；第三《異文》，祗及隱桓；第四《古訓》，並無一字。蓋僅刻其略。柳氏畢生治此，其全書當有可觀。然其序有云：《春秋》託始於隱者，惟《穀梁》得其旨。《傳》曰：先君之欲與桓，非正也，邪也。探先君之邪志以與桓，是則成父之惡也。如《傳》意，則隱於惠公爲賊子。《傳》曰：爲子受之父，爲諸侯受之君，廢天倫、忘君父。如《傳》意，則隱於周室爲亂臣。《孟子》曰：孔子成《春秋》而亂臣賊子懼。託始於隱者，所以誅亂臣賊子。則誣妄悖誕，愚儒舞文，悍恣如此，傷教害義，亦《春秋》家學之亂臣賊子矣。”李氏所閱殆爲節略之本，非全書。

穀梁禮證二卷　（04-128）

《嶺南叢書》本

清侯康撰。治《穀梁傳》，考其涉於禮者為《穀梁禮證》。以典禮莫備於《左氏》，義理莫精於《穀梁》。據《穀梁》以證三《禮》。以《公羊》雜出眾師，時多偏駁，排詆公羊者獨多。卒年四十。弟度得叢稿，釐正為二卷。……康書未定而卒，故疏證未能精備也。（楊鍾羲）

按清李慈銘《越縵堂讀書記·經部·春秋類·穀梁禮證》云：“閱侯君謨《穀梁禮證》共二卷，止於昭公八年秋蒐于紅之傳，蓋未成之書也。引史據經，古義鑿然。然自僖公以後止文五年傳會葬之禮于鄙上一條，而如二年作僖公主及大事于太廟躋，僖公四年逆婦姜于齊，六年閏月不告朔猶朝于廟，十有二年子叔姬卒，十有八年夫人姜氏歸于齊，《穀梁》皆據《禮》以發《傳》，而此悉略之，其下便接蒐于紅傳禮證四條。疑其書實至僖公而止。其文傳一事、昭傳四事，刻者掇拾繫於其後耳。伍崇曜跋言孝廉譔是書，未完而卒，假得其叢稿，釐爲二卷。則非其次第本如是矣。”則原書非只未定，亦未完之作也。

春秋穀梁經傳補注二十四卷　（04-135）

光緒二年鍾氏信美堂本

清鍾文烝撰。文烝初治鄭氏《三禮》，繼乃一宗朱子之學。以《春秋》為持世教正人心之書，《穀梁》最能得聖人之意，詳為之注，會通見聞，折衷一是，於范注之略而舛，楊疏之淺而尨，多所補正。典禮有徵，詁訓從朔。（楊鍾羲）

按《春秋穀梁經傳補注》雖有創獲，不能無失。清李慈銘《越縵堂讀書記・經部春秋類・穀梁補注》糾之云："鍾氏用力勤至，足成一家之學，而時失之拘牽。如僖二十八年春公子買戍衛，不卒戍刺之，先名後刺，殺有罪也。公子啓曰不卒戍者，可以卒也，可以卒而不卒，譏在公子也，刺之可也。慈銘案，成十六年十有二月乙酉，刺公子偃。大夫日卒正也，先刺後名，殺無罪也。范武子於公子啓下僅注魯大夫。楊士勛疏引舊解云，公子啓即公子偃。啓書日者，啓無罪。是公子啓曰之日，乃月日之日。非云曰之曰。古人作日月字皆方闊象形，作云曰字則瘦小，後人反之。（唐以前隸皆不如此。）於是以此傳公子啓日，誤作公子啓云解。士勛唐人，尚認日月字，故引舊解說之，舊解是也。啓蓋偃之字，以相反爲義。公子啓日者，傳引刺偃書日以證此不書日爲買之有罪，下云譏在公子也，刺之可也。言此爲罪買當刺，故不書日，其理甚明。鍾氏不信舊解而申疏，言上下文勢，理恐不然，猶襄二十三年傳引蘧伯玉曰。今案彼傳云冬十月乙亥臧孫紇出奔邾，其日正臧孫紇之出也。蘧伯玉曰，不以道事其君者其出乎，此是傳引伯玉平日論出奔之事，非謂伯玉說此經也。伯玉年輩遠過宣聖，豈得與春秋筆削之辭，亦不必是論武仲。鍾氏乃謂伯玉當夫子修春秋時，年近百歲，是比之於尸子沈子，亦不達甚矣。又謂不卒戍句，是當時斷獄議罪之辭，公子啓解其義而事可知，《左氏》《公羊》，徒滋曲說。後世史書但云某官某有罪棄市，或云有罪自殺，以實事爲虛辭。案《左傳》謂公畏晉殺之而以不卒戍告楚，《公羊》謂買不肯往戍而以不卒戍爲內辭，揆之事理，《左氏》爲長。晉伯方興，釋憾於衛，楚救不克，魯先與楚，又親於衛，不知晉文之強，故先戍衛。既知楚非晉敵，懼而殺買，託辭以謝楚人，此必左氏親見魯史，故能爲此言。公穀皆傳聞肊測，不足爲據。其以先名後刺爲殺有罪，先刺後名爲殺無罪，亦非通例。鍾氏乃欲後世史書皆以爲法，反以稱有罪爲虛辭，則先刺後刺，豈足見實事乎？其傎甚矣。"

春秋無例詳考一卷　（20-393）

東方圖書館藏傳鈔本

清姚際恒撰。際恒有《春秋通論》十五卷，已著錄。是編《清史・藝文志》及諸家書目皆罕著於錄。此本蓋望漢廬據刻本傳鈔而附之《春秋通論》之後者。按際恒之書，刻本多不傳於今，則此本之存，彌覺可珍矣。其書凡一卷，釐為三十有九條，又於各條之下間或別分子目。大旨在辨正《三傳》及胡氏《春秋》例之疏陋。按際恒嘗著《春秋通論》十五卷，書中恒言《春秋》有例及常事不書之說之不足信。而以書法、取義二端論《春秋》，其於先儒據例解經之弊，於彼書《論旨》一篇論之詳矣。第猶慮後世學者惑於成說，故復就諸書所舉之例分別條論之，而成是編，以証《春秋》之無例。詳其所証，都凡三十有九條，曰無隱無正之例，曰無桓無王之例，曰無定元年無王之例，曰無王稱天不稱天之例，曰十二公無書即位不書即位之例，曰無日不日之例，曰無來朝時與月之例，曰無諸侯名不名之例，曰無諸侯滅同姓而名之例，曰無諸侯卒名不名之例，曰無魯會書葬魯不會不書葬之例，曰無書外災為魯弔之例，曰無諸侯書葬不書葬之例，曰無君弒賊未討不書葬之例，曰無王不葬之例，曰無予奪諸侯爵號之例，曰無盟與同盟之例，曰無圍與同圍之例，曰無歸與復歸之例，曰無入與復入之例，曰無入與歸之例，曰無公會與公及之例，曰無及與暨之例，曰無公及與及之例，曰無公會與會之例，曰無書公至與不書公至之例，曰無內書戰為敗之例，曰無稱爵稱人之例，曰無稱師之例，曰無稱師次之例，曰無稱國之例，曰無大夫稱氏不稱氏之例，曰無稱公子不稱公子之例，曰無稱公子與大夫公子之例，曰無稱公子與弟之例，曰無稱使不稱使之例，曰無殺大夫名不名之例，曰無殺大夫稱國稱官之例，曰無退中國進夷狄之例。凡其所論，大體尚稱精審，足破先儒以例說經之弊。然姚氏據此遂謂《春秋》無例，則似嫌其孤証未安，不足以堅人信也。按《春秋》之有例，孟子言之詳矣。考之先秦舊籍，其証尤多。雖先儒以例說經或不免深文周納，強為之解者，然其於《春秋》之有例，固無害也。際恒必自立異說，並古昔史官紀事之成法而廢之，未免矯枉過正。（張壽林撰）

按姚際恒爲康熙間人，《春秋》無例，明代及清初人多有此論。朱鶴齡力辨《春秋》無例，又以爲“凡例諸說”亦可存而不廢。其《左氏春秋集說序》云：

《記》曰“屬辭比事而不亂，深於《春秋》者也”。今之説《春秋》何其亂與？則凡例之説爲之也。自《左氏》立例，《公》、《穀》二氏又有例，啖、趙以下亦皆有例，言人人殊，學者將安所適從？如“稱爵者，褒也”，而會盂何以書“楚子”，則非盡褒也。“稱人者，貶也”，或“將卑師少也”，而僖公之前，何以君、大夫、將皆稱人，則非盡貶與將卑師少也。稱字者，貴之也。而邾儀父、許叔、蕭叔有何可貴乎？殺大夫稱名者，罪之也。而陳洩冶、蔡公子燮有何可罪乎？諸侯失國，名。而夔子、萊子不名。滅同姓，名。而楚滅夔、齊滅萊不名。則其説窮矣。不書公子，爲削其屬也。而弑君如楚商臣、齊商人，反稱公子，則其説又窮矣。卿卒，必記日月。公至，必告於廟。益師，不日，薄之也。而成公以後皆書日。桓會不致，安之也。而公行大半不書至。則其説又窮矣。不得已，有變例之説。夫所貴乎例者，正取其一成而不可易。若前後游移，彼此乖忤，何以示萬世之繩準？嗚呼！夫子作《春秋》，上明天道，下正人事，變化從心，安得有例？例特史家之説耳。自隱、桓至定、哀，二百四十二年間，載筆者既非一人，則或詳或畧，不免異辭，所見所聞，難於一概。就史法言之，尚無一成之例，而乃欲執後人之例以按經，又欲屈聖人之經以從例，其可乎哉！然則如之何？亦曰求之《春秋》之所以作而已矣。夫子曰“吾志在《春秋》”，又曰“其義則丘竊取之”。何謂志？尊天子，内中國，討亂臣賊子，尊王賤霸是也。何謂義？“善者吾進之，予之；惡者吾退之，奪之。彼善此者，吾猶進之，予之；純乎惡者，吾亟退之，奪之”是也。志以義明，義以時立。春秋之始，諸侯驟強，則絀諸侯以扶天子。春秋之中，大夫專政，則絀大夫以扶諸侯。春秋之季，陪臣亂國，則又絀陪臣以扶大夫。而前之治楚，後之治吴越，往往示其意於獎桓、文，愛宗國，爵齊、晉、宋、衛諸君之中。若此者，凡以尊天子也，明王道也。一筆一削，蓋皆隨世變而爲之權。世變異，則書法亦異，而豈有變例、正例之可求哉？後之説者，乃曰聖人有貶無褒，或又曰聖人初無褒貶。夫有貶無褒，則《春秋》爲司空城旦之書，聖人宅心不應如是刻覈；若無褒無貶，則全錄舊史，是非不明，何以有“知我”、“罪我”之言，而能使亂臣賊子懼耶？吾故專以聖人之志與義爲斷，不能得乎聖人之志與義，則隨事生說，辨愈繁而不可立教。能得乎聖人之志與義，則凡例諸說，何嘗不可與聖經之微文奥旨相爲發明？而近世儒者著論，乃欲盡舉諸例而廢之，其亦固而不可通也已。

方中履與姚際恒同時，持論與姚氏之相似。其《古今釋疑》卷二《春秋無例》云：

《春秋》之法，無有所謂例也。但據史所記事之有慨於心者，提而書之。公道難掩，是非自見。時或創出新意。如正月稱王，王稱天，鄭棄其師，天王狩于河之類，與凡或書，或不書，隨宜化裁，非例也。餘多因舊史概括成文。而世儒起凡例，或云桓無王，定無正，秦楚吳越■■（士彪按，原刻本即爲墨丁，當爲“夷狄”二字，蓋恐觸清朝之忌而改，以下四處墨丁同此例）無君臣，無大夫，■■不月，卑國不日，君弒賊不討不書葬，外事不告不書，凡書敗詐，同盟書名，譏世卿，譏遂事，伯討，責備賢者，書爵，書名，書人，書氏，諸如此類，不可枚舉。履按郝氏仲輿曰：“要皆後人強設，非仲尼有明訓也。及其不合，則又曰美惡不嫌同辭，又曰有變例，有特筆。然則仲尼乃滑稽之雄，而《春秋》譸張幻語，豈聖人作經之義哉！”余氏《春秋存俟》曰：“盟不書日一也，蔑之盟則爲渝，柯之盟則以爲信，何不同乎？且曰桓之盟不日，信之也。莊十三年十二月甲寅，公會齊侯于扈，何爲而日之與？葵丘之會盟，既曰書日以別之矣，而首止寧母，何爲而不日之與？公子益師卒，不日。《左氏》謂公不與小斂也。然公孫敖卒于外，而公在内；叔孫婼卒于内，而公在外；公不與小斂也明矣，又何以書日乎？《公羊》曰公子益師遠也。然公子彄遠矣，又何以書日乎？叔孫得臣亦近，而不書日何？《穀梁》曰‘不日，惡也’。然公子牙、季孫意如惡矣，又何以書日乎？公孫敖、仲遂亦惡，而書日何？《胡傳》則又皆以爲非，而歸諸恩數之厚薄焉。然得臣之於宣公，非薄也，意如之於昭公，非厚也，而俱得書日，又何與？唯程尹川曰‘其不日者，古史簡略，日月不備，而《春秋》因之’，是也。如莊三十一年，春築臺于郎，夏築臺于薛，秋築臺于秦。三十二年，春城小穀。見才閲三時，而大工屢興也。宣十五年，秋蝝，冬蝝生。見連三時，而災害荐作也。莊八年，師次于郎，夏師及齊師圍郕，秋師還。見閱三時，而兵勞於外也。不於書時見之乎？如桓二年，秋七月，杞侯來朝。九月入杞。見來朝方閲一月，而遽興兵以伐之也。昭七年三月，公如楚。九月公至楚。見朝■■之國，閲七月之久，而勞於行也。僖二年，冬十月不雨。三年王正月不雨，夏四月不雨。見閲九月而後雨也。不於書月見之乎？如癸酉大雨震霆，庚辰大雨雪。見八日之間，再見大變也。辛未取郜，辛巳取防，見旬日之間，取二邑也。己丑葬敬嬴，庚寅克葬。則見其明日乃葬爲無備。丙午及荀庚盟，丁未及孫良夫盟。則見魯人先晉而後衛。已未同盟于雞澤，戊寅及陳袁僑盟。則見晉之先盟諸侯，而後盟大夫。凡此之類，不於書日見之乎？比而觀之，年時月日，其關係於史者，如此而已。若以日月係《春秋》書法之褒貶，則皆諸家臆説也。至於穀鄧書名，則曰貶其朝弒逆之人矣。紀侯獨非朝弒逆之人乎？見其書爵，則爲之解曰'志不朝桓也'。於宰咺書名，則曰貶其賵諸侯之妾矣。榮叔獨非賵諸侯之妾乎？見其書字，則又曰罪在天王而無貶也。於滕薛書爵，則曰先朝隱而褒之矣。滕朝桓，降侯稱子，謂其朝弒逆之人也。何貶一人，至于歷代子孫，皆莫之宥乎？見季札書名，則曰爲其辭生亂也。泰伯、夷齊，非辭國者乎？楚一也，始書荊，斷書楚，已而書子。吳一也，始書吳，繼書人，已而書吳子。于以見■■之寖盛矣。魯翬、鄭宛詹，始也大夫猶不氏，其後則大夫無有不氏者。鄭段、陳佗、衛州吁，始也皆名，其後則雖弒君之賊，亦有書氏者。于以見大夫之漸強矣。始也，曹、呂無大夫，其後則曹、呂皆有大夫。于以見小國之大夫皆爲政矣。始也，吳楚之君皆書人，其後則吳楚之臣亦書名。于以見■■之大夫皆往來于中國矣。諸侯在喪稱子，有稱子而與會伐者。于以見不用周爵，而以國之小大爲強弱矣。會于曹，蔡先衛；伐鄭，則衛先蔡。于以見諸侯皆緣目前之利害，而不復用周班矣。幽之會，男先伯；淮之會，男先侯；戚之會，子先伯；蕭魚之會，世子長于小國之君。于以見伯爲政，皆以私意爲重輕，而無復禮文矣。垂隴之盟，内之則公孫敖會諸侯。召陵侵楚之師，外之則齊國夏會伯主。于以見大夫敵于諸侯，而莫知其非矣。經于書爵書人，不一而足。諸傳則以爲書爵者褒之也，尊之也。然同一楚子，伐鄭宣四年，則謂特書爵以予之也；宣九年冬，便謂書爵，見其暴陵中華；宣十年冬，則謂書爵乃直詞，不以楚爲罪焉。書楚子入陳，則謂楚子能討賊。書楚子入徐，則謂書爵非予之也，以不誅誅之也。即一楚子之爵，或以爲貶，或以爲褒，或以爲無褒無貶。他如桓十年冬，書齊侯、衛侯、鄭伯來戰于郎。乃謂稱爵以著其罪，則書爵一款，何褒誅貶罪，如天淵之相懸乎？經文書人，《傳》皆以爲貶。如齊人侵我四鄙，楚人滅夔圍宋，以爲貶可也。然楚人殺夏徵舒，則曰人，眾也，人人得而誅之也。荊人來聘，則曰嘉其慕義自通，故進之也。此又以書人爲予之之詞，何與？曰內外侵伐皆不月，又曰凡魯桓會伐皆月。果諸侯之惡，獨魯桓爲甚乎？甚矣，諸儒之牽強也。”

春秋三傳異文釋十二卷　（04-200）

《別下齋叢書》本

清李富孫撰。《春秋三傳》之文最為錯雜，富孫攷核異義，凡經史傳注諸子百氏所引，以及漢唐宋石經宗元槧本，校其異同。或字有古今，或音近通假，或沿襲乖舛，悉據古義而疏證之。前儒論說，並為搜輯，正其訛謬，定其得失。道光丁酉海昌蔣光煦授諸梓以傳。

李慈銘《越縵堂讀書記・經部・春秋類・春秋三傳異文釋》云：“閱李香子《三傳異文釋》，凡《左傳》十卷，《公羊》、《穀梁》各一卷。其書取經典注疏及子史諸書所引文字異同，附以石經舊槧，皆折衷是非，證明其義，大要以《說文》爲主，以雅訓爲輔，專於形聲通假，求其指歸，采掇近儒，頗爲賅密。書成於趙氏《春秋異文箋》之後，故於君氏尹氏等大端之異，皆置而不論，蓋可爲讀《左》氏者小學之助矣。蔣氏別下齋所刻諸書，惟李氏兄弟所著三種，有功經學，其餘皆短書小集，無甚重輕。”

孝經類

孝經鄭注一卷　（15-386）

光緒間章氏式訓堂刊本

清嚴可均輯。可均成是書，蓋從日本得魏徵《羣書治要》，又證之岡田挺之所輯《孝經鄭注》與《治要》同。惟《治要》僅有《孝經》十七章，缺“喪親”章，於經注又有刪節。可均於是徧搜孔穎達《詩》、《禮記正義》，賈公彥《儀禮》、《周禮疏》，佚名《公羊疏》，裴駰《史記集解》，劉昭《續漢志注補》，沈約《宋書》，蕭子顯《齊書》，劉肅《大唐新語》，王溥《唐會要》，甄鸞《五經算術》，虞世南原本《北堂書抄》，李善《文選注》，徐堅《初學記》，釋慧苑《華嚴音義》，《白孔六帖》，李昉《太平御覽》，樂史《太平寰宇記》，王應麟《玉海》所引《孝經鄭氏注》，彙而錄之，以補《治要》之缺，注明出處，間加按語。惟尚闕數十百字，以為無從校補。其與《治要》異者，《治要》無章名，可均據《釋文》補之，且引“天子”章注云“《書》錄王事，故證天子之章”，以為《鄭注》見章名之證。愚按首章《鄭注》云“方始發章以正為始”，亦其一證，則可均說是也。其書博於洪頤煊，而精審似不及臧庸。如“庶人”章“用天之道”，據《治要》及余蕭客所見影宋蜀大字本，改“用”為“因”。按魏文侯《逸傳》“用”亦作“因”，可均未引及此，自可備一說。其下兩云“孝無始終”，以為“無”當作“有”，其作“無”者，係晉時傳寫承誤，則嫌於臆斷矣。“周公郊祀后稷”一條，據《儀禮經傳通解續》引《鄭注》"周為木德"，下有"以后稷配蒼龍精也"八字，可均亦漏未引。"在醜不爭"一條注云"忿爭為醜"，按今本《治要》無此句，未審岡田何據，可均斷為《治要》原本如此，尚待證明。是書有可均前後二序，後序引鄭自序及鄭注法服、五刑，以證注確為唐成所作，其說甚辨。書為《四錄堂彙集》之一，向有傳抄本。光緒間章氏式訓堂為之刊行。(倫明撰)

按李慈銘《越縵堂讀書記・經部孝經類・孝經鄭注》云："閱《孝經鄭注》及洪筠軒所輯《補證》，臧在東所輯《鄭氏解》，日本國鄭注本。錢同人序雖舉其孝治章以昔訓古，見《公羊傳》疏，聘問天子無恙諸語，見《太平御覽》，聖治章上帝者天之別名也，見《南齊書・禮志》暨《困學紀聞》，凡三條合于鄭義，謂非僞譔。然其它文辭多不類鄭君，故阮文達深疑之。臧氏所輯，密於洪氏，而體例謹嚴，則洪爲優。臧氏于開卷仲尼居《釋文》引鄭作凥下，即日凥當作居。以隸書寫篆文，自稱正體者，發端于南宋毛居正岳珂等，而近時學者爲尤甚。案此經以凥字爲不可依，《顏氏家訓》已言之。盧弓父補注《家訓》，即深韙其說。臧爲盧之弟子，其《拜經日記》中，亦備言以古改今之非，同時嚴氏可均亦持是論。故嚴則深譏汲古閣毛氏刻書之非體，臧則痛詆惠松崖臆改《周易集解》之妄。然兩君所主者，唐石經耳，開成立石，多用張氏《五經文字》之說；張氏所主，則漢熹平石經。熹平既非全出蔡中郎之手，而爾時行用隸書，半參俗體，即《五經文字》所載，偏旁乖謬，不勝僂指。蓋許叔重所謂馬頭人爲長，人持十爲斗；陸德明所謂席下箸帶，惡上安西者，漢隸往往有之。如必守經典相承之俗字，而以改者爲謬，則《說文》等書可不作矣。苟于形聲不失，體從省借，相沿已久，誠不須變改，以駭流俗。又或描摹象形，非篆非隸，涉于怪瑣，如郭忠恕戴侗諸人，亦爲好古之過。"

孝經鄭注疏二卷　(15-387)

光緒二十一年刊本[1]

清皮錫瑞撰。錫瑞號鹿門，湖南善化人，光緒舉人。錫瑞治經專今文，頗攻鄭氏，而是書則篤守鄭氏之說，尤詳於典禮。以為鄭君深於《禮》學，注《易》箋《詩》必引《禮》為證，其注《孝經》亦援古禮。自唐以來不明此義，明皇作注，於《鄭注》徵引典禮者，概置不取。按鄭君先治今文，後治古文，而注《孝經》最早，其解社稷明堂大典禮，皆引《孝經》緯《援神契》、《鉤命決》文。鄭所據《孝經》本今文，其注一用今文家說，後注《禮》箋《詩》參用古文。陸彥淵、陸元朗、孔沖遠不攷今古文異同，遂疑乖違云云。其書於《鄭注》，引典禮為之疏通證明。諸家於《鄭注》有駁難者，則解釋其疑滯。如“社稷”一條注“社，謂后土也，勾龍為后土”，王肅難鄭引之，且明言《孝經注》，此可為鄭注《孝經》的證。錫瑞據侯康謂舉配食者而言，而引申其說，最為得解。其他如“法服”、“日祭”、“郊祀”、“明堂”、“簠簋”諸條，俱能原原本本，折衷至當。惟“始於事親”一節，劉炫所駁不誤，而錫瑞守疏不破注之例，曲為辨護，謂經言常理，非為一人而言，《鄭注》亦言其常，不得以顏夭為難，終嫌勉強。其“天子有爭臣七人”一條，別據唐武后《臣軌・匡諫章》引《孝經》“爭”作“諍”，與《白虎通》、《家語》所引同，此則他輯本所未及者。書刊於光緒二十一年乙未。（倫明撰）

〔1〕案題下原未標注版本，據中華本補。

按鄭玄《孝經注》，盛行於東晉南北朝及初唐，至唐明皇《孝經注》出，鄭注遂散佚不完。清代復興漢學，則頗有輯佚之作，如臧庸《孝經鄭氏解輯》一卷、陳鱣《集孝經鄭注》一卷、黃奭《鄭氏孝經解》一卷等。皮錫瑞認爲嚴可均所輯《孝經鄭注》“最爲完善”。是書輯自魏徵《群書治要》，又證之以日人岡田挺之所輯《孝經鄭注》。因《群書治要》僅存《孝經》十七章，缺《喪親》一章，於經注又有删節，嚴氏遂遍搜群書所引《孝經鄭氏注》，彙而錄之，以補《群書治要》之缺，注明出處，間加按語。皮錫瑞即以嚴氏輯本爲底本，“據以作疏”（以上引文皆見《孝經鄭註疏序》）。

《孝經鄭註疏》分爲上下兩卷，《孝經》共十六卷，皮氏以前八章爲上卷，後八章爲下卷。《孝經鄭註疏》雖以嚴可均《孝經鄭注》爲底本，並保留了嚴氏的按語，但亦有所訂補。如于《聖治章第九》“昔者周公郊祀後稷以配天”句下之鄭注，增“以後稷配蒼龍精也”八字，加案語曰：“《儀禮經傳通解》

引鄭注‘周爲木德’下多此八字，嚴本遺之，今據補。”《喪親章第十八》“陳其簠簋而哀慼之”之鄭注，嚴輯本據《北堂書鈔》原本，皮氏則改據陳本《北堂書鈔》。對嚴可均的按語亦間有駁難。如《喪親章第十八》“喪不過三年，示民有終也”之鄭注下有嚴可均按語曰：“蓋引《喪服小記》‘再期之喪三年也’。”皮氏駁之曰：“錫瑞案，鄭君不以再期爲三年，嚴說未核。”

皮錫瑞在《孝經鄭註疏序》中，於其書體例有所說明。他認爲，《孝經》文字顯淺，“邢疏依經演說，已得大旨。茲惟于鄭注引典禮者，爲之疏通證明。于諸家駁難鄭義者，爲之解釋疑滯”，“更采漢以前徵引《孝經》者附列於後，以證《孝經》非漢儒僞作”。

關於《孝經鄭注》之眞僞，歷來爭論不休。唐代劉知幾曾撰《孝經老子注易傳議》（見《唐會要》卷七十七，《全唐文》卷二七四）列舉十二條證據，以證鄭注之僞。其十二條證據是：（1）鄭玄《自序》（即自傳）備言所注，獨不及《孝經》。（2）鄭玄卒後，其弟子追論師注所述及應對時人之語作《鄭志》，言鄭所注者唯有《毛詩》、三禮、《尙書》、《周易》，都無注《孝經》之文。（3）《鄭志目錄》記鄭玄著述，寸紙片言莫不記載，而無《孝經》之注。若有《孝經》之注，無容匿而不言。（4）鄭玄弟子分授門徒，各述師言，更相問答，編錄其語，謂之《鄭記》，唯載《詩》、《書》、《禮》、《易》、《論語》，不及《孝經》。（5）趙商《鄭先生碑銘》具稱諸所注箋駁論，不言注《孝經》。《晉中經簿》于《周易》、《尙書》、《尙書中候》、《尙書大傳》、《毛詩》、《周禮》、《儀禮》、《禮記》、《論語》凡九書皆云“鄭氏注，名玄”。至於《孝經》，則稱“鄭氏解”，無“名玄”二字。（6）《春秋緯演孔圖》云：“康成注三禮、《詩》、《易》、《尙書》、《論語》，其《春秋》、《孝經》則有評論。”宋均《詩緯序》云“我先師北海鄭司農”，則均是玄之傳業弟子，師所注述無容不知，而云《春秋》、《孝經》唯有評論，非玄之所注，於此特明。（7）宋均《孝經緯注》引鄭《六藝論》敘《孝經》云：“‘玄又爲之注’，司農論如是，而均無聞焉，有義無辭，令予昏惑。”（8）宋均《春秋緯注》云：玄“爲《春秋》、《孝經》略說”，則非注之謂。所言“玄又爲之注”者，泛辭耳，非其實。其序《春秋》亦云“玄又爲之注”也，寧可復責以實注《春秋》乎？（9）後漢史書存於當時者有謝承、薛瑩、司馬彪、袁山松等，其爲鄭玄作傳者載鄭玄所注皆無《孝經》。（10）王肅《孝經傳》首有司馬宣王之奏云：“奉詔令諸儒注述《孝經》，以肅說爲長。”若有鄭注，亦應言及，而都有不言鄭。（11）王肅著書發揚鄭短，凡有小失皆在《聖證》，若《孝經》此注亦出鄭氏，被肅攻擊最應煩多，而肅無言。（12）魏晉朝賢論辨時事，鄭氏諸注無不撮引，未有一言引《孝經》之注。

劉氏此說影響很大，被邢昺錄入《孝經正義》，但未注明出處。皮錫瑞在《孝經鄭註疏》卷上"鄭氏解"三字下引邢疏"十二驗"之文，並加以駁正曰：

> 邢疏列十二證，乃劉子玄之言，《文苑英華》、《唐會要》皆載之。子玄通史不通經，所著《史通》《疑古》、《惑經》諸篇，語多悖謬。近儒駁劉說、辨證鄭注非僞，是矣。然未盡得要領，茲謹述鄙見，用袪未寤。鄭注諸經，人皆信據，獨疑《孝經注》者，漢立博士不及《孝經》，《藝文志》列"小學"前，嘉平刻石有《論語》無《孝經》，當時視《孝經》不如《五經》、《論語》之重，故鄭君雖有注，其弟子或未得見，或置不引。致惑之故，皆由於此。鄭《自序》不言注《孝經》者，序云"元城注《易》"，乃在臨沒之年，故舉晚年所著之書獨詳。序云"逃難"下，《文苑英華》、《唐會要》引多"注禮"二字。逃難注《禮》在禁錮時，避難南城山注《孝經》亦即其時，皆早年作。故自序云注《禮》不云注《孝經》，蓋略言之。注緯候更在先，亦略不言也。《鄭志》、《鄭記》、趙商《碑銘》皆不及注《孝經》，亦以不在《五經》，故偶遺漏。《晉中經簿》，據《隋書・經籍志》云，但錄題及言，至於作者之意，無所論辨。是荀勖等無別裁之識，或沿《漢志》列之"小學"，故標題與九書不同；或因宋均之語有疑，故題鄭氏而不名也。宋均引鄭《六藝論》敘《孝經》云：'玄又爲之注'，鄭君大賢，必不妄言。自云爲注，確乎可信。古無刻本，鈔錄甚艱。鄭君著書百餘萬言，弟子未必盡見。宋不見《孝經注》，固非異事。乃因不見，遂並師言不信，而易其名謂之"略說"，謂之"評論"。呂步舒不知其師書，以爲大愚。宋之昏惑，殆亦類是。鄭敘《春秋》亦云"玄又爲之注"。《春秋》、《孝經》相表裏，故鄭皆爲之注，據其《自序》，文義正同。《世說新語》云："鄭玄注《春秋》，尚未成。遇服子慎，盡以所注與之。"是鄭實注《春秋》，則實注《孝經》可知。謝承諸書失載，猶《鄭志》目錄失載耳。範書載《孝經》遺《周禮》，豈得謂《周禮》非鄭注哉？司馬氏與王肅有連，左袒王肅，先有《鄭注》，何必言及？王肅《聖證》

> 駁鄭《孝經注》"社後土"，明見《郊特牲疏》，近儒已多辨之。考之邢疏，亦有一證。《聖治章》疏曰："鄭玄以《祭法》有周人禘嚳之文，遂變郊爲祀感生之帝，謂東方青帝靈威仰，周爲木德，威仰木帝。以駁之曰：按《爾雅》曰'祭天曰燔柴，祭地曰瘞薶'，又曰'禘，大祭也'，謂五年一大祭之名。又《祭法》'祖有功，宗有德，皆在宗廟'，本非郊配。若依鄭説，以帝嚳配祭圜丘，是天之最尊也。周之尊帝嚳不若後稷。今配青帝，乃非最尊，實乖嚴父之義也。且遍窺經籍，並無以帝嚳配天之文。若帝嚳配天，則經應云'禘嚳於圜丘以配天'，不應云'郊祀後稷'也。"案"以駁之曰"以下是王肅駁鄭之語，肅引《孝經》駁鄭，確是駁《孝經注》。邢疏於下文亦謂是《聖證論》，則"以駁之曰"上必有脱誤。黄幹《儀禮經傳通解續》引《孝經》邢疏，"以駁之曰"上多"韋昭所著亦符此説唯魏太常王肅獨著論"十七字，文義完足，所據當是善本。今本邢疏乃傳刻譌奪耳。子玄生於唐時，《聖證論》尚在，乃漫不一考，且謂魏晉朝賢無引《孝經注》者，王肅豈非魏晉人乎？此十二驗皆不足證鄭注之僞。鄭《六藝論》自言爲注，無可致疑。自宋均操戈于前，陸澄發難於後，子玄等從而吠聲，鄭注遂亡，遺文十不存一。《群書治要》來自海外，近儒疑與《釋文》、《邢疏》不合，不知《治要》本非全注，嚴可均取《治要》與《釋文》、《邢疏》所引合訂，近完善，可繕寫，眞高密功臣矣。

這段文字逐條批駁劉知幾的"十二驗"，力證《孝經鄭注》非僞，令人信服。按《孝經》邢疏今傳本的此處文字脱誤，阮元《孝經正義校勘記》已揭明之，皮錫瑞於阮氏之校勘成果多有利用。

《孝經鄭註疏》反復辨明《孝經》非漢儒僞作，《孝經鄭注》實爲鄭玄所作。如宋代朱熹作《孝經刊誤》，懷疑《孝經》引《詩》非經本文，《孝經》一書多出後人附會。皮錫瑞則在《開宗明義章第一》最末一段駁斥朱説：

> 《漢書·匡衡傳》衡上疏曰："《大雅》曰：'無念爾祖，聿修厥德。'孔子著之《孝經》首章，蓋至德之本也。"案朱子作《孝經刊誤》删去"子曰"及引《詩》、《書》之文，謂非原本所有。考《御覽》引《鈎命決》曰："首仲尼以立情性，言子曰以開號，列曾子以示撰，輔《詩》、《書》以合謀。"緯書之傳最古，其説如此。匡

> 衡之疏尤足證引《詩》爲聖經之舊，非後人所增竄。《孝經》每章必引《詩》、《書》，正與《大學》、《中庸》、《坊記》、《表記》、《緇衣》諸篇文法一例。朱子于《大學》、《中庸》所引《詩》、《書》皆極尊信，未嘗致疑，獨疑《孝經》，何也？

又如《諸侯章第三》皮疏曰："王肅難鄭，明引《孝經注》。劉知幾乃云'注出鄭氏，而肅無言'，失之不考。"皮氏疏解《孝經鄭注》，多引鄭玄所作其他經典注釋如《三禮注》、《尚書注》、《毛詩箋》等以相發明，意在以鄭證鄭，從而確認《孝經鄭注》爲鄭玄所作。總之，力辨《孝經》及《孝經鄭注》非僞，是本書的一大任務，也是一大特色。

本書另一特點是今文經學色彩非常濃厚。皮錫瑞治經專主今文，頗攻鄭氏。而是書則篤守鄭氏之說。這是因爲，他認爲鄭玄早年習今文，而《孝經鄭注》乃鄭玄早年之作，鄭所注《孝經》爲今文經，其注一用今文家說。維護鄭注，實際上就等於維護今文經學。這一意圖在整部《孝經鄭註疏》中得到淋漓盡致的體現。皮氏疏解鄭注，大都引今文學經典，如《尚書大傳》、《白虎通義》、《春秋公羊傳解詁》及緯候之書等，以證鄭注與諸書相合，並多次指出《孝經注》用今文說，而且極力駁斥古文學說。當《孝經注》與鄭玄注他書之說發生矛盾時，皮氏則力主尊用《孝經注》。如《孝經注》釋朝聘之制與鄭注《禮記·王制》不同，皮氏則曰："鄭君先治今文，後治古文。注《孝經》在先，用今文說。與《公羊》、《王制》相合，自可信據。注《禮》在後，惑於古文異說……遂據古而疑今。"並進一步指出："鄭義當以《孝經注》爲定論，不必從《禮記》注。"其實鄭玄遍注群經，古今兼採，皮氏是今非古，與鄭學實境不合。此處更以鄭玄早年的觀點爲定論，顯示出皮氏的門戶之見。

《孝經鄭註疏》徵引詳博，對鄭注所涉及的古代禮制解釋尤詳。廣搜群籍，以明鄭注之淵源。又將古書所引《孝經》之文網羅殆盡，附於疏後，對考察《孝經》版本、流傳甚有裨益。對某些字義的解釋，亦徵引繁富。如釋"口無擇言"（《卿大夫章第四》）之"擇"字，皮氏力排前人之說，主張"擇當讀爲斁敗之斁"，並引《洪范》鄭注、《說文》、《甫刑》、蔡邕《司空楊公碑》、《太玄》、《法言》、《毛詩箋》爲證，言之鑿鑿，令人信服。這顯然是對清人慣常使用的書證法的繼承。但有時對常用字義的解釋亦如法炮製，就顯得繁瑣不堪了。如鄭玄注"以順天下"（《開宗明義章第一》）之"以"字云："以，用也。"本屬常訓，不勞煩解。而皮氏卻爲此寫了一大篇疏解文字：

> 注云"以，用也"者，《易·彖下傳》"文王以之"虞注、《詩·穀風》"不我屑以"、《大東》"不以服箱"箋、《載芟》"侯強侯以"傳、《周禮·鄉大夫》"退而以鄉射之禮五物詢衆庶"注、《儀禮·士昏禮》"以湇醬"注、《禮記·曾子問》"有庶子祭者以此"注、《左氏·成八年傳》"霸主將德是以"、《昭四年傳》"死生以之"注、《國語·周語》"魯人以莒人先濟"、《吳語》"請問戰奚以而可"注、《中候》"黑鳥以雄"注、《廣雅·釋詁四》、《小爾雅·廣詁》皆云"以，用也"。

一口氣舉出十種書、十四篇，實在沒有必要。

總之，《孝經鄭註疏》廣泛吸收前人輯佚成果，疏解旁徵博引，頗多創見，是研究《孝經鄭注》的權威著作，甚爲學者所重。章炳麟于皮氏之經學，多所譏斥，然對《孝經鄭註疏》則頗欣賞，謂："善化皮錫瑞就《孝經鄭注》爲之義疏，雖多持緯候，扶微繼絕，餘甚多之。"（《太炎文錄》卷一《駁皮錫瑞三書》）

四書類

皇侃論語義疏參訂十卷　（15-418）

稿本〔1〕

清吳騫撰。騫字槎客，浙江海寧人，諸生。皇侃《論語義疏》，乾隆間由日本傳入中土，浙江布政使王亶望始為刊行，鮑氏知不足齋又刊之。未幾，復由日本傳入《孟子七經考異補遺》一書，亦為中土向所未有。騫乃據之以校勘皇《疏》之異同，其見於他書者，並為援證，且及於同時師友談說。《疏》中譌誤可疑及名器事物、章句訓故間與先儒異說者，亦稍為詮訂。首有騫自序及例言、附錄。書之上方又有一條云"間有引諸君語而騫復作按語者，此係初稿，欲與高識商訂，不得不竝列之，將來定本，另當斟酌去取，否則是顯人之短，而炫己之長，亦非著書之體也"。據此知茲稿尚非定本，所以未曾刊行。此外又有周廣業、周志祖校語，而廣業最多，俱寫在書之上方。廣業字耕厓，海寧舉人，志祖乃鮑廷博之伯子也。按"夷狄之有君"章，王本《疏》云"此章為下僭上者發也。諸夏，中國也。亡，無也。言中國所以尊於夷狄者，以其名分定而上下不亂也。周室既衰，諸侯放恣，禮樂征伐之權不復出自天子，反不如夷狄之國，尚有尊長統屬，不至如我中國之無君也"。據較大正刊本，竟全不同。大正本《疏》云"此章重中國，賤蠻夷也。諸夏，中國也。亡，無也。言夷狄雖有君主，而不及中國無君也。故孫綽云中夏有時無君，道不都喪，夷狄強者為師，理同禽獸也。釋慧琳云有君無禮，不如有禮無君也，刺時季氏有君無禮也"。如此解，方合內中國、外夷狄之意。又按《天順日錄》云"高廟每聽儒臣進講，必有辨說。因講'夷狄之有君，不如諸夏之亡也'，辨曰：夷狄，禽獸也，無仁義禮智之道。孔子之意，蓋謂中國雖無君長，人亦知禮義，勝於夷狄之有君長者。宋儒乃謂中國之人不如夷狄，豈不謬哉"云云。按此數語正括皇《疏》大旨，豈明內府尚有此本，而高祖得見之耶？王刊本所以如彼者，當懼觸諱而改之，而鶱亦未及校正，蓋未見日本刊本也。又按王亶望所據，本為日本寬延中根伯修所刊，中多臆改，而日本流傳固有他本，較之更善者。近日武內誼卿重刊此書，有校勘記，若再據之以補鶱書，庶幾復六朝之舊矣乎。（倫明撰）

〔1〕案題下原未標注版本，據中華本補。

按清李慈銘《越縵堂讀書記・經部四書類・論語義疏》云："皇侃《論語義疏》十卷，亦乾隆中得之于日本，論者或與《考經孔傳》、《孝經鄭注》並疑其僞，然疏辭詳密，條理秩然，文法辭氣，大類六朝，必非彼國所能贋作。其所引自江熙所集十三家外，有樊光、王朗、張憑（見《隋志》）、梁冀（當作覬，晉人，見《隋志》）、殷仲堪、沈居士、沈峭、熊埋（所引凡七八條，皆作埋）、褚仲都（見《隋志》）、顔延之、顧歡、秦道賓、太史叔明（見《隋志》）、琳公諸家。又引虞氏贊一條，即《隋志》所載《論語》九卷鄭玄注晉散騎常侍虞喜讚也。又引虞喜曰一條（述《說苑》孔子見伯子事），疑即《隋志》所載《論語新書對張論》十卷虞喜撰者也。又引張卦溪曰一條。又《公冶長》下云，別有一書，名爲《論釋》云云（即載公冶長解鳥語事）。其餘佚文古義，往往而有，正不必以偶與《釋文》不合疑之。《南齊書顧歡傳》，不載其注《論語》。《隋書・經籍志》、《經典釋文序錄》《論語》下皆無其名，而皇氏《義疏》，則于夫子之求之也下，引顧歡云，夫子求知乎己，而諸人訪之於聞，故曰異也。于吾與汝弗如也下，引顧歡申苞注曰，回爲德行之俊，賜爲言語之冠，淺深雖殊，而品裁未辨，欲使名實無濫，故假問孰愈。子貢既審回賜之際，又得發問之旨，故舉十與二以明懸殊愚智之異，夫子嘉其有自見之明，而無矜克之貌，故判之以弗如，同之以吾與汝，此言我與爾雖異而同言弗如，能與聖師齊見，所以爲慰也。詩書執禮下引顧歡曰：夫引網尋綱，振裘絜領，正言此三，則靡典不統矣。與其潔也下引顧歡曰：往謂前日之行也，夫人之爲行，未必可一，或有始無終，或先迷後得，故教誨之道，潔則與之，往日非我所保也。未知生下引顧歡曰：夫從生可以善死，盡人可以應神，雖幽顯路殊，而精誠恒一，苟未能此，問之無益，何遽問彼耶？回也其庶乎下引顧歡云：夫無欲于無欲者，聖人之常也；有欲于無欲者，聖人之分也。二欲同無，故全空以目聖，一有一無，故每虛以稱賢。（案此申注一曰屢，猶每也，空猶虛中也之說。）賢人自有觀之，則無欲於有欲，自無觀之，則有欲於無欲，虛而未盡，非屢如何。凡六條。此足徵顧有《論語注》甚明，而諸家紀載皆失之。皇《疏》于名物典制亦不甚詳，然皆下己意，所引各家，大率空言名理，無一徵實者。《鄉黨》一篇，遂絕無采用之說，惟載江熙語四條，亦皆泛說耳。蓋六朝人以此佐清言，《易》《老》之外，即及于《論語》《中庸》，故戴顒梁武帝皆有《中庸注》，而郭象袁宏孫綽張憑蔡謨庾翼顏延之陶弘景殷仲堪顧歡，皆談玄名宿，附托聖經，以至宋明帝、梁元帝（見《金樓子》）、僧智略、釋慧琳，無不注《論語》矣。”又云：“朱蓉生來，偶與論《論語》皇侃《義疏》。蓉生甚疑其僞，謂文詞多近鄙俗，甚類日本人文法，間有似六朝者。殆彼國有佚存六朝人著述，因參雜爲之。余謂其書與《釋文》所引不合者，孫頤谷已舉其子行三軍則誰與音餘子溫而厲上有君字兩條，然《釋文》本引皇本共五條，其三條皆合，（曾是以爲孝乎，皇云曾嘗也。子疾，子路請禱，皇本作子疾病。德行以下，皇別爲一章。又患不知也，俗本作患己不知人也，今皇本正同俗本。）則似非全僞也。”

按皇侃，南朝梁經學家。曾任國子助教，員外散騎侍郎。精通《三禮》、《論語》、《孝經》。著有《喪服文句義疏》、《禮記講疏》、《禮記義疏》、《孝經義疏》，均佚。今僅有《論語集解義疏》十卷存於世間。

《論語集解義疏》是皇侃對《論語集解》所作義疏，後世簡稱《論語義疏》。《論語集解》今題魏何晏撰，皇侃《論語義疏》書前有《奏進〈論語集解〉序》一篇，題爲孫邕、鄭沖、曹羲、荀顗和何晏五人共上。《晉書·鄭沖列傳》亦言“沖與孫邕、曹羲、荀顗、何晏共集《論語》諸家訓注之善者，記其姓名，因從其義，有不安者輒改易之，名曰《論語集解》”。後來流傳之本皆題何晏一人之名，可能是因爲何晏是總領其事者。《論語集解》集漢魏經學家孔安國、馬融、包咸、鄭玄、周氏、周生烈、王肅、陳群等八家注解，於各家之說，並非全錄，而是擇取精要，頗有刪略。又增入何晏等人之注，共九家之說。

《論語集解》注文簡略，且並非每句都有注，皇侃《義疏》大抵先逐句闡釋經文含義，務求詳盡；然後再解注文。若闡釋經文時已將注文之義疏解，則不再專門解釋注文。如孔安國注“賢賢易色”云：“言以好色之心好賢則善也。”皇侃疏解經文時已據此注義作了詳細解釋，所以在解孔注時只點明“此注如前通也”，不煩再解。

《論語義疏》經文與今本頗有異同，保存了許多古本異文。《四庫全書總目》對此曾舉例而言之：“如‘舉一隅’句下有‘而示之’三字，頗爲冗贅，然與《文獻通考》所引石經《論語》合；‘夫子之言性與天道，不可得而聞也’下有‘已矣’二字，亦與錢曾《讀書敏求記》所引高麗古本合。”

《論語義疏》所據《論語集解》與邢昺《論語正義》本相較，更爲接近原貌。如皇疏本《集解》於所引各家皆題其姓名，如“孔安國”、“馬融”等；只是周氏已失其名，故直稱“周氏”；又稱包咸爲“包氏”，是爲了避何晏之家諱。而邢疏本則皆題爲某氏，如“孔曰”、“包曰”等。《四庫全書總目》論之曰：“案《奏進序》（按指何晏《奏進〈論語集解〉序》）稱‘集諸家之善，記其姓名’；侃疏亦曰：‘何《集注》皆呼人名，惟包獨言氏者。包名咸，何家諱鹹，故不言也。’與序文合。知今本爲後來刊版之省文，然周氏與周生烈遂不可分，不如皇本之有別。”

《論語義疏》廣征博引，遍采群說，保存了漢魏至齊梁間眾多注家的解說。何晏之後，注《論語》者絡繹不絕，東晉人江熙所作《集解論語》收錄兩晉十三家之說，即衛瓘、繆播、欒肇、郭象、蔡謨、袁弘、江淳、蔡系、李充、孫綽、周瓌、范甯、王珉。加上江熙本人的注釋，共是十四家。江熙之作顯然有接續何晏《論語集解》之意。其後注家蜂起，至皇侃爲《論語集解》作義疏，除採集江熙《集解論語》諸說外，又徵引二十八家。皇侃《論語義疏·序》自言：“侃今之講，先通何《集》，若江《集》中諸人有可采者，亦附而申之。其又別有通儒解釋，于何《集》無妨者，亦引取爲說，以示廣聞也。”由於這些注家的原注本都已失傳，存於皇疏中者，雖一鱗半爪，然據此以斑窺豹，亦可以略見其義例。

清代劉恭冕《〈論語正義〉後敘》認爲《論語義疏》“所載魏晉諸儒講義，多涉清玄”。魏晉至齊梁，尚玄學，盛清談，注《論語》者如王弼、孫綽等皆爲著名玄學家，故其注文表現出以玄釋儒的傾向；文章家也加入注者行列，如顏延之等人，這又使注文的語體滲入駢儷之風。《論語義疏》在這兩點上都有所表現，清人皮錫瑞就認爲它“多以老、莊之旨，發爲駢儷之文，與漢人說經相去懸遠”（《經學歷史·經學分立時代》）。如釋“夫子之文章，可得而聞也”曰“六籍是聖人之筌蹄，亦無關於魚兔矣”，從義理到語言，皆是以玄釋儒。又如釋“回也其庶乎屢空”，引顧歡之說云：“夫無欲於無欲者，聖人之常也；有欲於無欲者，聖人之分也。二欲同無，故全空以目聖；一有一無，故每虛以稱賢。賢人自有觀之，是無欲於有欲；自無觀之，則有欲於無欲。虛而未盡，非屢而何？”一派清談，不啻一篇玄學論文。至於釋“慎終追遠，民德歸厚矣”，引熊埋之說云：“欣新忘舊，近情之常累；信近負遠，義士之所棄。是以慎終如始，則鮮有敗事；平生不忘，則久人敬之也。”雕詞煉句，形同辭賦。

皇疏雖博極群書，然多空言虛理，遊辭浮說，於典章制度、名物訓詁之類並不重視。是其一大缺陷，頗遭後人指責。劉恭冕《〈論語正義〉後敘》謂其“於宫室衣服之禮，闕而不言”；皮錫瑞《經學歷史》也說它“名物制度，略而弗講”。這也幾乎是齊梁時期經學著作的共同特點。

南北朝對峙，經學各有所宗，分爲南學、北學。大體而言，北學墨守東漢舊注，以章句訓詁爲主；南學則偏重魏晉人之注，講經則兼采眾說，取資玄學，不拘家法。《論語義疏》是南學的代表性著作。

《論語義疏》是現存的唯一一部南北朝人完整的經書注解，是我們研究這一時期經學的重要依據。它在經學史上很有影響，北宋邢昺《論語正義》即以皇疏爲藍本，“因皇侃所載諸儒之說，刊定而成”（晁公武《郡齋讀書志》）。自邢昺爲新疏而盛行於世，皇疏遂漸被忽視，在我國南宋時已亡佚。幸有唐代舊本流傳於日本，清乾隆年間又由日本傳入我國，《四庫全書》著錄，鮑廷博又刻入《知不足齋叢書》。

另外，敦煌遺書中有《論語義疏》寫本殘卷，與今本文字頗有出入。今人杜澤遜《文獻學概要》第十四章《敦煌文獻概述》論之云：

《八佾》中有句名言：“夷狄之有君，不如諸夏之亡也。”鮑刻本皇疏云："此蓋爲下僭上者發也。諸夏，中國也。亡，無也。言中國所以尊于夷狄者，以其名分定而上下不亂也。周室既衰，諸侯放恣，禮樂征伐之權不復出自天子，反不如夷狄之國尚有尊長統屬，不至如中國之無君也。"敦煌寫本皇疏則作："此明孔子重中國，賤蠻夷。言夷狄之有君，生而不如中國之君，故云不如諸夏之亡。故孫綽云：'諸夏有時無君，道不都喪；夷狄強者爲師，理同禽獸。'釋慧琳云：'有君無禮，不如有禮無君，言季氏有君無禮。'"這兩種皇侃疏可以説用意相反。知不足齋刻本顯系遭到篡改的本子，究竟何時何人所改，尚須查核。如果沒有敦煌寫本，這句話的皇侃疏文就完全被歪曲篡改的文字掩蓋了。

可見敦煌寫本《論語義疏》具有很高的版本校勘價值，是研讀《論語義疏》之重要參考文獻。

論語直指四卷 （15-404）

清何綸錦撰。如"觚不觚"，謂觚從角，酒器也。《詩疏》"一升曰爵，二升曰觚，三升曰觶"，觚實二升，於義為寡。而《考工記·梓人》則以三升為觚，非其實矣，無飲寡之義矣。此夫子嘆世之意也。（倫明撰）

按"觚不觚"之觚，異説尚多。李慈銘以爲觚爲木牘，《越縵堂讀書記·經部四書類》云："《論語》觚不觚觚哉觚哉，此聖人歎當時字體之不正，與必也正名恉同也。觚者木簡也，其形方，古人所以書。（見文選文賦注。）《急就章》云，急就奇觚與眾異，《漢書》云操觚之士，《西京雜記》云傅介子棄觚而歎，《説文》幡書貌，拭觚布也；觚爲書用，古之常語。春秋兵爭，詐僞萌興，書字不正，多昧名義，故夫子欲正百事之名，而歎今之觚不復成觚，即言字不復成字也。公子陽生爲伯于陽，己亥爲三豕渡河，當日簡牘滅裂可知，觚哉之歎，并言書策之不足據也，亦與及史闕文之歎相發明也。特言觚者，觚方也，方者法也。《太玄注》兩言觚者法也，其誼蓋古名法相應，歎觚之亡，即歎法之亡也。若如漢注以禮飲受酒二升之觚言，則爵觶散角之類多矣，何獨言觚？且當時禮器具存，尊壺不改，何獨有不觚之歎乎？"

論語正義二十三卷　（1-725）

江寧刻本

清劉寶楠撰。然於“吾道一以貫之”，謂一貫之義，自漢以來不得其解，若焦循《雕菰樓集》、王念孫《廣雅疏證》、阮元《揅經室集》三家之說，求之經旨，皆甚合，故並錄存之。今攷三家，其說各異。焦謂貫者通也，所謂通神明之德，類萬物之情也。此與皇侃疏“貫”訓“統”義相近。王謂貫，行也。一以貫之，即一以行之也。《禮·中庸》言天下之達道五，達德三，國家有九經，皆曰所以行之者一也。茲第言一以行之，則所行者何，意似未完。阮謂貫，行也，事也。此言孔子之道皆於行事見之，非徒以文學為教也。然云一以事之，則不辭。故又合二訓以足成之，殊為迂曲。三家之釋“一貫”，焦較優，阮最下。漫無區別，何邪？（江瀚撰）

按袁宗道《白蘇齋類集》卷八《一貫忠恕說》以爲“一貫即忠恕”，其義甚明，無須深求。其文曰：

昔者曾子取忠恕，明一貫，而紫陽氏以爲是借言之也。自紫陽氏有借言之說，而輓世俗儒愈起分別，而增葛藤。愚竊謂忠恕之外別無一，忠恕通天下之外別無貫。悟者見其一，而未悟者見其二焉爾。今夫人不忠則僞，不恕則私。私僞柴其中，是不一也。於是與物爲搆，日以心鬭。隔形骸於一膜，起藩籬於我闥，相刃相靡以行，而天下遂於我渙然不相通，是不貫也。是不忠恕即不一，不一則不貫也。忠者無僞，恕者無私。無僞無私，則在我盡撤其障隘，以通於天下；天下亦洞洞屬屬，盡見我太虛同然，共得共適。而薄海含靈，盡歸我膜，歸我闥，而無纖毫之扞格而弗通。是忠恕即一，一則貫也，而奈何云借言之乎！

或曰一貫即忠恕，則一貫庸行爾。孔子胡不公語洙泗羣弟子，而獨挈之以秘傳曾氏者何哉？則紫陽之云借言豈謬耶？曰：凡借言者，是本不可名，假託之以明若二物。然而道亙今古弗異，寧有二也。即無論孔氏，雖堯、舜以來所稱精一，寧外忠恕，特聖人安之，則名一貫；學者勉之，則名忠恕。故愚嘗竊論有聖人之忠恕，有學者之忠恕，吾亦欲無加諸人者。所謂聖人之忠恕非乎？而勿施於人，則學者之忠恕是矣。反身而誠者，所謂聖人之忠恕非乎？而強恕而行，則學者之忠恕是矣。立人達人者，所謂聖人之忠恕非乎？而能近取譬，則學者之忠恕是矣。老安少懷者，所謂聖人之忠恕非乎？而車裘共敝，善勞無伐，則學者之忠恕是矣。

善乎程伯子之訓忠恕曰："維天之命，於穆不已，乾道變化，各正性命。"又曰："此與違道不遠，異者動以天。"夫忠恕動以天，而同乎天，豈與一貫之理纖毫隔閡哉！故曰聖人安之則一貫，學人勉之則忠恕。曾子功力將純，故傳其安者；而弟子境界尚隔，故僅聞其勉者。異者造，不異者道。則紫陽之稱借言也，其毋乃太分別與？雖然，一者渾渾淪淪，不可得而名。曾氏恐學者難之而道迷，故直發之曰忠恕；紫陽恐學者易之而道亦迷，故又解之曰借言。而均一明道覺人之心，有所不得已者矣。吾又聞紫陽有晚年定論，深悔其傳註未當，有誤來學。茲解也，或猶未定之論，未可知也。

清全祖望《經史答問》卷六云：

一貫之說，不須注疏，但讀《中庸》，便是注疏。一者，誠也。天地一誠而已矣，其爲物不貳，則其生物不測。維天之命，於穆不已，天地之一以貫之者也。誠者，非自成己而已也，所以成物也。成己，仁也。成物，知也。性之德也，合外内之道也。故時措之宜也，聖人之一以貫之者也。忠恕違道不遠，施諸己而不願，亦勿施於人，學者之一以貫之者也。其謂聖人不輕以此告弟子，故唯曾子得聞之，次之則子貢。而畢竟曾子深信，子貢尚不能無疑。蓋曾子從行入，子貢從知入。子貢而下，遂無一得豫者，則頗不然。子貢之遜於曾子，固矣。然哀公，下劣之主也，子之告之，則曰："天下之達道五，達德三，所以行之者一也。"又曰："凡爲天下國家有九經，所以行之者一也。"一以行之，即一以貫之也。哀公尚得聞此奥旨，曾謂七十子不如哀公乎？其謂子貢自知入，不如曾子自行入，則以多學而識之問，原主乎知。然此亦未可以槩子貢之生平而遽貶之，觀其問一言而可以終身行，則非但從事於知者矣。聖人告之以恕，則忠在其中矣，亦豈但子貢哉。仲弓問仁，子之告之，不出乎此。"出門如見大賓，使民如承大祭"，敬也，即忠也；不欲勿施，恕也。曾謂七十子更無聞此者乎？故萬物一太極，一物一太極，一本萬殊，一實萬分，諸儒之説，支附葉連，其文繁而其理轉晦，而不知在《中庸》已大揭其義也。蓋聖人於是，未嘗不盡人教之，而能知而蹈之者則希。惟曾子則大醇，而授之子思，卒闡其旨，以成《中庸》，是三世授受之淵源也。誰謂聖人秘其説者，是故仲孫何忌問於顔子，一言而有益於知，顔子答曰："莫如豫。"一言而有益於仁，顔子曰："莫如恕。"然則不特孔子以告哀公也，曾謂七十子不如仲孫乎？

要其全書博洽，固為治《論語》之學所鑽研莫盡者爾。

按道光八年（1828），劉寶楠應省試，與劉文淇、梅植之、包慎言、柳興恩、陳立，相約各治一經，劉寶楠發策得《論語》。劉寶楠從事經學，初治《毛詩》、鄭玄《三禮注》，並已開始撰寫《毛詩詳注》、《鄭氏釋經例》，至此輟不復爲，於是屏棄他務，專精致思，撰寫《論語正義》。後因官事繁忙，精力不濟，未能完稿，交由其子劉恭冕續成之。咸豐五年（1855）書稿接近完成時，劉寶楠去世。後經劉恭冕修訂審校，至同治四年（1865）方始寫定，並撰寫凡例，列於卷首。全書共二十四卷，據初刻本卷題所署，卷一至卷十七，爲劉寶楠撰，卷十八至卷二十四，則爲劉恭冕補撰。

《論語正義》的經文注文從宋人邢疏本，其他文字異同，如漢、唐、宋石經，南朝梁皇侃《論語集解義疏》，唐陸德明《經典釋文》所載各本，咸列於疏中。注用魏人何晏等集解，鄭玄的佚注以及其他漢人之注則列疏中。注文訛錯之處，多從皇侃《論語集解義疏》及後人校本改正。若注文正確完備，則據注釋經；誤，則先疏經文，次及注義。引他人之說，一般人名書名並書，若習聞其語，不知所出何書，則僅標其姓名。

《論語正義》集歷代《論語》研究之大成，尤重漢儒舊說及清人經解。劉恭冕在《〈論語正義〉後敘》中說，歷代注《論語》者，各有成就，但未能盡善。"曾子、子思、孟子、荀子皆有著書，於先聖之道，多所發明，而注家未之能及"，"而《八佾》、《鄉黨》二篇，多言禮樂制度。漢人注者，惟康成最善言禮"，而魏人何晏等《論語集解》"于鄭注多所刪佚，而僞孔、王肅之說，反藉此以存。此其失也"。梁皇侃《論語集解義疏》"所載魏晉諸儒講義，多涉清玄，于宮室衣服諸禮，闕而不言"。"宋邢昺又本皇氏，別爲之疏。依文衍義，益無足取”。至清代，“崇尚實學，經術昌明。諸家說《論語》者，彬彬可觀。而於疏義之作，尚未遑也。”自漢至清的《論語》研究成果亟需加以總結。《論語正義》正是以此爲指歸。

劉寶楠撰《論語正義》，盡力網羅歷代之說，依焦循作《孟子正義》之法，先爲長編數十巨冊。充分吸收前人研究成果，于漢人舊注，尤其是鄭玄《論語注》，極力搜輯，備載疏中。於清人之注解考證，更是廣收博采，不厭其詳，徵引之書數十種。主要有劉台拱《論語駢枝》，劉寶樹《經義說略》，方觀旭《論語偶記》，錢坫《論語後錄》，包慎言《論語溫故錄》、《敏甫文鈔》，焦循《論語補疏》，劉逢祿《論語述何》，宋翔鳳《論語發微》、《樸學齋箚記》，戴望《論語注》，毛奇齡《論語稽求篇》、《四書剩言》，淩曙《四書典故核》，周炳中《四書典故辯正》，陳鱣《論語古訓》，胡培翬《四書拾義》，翟灝《四書考異》，江永《鄉黨圖考》，黃式三《論語後案》，金鶚《求古錄》、管同《四書紀聞》，淩廷堪《禮經釋例》，劉履恂《秋槎雜記》，俞正燮《癸巳類稿》、全祖望《經史問答》、阮元《一貫論》、俞樾《群經平議》等。這些清人著述，有的是專門研究《論語》的著作，有的則是出於學術筆記和文集，可見劉氏收羅之廣，用功之勤。《論語正義》資料之豐富，遠遠超過了前人注解。

對前人的研究成果，“薈萃而折衷之。不爲專己之學，亦不欲分漢宋門戶之見。凡以發揮聖道，證明典禮，期於實事求是而已”（劉恭冕《〈論語正義〉後敘》），並打破前人疏不破注的陋習，凡注文有誤，皆明確指出，不加回護。如《學而》“人不知而不慍”，何晏注曰：“凡人有所不知，君子不怒。”劉寶楠則認爲：“此注所云，不與經旨應也。”文字訓詁與經義闡發並重，尤重名物史實之考訂，往往博稽異同，辨證得失。如對“八佾”的解釋，前人眾說紛紜，未有定論，作者徵引了服虔、杜預、高誘等人的說法，經過自己的詳細考證，得出“服氏之義，實爲當矣”的結論。對一些言人人殊、難於定論的問題，則窮搜典籍，廣引眾說，以資博聞。如對“三歸”的解釋，作者徵引《戰國策・東周策》、《列子・楊朱》、《白虎通》等古籍，又引劉履恂《秋槎雜記》、俞正燮《癸巳類稿》、俞樾《群經平議》、包慎言《論語溫故錄》、梁玉繩《瞥記》、翟灝《四書考異》；作者雖不能對各家之說作出裁斷，亦予以疏解、補訂，如認爲俞氏與包氏之說，“雖與此注異，亦頗近理，當並著之”。

《論語正義》從編撰至寫定，歷數十年，父子相繼，成就卓著，頗多心得創見。論者以爲：“其最有功經訓者，如謂有子言禮之用章，是發明《中庸》之說；夫子五十知天命，是知天生德於予之義；告子、遊、夏之問孝，是言士之孝；乘桴浮海，是指今高麗地；興于詩，立于禮，成于樂，民可使由之，不可使知之，是夫子教門弟子之法；文王既沒，文不在茲乎，是指所得簡策；言樊遲從遊於舞雩之下，問崇德修慝辨惑，是魯行雩祭、樊遲舉雩祭之詞；以問朋友切切偲偲、兄弟怡怡，是言朋友責善，兄弟不可責善；謂伯魚爲《周南》、《召南》，是謂伯魚受室後示以閨門之戒；四海困窮，是指洪水之災；堯舉舜敷治之。凡此皆先聖賢之旨，沈霾二千餘載，一旦始發其蘊。至《八佾》、《鄉黨》二篇所說禮制，皆至詳確。”（《清史列傳・儒林傳下》）

《論語正義》有一個明顯的缺陷，就是徵引過於繁博。爲了做到言必有據，對於一些常用字的常用義也不惜徵引《說文》、《爾雅》以證明之。對於名物之考證，往往全文採錄諸家之論文，動輒數千言，煩瑣不堪，難於卒讀。

戴氏注論語二十卷　（1-743）

單行本

清戴望撰。“浴乎沂，風乎舞雩，詠而饋”，謂魯設雩祭於沂水之上。浴乎沂，陟沂水也，象龍之從水中出。風乎舞雩，風歌也，詠而饋，詠歌饋祭也。則錄王充《論衡・明雩篇》而本於宋翔鳳。（江瀚撰）

按清閻若璩《四書釋地・溫泉》云：

> 曲阜亦有溫泉，但在縣南七里流入于沂，非沂水有溫泉也。朱子祗緣足未親至，傅會爲一。然果其言信，尤與上“浴，盥濯也，今上巳祓除是”之文相矛盾。何則？朱子蓋以韓昌黎、李翱疑裸身川浴之非禮，方註浴爲盥濯祓除，義較長，忽又接曰“有溫泉焉”，是仍以爲浴。將青天之下，白日之中，點與童冠十餘人羣而浴乎？抑將狂者獨浴也？竊以時有伯子，尚譏其同人道於牛馬；後如阮籍，至憎之比裸袒於被髮。聖門高弟，豈宜至此，何讀《集註》者竟未聞一致疑邪？《大全辨》載一說曰：浴沂如後世上巳日迎流盥手，略潔衣以除垢，非裸浴也。季春即暮春，即《豳風》“春日載陽”時，蓋夏正也。說堪羽翼朱子。或問曰：“子於此亦有徵乎？”余曰：沈約引蔡邕《月令章句》曰“《論語》莫春浴沂，古有斯禮，今三月上巳祓於水濱，

蓋出此”，亦以浴爲祓濯。賈公彦疏《周禮》“歲時祓除”曰：見今三月三日水上戒浴是也。何嘗定以浴爲澡身？朱子之註殆莫可易云。

論語古注集箋二十卷　(1-726)

經解續編本

清潘維城撰。又“繪事後素”，《集解》“鄭曰：繪畫文也。凡畫繪先布衆色，然後以素分其間以成文。喻美女雖有倩盼美質，亦須以禮成之也〔1〕”。箋引惠士奇《禮說》、錢坫《論語後錄》，皆據《考工記》以申鄭義。不知《論語》之“素”乃素地，非素功也，謂有質而後可文也。《禮記·禮器》曰“甘受和，白受采，忠信之人，可以學禮。苟無忠信之人，禮不虛道”。“白受采”即“繪事後素”之證。“禮不虛道”即“禮後”之證。（江瀚撰）

〔1〕案此句今本《論語注疏》作“亦須禮以成之”。

按“繪事後素”，歷來有“素功”、“素地”兩說，不能相下。全祖望《經史答問》卷六云：

蓋《論語》之素，乃素地，非素功也，謂有其質而後可文也。何以知之？即孔子借以解詩而知之。夫巧笑美目，是素地也，有此而後可加粉黛簪珥衣裳之飾，是猶之繪事也，所謂絢也，故曰繪事後於素也。而因之以悟禮，則忠信其素地也，節文數度之飾，是猶之繪事也，所謂絢也，豈不了了。若《考工》所云，則素功，非素地也，謂繪事五采，而素功乃其中之一，蓋施粉之采也，粉易於污，故必俟諸采既施而加之，是之謂後，然則與《論語》絕不相蒙。夫巧笑美目，豈亦粉黛諸飾中之一乎？抑亦巧笑美目出於人工乎？且巧笑美目，反出於粉黛諸飾之後乎？此其說必不可通者也。而欲參其說於禮，則忠信亦節文中之一乎？忠信亦出於人爲乎，且忠信反出節文之後乎？五尺童子，啞然笑矣。龜山知其非也，故别引《禮器》以釋之，此乃眞注疏也。朱子既是龜山之說，而仍兼引《考工》之文，則誤矣。然朱子誤解《考工》，却不誤解《論語》，芟此一句，便可釋然。若如古注，則誤解《論語》矣。朱子之誤，亦有所本，蓋出於鄭宗顔之解《考工》。

宗顔又本之荊公，蓋不知《論語》與《禮器》之爲一説，《考工》之又别爲一説也。若至毛西河喜攻朱子，嘵嘵強詞，是則不足深詰也。

清淩廷堪《校禮堂文集》卷十六《論語禮後説》云：

《論語》：子夏問曰："'巧笑倩兮，美目盼兮，素以爲絢兮'，何謂也？"子曰："繪事後素。"曰："禮後乎？"子曰："起予者商也，始可與言《詩》已矣。"何晏《集解》："鄭曰：'繪，畫文也。凡繪畫，先布衆色，然後以素分布其間，以成其文。'"《考工記》："凡畫繢之事，後素功。"後鄭註："素，白采也。後布之，爲其易漬汙也。鄭司農説以《論語》曰：繢事後素。"朱子《集註》不用其説，以後素爲後於素也。於《考工記》舊註亦反之，以"後素功"爲先以粉地爲質，而後施五采。近儒如蕭山毛氏、元和惠氏、休寧戴氏皆知古訓爲不可易，而於"禮後"之旨，終不能會通而發明之，故學者終成疑義。竊謂《詩》云"素以爲絢兮"者，言五采待素而始成文也。今時畫者尚如此，先布衆色畢，後以粉勾勒之，則衆色始絢然分明，《詩》之意即《考工記》意也。子夏疑五采何獨以素爲絢，故以爲問，子以繪事後素告之，則素以爲絢之理不煩言而解矣。子夏禮後之説，因布素在衆采之後而悟及之者也。蓋人之有仁義禮智信五性，猶繪之有青黄赤白黑五色也。禮居五性之一，猶素爲白采居五色之一也。《中庸》曰："仁者，人也，親親爲大；義者，宜也，尊賢爲大。親親之殺，尊賢之等，禮所生也。"孟子曰："仁之實，事親是也；義之實，從兄是也。禮之實，節文斯二者是也。"是仁與義，皆所以制禮之本也，所謂道也。《白虎通》曰："智者，知也，所以知此禮也。"即《大學》之致知，《中庸》之明善也。又曰："信者，誠也，所以行此禮也。"即《大學》之誠意，《中庸》之誠身也。是智與信，皆所以由禮之具也，所謂德也。故《曲禮》曰"道德仁義，非禮不成"也。然則五性必待禮而後有節，猶之五色必待素而後成文，故曰"禮後乎"，本非深文奥義也。何氏《集解》云"以素喻禮"，但依文解之，而不能申言其義。毛氏、惠氏、戴氏雖知遵舊註，而解因素悟禮之處，不免格格不吐，皆坐不知禮爲五性之節故也。今爲解之如此。至於朱子亦非故反舊説，其意以爲素近質，不可喻禮，繪事近文，方可喻禮，故取楊中立所引《禮器》"甘受和、白受采"之説而附會之。

不但不知五性待禮而後有節，并不知五色待素而後成文矣。若夫古畫繪之事，從無以粉地爲質者，諸儒辨之已審，不具論焉。

二說相較，似素功較優。今人作畫，仍以白色後著，以免爲他色所污。既以“繪事”作喻，則知素功合乎情理。

論語稽二十卷　（15-424）

民國二年鉛印本

清宦懋庸撰。“誠不以富，亦祗以異”，“富”訓富於見聞，“異”訓異於流俗。（倫明撰）

黃焯《毛詩鄭箋平議》卷五《小雅》云：

《論語·顏淵》篇引《詩》“成”作誠。《禮記經解》鄭《注》：“誠或作成。”是成與誠通用。陳氏《傳疏》云：“富猶賄也，即《氓》詩之‘以我賄遷’也。異猶貳也，即《氓》詩之‘士貳其行’也。”焯謂此承上文言。詩人託爲棄婦責男云，女之棄舊姻求外昏，誠非利其財賄，亦祇於我貳其行爾。蓋責男之好惡不常，故《論語》引之以證好惡之惑也。（宋儒以《論語》引《詩》爲錯簡，非是。）

大學古本旁注　（15-432）

明刊本　《函海》叢書本〔1〕

明王守仁撰。《大學》一書載在《戴記》，唐以前未嘗單行。宋仁宗天聖八年以《大學》賜新進士王拱辰等。拱辰為歐陽修同年，而程顥則為歐陽修所取士。意其書單行，在二程之前。朱子作《大學序》，謂至二程子始表章是書，蓋推尊之言耳。自來注疏家未有言《大學》缺失者，至程顥始更張之，程頤又更張之。朱子因程頤之次，別以經、傳，增補格物致知之義。明人本朱子《章句》為《大全》，用以取士。士子徒知奉功令，竊科舉，日濡染于塾師之訓，不復知有古本。鄭曉謂漢鄭康成所注、唐孔穎達所疏，皆古本。宋黃氏震、元王氏柏、吳氏澄、國朝方氏

孝孺、景氏星、蔡氏清、鄭氏瓊、潘氏潢各有說，惟王氏守仁尊信古本。據此則《大學》復古之功以守仁為首，故朱彝尊《經義考》極稱之。今按是書不過取鄭注孔疏本而旁釋之，而張夏輯《雒閩淵源錄》，於《守仁傳》謂其敘古本《大學》倒置經文，反以是為守仁罪。誠如守仁所云“今之學者重於尊朱而輕于叛孔，洵可怪也”。書首有守仁自序。明代刊本甚多。李調元又刊于《函海》中，多附錄一卷。（倫明撰）

〔1〕案題下原未標注版本，據中華本補。

按《大學》本《禮記》之一篇，未嘗單行，自來注疏家未有言《大學》缺失者，至程顥、程頤始變更章句，加以改定，朱熹又分經傳，補撰“格物致知傳”。其後別定紛出，莫衷一是。清袁棟《書隱叢說》卷一九《大學改本》列舉《大學》十種文本，述之甚詳：

《大學》昔在《戴記》中，謂之古本，不分經傳。“大學之道”至“未之有也”，下接“此謂知本，此謂知之至也”。“所謂誠其意者”至“故君子必誠其意”，下接“《詩》云瞻彼淇澳”。至“此以沒世不忘也”，下接“《康誥》曰克明德”。至“止於信”，下接“子曰聽訟吾猶人也”。至“大畏民志，此謂知本”，下接“所謂脩身在正其心者”至“以義爲利也”。

後程顥明道有定本。

“大學之道”至“則近道矣”，下接“《康誥》曰克明德”。至“止於信”，下接“古之欲明明德於天下者”。至“未之有也”，下接“此謂知本，此謂知之至也”。“所謂誠其意者”至“辟則爲天下僇矣”，下接“《詩》云瞻彼淇澳”。至“大畏民志，此謂知本”，下接“《詩》云殷之未喪師”至“以義爲利也”。

程頤伊川有定本。

“大學之道”至“未之有也”，下接“子曰聽訟吾猶人也”。至“此謂知之至也”，下接“《康誥》曰克明德”。至“止於信”，下接“所謂誠其意者”。至“辟則爲天下僇矣”，下接“《詩》云瞻彼淇澳”。至“此以沒世不忘也”，下接“《康誥》曰惟命不于常”。至“驕泰以失之”，下接“《詩》云殷之未喪師”。至“亦悖而出”，下接“生財有大道”至“以義爲利也”。

朱子有《章句》，舉世誦習。

董槐有改本。

以“知止而后有定”二節下接“子曰聽訟吾猶人也”一節爲傳之四章，釋格物致知。葉夢鼎、王柏、車玉峯、葉西礀、方正學、徐魯菴、顧亭林俱是其説。

蔡清有改本。

增“所謂致知在格物者”八字，下接“物有本末節”，下接“知止”節，下接“聽訟節”，刪一“此謂知本”句。昔人云：朱子復生，未必不改而從之。

後更有豐坊石經僞本。

“大學之道”四句，次“古之欲明明德”一節，次“物有本末”一節，次“緡蠻黃鳥”節，次“知止節”，次“邦畿節”，次“聽訟”節，次“自天子”二節，次“此謂知本，此謂知之至也”，次“物格而后知至”節，次“所謂誠其意者”一章，次“所謂修身”二節。下有“顏淵問仁，子曰：非禮勿視，非禮勿聽，非禮勿言，非禮勿動”，次“此謂修身”二句，次“所謂齊其家”章，次“所謂治國”一節，次“一家仁”節，次“《康誥》曰如保赤子”節，次“故治國在齊其家”五節，次“所謂平天下”至“此之謂民之父母”，次“《泰誓》曰”至“菑必逮夫身”，次“節彼南山”節，次“是故君子先愼乎德”至“財散則民聚”，次“殷之未喪師”節，次“《楚書》曰”節，次“是故言悖”節，次“《康誥》曰惟命不于常”節，次“舅犯”節，次“仁者以財”二節，次“生財”節，次“孟獻子”二節，次“是故君子有大道”節，次“堯舜帥天下”節，次“《康誥》曰克明德”一章，次“湯之《盤銘》曰”一章，次“穆穆文王”三節終焉。

劉宗周有《大學古文參疑》。

以“大學之道”一節、“古之欲明”二節爲第一章，經也。以“物有本末”一節、“《詩》云緡蠻”一節、“知止而后”一節、“《詩》云邦畿”一節、“子曰聽訟”一節、“自天子”一節、“此謂知本”一節爲第二章，釋格物致知也。以“所謂誠其意”四節爲第三章，釋誠意也。以“所謂修身”三節爲第四章，釋修身之先義也。以“所謂齊其家”三節爲第五章，釋齊家之先義也。以“所謂治國”三節、“故治國”五節爲第六章，釋治國之先義也。以“所謂平天下”三節、“《泰誓》曰”四節、“《詩》云節彼”一節、“是故君子先慎”四節、“《詩》云殷之未喪師”一節、“《楚書》曰”一節、“是故言悖”一節、“舅犯曰”一節、“《康誥》曰惟命”一節、“生財有大道”五節爲第七章，釋平天下之先義也。以“是故君子有大道”一節、“堯舜帥天下”一節、“《康誥》曰克明德”四節、“湯之《盤銘》”四節、“《詩》云穆穆文王”三節爲第八章，釋明明德於天下，以暢全經之旨也。

高攀龍有改本（從《崔後渠集》)。以古本“淇澳”以下置之“誠意”章之前。

郁文初有《大學郁溪記》。

以“大學之道”一節、“古之欲明”二節爲經一章。其釋“明明德”、“新民”、“止於至善”仍朱子本。刪去釋本末傳，而以“物有本末”一節次以“知止而后”一節，次以“子曰聽訟”一節，次以“此謂知本”二句，爲釋格物致知傳。自“誠意”以後悉仍朱子本。

共十本。朱子之後，董本、蔡本爲妥。

大學原本說畧一卷大學原本讀法一卷　（14-358）

乾隆十二年刊本

清王又樸撰。“讀法”二字雖沿朱子，而反覆引證自伸其說，以為諸本紛紛，皆未明格致之說，獨毛西河據《文選》李善注引《蒼頡篇》並《廣韻》釋“格”為“量度”，確不可易。(倫明撰)

按清毛奇齡《四書賸言》卷二：

《大學》“格物”，只是量度物之本末，其“格”字釋義已見《廣韻》。後閻潛丘讀李善《文選·運命論註》引《倉頡篇》“格，量度之也”爲解，恍然謂《大學》格物只此已見，尚何他疑矣。蓋《倉頡》、《訓纂》、《滂喜》爲《三倉》，字書之最高古者，此并非格至、格正所能爭也，况窮致物理，顯然爲宋後所增入耶？

則係毛奇齡承用閻若璩說，非為自立之言。實則明人穆孔暉已有此論。其《大學千慮·論格物絜矩為大學之要》（見《四庫全書存目叢書》經部 156 冊）云：

> 問：格物之説，近時多有背程朱之論者，何如？穆子曰：程朱之論理矣，而訓詁未明，是以啓後學紛紛之論。但曰格，至也，以"至物"不可以爲句，故又繼之以窮至事物之理。是增字而義始足，使格物之文遂不明，宜其未能快人必也。問：爾之所論何據？曰：以古人之訓詁，合程朱之理，則聖經自明。問：所據何在？曰：《倉頡篇》云"格，量度之也"。見《文選·運命論註》，此朱程以前書。二人以《文選》爲辭章之學，不暇久觀，是以不及採。且《蒼頡篇》乃訓詁之最古者，以其書久廢，故見之者鮮。在唐時其書尚行，故李善得以引用焉。不特此耳，考之内典，隋智顗《法華經文句解·分別功德品》云"格量功德"，又云"格量多少"。其一篇内，"格量"字甚多，此又在唐以前者。不特此耳，《大莊嚴經論》云"佛之弟子等，梵王所尊敬，況復如來德，如何可格量"，此其來又遠。然則格量之義，古皆用之。而程子未之見，意雖暗合，而解釋弗暢，故使聖經難明。然其爲説，合於聖門無疑，豈前人所及哉？問：格之訓至，可終廢乎？曰：不可。當云格量物理，以求其至，則其義始備。

據穆氏書後自跋，此書寫于嘉靖十七年，則其說早于閻若璩近百年。清儒恒以明人學問之陋，而束之不觀，自矜創獲，不知明人已先發之矣。明人雖陋，千慮一得，難能可貴。顏之推云"讀天下書未遍，不得妄下雌黃"，旨哉斯言。清王士禛《池北偶談》卷八《穆文簡論格物》（穆孔暉，謚文簡）特為拈出，以為此解甚新，或有所為而言歟？

中庸札記不分卷　（16-242）

鈔本

清胡秉虔撰。秉虔斷《中庸》為子思作，引《孔叢子·居衛篇》言子思年十六適宋，宋大夫樂翔攻之，宋君救之。既免，曰："文王困於羑里，作《周易》；祖君困於陳蔡，作《春秋》。吾困於宋，可無作乎？"於是撰《中庸》之書四十九篇。又《史記·世家》亦有“子思困於宋，作《中庸》”之語證之。并謂《論語》載孔子曰“（定）〔宋〕不足徵也”，《中庸》則曰“有宋存焉”，以作書在宋，故婉易其辭也。

按閻若璩《四書釋地又續》：

余向謂聖人之言，述於賢人口中，少有改易，便不如聖人之確。如《論語》杞、宋並不足徵，《中庸》易其文曰“有宋存”。越後二十餘年，歲寒夜永，老鰥無睡，忽憶《孔子世家》末言伯魚生伋字子思，嘗困於宋，子思作《中庸》。不覺豁然以悟，起坐嘆曰：《中庸》即作於宋，易其文，殆爲宋諱乎？荀子禮居是邑，不非其大夫，況宋實爲其宗國。仲尼次《春秋》，爲有所褒諱貶損，不可書見也，口授弟子。又定哀多微辭。《孔叢子》雖僞書，然載宋大夫樂朔與子思論《尚書》，逆以爲辱己，起徒攻子思，子思既免，於是撰《中庸》之書。似亦未必全無因。則書中辭宜遜，且爾時杞既亡而宋獨存，易之亦與事實合。

與胡氏所論若合符契，足以互相發明。閻氏早於胡氏，然皆深造自得，非相剿襲。

解“哀公問政”章“蒲盧”云“《爾雅》‘果蠃，蒲盧’。蓋果蠃取螟蛉為子，祝之而化，故以作人存政舉之證。朱子取同時沈存中之言以為蒲葦，不惟無據，且改盧為蘆矣。按家語云‘天道敏生，人道敏政，地道敏樹。夫政也者，蒲盧也，待化而成’。其著‘待化而成’四字，正就果蠃為取譬作解，是此一名物夫子自言之，而又自注之，何改釋為”？此皆補朱子《章句》所不及，而并有以正其失者也。（徐世章撰）

按戴震《中庸補注》亦有類似之說，論證更爲詳密，其文云：

“蒲盧”二字疊韻，形容之辭，蓋古有是語。《夏小正》“雉入於海爲蜃”，說曰：“蜃也者，蒲盧也。與蜾蠃同名。”蒲盧取義可推而知。政雖利民，不得其人，皆適以病民，有隨人轉變之義。然則蒲盧，蜾蠃也。夫子答哀公問政，止於此。下文承夫子論爲政，而推廣之以論學。王肅私定《家語》，并襲取之以爲夫子之言，謬矣。

中庸箚記二卷　（19-145）

奎章閣藏寫本

不著撰人姓氏。如釋“人心當寂然不動之時，只是渾然一心而已，未有人心道心之分也。至感而遂通之時，此心之發，或生於聲色臭味之私，或原於仁義禮智之正。生於聲色臭味者，主於形氣而言，故名之曰人心。原於仁義禮智者，主於天命而言，故名之曰道心。於是而有人與道之異名也。然心之有此二名者，只是主理主氣之分而言之耳。其實自是一心，初非有兩樣心。故朱子曰心之虛靈知學，一而已。又曰人心道心，實非有兩心。此言豈不明白哉？生於聲色臭味者，易流於欲，故曰危。原於仁義禮智者，無形而難見，故曰微。精則於二者之間，可以精察而無所雜也。一則本體之正，可以固守而無所遷也。精者格致工夫也，一者誠正工夫也。既能精察，而又能固守，則人心雖危而亦安，道心雖微而亦著，無不得其中矣”。若斯之類，於宋儒性道之説，孔門心傳之要，多所闡發。（張壽林撰）

按王弘撰《山志》初集卷二《人心道心》云：

> 虞廷言心不言性，是從其動處言之也。蓋人心一動，有善有惡，是聖狂之分也。豈不危乎！人心一動，知善知惡，天良不昧，即爲道心。所謂幾也，豈不微乎！惟精者察其危也，惟一者養其微也。精一者工夫也，中者本體也，精一是從本體用工夫也。至“允執厥中”，是從工夫識本體也。先儒以人心直作人欲，則於“危”字不關切。且明是“心”字，如何強作“欲”字耶？

精有二義，別其端不雜也，充其類弗蔽也，故曰“辨之明”。一有二義，志之專，勿二三也。行之力，無作輟也，故曰“守之篤”。

又《山志》初集卷二《馮恭定》載馮恭定之説云：

> 或曰：“《書》云‘人心惟危，道心惟微’。解者多指人心爲人欲，道心爲天理，此言非是。心一也，人安有三心？自人而言，則曰惟危，自道而言，則曰惟微。罔念作狂，克念作聖，非危乎？無聲無臭，無形無體，非微乎？”此言極可思，而公非之，斥爲異學誤人。乃公又有云：“使人有兩箇心，一箇是人心，一箇是

道心，有何難精？惟其只是一箇心，所以難於辨別，難於分析。"即公此言觀之，與或所言正可相發明。而公斥之，豈以其出於陸子，而遂槩棄之耶。

道心非人不麗，人心非道不宰。不必屏去人心，而別覓道心也。舉吾之人心，一稟於道，即道心矣。故以喜怒、哀樂、視聽、言動爲人心，以中節合禮爲道心。公駁之云："以中節合禮爲道心，不差。而以喜怒、哀樂、視聽、言動爲人心，不知喜怒、哀樂、視聽、言動可以屏而去之乎？以必不能屏而去之者爲人心，是明白左袒人心、回護人心也。"按此則人心二字，眞不可直解作人欲矣。何也？正以其不能"屏而去之"也。而公必謂人心屏而去之，猶恐不盡，至云"道心爲善，爲君子。人心爲惡，爲小人。"竊恐其說之果而流於偏也。

解者不以人心爲人欲，公謂其回護人心。或有問："虞廷說'人心道心'，而上蔡謂'心本一支，離而去者乃意耳。'何也？"公曰："心本一，自念起而後有人與道之分，故曰：'欲正其心者，先誠其意。'上蔡之言，從《大學》來。蓋心爲意之主宰，意爲心之發動。本只是一箇心，只因一念發動處，遂名爲意耳。上蔡之所謂心，與《大學》之所謂心，對意而言也。虞廷之所謂心，兼意而言。雖不言意，而意與知自在其中也。"予謂，以公此言觀之，則人心不可直解作人欲，益明矣。既云意與知在其中，而以意與知即謂之欲，謂之惡，謂之小人，可乎？恐與性善之旨又難通矣。且如此說，則上蔡之言亦是回護人心，公援《大學》之言，卻又是回護上蔡也。

朱子云："人心，但以形氣所感者而言耳。具形氣謂之人，合義理謂之道，有知覺謂之心。"又云："飢欲食、渴欲飲者，人心也。得飲食之正者，道心也。須是一心只在道上，少間，那人心自降伏得不見了。人心與道心爲一，恰似無了那人心相似。只是要得道心純一，道心都發見在那人心上。"觀此則人心不可直指爲惡，爲小人，益明。即《中庸序》謂之"私者"，亦只是就形氣說。故曰"使道心嘗爲之主，而人心每聽命焉。"若是惡，是小人，則當斷滅之矣，豈猶使之聽命乎！蔡氏《尚書註》亦本此爲說。今特不以人心人作人欲耳，而心中理欲之分自在。此於聖賢立教爲學之旨，果何所悖，而云異學誤人耶？按"以人心爲人欲，道心爲天理。"其說實始於程子。蓋"從一念起處，別善惡之途。"故如此分疏，未可執之，以爲人心定解也。

孟子注一卷　（14-378）

玉函山房輯本

唐陸善經撰。善經字及爵里俱無攷。《新唐書・藝文志》有陸善經《孟子注》七卷。其書宋代尚傳，《崇文總目》云，善經唐人，以軻書初為七篇，因刪去趙岐《章指》與其注之繁重者，復為七篇云云。不知佚於何時，惟孫奭《音義》每引之。其解“為長者折枝”，謂折草樹枝。解“必求龍斷而登之”，謂岡壟斷而高者。遂為朱子《集註》所本。（倫明撰）

按清吳翌鳳《遜志堂雜鈔・戊集》云：

> “必求龍斷而登之”，斷字當如字讀。龍斷者，岡龍斷而崛起之小山也。四顧無礙，故可左右望而罔市利。

孟子附記二卷　（14-445）

《幾輔叢書》本

清翁方綱撰。“知好色而慕少艾”，諸家多訓艾為美好，惟程大昌《攷古編》訓艾為衰減之義。方綱主之，又引《左傳》“憂未艾也”，本書《萬章篇》“自怨自艾”，證成其說。……諸條皆援引甚切，體會有得。（倫明撰）

按清吳翌鳳《遜志堂雜鈔・戊集》云：

> 孫奕《示兒編》云：“人少則慕父母，知好色則慕少艾。”嘗徧攷載籍，艾皆訓老，竝無美好之說。或又改艾爲女，更屬不經。原孟子之意，即荀子所謂“妻子具而孝衰于親”之義。“人少”，當作去聲；“慕少”，當作上聲；艾，讀如“夜未艾”之艾。艾之爲言止也，謂人知好色，則慕親之心稍止也。

然反對此說者，亦不乏人。宋王楙《野客叢書》（上海古籍出版社 1991 年 5 月第 1 版）卷十三《解經惡穿鑿》云：

> 郭次象謂《孟子》“少則慕父母，知好色則慕少艾”，“少”當讀

如“多少”之“少”，謂人既知好色，則慕父母之心少艾；艾言衰也（士彪按，“衰”原作“息”，據排印本校記改），如“耆艾”之“艾”。此説亦佳。然觀《離騷》“竦長劍兮擁幼艾”，《戰國策》“不以予工，乃與幼艾”注引《孟子》“慕少艾”之語，又“齊王有七孺子”注云：“孺子，謂幼艾美女也。”又知以少艾爲幼美，自古已然矣。

明謝肇淛《五雜組》卷之十一《物部三》云：

孟子謂“七年之病，求三年之艾”，故艾以老者爲良。人五十曰艾，然少者亦謂之艾，何也？《春秋外傳》曰：“國君好艾，大夫殆。”孟子曰：“知好色則慕少艾。”一説謂艾者，外也。妻子爲内，少艾爲外也。《本草》：“艾以複道生者爲佳。”亦重外之意也。

又俞正燮《癸巳存稿》卷十四《國語艾義》云：

《晉語》云：“國君好艾，大夫殆。”韋注云：“艾當爲外，聲相似誤也。”下云：“好内，適子殆。”《韓非·内儲説》：“狐突曰：‘好外則相室殆。’”即《晉語》事外内相對成文，且韓非文爲證，韋説可立。然“艾”自有義，《晉語》云“國君好艾”，《孟子》云“慕少艾”，《趙策》“魏牟云‘與幼艾’”，屈原《九歌》云“擁幼艾”，不得以爲外也。艾，治也，謂少年肯自修飾或過中。“男艾”與“女冶”同義，“冶”亦言修飾容冶過中。

孟子字義疏證三卷　（14-231）

《微波榭叢書》本〔1〕

清戴震撰。按段玉裁作震年譜，言震著《原善》三篇、《論性》二篇既成，又以宋儒言性理、言道、言才、言誠、言明、言權、言仁義禮智、言智仁勇，皆非六經孔孟之言，而以異學之旨糅之，故就《孟子》字義開示。又玉裁《答程易田書》稱震自述生平著述之大，以《孟子字義疏證》為第一，此正人心之要。今人無論正邪，盡以意見名之曰理，而禍斯民，故《疏證》不得不作。而是書震自序，極言孟子辯楊墨，後人習聞楊墨老莊佛之言，且以其言汩亂孟子之言，是又後乎孟子者之不可已也。蓋宋儒談理，每不免雜以二氏之説，所謂陽儒陰釋之學，聖道幾為之亂。是書大旨借理學以攻理學。而讀書必先識字，孟子願學孔子者也。乃條舉其字義，一一為之疏通證明焉。凡理十五條，天道四條，性九條，才三條，道四條，仁義禮智二條，誠二條，權二條，意在發明孔孟真諦，以匡正宋儒之謬。然聖人立言多半因規時起見，言之者本無弊，而不能必行之者之無弊，孟子即有不以文害詞、不以詞害志二語，微特程朱之言為孔孟所未言也，即孔孟之言性、言命、言仁義，堯舜亦何嘗言之？而子思以為祖述堯舜者，又何説耶？而為宋儒辯護者，又操矛以陷盾，説愈棼而不可理矣。（倫明撰）

〔1〕案題下原未標注版本，據中華本補。

按段玉裁《答程易田書》所稱戴震自述，見於戴震《與段若膺書》，其文曰："僕生平論述最大者，爲《孟子字義疏證》一書，此正人心之要。今人無論正邪，盡以意見誤名之曰'理'，而禍斯民，故《疏證》不得不作。"

戴震作《孟子字義疏證》，自視甚高，推重者不乏其人，然亦有不以爲然者，可謂毁譽參半。錢玄同《致潘景鄭書》（見王元化主編《學術集林》卷十四第 4 頁）云："東原作《孟子字義疏證》，斥程朱以理殺人，有功於世道甚大。"譚獻《復堂日記》卷一（甲子）有云："《原善》、《孟子字義疏證》辨正宋明鄙説，信有摧陷之力，然爲空言一也。剖析窮於豪芒，語多則不能無得失。其《説命》、《説才》予亦未遽謂然。"清王炳燮《毋自欺室文集》（見《中國近代史料叢刊》237 册）卷三《讀戴氏震孟子字義疏證》云：

> 甚矣，道之難明也。孔孟而後千餘年，得周程張朱諸儒，僅乃發其蘊奥。陽儒陰釋之學從而亂之，而滯於文字訓詁者遂疑其果出於二氏，至詆爲詖淫邪遁，謂天下被其禍而莫之能覺，甚至謂程朱理欲之辨，爲適成忍而殘殺之具。噫，抑何其言之悖謬而好爲誣也！夫自陸王之學，助異端而樹之幟，至近世汪大紳、彭允初之倫而瞀亂益甚，戴氏非之，固無足怪，然遂遷怒於程朱而集矢焉，無乃鹵莽已甚乎！戴氏之言曰："《六經》、孔孟之言以及傳記羣籍，理字不多見。今雖至愚之人，悖戾恣睢，其處斷一事，責詰一人，莫不輒曰理者，自宋以來始相習成俗，則以理爲'如有物焉，得於天而具

於心’，因以心之意見當之也。於是負其氣，挾其勢位，加以口給者，理伸；力弱氣慴，口不能道辭者，理屈。烏乎！其孰謂以此制事，以此制人之非理哉！”夫執意見以當理，是未嘗求理者之病也。遂以程朱之言理爲意見，是猶嫉舞文弄法之吏，而遂詆先王之法律爲不足道也。理之一字，始見於孔子之言，而詳見於孟子。在事在心，總名爲理，特在事之理爲易見，所謂分理，所謂條理，在物之質曰肌理，曰腠理，曰文理，皆是也。然獨不思天下事物何爲而有是分理、有是條理乎？今試以木言之，自根榦達於枝葉，文理燦然。此理之在物者，目可覩而指可數。而當其未至於句萌甲斥之時，果實之中只有仁而已矣（如桃杏核中白皆名爲仁），初不見有理也。惟其理包孕於渾淪之中，故萌生而其理著焉。是未有事物之先，其理已具，非別有一物以爲之理也。且事物之理，心能別之，心之所以爲別者，獨非理耶？今其言曰：理者，察之而幾微必區以別之名。又曰知分理之可以相別異也。夫幾微之區別，分理之別異，理誠在於事物。至謂之察，謂之知，豈察、知亦在事物乎？有在心之理而後能察能知，以別事物之理，此智之端，所以爲是非也。仁義禮皆莫非理，故其爲惻隱羞惡辭讓，各隨其理以發見。朱子云：“理如舟只可行之於水，車只可行之於陸，非別有一物也。”今乃於其可覩可數者，知其爲理，而於其不可覩不可數者，獨不信其理之包含焉，尚得謂之窮理之學乎？《樂記》曰：“人生而靜，天之性也。感於物而動，性之欲也。物至知知，然後好惡形焉。好惡無節於內，知誘於外，不能反躬，天理滅矣。夫物之感人無窮，而人之好惡無節，則是物至而人化物也。人化物也者，滅天理而窮人欲者也。於是有悖逆詐僞之心，有淫佚作亂之事。是故強者脅弱，眾者暴寡，知者詐愚，勇者苦怯，疾病不養，老幼孤獨不得其所，此大亂之道也。”夫人生而靜，天理具焉，此所謂天之性也，即喜怒哀樂未發之中也。感物而動，性之欲也，是即所謂情也。物至知知，然後好惡形焉，是喜怒哀樂之發也。好惡中其節，斯謂之和，致中和而天地位，萬物育。苟無節于內，則知誘於外，而不能反躬，天理於是乎滅矣。物感無窮，好惡無節，至於物至而人化物，則滅天理而窮人欲，究其終，必至於大亂，是不中不和之極也。性靜情動，情勝而至於害性，猶之火生於木，而火反爲木災，理與欲之所以不能兩勝也。故孟子曰："其爲人也寡欲，雖有不存焉者，寡矣。其爲人也多欲，雖有存焉者，寡矣。"其言養心莫善於寡欲，爲多欲害心者言之，非謂欲之必不可無也。周子無欲，就主靜而言，非絕欲之謂也。是自治也，非治人之謂也。孔子之傳《易》也，亦曰窒欲也，不聞其爲生人之害也。原憲言欲不行焉，孔子曰可以爲難，仁則吾不知。欲雖不行，尚不足爲仁，然則非必有欲而始不爲生人之害也，獨言無欲爲天下禍乎？且程朱之言理，何嘗別如有物乎？孟子曰："心之所同然者，謂理也，義也，聖人先得我心之所同然耳。"程子曰："在物爲理，處物爲義。"理與義若是其辨也。而戴氏則曰："心之所同然始謂之理，謂之義，則未至於同然，存乎其人之意見，非理也，非義也。"夫理義爲人心之所同然，爲有是理義於人心，故見爲同然，非待人心同然之而始成爲理義。今乃求其至於同然者而始謂之理，謂之義，是以理義爲在外也。彼專就可見者言理，指爲在外猶可也。乃至於義而亦外視之，與告子之義外何異乎？程朱初泛濫於釋老，見其說之無當也，反而求諸六經孔孟而後得之。然後於彌近理而大亂眞者，知之確而見之明。孟子曰："盡其心者知其性也，知其性則知天矣，存其心養其性，所以事天也。"《大傳》曰："窮理盡性，以至於命。"又曰："昔者聖人之作《易》也，將以順性命之理，是以立天之道陰與陽，立地之道曰柔與剛，立人之道曰仁與義。"孟子以知性爲知天，以存心養性爲事天。孔子以理屬之性命，以人道統諸仁義，貫而言之，皆不更端。戴氏不能通其說，故於其言絕不之及。第以理義之悅心，得與聲色臭味比而言者，以爲說。夫後聖賢之所發明，皆前聖之所未言也。執其著於文字者以爲據，不知因文字而反求諸身心，非獨程朱之言孔孟所未言也，即孔孟之言性言命，言仁言義，堯舜亦何嘗言之？而子思以爲仲尼祖述堯舜。今第以孔子之言合諸二典，亦多有不相似者，得不謂之祖述乎？不能心通其故，而強爲之說。彼所謂惟聖人然後無蔽者，豈不信然歟？血氣心知之性，言性著於血氣心知，非即以血氣心知爲性也。今其言曰："血氣心知，性之實體也。"又曰："有血氣則有心知，由血氣之自然而審察之，以知其必然，是之謂理義。"

又曰："性者，血氣心知本乎陰陽五行，人莫不區以別焉是也。而理義者，人之心知有思輒通，能不惑於所行也。"以血氣心知爲性，以血氣爲心知所自出，以心知爲理義，亦思血氣之屬人物所同，禽獸之血氣未嘗無心知。如戴氏之言，禽獸之血氣心知將亦得謂之理義，胡爲而禽獸終不得與人同乎？其言又曰："凡血氣之屬，皆知懷生畏死，因而趨利避害，雖明暗不同，其出於懷生畏死者同也。"若是所謂心知者，不出乎懷生畏死，則所謂性者，亦不出乎懷生畏死而已。以懷生畏死爲性，而因以趨利避害爲理義，視甘食悦色之爲性，復何以異？等人道於禽獸，幾何不胥天下爲攘奪爭鬭之天下也。程朱以仁義禮智爲性，本於孟子，實本於《文言》。蓋在天爲元亨利貞，在人爲仁義禮智，其在於氣，則爲水火木金土。《易》不言土者，土在天爲誠，在人爲信，實貫乎四時而爲德也。易有太極，是生兩儀，兩儀生四象，四象生八卦。明乎陰陽之兩儀，雖不離太極，而未可以太極即爲陰陽也。戴氏言："曰儀曰象曰卦，皆據作《易》而言，而以太極爲氣化之陰陽。"信如是言，陰陽在氣化爲太極，在作《易》爲兩儀，然則作《易》而始有《易》之名，在氣化不得名爲易。孔子不當言易有太極，而當別舉一氣化之名以屬太極也。今既以太極屬之易，則是太極與兩儀同爲作《易》之言，可知《大傳》曰"天地設位，而易行乎中"，又曰"易簡之理得而易成，位乎其中"。有氣化之易，而後有簡册之易，作易之易，即氣化之易，不得獨以太極之易屬之氣化，而以儀象屬之作易也。彼不知太極爲何狀，而即以陰陽當之，又何怪其不知太極之本無極哉？且程朱之理爲太極，即指其形而上者，非指其能運用者而言也。而戴氏一則曰程朱改釋老之指神識者以指理，程朱之言理，未嘗遺氣，蓋形上形下，道不離器也。而戴氏一則曰程朱以釋老之眞宰眞空指爲理，是猶用法之吏以例之疑似者爲比附，一何鍛鍊周内之工也。乾以易知，坤以簡能，易簡而天下之理得。天命之謂性，非物物而爲之限也。性之在人物，雖萬有不齊，而其本則一。孟子言天之生物也使之一本，故曰天下至誠，能盡其性，則能盡人之性，能盡人之性，則能盡物之性，能盡物之性，則可以贊天地之化育，可以贊天地之化育，則可以與天地參。至孟子言犬之性猶牛之性，牛之性猶人之性歟？此即告子生之謂性，而破之耳。生之不得相通也，微獨犬牛，即人與人亦有愚智之不同矣。惟其本無不同，故雖虎狼知有父子，蜂蟻知有君臣，烏知反哺，雎鳩知有別，莫不有發露之端，特形氣偏塞，不如人之得其全，可以擴而充耳，故理氣兼言而性始備，非如佛氏之以蠢動含靈爲性也。其他言道言才言仁義禮智，言誠言權，莫不別爲之說，以與程朱爲難，失易簡之理，紛紜轇葛，未可以言辭而曉。蓋自國初以來，若萬氏斯同、毛氏大可諸人，下逮乾嘉以降，不下數十百人，以攻掊程朱爲博洽，以餖飣訓詁爲精通，眞能爲程朱之學者，絕響久矣。然而世道日衰，天下之亂馴至斯極，夷狄侵陵邪說橫作充塞，仁義天理微而人欲張，人道之不淪爲禽獸者，殆哉岌岌乎！百數十年來，儒術之效畧可覩矣。竊願承學之士，去門户之見，虛心而察治亂之所由，因以有用之學體諸躬而見諸行事，天下之變，庶其有瘳，是誠斯道之厚幸也歟。

清朱一新《無邪堂答問》卷三云：

戴氏《疏證》語多支離，謬不勝糾，大率以人欲爲性之本然，當順而導之，不當逆而制之。此惟聖人所欲不踰矩者乃可，豈中人以下之欲皆能如是乎？欲本兼善惡言，宋儒曷嘗謂欲有惡而無善，特理、欲對言，則理爲善，而欲爲惡，故《樂記》言天理人欲，《易》言懲忿窒欲，《論語》言克伐怨欲（《法言·修身篇》“天下有三門，由於情欲，入自禽門”，如戴氏之說，是入自禽門者，亦可謂之善乎）。經典中此類甚多，東原蓋置之，而但援“欲立”、“欲達”以爲說。不知《說文》“欲”訓貪欲（《論語·憲問章》馬注同），貪之爲義，惡多而善少。東原精擘訓詁，豈獨不明乎此？第欲伸私說以攻宋儒，遂於本明者而轉昧之，此即“欲”也，而不當遏之乎！天之賦人，有食色之欲，未嘗有貪淫之欲。其有之者，自縱之也。東原乃謂食色之性，人不可無，此何待言，愚人知之，宋儒不知耶（《疏證》有云“欲之失爲私，私則貪邪隨之”，是東原未嘗不知欲中有惡也。既知有惡，而又禁人存理遏欲，誠不知其何說也。《朱子語類》：“濂溪言：寡欲，以至於無。蓋恐人以寡欲爲便得了，故言不止於寡欲而已，必至於無而後可耳。然無底工夫，則由於能寡欲到無欲，非聖人不能也。曰：然則欲字何如？曰：不同。此寡欲，是合不當如此者是私欲之類。若飢而欲食，渴而欲飲，則此欲亦豈能無。”凡東原之所辨，朱子已早言之矣）？荀子專舉下愚以言性，東原專舉上智以言性。專舉下愚者，乃欲以學愈愚，説雖偏而尚無大害。專舉上智，則古今上智曾有幾人？雖使人欲横流，皆自以爲合於天理，是尊情以滅性，而并可以廢學。東原其殆未之思耶？若其譏宋儒之言理如有物焉，得於天而具於心，以是爲宋儒罪。夫仁義禮智，天所與我，而皆於四端之心見之。苟非有物焉，得於天而具於心，何能能應萬事（《詩蒸民篇鄭箋》“天之生衆民，其性有物象，謂五行，仁義禮智信也”。《乾鑿度》“五常以之行”，鄭注“天地氣合，而化生五物”。鄭君以五物訓五常，非有物焉得於天下而具於心之謂耶？朱子注《詩》，注《孟子》皆不從其説。東原若必以此爲非，則當斥鄭君，不當斥宋儒）？推其致誤之由，蓋以血氣心知爲性，而不知以義理氣質爲性（血氣心知未嘗非性，然此但言氣質之性而未及義理，故《樂記》復言合生氣之和，道五常之行。生氣、五常乃所謂義理之性也，《樂記》上下文語意甚明，安得截取四字以證其曲説）。故其言曰，心知之自然，未有不合義理者，未能盡得理合義耳。夫孟子謂心之所同然者爲理義，未嘗謂心之所發者皆合於理義也。心統性情，故理義具於心。其具於心者，性之所固有也，所謂性善也。其動而不必皆合者，情之有善有惡也，所謂其情可以爲善也。可以爲善，亦可以爲不善也（程氏《論學小記》謂“乃若”者轉語之辭是也。東原因欲攻宋儒，遂以孟子之言情爲非性情之情，而云情猶素也，實也，曲説至此，可謂自生荊棘矣）。惟可以爲善，可以爲不善，故曰求則得之，舍則失之。又曰非才之罪。才本可以爲善，而或爲不善者，乃不能盡其才之罪，非才之罪也。猶之情本可以爲善，而或爲不善者，乃不能治其情之罪，非情之罪也。氣質亦可以爲善，而或爲不善者，乃不能變化氣質之罪，非氣質之罪也。才情氣質雖有善有不善，而人皆有此秉彝之性，故皆可以爲善，是則性相近也，是乃所謂性善也。若以是歸諸心知之自然，則心知有惻隱矣，亦知有殘忍也；心知有辭讓矣，亦知有爭奪也。而以爲盡合理義，不亦誣乎？理義者，得於天具於心，所當存養省察，拳拳服膺以保之而勿失者也。非謂有此同然之理義，遂可任其自然而使之出入無時也（東原力駁程朱"人生而静以上不容説"之旨，謂性當指人物而言，不當以理義之性歸之於天。如其説，將何以解於《易·繫辭》？《繫辭》"一陰一陽之謂道，繼之者善，成之者性"，非歸之於天耶？聖人恐人誤認氣質之粗者爲性，特著繼善於成性之前，以明天命之本善。蓋謂天賦人以理義，而人性始善也，故曰天命之謂性。東原何弗思之甚耶）。且禽獸亦曷嘗無血氣，曷嘗無心知，可謂合於理義乎？由前之説，是認心爲性，同於釋氏也。由後之説，是生之謂性，同於告子也。二者無一可，而東原躬自蹈之，反以告子、釋老詆訶宋儒，可乎？夫老氏之言神，蓋欲嗇其精神以求長生也。釋氏之言神，蓋欲得其神識以求不生不滅也。氣之充然者皆精神，心之湛然者爲神識，神識與精神且不相同，況宋儒之言理，更於二者何與？五常之燦然者謂之天理，五倫之秩然者謂之條理，皆與神識精神渺不相涉。東原乃鍛鍊周内以牽合之，此猾吏舞文之故智。西河多有此弊，不意東原亦蹈之也。

又云（見卷一）：

理義之悦我心，猶芻豢之悦我口，豈苦人以所難哉？先生本理以制禮，以禁慝也。有禮斯有樂，以導和也。古樂既亡，禮亦爲文飾之具。宋儒因亟以理明之，又恐人矜持拘苦，而屢以從容樂易導之。今讀其遺書，以理爲教，實多以禮爲教（見於文集、語錄者多不勝舉），所不同於三代者，特其沿革耳。此與聖門教人之方有何不合？而戴東原則曰"程朱憑在己之意見而執之曰理，以禍斯民"，且謂"聖人以體民情遂民欲爲得理"（見《東原文集》、《孟子字義疏證》）。夫聖賢正恐人之誤於意見，故有窮理之功。東原乃認意見爲理，何其言理之粗？體民情，固也。遂民欲，而亦謂之理，何其言理之悖？欲仁，欲也；欲利，亦欲也。使徒求遂其欲，而不以理義爲閑，將人皆縱其欲而滔滔不返，不幾於率獸食人乎？乃謂宋儒以理殺人，死矣，更無可救矣（亦《東原集》中語），疾首蹙頞，若不可一朝居，而必求自放於禮法之外者。苟以此爲教，恐五季之禍，其不復見於今者幾希。誠不意儒者日治《三禮》，而竟不求諸制禮之本原也。故曰學而不思而罔。

沈家本《日本隨筆》（《沈寄簃先生遺書》之一）卷八《孟子字義疏證》

詳載王炳燮、朱一新二家駁戴之文，於二家文後，沈氏附己之説云：

> 按東原《疏證》論理凡十五條，而獨不及《説卦傳》“窮理近信以至於命”及“聖人之作易也，將以順性命之理”數語，此數語理字與性命並言，與伊所持之説萬不能通，故一字不提，何其立説之巧也。東原負盛名，其言足以惑世誣民。余故采王朱二家之説於此，爲後學發其蒙而闢其謬。彭允初《二林居集》有《與東原書》，駁其《疏證》之非，兹因王朱之説已詳盡，故不復矣。

按上引朱一新文有云：

> 東原力駁程朱“人生而靜以上不容説之旨，謂性當指人物而言，不當以理義之性歸之於天。如其説，將何以解於《易·繫辭》“一陰一陽之謂道，繼之者善，成之者性”，非歸之於天耶？聖人恐人誤認氣質之粗者爲性，特著繼善於成性之前，以明天命之本善。蓋謂天賦人以理義，而人性始善也，故曰天命之謂性。東原何弗思之甚耶？

按戴震有《讀易繫辭論性》一文，專釋《繫辭》此語，可謂預搔待癢，恐一新未曾讀也。其文曰：

> 《易》曰：“一陰一陽之謂道，繼之者善也，成之者性也。”一陰一陽，蓋言天地之化不已也，道也。一陰一陽，其生生乎，其生生而條理乎！以是見天地之順，故曰“一陰一陽之謂道”。生生，仁也，未有生而不條理者。條理之秩然，禮至著也；條理之截然，義至著也；以是見天地之常。三者咸得，天下之至善也，人物之常也；故曰“繼之者善也”，言乎人物之生，其善則與天地繼承不隔者也。有天地，然後有人物；有人物，於是有人物之性。人與物同有欲，欲者也，性之事也；人與物同有覺，覺也乾，性之能也。事能無有失，則協於天地之德，協於天地之德，理至正也。理也者，性之德也。言乎自然之謂順，言乎必然之謂常，言乎本然之謂德。天下之道盡於順，天下之教一於常，天下之性同之於德。性之事配五行陰陽，性之能配鬼神，性之德配天地之德。所謂血氣心知之性，發於事能者是也；所謂天之性者，事能之無有失是也；爲夫不知德者別言之也。人與物同有欲，而得之以生也各殊；人與物同有覺，而喻大者大，喻小者小也各殊；人與物之中正同協於天地之德，而存乎其得之以生，存乎喻大喻小之有殊也各殊；此之謂本五行陰陽以成

性，故曰“成之者性也”。善，以言乎天下之大共也；性，言乎成於人人之舉凡自爲。性，其本也。所謂善，無他焉，天地之化，性之事能，可以知善矣。君子之教也，以天下之大共正人之所自爲，性之事能，合之則中正，違之則邪僻，以天地之常，俾人咸知由其常也。明乎天地之順者，可與語道；察乎天地之常者，可與語善；通乎天地之德者，可與語性。

則戴氏將“成之者性”之性釋爲“血氣心知之性”，未嘗歸之於天，足關朱氏之口。至於沈家本所言戴氏“不及《說卦傳》‘窮理近信以至於命’及‘聖人之作易也，將以順性命之理’數語，此數語理字與性命並言，與伊所持之說萬不能通，故一字不提，何其立說之巧也”。此說亦不足以服戴氏。蓋戴氏所撰專就《孟子》字義加以疏證，不引《說卦傳》，未可厚非。若當日戴氏引及，亦必有說以自衛，觀《讀易繫辭論性》可知矣。

孟子述義二卷　（1-745）

自刻本

清單為鏓撰。而於“陽貨欲見孔子”節，語之獨詳。大旨以為當援《玉藻》“酒肉之賜弗再拜”、“敵者不在，拜於其室”釋之，孟子所引“大夫者賜於士”云云，即《玉藻》“大夫親賜士，士拜受，又拜於其室”之禮，而此“賜”字則以酒肉言，即“酒肉之賜弗再拜”也。大夫、士字不必泥，蓋舉大夫賜士，以概敵者之相賜。惟其是酒肉，則雖士於大夫，而苟得受於其家，亦不再往拜，而況於敵者？惟其不得受於其家，士於大夫固必往拜其門，即敵者亦必拜於其室也。此論甚是，實足補全祖望《經史問答》、趙佑《溫故錄》所未盡云。（江瀚撰）

按全祖望《經史答問》卷七云：

嘗考《小戴禮·玉藻篇》有云：“大夫親賜於士，士拜受，又拜於其室。”敵者不在，拜於其室，則是大夫有賜，無問在與不在，皆當往拜。若不得受而往拜者，是乃敵體之降禮。陽虎若以大夫之禮來，尚何事瞰亡，正惟以敵者之故，不得不出此苦心曲意。而乃謂其所行者爲大夫之故事，則不惟誣孔子，亦并冤陽虎也。或曰：然則《孟子》

非與？曰：《孟子》七篇，所引《尚書》、《論語》及諸禮文，互異者十之八九。古人援引文字，不必屑屑章句，而孟子爲甚，乃至汝、漢、淮、泗之水道，亦誤舉之。則此節禮文，或隨舉而偶遺，所以有失。要之，孔子所行者是《玉藻》，非如《孟子》所云也。若《孟子》下文，謂"陽貨先，焉得不見"，亦未能發明孔子之意。蓋使陽貨以大夫之禮來，雖先不見也。孟子才高，於此等不無疏畧耳。曾記明徐伯魯《禮記集注》中，微及此意而未盡，愚故爲之暢其說。

孟子正義三十卷 （1-732）

焦氏叢書本

清焦循撰。是書雖為趙岐《章句》作疏，然亦不盡從其說。如"龍子曰：治地莫善於助，莫不善於貢"。趙注"言治土地之賦，無善於助者也。貢者，校數歲以為常，類而上之，民供奉之有易有不易，故謂之不善也"。此則引夏氏僎曰"戰國諸侯重斂掊克，立定法以取民，不因豐凶而損益，且托貢法以文過，故孟子有激而云。其所謂不善者，特救戰國之失耳。禹法實不然也。蓋自魯宣公稅畝以後，諸侯廢公田而行貢法，取民數倍，而皆藉口於夏后氏，以文其貪暴。龍子所以痛心疾首，而為是言。孟子方勸滕君行助，以革當時之弊，意在伸助，不得不抑貢，故舉龍子之言以相形，而未暇深求其義理。其實龍子莫不善者，乃戰國諸侯之貢法，非夏后氏之貢法也"。又"《小弁》之怨，親親也"。趙注"伯奇仁人，而父虐之，故作《小弁》之詩曰'何辜于天'"。此則引劉氏始興《詩益》云"孟子'親之過大'一語，據此一語可斷其為幽王太子宜臼之詩。蓋太子者國之根本，國本動搖，則社稷隨之而亡，故曰親之過大。若在尋常放子，則己之被讒見逐，禍止一身，其父之過與《凱風》七子之母不安其室等耳，何得云親親過大哉？又詩二章曰'踧踧周道，鞠為茂草。我心憂傷，惄焉如擣'。此有傷周室衰微之意。若尋常放子，其於國家事何有焉"。是皆足補趙注之闕。李慈銘《越縵堂日記》曰"趙注之可笑者，如形色天性也，以形謂君子體貌嚴尊，色謂婦人妖麗之容。引《詩》曰'顏如舜華'。下文但言踐形，不言色，謂主名尊陽抑陰之義。試思

《詩》言不大聲與色，《論語》有容色，孟子云發於聲，徵於色，而後喻。又云其色也睟然見於面。何得以色專指婦人？焦氏之疏謂趙氏以男子生有美形，宜以正道居之（案趙注以‘居’訓‘踐’）。女子有美色，亦宜以正道居之。乃上並稱形色，下單言踐形，不言踐色，是尊陽抑陰。其曰主名者，聖人為男子踐形者之稱，則居色之主名，其聖女與云云，尤可發笑。此實經學之蔽，不可不知也”。其論甚當。惟謂“說大人，則藐之”，趙訓為“較藐”，焦謂《廣雅》“藐，遠也”。《莊子》“藐姑射之山”引簡文注即以“藐”為“遠”。“邈”、“藐”古通用。“說大人，則藐之”當釋“藐”為“遠”，謂當時之游說諸侯者，以順為正，是狎近之也。所以狎近之者，視其富貴而畏之也。不知說大人宜遠之，遠之者，即下文皆古之制，我守古先王之法，而說以仁義，不曲徇其所好，是違之也。以為心當輕藐，恐失孟子之恉。李稱其匡正趙注，似未得。按下文接言“毋視其巍巍然”，自是輕藐之意。《荀子・修身篇》曰“道義重則輕王公”即其義矣。茲編於經注實多所闡明，雖瑕瑜不掩，要豈偽孫奭疏，所可同年而語者與？（江瀚撰）

按焦循家傳《易學》，早年治《易》，用力甚勤，著《易圖略》八卷、《易學章句》十二卷、《易通釋》二十卷。弱冠即好孟子書，立志爲正義。以學他經，輟而不爲。於完成《易》學著作後，有感于僞託孫奭作《孟子義疏》體例踳駁，徵引陋略乖舛，文義冗蔓俚鄙，遂爲《孟子》趙注作新疏。於是博采經史傳注以及清代學者之書，凡有關於《孟子》者，一一纂出，輯成長編十四帙，又貫穿推衍，斷以己意。嘉慶二十三年（1818）起稿，二十五年（1820）改定，撰成《孟子正義》三十卷，七十餘萬言。用時僅三年，可見其用功之勤。

焦循認爲古之精通《易》理、深得伏羲、文王、周公、孔子之旨者莫如孟子，生孟子後而能深知其學者莫如趙岐，故以趙岐《孟子章句》爲疏。焦循認爲，“爲《孟子》作疏，其難有十。孟子道性善，稱堯舜，實發明羲、文、周、孔之學。其言通于《易》，與《論語》、《中庸》、《大學》相表裏，未可以空悟之言臆之，其難一也。孟子引《書》辭，多在未焚以前，未辨今古文，而徒執僞孔以相解說，往往鑿枘不入，其難二也。井田封建，殊于《周禮》，求其畫一，左支右絀，其難三也。齊梁之事，印諸《國策》、《太史公書》，往往齟齬，其難四也。水道必通《禹貢》之學，推步必貫《周髀》之精。六律五音，其學亦造於微，未容空疏者約略言之。其難五也。‘棄蹤’、‘招豚’、‘折枝’、‘蹙頞’，一事之微，非博考子史百家，未容虛測，其難六也。古字多轉注假借，‘多賴’即懶，‘姑嘬’即咀，‘嘑爾’即呼，‘私淑’即叔。凡此之類，不明六書，則訓故不合，其難七也。趙氏書名‘章句’，一章一句俱詳爲分析。陸九淵謂古注惟趙岐解《孟子》文義多略，眞謬說也。其注或倒或順，雅有條理，即或不得本文之義，而趙氏之意焉可誣也，其難八也。趙氏所據古書，今或不存。而所引舊事，如陳不瞻聞金鼓而死，陳質取婦而長拜之，苟有可稽，不容失引，其難九也。《孟子》本文，見於古書所引者既有異同，而趙氏注各本非一。執誤文譌字，其趣遂舛，其難十也。”但清代經學興盛，名家輩出，有關《孟子》研究的成果非常豐富。“前所列十難，諸君子已得其八九”，故爲《孟子正義》博採前人成果，自可事半功倍。《孟子正義》徵引清代學者之說，凡六十餘家，廣采博引，擇善而從。“如理氣命性取戴震、程瑤田之說，井田封建取顧炎武、毛奇齡說，天文曆算取梅文鼎、李光地說，地理道取胡渭、閻若璩說，逸《書》考訂取江聲、王鳴盛說，六書訓詁多取王念孫、段玉裁說，板本校勘取阮元、盧文弨說”（沈文倬《孟子正義校點說明》）。凡釋一義，往往徵引多家之說，如釋《孟子篇敘》中“檃栝”一詞，即徵引《大戴禮記》、《鬼穀子》及陶弘景注、《荀子》及楊倞注、《尚書大傳》、《韓非子》、《韓詩外傳》、《鹽鐵論》、《尚書》僞孔傳、何休《公羊傳序》、《說文解字》、《後漢書注》、《淮南子》高誘注、《史記》、《老子》、《漢書》等書十幾種，反復推衍比勘，以求眞解。

《孟子正義》主要解釋趙岐注，較少直接解釋《孟子》本文。雖是爲趙岐注作疏，卻不墨守唐人“疏不破注”之成規，于趙氏之說或有所疑，不惜駁破以相規正，表現出清代經學實事求是之精神。對於一些眾說紛紜、難於折衷的問題，則仍以趙注爲準；“而眾說異同，亦略存錄，以備參考”（《孟子正義·孟子篇敘》）。

《孟子正義》以名物訓詁爲主，務求詳盡；同時也注重義理之闡發，期在簡當精要。這使此書成爲清人爲儒家經書另著新疏的典範。清代劉寶楠撰《論語正義》，即依焦循作《孟子正義》之法，先爲長編數十巨冊。梁啓超評價說：“此書實在後此新疏家模範作品，價值是永永不朽的。”（《中國近三百年學術史》十三《清代學者整理舊學之總成績》）

讀孟質疑二卷　（1-746）

自刻本

清施彥士撰。彥士字樸齋，江蘇崇明人，以舉人官直隸萬全縣知縣。是書詳於事蹟，如江永《羣經補義》以孟子與子思年不相接，《孔叢子》有孟子、子思問答語，不足信。篇中據《外書·性善辨第一》"孟子曰：魯有聖人曰孔子，曾子學於孔子，子思學於曾子。子思，孔子之孫，伯魚之子也。子思之子曰子上，軻嘗學焉，是以得聖人之傳也"。謂孔子至子上四世，與孟子時既相值，而於上文五世之澤，語尤親切。此引《外書》，似亦近理，恐終以《史記》列傳謂受業子思之門人，較為得實耳。其《游梁歲月續考》云："閻百詩過信《史記》年次，因此南辱於楚為不可考，祇宜闕疑，且力詆《集注》之譌，以為孟子適梁，的在乙酉，豈容預及十三年後事？殊不知惠王非預及之，乃追敘之。孟子至魏斷在後元十二年戊戌後也。間不過一年，惠卒襄立而去。則南辱於楚，既非無據，而孟子游梁歲月，亦概可知矣。百詩乃以惠王改後元為不足信，而獨泥《史記》乙酉至梁之說，毋乃不信其斷可信，而信其不可信疑？"此駁《釋地》，統孟子前後事以徵之，似非無見，以待好古者覈按焉。（江瀚撰）

案孟子之游歷，歷來聚訟紛紜。今輯錄數篇，以俟學者考校。清董豐垣《識小編》卷下《孟子遊歷先後攷》云：

孟子者，鄒人（今鄒縣）。周顯王三十三年乙酉，始遊梁，實梁惠王之三十五年也（由鄒至梁，故曰不遠千里）。三十六年丙戌，惠王卒，子襄王立。孟子入見王，出，有"不似人君"語。（《通鑑》據《紀年》惠王三十六年改元，至十六年卒。子襄王立。當周慎靚王二年始去梁，首尾十八年。使孟子在梁如此之久，而濡滯不去，何以爲孟子？《紀年》似不足信，當從《史記》。）遂去梁之齊，即齊宣王之八年也。由大梁之臨淄千有餘里，故曰千里而見王（若由鄒以往，不過半日）。道經平陸（今汶上縣，在大梁東界），故曰由平陸之齊。有孟子之平陸、儲子幣交事（若由鄒之任，當在此前）。宣王在位十九年，孟子去齊當在宣王之末（毛氏奇齡謂在宣湣授受之際。愚謂孟子明言前日願見而不可得，又云千里而見王，不遇故去。則去齊之日仍是宣王，非湣王也），故曰久于齊。中更三年之喪，有葬魯反齊、答充虞等語（毛氏奇齡據《列女傳》，孟子處齊有憂色，擁楹而歎。孟母見之。謂孟子奉母仕齊。特以墓在魯，故必合葬。反者，反哭之反也。與《禮》葬于墓“反，日中而虞”俱合。正還堊室，以行三年之喪，非遽就齊卿之位也。閻氏若璩以爲遭喪歸鄒，喪畢復仕齊，終不合而去。所云前日，猶宣王之前日願見。陳臻之前日于齊，不必閒一日也。似爲疎闊。顧氏炎武以爲改葬。則樂正子謂前以士而後以大夫，孟母之卒確在孟子爲卿于齊時，非改葬也）。並伐燕、燕畔等事（案《孟子》以爲宣王，《史記》以爲湣王，然《燕世家》載噲初立，有宣王復用蘇代之文。是噲與宣王同時，與《孟子》合。《通鑑》上增齊威王十年，下減齊湣王十年。宣王始顯王己丑，終赧王丁未，以伐燕之年薨。較《史記》移下十年。而《孟子》伐燕、燕畔，俱宣王事，非湣王也。《大事記》不增威王之年，但減湣王之年以益宣王，凡二十九年。季氏本又增爲三十一年，穿鑿益甚，而不知燕世家之爲錯簡也。何則？《六國表》燕王噲五年乙巳，讓國于其相子之，當湣王八年。七年丁未，噲及子之死，當湣王十年。後二年己酉，燕立太子平，是爲昭王，當湣王十二年。閻氏若璩謂與其屈齊之年數以從燕。曷若屈燕之年數以從齊。若移此五年事，置于宣王八年丙戌後、丁酉前，則《戰國策》載儲子謂宣王宜仆燕，而儲子正爲相者也。王令章子將五都兵以伐燕，而章子正與遊者也。三十日而舉燕國，即五旬而舉之，“五”偶訛爲“三”也。不必增威王爲四十六年，減湣王爲三十年，並增宣王爲二十九年、三十一年，而自與《孟子》合矣）。後以道不行，致爲臣而歸鄒，蓋周顯王四十五年以前事也（《大事記》、《通鑑綱目》繫諸赧王元年者，非）。至周愼靚王三年，宋稱王後，始之宋。有謂戴不勝、戴盈之、滕世子過宋與道性善語，并齊楚惡而伐之，餽七十鎰而受事（觀陳臻前日于齊，今日于宋薛，是去齊而之宋、薛也），遂之薛，有餽五十鎰而受事（案《國策》齊貌辨對宣王曰“受薛于先王，先王之廟在薛。威王之世，嬰已受封”。是餽五十鎰者，非復奚仲之舊矣。《索隱》引《紀年》，梁惠王後元十三年四月，齊威王封田嬰于薛。攷梁

> 惠後十三年，在今封嬰前一年，不得爲威王之世，惟前十三年恰當威王時也。疑有錯誤。《史記》湣王三年，封田嬰于薛。與《國策》異，似不足據。毛氏奇齡謂孟子再適宋，一在齊湣王三年，嬰未封薛以前。一在齊湣王六年，宋君偃稱王以後。並非）。尋復歸鄒。滕世子使然友問喪禮，既以禮聘孟子，孟子遂之滕，館於上宮。有滕文公問爲國、使畢戰問井地等語（閻氏若璩謂先至魯、終之滕者，非）。後以樂正子故之魯（周慎靚四年，魯景公卒，子平公旅立。孟子適魯應在甲辰後。又平公之年，《世家》、《年表》互異，當從《通鑑》，詳見二十五年《考異》）。晚歸而作書七篇，赧王時始卒。書爲門人所定，故諸侯皆稱謚焉。

李慈銘《越縵堂讀書記・子部雜家類・白田雜著》載清王懋竑之說，謂入梁當從《通鑑》惠王之後十四五年。(《通鑑》從《竹書紀年》，惠王三十六年始稱王，更爲後元年，至六年卒，子襄王立)。齊伐燕當從《史記》爲湣王十年。《史記》誤以惠王後五年爲襄王元年，于是謂襄王元年稱王，五年予秦西河地，七年盡入上郡于秦，十二年楚柱國昭陽敗其兵于襄陵，與孟子不合。又于襄王之後，昭王之前，多哀王一代，與世本亦不合。此當從《通鑑》者也。《通鑑》不知孟子中齊宣王皆湣王之誤，遂以齊宣王十九年伐燕，殺王噲，是年宣王卒，子湣王立；又二年燕人立太子平。不知宣王卒于周顯王之四十五年，又三年爲慎靚王元年，燕王噲始立，又七年齊人伐燕。溫公欲附會孟子，乃上增齊威王十年，（齊威王卒于周顯王之二十六年，在位三十六年，《通鑑》謂卒于顯王三十六年，在位四十六年）下減湣王十年（齊湣王即位于周顯王之四十六年，在位四十年。《通鑑》謂立于赧王之二年，在位三十年）而移宣王之十年以就伐燕之歲，其增減皆未有據。而謂燕人畔在湣王時，與孟子亦未合，此當從《史記》者也。至《戰國策》以伐燕爲齊宣王，亦後來以孟子而改。按蘇秦死于齊湣王之初年，蘇秦死，蘇代乃出游，說燕王噲讓國，其非宣王時明矣。李氏以爲王說“確鑿可據”。清萬斯同《羣書疑辨》卷五《孟子仕齊辨》云：

> 孟子之游梁在惠王三十五年，周顯王三十三年，次年惠王卒，襄王立，孟子即去梁適齊。其去齊之歲，呂成公《大事記》朱文公《通鑑綱目》皆謂在赧王元年丁未，以燕人叛齊在是歲也。果爾，是孟子在齊凡二十二歲矣。孟子荅公孫丑，謂齊王猶反手。其對梁齊二君，極言致王之易，若爲齊卿如是之久，而一無所表見，寧不自愧

其言，且爲齊人所詬厲哉？當時齊人窺伺者甚眾，淳于髡至面譏賢者無益于國。若孟子久于齊而一無治效，髡之詆毀當更甚于此，何反言名實未加于上下而去之，若怪孟子去齊之速乎？惟仕齊未久而即去，故曰于崇吾得見王，退而有去志，久于齊，非我志也。久非必數歲之久，對上文退而有去志言，即一歲數月亦可謂之久，故又曰由周而來七百有餘歲。若遲至十餘年而後去，則已及八百歲，不當言七百有餘矣。然此初游齊之事也。其再至齊，當在宣王伐燕之時。伐燕而勝，王方得意，故以召孟子，以商取燕之策。孟子第就所問荅之，而不復如前詳言王道，知其人不足有爲也。未幾遭母喪，歸葬于魯，復反于齊，終三年之服，而不復與聞政事。踰二年，燕人畔，齊王有慚言。陳賈就孟子言而解之，孟子知王終不可有爲也，故即致爲臣而歸，而王有“今又棄寡人之語”。曰“又”，則是去齊者再矣。計其時當在赧王之初，以燕人之畔在赧王元年也。呂、朱二公之言皆是，特孟子兩至齊，皆不久而去，曷嘗有二十年之淹哉？閻百詩《孟子生卒年月攷》謂孟子始至齊在顯王三十四年，中間遭三年之喪，歸鄒喪畢，復仕齊，凡十有二年，亦未必如是之久。若果如是其久，則陳代何以疑其不見諸侯，周霄何以謂其難仕哉？此聖賢出處之大關，故不可以不辨。

孟子外書集證五卷　（1-749）

嘉慶丙子自刻本

清施彥士撰。《孟子外書》，《隋書・經籍志》、《舊唐書・經籍志》、《唐書・藝文志》俱不載，然《風俗通・窮通篇》曰“孟子作書中外十一篇”（案《漢書・藝文志》“《孟子》十一篇”）。是《孟子》實有外書也。趙岐《孟子題辭》云“又有《外書》四篇：《性善辯》、《文說》、《孝經》、《為政》。其文不能弘深，不與內篇相似，似非孟子本真，後世依放而託也”。今攷《漢書・伍被傳》淮南王安引《孟子》曰“紂貴為天子，死曾不若匹夫”。《說苑・建本論》引《孟子》曰“人皆知糞其田，莫知糞其心。糞田莫過利苗，糞心易行而得所欲。何謂糞心？博學多聞。

何謂易行？一性止淫也”。《風俗通·正失篇》引《孟子》曰“堯舜不勝其美，桀紂不勝其惡”。《法言·修身篇》引《孟子》曰“夫有意而至者有之矣，未有無意而至者也”。劉安、劉向、桓寬、揚雄並在岐前，所引《孟子》，今皆見《外書》。然則《外書》雖或出後世依放，恐亦真有《孟子》本文，固未可輕廢矣。是編蓋據吳省蘭《藝海珠塵》本，為之集證。其在四篇外者，輯得逸文一卷附之。篇中於“高子問孟子”節僅引《韓詩外傳》，未詳其事。當更以《列女傳·仁智篇》證之。否則，安知高子何以疑之，孟子又何以稱之邪？（江瀚撰）

按宋劉昌詩《蘆浦筆記》卷二《性善辨》云：“《孟子題辭》，又有外書四篇，《性善辨》、《文說》、《孝經》、《爲正》。予鄉新喻謝氏，多藏古書，有《性善辨》一帙，則知與《文說》、《孝經》、《爲正》，是謂四篇。”《孟子題辭》之標點即從劉昌時說。清梁紹壬《兩般秋雨盦隨筆》卷五《孟子逸句》云：

《揚子》載：“孟子云：‘夫有意而不至者有之矣，未有無意而至者矣。’”王仲任曰：“《孟子》性善篇云：‘人性皆善，及其不善，物亂之也。’”又“人之所知，不如人之所不知，信矣。”見梁武帝《答臣下神滅論》。“君王無好智，君王無好勇，勇智之過，生平患禍所遵，正當仁義爲本。”見蕭子良《與孔中丞書》。按《漢書·藝文志》曰：“《孟子》十一篇。”又應仲遠曰：“孟子絕糧于鄒薛，作中外書十一篇。”今所存止七篇，或有散佚，亦未可知，然語氣多不類。

按舊籍所引孟子之語不見於今本《孟子》者，究屬《孟子》逸文，或《外書》，抑或皆非，實難論定。清吳承志《橫陽雜記》卷六有《孟子逸文後考》一文，考訂詳慎，洋洋數千言，蔚爲大觀，而鮮爲人注意，今全文迻錄，以供學者采擇：

趙岐《孟子題辭》：孟子閔悼堯舜湯文周孔之業將遂湮微，“於是退而論集所與高弟子公孫丑、萬章之徒難疑答問，又自撰其法度之書，著書七”，“又有《外書》四篇，《性善辯》、《文說》、《孝經》、《爲正》，其文不能宏深，不與内篇相似，似非孟子本眞，後世依放而託之者也”。某氏《正義》曰“四篇趙岐不尚，以故非之。漢中劉歆九種《孟子》有十一卷，時合此四篇”。蒙按，《史記·孟子列傳》云“孟軻所如不合，退與萬章之徒，序《詩》、《書》，述仲尼之意，作《孟子》七篇”。史公所據本已與趙同。《漢書·藝文志》據劉歆《七略》作十一篇，蓋劉向校定時據別本增益。某以爲趙所不尚，分析出之，非也。《晏子春秋校録》云“凡中外書三十篇，除復重二十二篇，定著八篇。六篇皆忠諫其君，文章可觀，義理可法，皆合六經之義。又有復重，文辭頗異，不敢遺失，復列以爲一篇。又有頗不合經術，似非晏子言，疑後世辯士所爲者，故亦不敢失，復以爲一篇”。劉例貴該備，有別出行本以外者，概從蒐録。惟別標“外篇”之目，以示非一家之傳，不與本書淆混。趙言《外書》四篇，其文不能宏深，不與内篇相似，似非孟子本眞，後世依放而託之者，此文必亦本之《別録》，惟略具所出耳。《風俗通·窮通篇》云“孟子退與萬章之徒，序《詩》、《書》、仲尼之意，作書中外十一篇”。中、外二字，亦據《録》文。中謂祕書，外謂民間書。以此推之，十一篇本兼合數本，定著爲一。前此止有七篇行本，無四篇也。《隋書·經籍志》載鄭元、劉熙兩注本，並七卷。附注稱梁《七録》載綦毋邃撰本有九卷。《唐志》作綦毋邃注七卷，“九”字亦當作“七”。三家俱因趙例，不取外書。晁公武《郡齋讀書志》云《荀子》載孟子三見齊王，而不言事。弟子問之，曰“我先攻其邪心”。《揚子》載孟子曰“夫有意而不至者有矣，未有無意而至者也”。今書皆無之，則知其散佚也多矣。岐謂秦焚書，得不泯絕，亦非也。或曰豈見于外書者邪？若爾，則岐又不當謂其不能洪深也。其言爲某説所蔽，荀子與孟子時代相接，所聞當時傳説自必甚多，不須一一按合。本書七篇不能備載孟子之事與言，猶《論語》二十篇及古本二十一篇、齊本二十二篇，俱不能備載孔子之事與言。《別録》於後世所爲之篇及文辭復重而頗異者，皆兼蒐並録，正網羅散佚之意。不能宏深，通全篇言之，非專據一二語。揚子所引，當從或説定爲《外書》。荀子不及見後出之篇，其説當仍還之荀子。《外書》四篇，《性善辯》特爲一篇，疑即辯荀子之説，晁氏未見及此。

楊倞注《荀子·性惡篇》“孟子曰人之學者其性善”云：“《孟子》：人之有學，適所以成其天性之善，非矯也。與告子所論者是也。”又注“孟子曰：今人之性善，將皆失喪其性故也”云：“孟子言失喪本性，故惡也。”皆不言逸文。按《告子上篇》“人性之善也，猶水之就下也”，又云：“今曰性善，然則彼皆非與？”《荀子》所引即此。“將皆失喪其性故也”，是約“求則得之，舍則失之，或相倍蓰而無算者，不能盡其才者也”之意。唐時《外書》久亡，劉向《別錄》尚存，故楊氏確知《題辭》所云《性善辯篇》非荀子所及見，周應賓《九經考異》云荀卿舉孟子語意皆《外篇》書，誤耳。周氏廣業《孟子四考·逸文考》據詹道傳《集注纂箋》，并“將皆失喪其性故也”八字連引，作《孟子》語，更誤。董子《春秋繁露·深察名號篇》“性有善端，動之愛父母，善於禽獸，此孟子之言”。“性有善端，動之愛父母”，亦約《告子上篇》“惻隱之心人皆有之，羞惡之心人皆有之，恭敬之心人皆有之，是非之心人皆有之”及下節“故有物必有則，民之秉彝也，故好是懿德”之文。“善於禽獸”，約上章“然則犬之性猶牛之性，牛之性猶人之性與”之文，並引其意，兩略其辭。周氏以爲摘取《外書》，亦不確鑿。董子時《七篇》早置博士，四篇後出，未立其書。欲申己說，絀孟子，斷無舍本書不論而專論《外書》之理。《實性篇》云“善難當甚，孟子以爲萬民性皆能當之，過矣”。“萬民性皆能當之”，即據此章所引《詩》曰“天生烝民，有物有則”之說，其非別有正文明矣。《論衡·本性篇》“孟子作《性善》之篇，以爲人性皆善，及其不善，物亂之也”，亦是約辭。高誘《淮南·俶眞訓注》引《孟子》曰“性無不善，而情欲害之”，例同（徐鍇《說文繫傳通論》“孟子曰：人之性善，嗜欲害之”即本《淮南注》文。《論衡·□篇》“所謂故國者臣，非但有高大樹木也，爲有累世修德之臣也”，亦用孟子之意，而略其辭。趙《章句》本之）。

吳萊淵穎集《孟子弟子列傳》云“《孟子外書》四篇，今猶略見《說苑》。所謂‘人知糞其田，莫知糞其心’者，疑即《性善辯》中語”。此說近是。“人知糞其田，莫知糞其心”，與《盡心下篇》“人病舍其田，而芸人之田。所求於人者重，而所以自任者輕”，《告子上篇》“人有雞犬，放則知求之，有放心而不知求”之文，雅俗殊別，爲後人依放而託之者明矣。下文又有“糞田莫過利苗得粟，糞心易行而得其所欲。何謂糞心？博學多聞。何謂易行？一性止淫也”六句，似《說苑》語。周氏據《北堂書鈔》所引定爲逸文，今不取。《說苑·建本篇》又引孟子曰“人皆知以食愈飢，莫知以學愈愚”，文氣亦相類。朱氏彝尊《經義考》定爲一條，當亦是。《漢書·劉向傳》引傳曰

"聖人不出，其間必有名世者"，此自引《公孫丑下篇》"五百年必有王者興，其間必有名世者"之文。"聖人不出"約下節"由周而來七百有餘歲矣，以其數則過矣"之意，非《外書》別有此文。李善《文選·李陵答蘇武書注》引《孟子》曰"千年一聖，五百年一賢，賢聖未出，其中有命世者"，疑出劉熙、綦毋邃諸家之注。《離婁下篇》言"文王與舜世之相後千有餘歲"，故云千年一聖，而以本文"王者"爲"賢"也。《宋書·臨川王傳》載鮑照《河清頌序》稱孟軻云"千載一聖，是旦暮也"。蕭綺《拾遺記後錄》"孟子曰：千載一聖，謂之連步"。皆說《孟子》者之語。翟氏灝《四書考異》疑鮑以莊子爲孟，蕭以申子爲孟，李以《顔氏家訓》爲孟，俱非。

顧氏炎武《日知錄》云："《史記》、《法言》、《鹽鐵論》所引《孟子》，今《孟子》書無其文，豈俱所謂《外篇》者邪？"今按《鹽鐵論·通有章》"孟子曰：不違農時，穀不可勝食，蠶麻以時，布帛不可勝衣也。斧斤以時，材木不可勝用。佃漁以時，魚肉不可勝食"。"不違農時"云云見《梁惠王上篇》。"蠶麻以時，布帛不可勝衣。佃漁以時，魚肉不可勝食"，約下節"五畝之宅，樹之以桑，五十者可以衣帛矣。雞豚狗彘之畜，無失其時，七十者可以食肉矣"之文。《論儒》章"居今之朝，不易其俗，而成千乘之勢，不能一朝居也"（《困學紀聞》引止此。周氏從陳士元《雜記》并下"甯窮飢居於陋巷，安能變己而從俗也"二句引入誤），是約《告子下篇》"由今之道，無變今之俗，雖與之天下，不能一朝居也"之文。《執務》章"堯舜之道非遠人也，而人不思之耳"，是約此篇"堯舜之道，孝弟而已矣"及下節"夫道若大路然，豈難知哉？人病不求耳"之文。皆用其意而略其辭，非《外書》也。《史記·淮南王傳》伍被對王稱孟子曰"紂貴爲天子，死曾不若匹夫"，亦疑約《梁惠王下篇》"殘賊之人謂之一夫，聞誅一夫紂矣，未聞弒君也"之文，下云"是紂先自絶天下久矣，非死之日而天下去之"，自絶於天下，即"一夫"之義。惟《法言·修身篇》"夫有意而不至者有之矣，未有無意而至者也"，七篇中無此說，當如晁氏《讀書志》引或氏所云，已具前（《周禮·□職注》引"五畝之宅，樹之以桑麻"，所據本有"麻"字。"紂貴爲天子，富有天下，上詬天，侮鬼神，下殃傲天下萬民，武王遂奔入王宮，誓紂而出，擊之赤鐶，載之白旗，以爲天下諸侯僇"，《御覽·皇王部》引《墨子》，今在《明鬼下篇》中，上、中二篇俱亡）。

《韓詩外傳》"孟子曰：人有雞犬放，則知求之，有放心而不知求，其於心不若雞犬哉？不知類之甚矣，悲夫！終亦必亡而已矣。學問之道無他，求其放心而已矣"。今《告子上篇》無"其於心"云云三句。是《外傳》取下章之文增益，非古本有此也。"高子問於孟子曰：夫嫁娶者非己所自親也，衛女何以得編於《詩》也？孟子曰：有衛女之志則可，無衛女之志則怠。若伊尹於太甲，有伊尹之志則可，無伊尹之志則篡"。疑亦因《告子下篇》"高子曰：《小弁》，小人之詩也"之文而衍之。《毛詩傳》於《小雅·小弁篇》引孟子文，於《鄘風·柏舟篇》不引，所見本無此。"孟子說齊宣王而不說，淳于髡侍。孟子曰：今日說公之君，公之君不說，意者其未知善之爲善乎？淳于髡曰：夫子亦誠無善耳。昔者瓠巴鼓瑟而潛魚出聽，伯牙鼓瑟而六馬仰秣，魚鳥猶知善之爲善，而況君人者也。孟子曰：夫電雷之起也，破竹折木爲驚天下，而不能使聾者卒有聞。日月之明偏照天下，而不能盲者卒有見。今公之君若此也。淳于髡曰：不然。昔者揖封生高商，齊人好歌，杞梁之妻悲哭，而人稱詠。夫聲無細而不聞，行無隱而不形。夫子苟賢，居魯而魯國之削，何也？孟子曰：不用賢則亡，削何有也。吞舟之魚不居潛澤，度量之士不居汙世。夫藝冬至必彫，吾亦時矣"。此文全是以意衍說。"說宣王而不說"，本《公孫丑下篇》"孟子去齊"之文。"未知善之爲善"，本"王猶足用爲善"之文。"昔者揖封生高商"至"削何有也"，全本《告子下篇》"淳于髡"章之文，俱非《外書》。

《風俗通義·正失篇》"孟軻云：堯舜不勝其美，桀紂不勝其惡"。此文與七篇義絕異，於《論語·子張篇》"紂之不善不如是之甚也"云云大略相近，或《外書》采別說附之篇中。"漢文帝"條引劉向對成帝問，亦有"故曰堯舜不勝其美，桀紂不勝其惡"之文，此二句蓋本爲劉所引，應氏因而轉引也。下文云"傳言失指，圖影失形"，是應申說此意。顏之推《家訓·書證篇》引作孟子曰"圖影失形"，誤。

鄭注《周禮·大行人職》引孟子曰"諸侯有王"。賈公彥釋曰，"引之，謂朝王之事也"。按此文當作"諸侯朝王曰述職"。引《梁惠王》、《告子》兩下篇文而約"朝於天子"四字爲"朝王"二字，傳本脫下三字，又誤朝爲有，致與《左氏春秋莊二十三年傳》文同。述職是申證上文事字之義，非專證王義，如今本則文不完矣。《小行人職》注引鄭司農云《春秋傳》曰"諸侯有王"，可證注文必不誤《左氏傳》爲《孟子》。賈於下注引傳文及注，於此不言《孟子》無文，疑所據本"朝"字尚不誤也。周氏、翟氏說俱非。《禮記·

坊記篇注》引孟子曰“舜年五十而不失其孺子之心”，亦約《萬章上篇》“人少則慕父母，知好色則慕少艾，有妻子則慕妻子，仕則慕君，不得於君則熱中。大孝終身慕父母，五十而慕者，予於大舜見之矣”之文。

《呂氏春秋・當染篇》“湯染於伊尹、仲虺”。高注云“孟子曰：王者師臣也”。按《孟子・公孫丑下篇》“故湯之於伊尹，學焉而後臣之，故不勞而王”，注所引即此文。《戰國策・齊策》“攻燕三十日而舉燕國”，彼注引孟子曰“子噲旡王命而與子之國，子之旡王命擅受子噲國”，亦是約辭。周氏引盧氏文弨云“王者師臣”當出《外書》，或約與景丑語。翟氏云《說苑》載郭隗言“帝者之臣，其實師也。王者之臣，其實友也”。後漢陳元上疏，變其文作“師臣者帝，賓臣者王”。孟子言“湯之於伊尹”意亦相類，故高撮略爲一，約與景丑語之說是，餘俱非。

《後漢書・郅惲傳》“孟軻以強其君之所不能爲忠也，量其君之所不能爲賊也”。此述《孟子離婁上篇》“責難於君謂之恭，陳善閉邪謂之敬，吾君不能謂之賊”之文，亦用其意而略其辭也。李賢注牽合《梁惠王上篇》“不爲也，非不能也”、《公孫丑上篇》“謂其君不能者，賊其君者也”兩文爲說，固非。周氏以爲當係原文，亦非。“責難於君謂之恭”，“恭”字古本蓋作“忠”。

《史記・六國年表集解》引皇甫謐說“孟軻稱禹生石紐，西夷人也”。據《後漢書逸民傳注》引《帝王紀》“按《孟子》舜卒於鳴條，乃在東夷之地”。則皇甫所稱亦《孟子離婁下篇》“舜生於諸馮”章注文，非正文也。皇甫以前有鄭、劉兩注，《後書・儒林傳》云“程曾作《孟子章句》”，是程亦有注本，此文當出三家。陳耀文《經典稽疑》以爲“舜生諸馮”下之逸文，失未考《後書注》也。“舜生於諸馮”下有“地之相去也千有餘里，世之相後也千有餘歲”之文，其本無闕脫明矣。《韓詩外傳》引亦與今同。

《晉書・文苑傳》，袁宏《三國名臣頌》“有道無時，孟子所以咨嗟”，約《公孫丑下篇》“夫天下未欲平治天下也，如欲平治天下，當今之世，舍我其誰也”之文。

《抱朴子外篇》“孟子曰：凡見赤子將入井，莫不趨而救之”，約《公孫丑上篇》“今人乍見孺子將入於井，皆有怵惕惻隱之心”之文。

《劉子新論・隨時篇》“昔秦攻梁惠王，謂孟軻曰：先生不遠千里，辱幸敝邑，今秦攻梁，先生何以禦乎？孟軻對曰：昔太王居邠，狄人攻之。事之以玉帛，不可。太王不欲傷其民，乃去邠之岐。今王奚不去梁乎？惠王不悅”。按《史記·孟子列傳》云“梁惠王謀欲攻趙，孟軻稱大王居邠”。劉說蓋即本之。以攻趙於本書所述太王之事不合，故改爲秦人來攻耳。翟氏刪出，是。

《梁書·處士傳序》“孟子曰：今人之於爵祿，得之若其生，失之若其死”，約《告子上篇》“一簞食，一豆羹，得之則生，弗得則死”及“萬鍾則不辯禮義而受之”之文。

周興嗣《千字文》“孟軻敦素”約《盡心上篇》“君子居是國也，其君用之，則安富尊榮。其子孫從之，則孝弟忠信。不素餐兮，孰大於是”之文。

釋僧祐《宏明集》梁武帝《勅答臣下神滅論》“孟軻有云：人之所知，不如人之所不知”。周氏云，郭璞《山海經注序》引作“莊生之言”，下句作“莫若其所不知”。考《莊子》無此文，恐郭誤也。按此語絕類《莊子》，郭引當不誤。梁武帝以爲孟子之言，蓋注者引以說《離婁下篇》“所惡於智者，爲其鑿也”之文。武帝欲通道家之說於儒，故舍彼述此也。蕭子良《與孔中丞書》“孟子云：君王無好智，君王無好勇，勇智之過生乎患禍，所遵正當仁義爲本”，亦《梁惠王上篇》“蓋亦反其本矣”注文。

《詩·豳風·七月篇正義》曰“孟子稱冬至之後，女子相從夜績”，此文當出《滕文公上篇》“宵爾索綯”之注。《公羊成十八年傳注》“天子囿方百里，公侯十里，伯七里，子男五里，皆取一也”。疏云“《孟子》文，《司馬法》亦云也”。《孟子》文，謂《萬章下篇》“天子之制，地方千里，公侯皆方百里，伯七十里，子男五十里”，取一則爲百里、十里、七里、五里也。《司馬法》蓋亦有此文，故言亦云。囿於軍賦無涉，里數不當入《司馬法》。《穀梁傳疏》云“《毛詩傳》，天子囿百里，諸侯三十里。《孟子》稱文王囿七十里，寡人囿三十里。故約之爲天子百里，諸侯三十里耳。未審徐、何據何爲說”。徐謂徐邈音義，何即謂此注。明《司馬法》無此文也。唐時《外書》亡絕，《司馬法》尚存三卷。《穀梁疏》說如此，知《公羊疏》所云非《外篇》文矣。

《後漢書·朱祐景丹傳論注》“孟子曰：矯枉者過其正”。《王符仲長統傳論注》引作“矯枉過直”。此文當出《盡心下篇》“今之與楊墨辯者，如追放豚，既入其苙，又從而招之”注。翟氏據《滕文公下篇》“陳代”章《章句》“人當以直矯枉耳，己自枉曲，何能正人”。謂注誤憶爲《孟子》正文，而復乖其意，疑未必然。

《文選·弔魏武帝文注》“《孟子》曰‘嚬蹙而言’。嚬蹙，謂人嚬眉

蹙　，憂貌也”。焦氏循《正義》云“此《孟子》蓋注文，不詳何人。‘嚬蹙而言’四字即解‘己頻顣曰’，而下又申明頻爲頻眉，顣爲蹙　”。說至確鑿。《別賦注》“《孟子》曰：太山之高參天入雲”。嘉靖吳郡袁氏本曹子建《與楊德祖書注》“《孟子》曰：有人道我善者，是吾賊也。道我惡者，是吾師也”。《夏侯常侍誄注》“《孟子》曰：德厚受祿，德薄辭祿也”。皆注文。“太山之高，參天入雲”，是《盡心上篇》“登太山而小天下”注。“有人道我善者，是吾賊也。道我惡者，是吾師也”，是《公孫丑上篇》“子路人告之以有過則喜”注。“德厚受祿，德薄辭祿也”，是《滕文公上篇》“非其道，則一簞食不可受於人。如其道，則舜受堯之天下不以爲泰”注。《琴賦注》“《孟子》曰：離婁者，黃帝時人。黃帝亡其元珠，使離婁索之”。《七命注》“《孟子》曰：離婁者，古明目者也，能視百步之外，見秋毫之末”。《王仲宣誄注》“《孟子》曰：計及下者無遺策”。其文今並見《章句》、《章指》，可互證。《文賦注》“《孟子》曰：使自求之”，則爲《滕文公上篇》“使自得之”之異文。周氏引孫氏志祖說，是。

《史記・鄒陽傳索隱》“《孟子》云：陳仲子，齊陳氏之族。兄爲齊卿，仲子以爲不義，乃適楚居于於陵，自謂於陵子仲。楚王聘以爲相，仲子遂夫妻相與逃，爲人灌園”。此所引亦《滕文公下篇》“陳仲子”章注。《殷本紀索隱》“寄君，謂人困於下，王驕於上，離析可待，故孟軻謂之寄君也”。“故孟軻”三字乃“如浮寄”之誤。“浮”字闕壞，與“寄”字上半誤合爲“孟”，校者因又改“寄”下半爲“軻”，復改“如”爲“故”也。《索隱》此文自申釋寄義，不取證他書。翟氏云“《孟子》者，《管子》之傳誤”，亦非。

《北堂書鈔・武功部》“《逸孟子》云：戰者，危事也”。周氏云“《孟子》稱‘逸’，始見於此。蓋六朝《外書》尚存，唐初始逸耳”。翟氏云似《漢藝文志・兵書類》所云陰陽家之孟子，未必是鄒孟子。檢《隋書・經籍志》兵部無《孟子》，儒部止有趙注十四卷，鄭、劉二家注，各七卷，亦無《外書》。二書至唐初俱亡，此《逸孟子》爲何書，無以定之。周氏於“人知糞其田，莫知糞其心”，據《書鈔》，謂有“何謂糞心”二句。《書鈔》彼文亦止稱《孟子》，不綴“逸”字。

《藝文類聚・天部》“《孟子》曰：滕文公卒，葬有日矣。天大雨雪甚，至牛目，羣臣請弛期。太子不許。惠子諫曰：昔王季葬渦山之尾，欒水齧其墓，見棺前和。文王曰‘先君欲見羣臣百姓矣’。乃出，爲帳三日而后葬。今先君欲小留而撫社稷，故使雪甚弛期，而更爲日，此文王之義也。太子曰：善"。《太平御覽》"惠子"作"惠公"。周氏云《戰國策》、《呂氏春秋》、《論衡》俱載之，不言出《孟》。而"滕文公"作"梁惠王"。以惠子、惠公之稱核之，則當爲梁。蒙按此文亦必出《滕文公上篇》"滕定公"章注引梁事，以見當時喪葬尚有行古禮者。《類聚》誤與正文混而爲一，又譌"定公"爲"文公"耳。

趙蕤《長短經·是非篇》"《孟子》曰：天道因則大，化則細。因也者，因人之情也"。此文出《慎子·因循篇》。趙云《孟子》，或孟氏《老子道德經》注引之。《隋書·經籍志》梁有《老子孟氏注》二卷。《經典釋文敘錄》云《孟子注》二卷，或云孟康。孟氏書標題本作《孟子》，故云然也。翟氏云"《管子》'變化則爲生，爲生則細矣，故道貴因'。趙襲其義，變其文，托名孟子"，非。《廣韻·十二齊》"圭"字注"孟子：六十四黍爲一圭，十圭爲一合"。此孟子當作孟康。《漢書·律秝志注》"孟康曰：六十四黍爲圭"，《廣韻》即據此。其下舊本有"十圭曰合"四字，今本脫之。翟氏據《玉篇》謂《廣韻》誤，是。《十八尤》"邱"字注"《孟子》：齊有曼邱不擇"，"孟子"當依《元和姓纂》引作"尸子"。

王定保《摭言》"孟子言，遇不遇命也"，約《梁惠王上篇》"吾之不遇魯侯天也，藏氏之子焉能使予不遇哉"之文。

高仲武《中興間氣集》"蘇渙小義云：善惡必書，《春秋》正訓；明言不廢，《孟子》格書"。"明言不廢"，用《題辭》"有風人之託物，二雅之正言"意。

邱光庭《兼明書》"《孟子》曰：曾子之事父也，諭之以小杖，則受；諭之以大杖，則走者，恐傷其體，非孝子之道也"，是《離婁上篇》"事親若曾子者可也"注。《文苑英華》牛希濟《治論》"《孟子》曰：父母妻子對之而飢寒，而不爲非，未之有也"，是《梁惠王上篇》"仰不足以事父母，俯不足以畜妻子，樂歲終身苦，凶年不免於死亡。此惟救死而恐不贍，奚暇治禮義哉"注。《太平御覽·皇王部》"《孟子》曰：桀紂逆天暴萬物，故天棄之，故民去之。湯武從天理萬物，故天欲之，故民歸之。紂昏昏以亡，武王諤諤以昌"，是《離婁上篇》"順天者存，逆天者亡"注。《冊府元龜·環衛部》"孟子所謂忠者，人之高行"，是《離婁上篇》"責難於君謂之忠"注。"忠"字今本作"恭"，古作"忠"。說具上。《僭僞部》"國無小"，是《滕文公下篇》"不行王政云爾，苟行王政，四海之內皆舉首而望之，欲以爲君。齊楚雖大，何畏焉”注。馬總《意林》引“若久塗炭，則易政，如渴不擇飲也”，次“渴者易爲飲”下，爲《公孫丑上篇》注文，更明。《御覽·資產部》“《孟子》又曰：軻少貧，母將在墓間，識葬埋事。又徙在市側，軻知市井之利。又徙在習學所，遂盡識禮儀”，亦是注者序語。《題辭》云“幼被慈母三遷之教”，後人又申述其說也。

周氏云《史記·十二諸侯年表》“荀卿、孟子、公孫固、韓非之徒各捃摭《春秋》之文以著書，不可勝記”。今考《孟子》言《春秋》者止“迹熄《詩》亡”、“知我罪我”、“無義戰”三章，亦未嘗捃摭其文。又《後漢書·劉陶傳》“陶著數十萬言，又作《七曜論》，《匡老子》及《韓非》、《復孟軻》”。今亦無論及七曜者，知皆《外書》之文。按《劉陶傳》，《七曜論》與《匡老子》及《韓非》、《復孟軻》並爲四書，周氏誤合爲一。《老子》、《韓非》書中俱無論及七曜者，不得獨疑《孟子》。《十二諸侯年表》所云止是略舉大綱，今七篇中言《春秋》者有三章，則與荀卿、韓非書亦相差不遠矣。

香草校孟子一卷　（15-561）

光緒刊本

清于鬯撰。又“人皆謂我毀明堂”，謂此明堂蓋宣王自築，引《呂氏春秋·驕恣覽》“齊宣王為太室，大益百畝，堂上三百戶，以齊之大，具之三年而未能成”云云，其事亦見劉向《新序·刺奢序》。惟明堂有太室，此即宣王作明堂之據。（倫明撰）

按清焦循《羣經宮室圖》（見《續提要》第1冊699頁）謂宮室聚訟，莫如明堂。九五之辨，堂室之分，戶牖之繁，修廣之數，眾說淆雜。蔡邕《明堂論》誤據秦漢制以爲周禮，李謐斥《匠人》文，語多悖晦。其說五室外有左右个，實亦九室之制，與《匠人》文不同也。蔡、李兩說，竝同《大戴·盛德》文。近儒惠棟宗蔡邕說，作《明堂大道錄》，殊不足信。清江藩《隸經文》（1-703），書首即《明堂議》。藩同里汪中嘗著《明堂通釋》，世人或愛其文，而忘其說之未足可依。然中謂《考工·匠人職》“夏后氏世室，殷人重屋”。此之制度，鄭、賈俱望文解義，粗明其端，其詳要不可得聞。何者？三代相因，遞有損益，夏殷權量，既不能知，宮室之制，更無他文可證。學非尼父，時異東周，其于文獻無徵之事，闕疑焉可也。此論至爲明通。然皆以明堂屬之天子，諸侯是否有明堂，難以定論。學者不肯闕疑，求索不已。清方濬師《蕉軒隨錄》卷十《明堂》云：

解明堂者眾矣，或曰九室，或曰五室，或辨其户若干，牖若干，上如何圓，下如何方，東西南北如何殊位，太廟、世室如何同異。自漢迄今，紛如聚訟。講考據者矜其淵博，作時文者奉爲秘本。究竟古人不曾留下圖樣，當日建造之工匠，又不曾以其建法貽之子孫。身未親歷其地，目未親見其制，而於數千年後憑其臆斷，曰“我之説實確切不易”焉，是何異瞽者謂與離朱同眼，而不知己之不能視也。林薌溪學博《三禮通釋》敘明堂始末至數千百言，獨推阮元《明堂圖説》、江藩《明堂議》爲碻得古人規制。余讀《孟子明堂》章，果周天子明堂耶，諸侯安得居天子明堂？國人請毀，獨孟子對以欲行王政則勿毀，是將啓齊宣行天子之政矣。果諸侯不應有明堂耶，齊本侯國，擅建明堂，國人請毀，獨孟子對以欲行王政則勿毀，是不特啓齊宣行天子之政，直將使齊宣居天子之位矣。孟子大賢，何至出此。趙岐注：“泰山下明堂，本周天子東巡狩朝諸侯處，齊侵地得而有之。”蓋泥於諸侯不應有明堂，齊之明堂必是侵周地而有。朱子集注引趙説，添入“漢時遺址尚在”六字，又泥于公玉帶上黄帝時《明堂圖》。愚意明堂之當毀不當毀，與齊宣之可毀不可毀，應以諸侯當有明堂不當有明堂爲斷。齊之明堂，魯之明堂也。孟子所對，指諸侯而言，非指天子而言也。其義吾徵諸《禮》矣。昔者，周公朝諸侯于明堂之位，（鄭注：“周公攝王位，以明堂禮儀朝諸侯。”此言最當。至“天子負斧依南鄉而立”，注：“天子，周公也。”則誤。周公攝政朝諸侯於明堂，制禮作樂，公雖居攝，臣也，成王雖幼，君也。故建明堂之儀，而使成王負斧依南鄉而立，所以尊天子也。若云周公以天子自居，豈不謬甚。）七年致政，成王以公勳勞，封公於曲阜，地方七百里，命魯公世世祀周公以天子之禮樂。故太廟如天子之明堂，而“魯公之廟，文世室也，武公之廟，武世室也。”鄭注：“此二廟象周文、武之廟。世室者，不毀之名。”是故，魯王禮也，凡四代之服、器、官，魯兼有之，豈僅明堂一事哉？（王石梁云《明堂位》多誣，尤謬。）田氏，其先田常割安平以東至琅玡自爲封邑，已大於平公所食。及爲諸侯，齊疆日闢，楚、宋、魏、趙諸地，悉爲鄰壤，魯地盡入於齊，魯之明堂，遂爲齊有。觀宣王擊魏後，三晉之王皆因田嬰朝齊王於博望，其勢頗張，明堂一問，夸大可知。故孟子對曰：“明堂者，王者之堂也。”呂氏謂王者不專指天子，凡諸侯能行王政者便是，極有見地。欲行王政，明明告以善行諸侯之政。夫善行諸侯之政，孰有如魯之先公乎？魯先君周公，相王室，有勳勞於天下，得備王禮，立明堂，今者歸於齊國，王誠居魯之明堂，思周公之善政，則必曉然於不行王政，雖毀無益，苟行王政，雖勿毀無傷矣。文王治岐，公劉好貨，太王好色，皆就諸侯布政出令，一一透發，見得行王政在此，勵臣節亦在此。正假明堂一問，隱抑其急功好利之心，《左傳文公二年》彭衙之役，狼瞫曰：“勇則害上，不登於明堂。”正與孟子所言事異而義同，未可以杜預之注爲然也。考據家不知命義所在，嘵嘵不休，徒爭論於屋宇之方位，尺寸之廣狹。嗚乎！何舉世之多工匠哉！至楊氏謂孟子之對，有以識其非曲學阿世之言，而知所以克己復禮之端，則又迂儒腐論，無足道矣。

此篇後方氏附錄李恢垣同年書，頗持異議：

閱大著謂孟子之言明堂，當指諸侯，不屬天子。其言創獲，有關世道。今爲詳考地理，以復左右。按：《論語》閔子對使曰：“如有復我者，則吾必在汶上矣。”注云：“如若再來召我，則當去之齊。”是齊、魯以汶爲界也。考今圖經，汶水出山東泰安府萊蕪縣，西流右合泮河，折而南，新泰縣之水從東來，合而西南流，經汶上縣西北，又南入於運河。而春秋時汶自入濟。《水經注》：“汶水所經，出自萊蕪縣原山，西南流逕嬴縣、奉高，右合北汶，逕徂徠山、博縣龍鄉亭、亭山、鉅平至魯國汶陽縣，逕蛇丘、岡縣至東平、章縣、桃鄉、壽張至安民亭，入於濟。”大抵今泰安以東逾汶即爲齊，而泰安之西汶陽仍爲魯地。故《魯頌》曰：“泰山巖巖，魯邦所詹。”毛傳以爲魯境所至，孔疏則云泰山在齊、魯之界，故云所詹。是泰山之東北爲齊，西南爲魯。今之萊蕪、泰安、寧陽、肥城、東平、汶上，皆魯境也。《史記·封禪書》云：“天子封泰山，泰山東北址古時有明堂處，處險不敞。”《漢書·武帝紀》：“元封元年夏四月癸卯，上還，登封泰山，降坐明堂。”此即注所云“漢時遺址尚在”者。此泰山之址，地屬奉高，爲今泰安縣，正屬魯地。其後得濟南人公玉帶《明堂圖》，令奉高作明堂汶上。《漢書》亦云：“二年秋，作明堂於泰山下。”此特漢之明堂耳。又程春海《國策地名考》：“戰國之齊，南至徐、泗，鄰楚；西南至曹縣，鄰宋；西至陽武，鄰魏；東北至天津，鄰燕；北至任丘，鄰趙。”疆土日闢，已全舉魯地。蓋楚雖滅魯，而地入於齊，故明堂亦在其境。竊疑明堂本周初東巡之所，昭王以後，久廢不治。魯自惠公得請於朝，用天子禮樂追周公所自出，上祀文王。既於境内建爲周廟，又見《詩》有宗祀之文，即巡守明堂，稍復故觀，以祀文王而配上帝；與許田爲周公祊同其夸大，此固事理所有也。齊既并魯，文王之祀廢，堂亦虛懸，故人以爲可毀。孟子告以法文王，皆據事跡爲言，不同臆説。不然齊方據十二之雄，西向思逞，而故導以問鼎興甲之舉，如梁武之襄陽，神堯之汾晉，啓篡弑而勸戰伐，豈復成孟子語哉？若夫巡守必有明堂，説不可廢，幸爲詳論，以定折衷可耳。

四書改錯二十二卷　（15-398）

嘉慶十六年翻刻本

清毛奇齡撰。“改錯”云者，改朱子之錯也。朱子作《四書章句集注》，自謂銖兩悉稱，歷數百年無異詞。自元仁宗以八比取士，明清因之，功令遵用《朱注》，其或小異於《朱注》者，例遭擯斥，以故無敢參異議者。然《朱注》詳義理而畧名物，而義理亦不能謂無謬誤。奇齡治經專主攻朱，是書更深文擊內，雜以嫚罵，宜乎宗朱者之羣相集矢也。卷首有唐彪序。先是奇齡撰《四書正事》八卷，蓋門弟子輯其經集及講錄之及《四書》者成之，續有補綴，晚年整理成此書。自“人錯”至“貶抑聖門錯”，共分三十二門，計四百五十一條，合二十二卷。末卷附錄，則借時人問答申其說之未暢者。奇齡雖辨才無礙，惟於學問之事，不免隔膜，關於典禮者，亦時有疏舛。戴大昌作《駁四書改錯》，所駁各條約占全書之半，然義可兩通者，又約占所駁各條之半。至其未駁各條，俱精鑿，實能糾正朱注，昌明經義，未可以瑕而廢瑜也。按是書不見《西河合集》，臧庸作《西河先生傳》，備列撰著，此書獨缺。乾隆時修《四庫書》，著錄、存目俱無之。此本係嘉慶辛未翻刊，有金孝柏跋，言刊成旋毀，故流傳甚少。而戴大昌則言毛氏初刻此編，其友人見而勸毀之，毛氏遂焚其板云云，未知確否，豈以毀朱子之故耶？又按與奇齡同時如顧亭林、閻潛邱以逮李穆堂、全謝山，各有《四書》論說，於朱子亦多所救正，何獨於奇齡而絕之。即曰駁而不純，亦宜節取。凌次仲曰，蕭山毛氏說經，廓除宋儒蒙晦，然間有矯枉過正，近于武斷者。斯乃平情之論。讀者取是書與戴大昌所駁合參之，庶幾無弊矣。（倫明撰）

按毛奇齡攻朱注雖有武斷之處，亦往往能中其失。清代學者多對朱注不滿，質疑糾謬之作間出。近人蔡雲萬《蟄存齋筆記》中有《魯論朱注之析疑》一篇，專糾《論語集注》之失，今錄於下：

我國民政府前經明令祀孔，並特修孔廟，恭訂奉祀典禮，對於孔教可謂倍極尊崇矣。魯《論》一書，爲孔子一生言論精粹所聚，此後將有普讀之必要，更有講解之必要。小子自束髮授書，瞬經六十余載，自慚垂老無成，食古不化，惟魯《論》爲童年百讀之書，合修身、齊家、治國、平天下之道罔不備，故講解尤不厭求詳。從前作文，多以不背朱注爲最合，厥後學識稍有進步，亦覺朱子《集注》間有訛誤之處，或有一二爲前哲已論及者，或有一二與龔藹亭、孫鼎侯諸友偶討論者，餘則爲溫習時管見所及者，爰彙志之，以爲互相析疑之一助。首卷“三年無改於父之道”句，朱注云：“必能三年無改於父之道，乃見其孝，不然則所行雖善，亦不得爲孝矣。”是朱子抱定三年無改之意，並以所行雖善，亦不得爲孝切誡之。果如所注，假令父或不道，如舜有瞽瞍之父，禹有鯀之父，改乎否乎？居喪三年，正是未葬讀喪禮、既喪讀祭禮期間，復何心計議他事？況孝子痛抱終天，應亦不以年爲限，是朱注似非通論。外注引尹氏之言曰：“如其道，雖終身無改可也；如其非道，何待三年？”其意亦不以“三年無改”說爲然。第尹氏雖用開合抑揚之筆，亦未有定論，謹將此句反復推闡，終覺意理不能圓到，恐其間或有脱誤字句，自未敢率加武斷。“小大由之”句，此爲下節之首句，有子所言“禮之用，和爲貴，先王之道，斯爲美”，此爲一節。本章之旨，重在和與禮貴得其平，若拘謹之士一偏於禮，而小事、大事皆由之，即覺窒礙有所不行，若偏於和而不以禮節之，亦不可行也，如此意義方貫。朱子將“小大由之”句劃歸上節，顯然誤矣。“父母唯其疾之憂”句，朱注云：“父母愛子之心無所不至，唯恐其有疾病，常以爲憂也。”是以其字指人子言，言人子須善保身體，愼防有疾，無貽父母憂。謹按此“其”字繫指父母言，言人子昏定晨省之儀，夏淨冬溫之職，誠恐未周，致父母有疾，唯以此爲憂耳。觀下二節，子游問孝，告以養親須別之以敬；子夏問孝，告以養親須悦之以色，皆責備在爲人子者。憂父母有疾亦屬責在爲人子者，此門人連類記之之意也，設不如此解而作如彼解，未免重視己身，漠視親身矣。二卷“成事不説”一節，朱注云：“孔子以宰我所對非立社之本意，又啓時君殺伐之心，但其言既出不可復救，故歷言此以深責之。”謹按孔子此言非對宰我直責之也，成事、遂事、既往，係指夏、殷、周三代言之也，周人使民戰栗，故對周人特側重云不咎其既往也，舊事不必重提，意固薄責宰我之多言，亦欲使哀公聞之，知此等陳言可置諸不論不議之列耳。

三卷“宰予晝寢”一節，朱注云：“晝寢，謂當晝而寢，言其志氣昏惰，教無所施也，乃所以深責之。”是以“晝”字爲晝夜之晝，孔子故責其爲朽木糞土之棄材也。謹按“晝”字當是繪畫“畫”字之誤，因宰予修治寢室，加以雕刻彩繪，孔子以爲屋宇湫隘，朽木不可雕也，糞土之牆不可杇也，故勸止之。不然，宰我居言語之科，亦爲聖門高第，《家語》云“以言取人，失之宰予”，可見予之言雖或有失，而人則可取，應不致以朽木糞土比之也。

犂牛之子章，朱注云：“仲弓父賤而行惡，故夫子以此譬之，言父之惡不能廢其子之善，如仲弓之賢，自當見用於世也。然此論仲弓云爾，非與仲弓言也。”謹按子謂公冶長、子謂南容、子謂子賤三節皆無“曰”字，當係與左右門弟子言之，非直接與其人面言也。子謂仲弓繫以“曰”字，此正是面命之詞，在本章十數章前有子謂子貢曰女與回也孰愈章，在本章數章後有子謂子夏曰女爲君子儒章，與子謂仲弓曰犂牛之子章有何區別？注云“仲弓父賤而行惡”，又於何證明？孔子道大德宏，與人爲善，斷無對其子而議其父之理，此蓋明示仲弓以用人之道。七卷仲弓爲季氏宰問政，子曰：“先有司，赦小過，舉賢才。”曰：“焉知賢才而舉之？”曰“舉爾所知，爾所不知，人其舍諸。”此與“雖欲勿用，山川其舍諸”句意義適合，可謂切實再告之矣。“回也不改其樂”句，朱子外注引程子之言曰：“簞瓢陋巷非可樂，蓋自有其樂耳。‘其’字當玩味，自有深意。”又曰：“昔受學於周茂叔，每令尋仲尼、顔子樂處，所樂何事？”朱子以程子之言引而不發，蓋欲學者深思而自得之，今亦不敢妄爲之説。謹按顔子幾於聖人，僅一間未達，周茂叔與大程子均言所樂何事，未明言其樂之何在，留待後人領會得之。竊謂孔、顔樂處的是樂道安貧，蓋不處困境，不足見至人之眞樂，安貧樂道，正是表見樂天知命功夫。樂道樂天，爲聖賢實地受用處，餘則爲世俗之樂，非聖賢之樂矣。四卷飯疏食飲水章，朱子外注亦引程子之言曰：“非樂疏食飲水也，雖疏食飲水不能改其樂也。”末亦云：“須知所樂者何事。”謹按回也不改其樂，此“其”字卻另有所指，意謂初不以簞瓢陋巷改吾固有之樂也。本章樂亦在其中矣，此“其”字卻指疏水曲肱而言，非他有所指也。下句“富貴與我如浮雲”，正以推足我處困窮之有眞樂也。五卷“必有寢衣，長一身自半”句，朱注云：“其半蓋以覆足。”此似爲朱子之誤解。長一身有半，古人無此長式之寢衣，且亦不便於披著。當時所謂寢衣者，乃今人之中襖，較一身之長僅有其半耳。如照朱注所云，原文即不作爲“長一身有半”，應作“長一身又半”，言較一身之長又有其半也。六卷“以爲之椁”句，朱注云：“欲賣車以買椁也。”此注顯爲朱子之誤解，即以朱注證朱注，自爽然若失矣。“魯人爲長府”句，朱注云：“爲蓋改作之。”是以“爲”字作改作意解，顔輅請子之車以爲之椁，正欲以車改作椁用，非欲賣車以買椁也，此理易明，無庸多敘。

閔子侍側章，朱注云：“子樂者，樂得英材而教育之。”考《漢書》云：“‘若由也’句上疑有‘子曰’字，或云上文‘子樂’即爲‘子曰’之誤。”謹按朱子原注，似已誤解。孔子既慨嘆由也不得其死，尚有何樂之足云？且“子樂”即作爲“子曰”字，其間恐仍有脱誤字句。諸賢侍側時，孔子未便直對子路明言“由也不得其死”，疑“侃侃如也”句下或有如“三子者出曾晳後”、“南宮適出”、“子出門人問曰”、“使者出子曰使乎使乎”等語句，庶合當時情勢也。再考止子路宿章，夫子使子路反見之，至則行矣，此時室已無人，子路曰不仕無義一節，係對誰説誰爲之傳耶？袁子才氏於此節亦曾議及之，聞明清間福州有寫本魯《論》，云“子路”下脱落“反子”兩字，原係“子路反，子曰‘不仕無義’”云云。言子路反時，告夫子以至則行矣，夫子因與子路言之，所以轉責丈人也，方於文義相合。因亦疑“侃侃如也”句下，或亦有類似之脱誤。

七卷冉子退朝章，朱注以孔子與冉子退朝之問答，語意與魏徵獻陵之對略相似。按唐史稱太宗於禁中作層觀，以望昭陵（太宗之后陵）。一日與徵偕登觀以望之，徵故作目迷不見狀，太宗乃遥指雲樹盡處，令徵凝神望之。徵忽作猛省狀曰：“臣以爲陛下望獻陵耳（高祖李淵陵），若昭陵則臣固見之矣。”太宗聞之，痛哭失聲，因毀觀。是徵實近於譎諫，甚非宰輔之道。今孔子與冉子繫師弟之昭對，朱注乃以君臣之奏對例之，未免擬不與倫矣。

桓公九合諸侯章“如其仁，如其仁”句，朱子云：“如其仁，言誰如其仁者，又再言以深許之。”謹按孔子答子貢之問，蓋許管仲有挽救世運之力，如其仁者，躊躇未定之詞，意謂吾所信者管仲之力，如其論到管仲之仁，尚未能遽定也。孔子氣秉太和，不爲已甚，不輕議人之不仁，亦不輕許人以仁，賢如顔子，尚不能信其無違仁於三月之後，況管仲曾經孔子譏其器小、譏其焉得儉、譏其不知禮，豈有輕許其仁而重言以贊美之哉？

下章論管仲，至自經於溝瀆一節，外注引程子之言曰：“故聖人不責其死而稱其功。”益足證明孔子于管仲，稱其功不能信其仁也。“之三子告”句，朱注云：“三子魯之强臣，素有無君之心，實與陳氏聲勢相倚，故阻其謀。”外注又引胡氏之言曰：“《春秋》之法，弑君之賊人人得而討之，仲尼此舉，先發後聞可也。”謹按春秋時大夫出疆，苟利於國，專之可也。此時孔子已致仕家居，入告於君，爲義所不容辭。當時兵柄均操之三子之手，雖欲先發而不可能，且足取禍，孔子之行止進退適合乎道而已。賢者避世章，朱注云：“天下無道而隱，若伯夷太公是也。”“作者七人矣”句，朱子引李氏之言曰：“作，起也。言起而隱去者，今七人矣。不可知其誰何，必求其人以實之則鑿矣。”李氏之言既用一“今”字，又云“不可知其誰何”，語意似覺含混。謹按孔子之所謂七人者，蓋指當時之七人，如儀封人、晨門、荷蕢、接輿、丈人、長沮、桀溺是。七人皆同時賢者，皆可謂深知孔子，惟或淪于下僚，或果于忘世，其志趣與孔子不同耳。追溯孔子周流時，其得接洽之避世、避地、避色、避言諸高士，除此七人外更無他人焉。是孔子顯係感念今之人，非古之人也。

竊嘗讀朱子和江西陸子靜原韻云：“舊學商量加邃密，新知培養轉深沉。”玩此詩句，是朱子當日讀書，足徵非常細心，然猶不能免偶有譌誤處，他人更何論焉，他人更何敢自滿焉！從來文字流傳，本爲公天下之物，正不妨互勘其是非，以求一折衷至當之論，想聖哲亦同此襟懷。海内賢達，對于上例之謬解各節，倘蒙不吝指正，以收靖節所謂“疑義相與析”之效，則拜賜實多矣。

四書教子尊經求通錄八卷　（14-394）

嘉慶七年刊本

清楊一崑撰。“公山不狃以費畔”章，謂此章記於牛刀戲言之後，蓋亦戲言也。公山止圖季氏，而夫子乃為東周，則公山不召而夫子亦不往可知也。“佛肸召”章，謂子路術親於其身句，子曰“然，有是言也”，一語便可了結此章，蓋深是其說之不可易也。以下則曰彼召我者，欲磨我也，欲涅我也，又以吾為瓠瓜，人無食之者，必無可用者也，而吾豈往為不善哉。（倫明撰）

按汪康年《汪穰卿筆記》卷五《雜記》云：

《論語》：“公山弗擾以費叛，召，子欲往。”按公山之叛，以魯之墮費也。墮費之謀出之仲由，實本之孔子，與墮郈、墮郕同時舉行。考《左傳》，則後來公山攻魯公，孔子實令人御之，意此爲初叛時事也。然公山叛，明知謀出孔子而必召之，奇矣。孔子忽又欲往，尤奇之又奇。試思孔子果往，將何爲乎？其助公山以攻魯乎，抑說公山使不叛乎？此一段公案，殊令人不解。

四書遵朱會通不分卷 （15-447）

道光二十五年刊本

清楊廷芝撰。“井有仁焉”句，據孔注“仁”字讀如字，“井”蓋喻為仁之難，而憂仁心之窮也。（倫明撰）

按清李慈銘《越縵堂讀書記・經部群經總義類》云：“《論語》井有仁焉，自來注說家皆不得其解。井讀如驅而納諸罟擭陷阱之中之阱，省借作井。井者法也，刑也，刑字从井。井有仁焉者，謂若明知其事干犯罪法，而中有仁道，其從之也者，謂忘身以殉之，如尾生之信，專諸聶政之勇。《孟子》趙注所謂藉交報仇，後世朱家劇孟任俠之流皆是也，故夫子答以君子可逝不可陷，可欺不可罔，陷正與阱對。逝者如夫子之見陽貨，應不狃佛肸之召，可以一往而不可輕身從之，蓋其人求親於我，或有向善之心，故往以試之，若見其不義，則決然舍去，所謂可欺不可罔也。經文本甚明白，後儒泥於井字，遂多生異說。俞蔭甫欲翻漢宋舊注，乃謂井中有仁道，（此據劉氏正義。俞氏平義駁孔注仁人墮井之說，而解爲於井之中而有仁焉，蓋意以井中有爲仁之道，而語不分明，劉氏爲添補道字。）夫井中何以有仁道？更不辭矣。又云逝當讀折，謂殺身成仁，夫逝訓往，與從字相應，若摧折則已陷矣；且殺身亦不得謂之折也。”所解與楊廷芝相似。而李氏云“自來注說家皆不得其解”，不知其說前已發之，其自信亦太過矣。

四書紀疑錄六卷 （15-403）

道光二十六年刊本

清淩揚藻撰。書中訂正舊說，頗能擇善而從。最要者，如解“哀公問社”，引韓非書“哀公問于仲尼曰：隕霜不殺草，李梅實，何為記之也。曰：此言可殺也”云云。按斯時哀公與三桓有惡，此社主之問與宰我之對，君臣密語，隱衷可想。又社陰氣主殺，宰我因即社主之義，以起哀公威民之心。夫子責之曰“成事”、“遂事”，必主一事而言，緣哀公與宰我俱作隱語，謀未發洩，故亦不顯言耳。（倫明撰）

按王士禛《古夫于亭雜錄》卷四《哀公問社》云：

孫氏解《論語》（士彪按，見宋代孫奕《示兒編》）"哀公問社"章云："哀公患三桓之侈，欲以諸侯去之，爲日久矣，而惡其強，故假古人'弗用命，戮于社'之意爲問。宰我謂'周人以栗，使民戰栗'，勸之以誅也。夫子警之曰'成事不說'云云，謂三桓自宣公以來，勢偪公室，積威五世，莫能制之，一旦欲誅之，則昭公之事可鑒矣。（昭公二十三年，季平子作亂，昭公奔晉〔1〕。）哀公能自治，三桓之禍自息，無事於誅也。"

〔1〕"晉"，《示兒編》作"齊"。

又如"作者七人"矣，舊本多通上"賢者避世"爲一章，其七人或指長沮、桀溺、丈人、石門、荷蕢、儀封人、楚狂接輿，或指伯夷、叔齊、虞仲、夷逸、朱張、柳下惠、少連，鄭康成則併之，謂"七"當爲"十"字之誤。《集注》"作，起也，言起而隱去"。按古無稱隱士爲作者，揚藻以"作者之謂聖"解"作"字，極妥。其七人，則以作書契、開稼穡、作甲子、禪賢、在璿璣、平水土、放伐，皆開端作始者當之。並謂文供臣職，武述湯職，不當在作之列。按此看"作"字太泥，文武不得居作之列，然則文武不得居聖之列乎？向來論道統者，由堯舜禹湯文武周公而傳之孔子，正合七人之數，而此語亦引出夫子自任之意，竊以爲此解不可易也。

按清陸以湉《冷廬雜識》卷八《作者七人矣》云：

"作者七人矣"，王氏謂伯夷、叔齊、虞仲、夷逸、朱張、柳下惠、少連；包氏謂荷蕢、荷蓧、儀封人、晨門、楚狂接輿、長沮、桀溺；程伊川又謂"作者"之謂聖，羲、農、黃帝、堯、舜、禹、湯是也；袁俊翁《四書疑節》則謂專指當時而言，宜主包氏之說，特封人本以得時行道爲心，初不與彼六人同行，當以微生畝易之。此說創而實確。

四書說苑十二卷補遺一卷續遺一卷　（15-415）

道光四年刊本

清孫應科撰。"父在觀其志"二句，據《潛研堂集》，乃觀父之志行，然父之志行，容有未盡善者，不得概以承述為孝。但曰"觀"，則包諍

過幹蠱之義。（倫明撰）

案《郭嵩燾詩文集》卷一《讀〈論語〉二則》之一云：

> 往讀《論語》"父在觀其志，父沒觀其行，三年無改于父之道，可謂孝矣"，求之不得其義。父之道果是耶，終身無改可也，何必三年？果非耶，知而改之，善述人之事者也，何待三年？及歷觀漢、唐以來之治，訖于今日，喟然曰："嗚呼！是言也，盡萬世之變而無以逾焉者也。"三代之制，傳于今者鮮矣。由漢、唐以下，沿而行之，可以知其所授。由漢、唐而上，追而溯之，可以知其所承。嗣君初立，頒詔天下，推恩大赦，謂之新政。其大臣爲先世廢黜者，起用之，倚信者，罷之。下至一州一縣之長，無論孰爲賢否，凡所至必務力反前政以爲名。左氏于《春秋》衛文公、晉悼公具其事，《史記·秦紀》著錄尤詳，知此東周以後皆然矣。聖人亦知後世王者，其道不足與持久也，善政少而不肖之政常多，不能以無改也，而以是微動其不忍之心，曰：苟無急求相勝而已，則忠厚之留于人心已多，而天下之政亦不至畸輕畸重以急騖于紛也。他日又曰："孟莊子之孝也，其他可能也，其不改父之臣與父之政，是難能也。"可以知其立言之旨矣。

故曰"父在觀其志"，志吾定也；曰"父沒觀其行"，行吾自足也。志定，則爲美爲惡，固已辨而知之；行自足，則爲得爲失，皆將化而裁之。而惟其心不忍于其父而依之以爲道，善者顯而庸焉，不善默而存焉，盡此而已矣。至于三年而行已著，改不改又無論矣。汲汲焉以改父之道爲名，彼誠忍也與哉！而人相與由之，習而安焉，無或疑也，蓋數千年于茲也。求以明聖人之教，其奚能也！

四書經義考辨瀋存十六卷　（14-278）

道光二十五年刊本

清姚道輝撰。其於《朱注》亦多所匡正，如……曾西為曾申之字，係曾子之子，非曾子之孫。此例尚多。（倫明撰）

按杭世駿《訂訛類編》卷四《曾西即曾申》云：

《困學紀聞》：曾西，趙岐注以爲曾子之孫，《集注》因之。《經典序錄》：曾申字子西，曾參之子。子夏以《詩》傳曾申，左丘明作《傳》以授曾申。曾西之學於此可考。楚鬭宜申、公子申皆字子西，則曾西之爲曾申無疑。閻若璩注曰：據此足證《集注》之誤，以齊桓爲兄亦然。愚案，《四書釋地》云曾西即曾申，曾元之弟，曾子次子，以爲孫者非。《曝書亭集》亦載王應麟說。

四書定本辨正六卷　（14-267）

咸豐元年刊本

是書署新安胡正心、正言考輯。前有小引，作於崇禎庚辰。正心、正言蓋兄弟同籍新安者，他無可考。

“執禮”，據張燧說，“執”字當是“埶”字，以相類而譌，“埶”即“藝”字，樂也。（倫明撰）

按陳夢家《尚書通論》第一部《尚書通論》第一章《先秦引書篇》自注云：

“詩書執禮”，“執”疑是“埶”（即藝）之誤。《論語·述爾篇》曰：“遊于藝”，《雍也篇》曰“求也藝”，《憲問》“冉求之藝”，《叔尸鎛》云“百斯男而埶斯字”謂教藝于百男。“藝”在當時或指射御，《子罕篇》曰“達巷黨人曰：大哉孔子，博學而無所成名。（朱子曰：蓋美其學之博而惜其不成一藝之名也）。子聞之謂門弟子曰：吾何執，執御乎，執射乎，吾執御矣。”“執”亦“藝”之誤。同篇太宰贊孔子“何其多能”，弟子“牢曰：子云吾不試故藝”。子所雅言《詩》、《書》、藝、《禮》，言《詩》、《禮》最多，言《書》如上述，言藝如：

《八佾篇》：“子曰：君子無所爭，必也御乎，揖讓而升，下而飲，其爭也君子。”

《八佾篇》：“子曰：射不主皮，爲力不同科，古之道也。”

陳夢家“執”疑是“埶”（即藝）之誤之說似甚新，然據本篇提要，明人已有此說，惟訓詁不同耳。

四書條辨六卷　（15-131）

同治己巳刊本

清袁秉亮輯。秉亮字柳溪，江蘇武進人。是書首有秉亮自序，稱凡遇註說互有異同以及考證之後先錯出者，輒摘錄之，以備采擇，間出己意，折衷一說云云。書中就一章一節一句至一二字，反復辨解，大都本之前人成說，而采崔述說尤多，不盡妥洽。關於禮制諸條，尤欠詳博。然間有略新穎者，如"赤子"條，謂"赤"古通"尺"，引《禮》問天子之年，曰聞之始服衣若干尺矣。（倫明撰）

按清杭世駿《訂訛類編》卷一《赤子》云：

古字尺、赤通用，故尺牘亦謂赤牘。《文獻通考》云，深赤者，十寸之赤也。成人曰丈夫，六尺之軀、七尺之軀、三尺之童、五尺之童，皆以尺數論長短。故《曲禮》曰：問天子之年。曰："聞之始服衣若干尺矣。"謂赤子以初生色赤者，非也。或云，古者二歲半爲一尺，十五歲爲六尺。愚案，二歲半爲一尺之說，于《孟子》"赤子匍匐入井"句，其義尤通。否則，初生色赤及僅盈尺小兒安能匍匐乎？至于文王十尺、湯九尺及晏子長不滿六尺、今子長八尺等，則又不可拘此說耳。

清吳翌鳳《遜志堂雜鈔·庚集》云：

《書·康誥》"若保赤子"，《傳》曰孩兒，未詳赤子何義。案，赤字古通尺。張華《禽經》："雉上有丈，鷃上有赤。"《華山石闕》云"高一丈二赤"，《平等寺碑》云"高二丈八赤"。《游師雄墓志》"只尺"作"只赤"。楊升菴以尺牘爲"赤牘"，知赤即尺也。古人多以尺數論長幼，如三尺之童、五尺之童，又曰六尺之軀、七尺之軀。是知赤子者，謂始生小兒，長僅尺也。

清袁棟《書隱叢說》卷一五《赤通尺》云：

《尚書》"若保赤子"，《傳》曰孩兒。未詳赤字何義，人謂初生時色赤者，非也。按《漢西嶽石闕銘》云"作石闕高二丈二赤"，又北齊《平等寺碑》云"銅像一軀，高二丈八赤"。《廣州記》稱"蝦鬚長四赤"。然則"赤"與"尺"通也。則赤子者，謂始生小兒僅長尺也。三尺之童、五尺之童、六尺之孤、七尺之軀、丈夫，俱以尺數論長幼也。

四書億二卷　（14-375）

民國二十二年刊本〔1〕

清李仲昭撰。仲昭字天隱，浙江仙居人，同治庚午舉人。

“太宰問於子貢”，據《說苑》子貢見太宰嚭事，謂太宰即吳太宰嚭，非宋與陳。“固天縱之將聖又多能也”，謂“固天縱之”為句，“將聖又多能也”為句。（倫明撰）

〔1〕案題下原未標注版本，據中華本補。

案劉聲木《萇楚齋隨筆》卷一《論〈論語〉太宰》，持論正同：

《論語》“太宰問於子貢曰”，註家謂“太宰”或吳或宋，未可知也，云云，在註經之家，立言矜慎，原屬如此。聲木謹案：大宰之官，見於《左傳》者，雖宋吳皆有，然“太宰問於子貢”，確爲吳太宰嚭無疑。哀公七年《左傳》：“太宰嚭召季康子，康子使子貢辭。”十二年《左傳》：“公會吳於橐皋，吳子使大宰嚭請尋盟。公不欲，使子貢對曰。”又：“子服景伯謂子貢曰：‘夫諸侯之會事既畢矣，侯伯致禮，地主歸餼，以相辭也。今吳不行禮於衛，而藩其君舍以難之，子盍見大宰。’乃請束錦以行。語及衛故，太宰嚭曰。”云云。是六年之間，子貢已三見吳太宰嚭。雖所問之時不可考，然問者必爲吳太宰嚭，又必在哀公七年至十二年無疑。宋雖亦有太宰，子貢與宋太宰，並無往來酬酢之事。即從厄陳蔡，微服過宋，未必尚有太宰問夫子於子貢，可斷言矣。

四書講義四卷　（14-442）

宣統刊本

清安維峻撰。又“子謂伯魚曰女為《周南》、《召南》”章，謂聖人欲以文王刑于之化為家法，因辨孔門三世出妻、一世再嫁之說之誣聖，其謬蓋沿于《檀弓》。《檀弓》但言出母，而鄭、孔以為被出之母。出母即生母，其義與《爾雅》“生謂之出”、《左傳》“康公我之自出”同。《檀弓》又言庶氏之母，庶氏者妾也，如伯氏、仲氏之稱。他說謂母姓庶氏，又謂嫁庶氏，俱非。並推論經傳但言出妻，不言出母。《儀禮》期服傳所云則為出母無服者，證之上文，“出”為衍字，或是“其”字之誤。按此說亦極當，並可以釋《論語》者釋《禮》。（倫明撰）

案後儒爲孔門辯解，多釋“出母”爲“生母”。清周亮工《書影》卷五云：

> 南城張教授孟常，名世經，在上杭常語余曰：世傳孔氏三世出妻，蓋本《檀弓》所載，“孔氏不喪出母，自子思始”之説。予竊疑之。以爲孔子大聖，子思大賢，即伯魚早夭，亦不失爲賢人，豈刑于之化，皆不能施之門内乎！或曰：古者七出之例甚嚴，有一于此，則聖賢必恪行之；豈孔門數世之婦，皆不能爲前車之鑒乎！夫漢、宋諸儒，其致辯于五經多矣，而此獨闕如。或謂《禮記》皆漢儒傅會之説，語多不經，不必深辯，然此頒之學宫，傳之後世，而致使大聖大賢冒千古不白之冤，此讀書明理之士所不敢安者也。間嘗反覆取《檀弓》之文讀之，忽得其解。其曰：昔者子之先君子喪出母乎？夫“出母”者，蓋所生之母也。《吕相絕秦》曰：先公我之自出。則“出”之爲言生也，明矣。其曰子之不喪出母何居，即孟氏所謂“王子有其母死者，其傅爲之請數月之喪”是也。蓋嫡母在堂，屈於禮而不獲自盡，故不得爲三年之喪耳。其曰：其爲伋也妻者，則爲白也母；其不爲伋也妻者，則不爲白也母。夫所云“不爲伋也妻者”，蓋妾是也。意者白爲子思之妾所出，而子思不令其終三年之喪，故曰“孔氏不喪出母，自子思始”也。由是言之，子思且無出妻之事，而況於伯魚乎！況於孔子乎！其曰“子之先君子，非指孔子、伯魚也”，猶曰“子先世之人云爾”。讀者不察，遂訛傳爲孔氏出妻，致使大聖大賢，負千古不白之冤。即謂漢人皆謬，亦未有無故而毀聖賢者。此非記《檀弓》者之過，乃讀《禮》者之過也。孟常此論大有關係，故附記之。

周亮工所記張孟常說影響甚大，清錢泳、唐夢賚皆加稱引，并爲闡說。錢泳《履園叢話》三《考索》有《出母》一篇，論之更詳矣。其文曰：

世傳孔氏三世出妻，此蓋誤會《檀弓》“孔氏不喪出母，自子思始”之說。按其文曰：“伯魚之母死，期而猶哭。夫子聞之曰：‘誰與哭者？’門人曰：‘鯉也。’夫子曰：‘嘻，其甚也。’伯魚聞之，遂除之。”又曰：“子上之母死而不喪，門人問諸子思曰：‘昔者子之先君子喪出母乎？’曰：‘然’。‘子之不使白也喪之何也？’子思曰：‘昔者吾先君子無所失道，道隆則從而隆，道污則從而污，伋則安能。爲伋也妻者，是爲白也母；不爲伋也妻者，是不爲白也母。’故孔氏之不喪出母，自子思始也。”此則後人謂孔子、子思出妻之證也。按《左傳》：“康公，我之所自出。”出之爲言生也，謂生母也。其曰“子之不使白也喪之何也”，蓋嫡母在堂，不得爲三年喪耳。其曰“爲伋也妻是爲白也母”者，正其妾之謂也。必白爲妾所出，而子思不令其終喪故也。考之年譜，孔子六十六歲，夫人亓官氏卒。六十七歲，有伯魚母死期年猶哭，子曰“誰與”之問。六十八歲，孔子歸魯。又考之古禮，父在爲母服期，合諸夫子六十六歲而亓官夫人卒，六十七歲正伯魚期年喪畢之時，而伯魚猶哭者，蓋賢者過之也。夫子之言，殆謂父在而哭母之禮不可過，非謂母出而爲子之服又當降也。乃迂執者拘于期字之義，謂出母無禫，期可無哭，必以實孔子出妻之說。如謂孔子所出者即亓官夫人，則後人何不記夫人之出，而反記已出之夫人之卒？如謂伯魚之期而猶哭者又一夫人，則孔子有二夫人，而伯魚爲生母之喪矣。然則子上之不喪出母，生母也，非見出於父之母也，更無待辨，何疑乎子思有出妻之事，而兼疑乎伯魚爲出母之喪哉！況《檀弓》止有出母字，並無出妻字。後人因出母字而溯從前一代爲出妻，亦弗思之甚。

謂伯魚出妻者，蓋亦據《檀弓》曰：“子思之母死於衛，柳若謂子思曰：‘子聖人之後也，四方於子乎觀禮，子蓋慎諸？’子思曰：‘吾何慎哉！吾聞之，有其禮無其財，君子弗行也；有其禮有其財，無其時，君子弗行也。吾何慎哉！’”又據《檀弓》曰：“子思之母死於衛，赴於子思。子思哭於廟，門人至曰：‘庶氏之母死，何爲哭於孔氏之廟乎？’子思曰：‘吾過矣！吾過矣！’遂哭於他室。”即以此說論之，既曰庶氏之母，則固明指爲庶母矣，何曲爲之解者反曰伯魚卒，而其妻嫁於衛之庶氏也？子思又嘗居於衛，則母之從子於衛，亦尋常事，而何言乎嫁於衛也？禮諸侯一娶九女，惟嫡夫人祔廟，魯隱考仲子之宮，爲《春秋》所譏。則妾之不可祭於嫡室，自古而然。是子思之哭生母於他室而不於廟，固其宜也。《孟子》曰："是欲終之而不可得也。"非不能申喪於生母之謂也。然則夫子爲政三月，而魯國大治，商賈信於市，男女別於塗，豈室家之內，朝夕薰陶，及於積世，獨不能如有虞之化，率二女以執婦道耶？學者偏信彼而疑此，亦惑之甚矣。此說始於周櫟園，南匯張友白亦極論之，可以破千古之疑。

唐夢賚《志壑堂雜記》卷八云：

《檀弓》"子思之母出于衛"，猶《左傳》所云"我所自出也"。周櫟園所引良足破千古之疑。又曰"庶氏之母死，奈何哭于孔氏之廟乎"，言庶母不宜哭于廟也，故哭于其室。註乃云子思之母出于衛，姓庶氏，其穿鑿如此。其爲伋也妻者，則爲白也母，總之爲嫡庶之故。春秋時最重嫡庶，到戰國時猶如此。後來緣人情而制禮，生母始有服矣。孔門三出妻之說，其不足信如此。

四書瑣言一卷　（15-433）

民國十三年刊本

清虞景璜撰。景璜字澹初，浙江鎮海人，光緒舉人。是書隨意劄記，頗多妙義。如"山梁"章，謂是錯簡，應上下節易讀，作"山梁雌雉，子路共之，三嗅而作。曰：時哉時哉！色斯舉矣，翔而後集"。（倫明撰）

按清方祖範《四書解瑣言》（道光元年刊本）（14-322）已謂"山梁雌雉"章非缺文，乃錯簡，當云"山梁雌雉，子路共之，三嗅而作。曰：時哉時哉！。色斯舉矣，翔而後集"。立論正同。清趙曾望《十三經獨斷》（15-642）云"色斯舉矣"二節，謂《鄉黨》附載羈旅之義。齊景嘆老而行，衛靈問陳而行，色斯舉也。於衛主顏讎由，於宋主司城貞子，翔而集也。"雌雉"一節，則車過山梁，間中評論之一事。清俞樾《讀隸輯辭》（11-795）謂《鄭固碑》之"色斯自得"，此本于《論語》"色斯舉矣"。桉《論語》馬融注"見色不善則去之"。樾謂本文無"見"字，亦無"不善"字，馬注似有未安。"色斯"者，色然也。哀六年《公羊傳》"諸大夫見之，皆色然而駭"。《一切經音義》

卷九引《公羊傳》作“毳然而駭”。“色”與“毳”聲近義通，“色斯舉矣”，猶曰“毳然舉矣”，漢碑多從此讀。《費鳳碑》“色斯輕翔”，《別碑》“色斯高舉”，《元賓碑》“翻給色斯”，《張壽碑》“常懷色斯”，《斥彰長田君碑》“色斯去官”。樾能綜合隸文，比附經義，析義甚精。清方濬師《蕉軒隨錄》卷十一《色斯舉矣翔而後集》云：

何義門《讀書記》曰：“‘色斯舉矣’二句，《集解》中本不與下‘雌雉’相屬，朱子亦據胡氏謂：‘雉之飛也決起，其止也下投，無翔集之狀。’故雖與下通爲一節，注中仍謂二句上下必有闕文。其謂色舉翔集即雉，移山梁一句冠於首，則辭意尤明，始於陳定宇。”濬師按：《程子外書》云：“‘山梁雌雉，時哉時哉！色斯舉矣，翔而後集。’子路聞之，竦然共立，後乃三嗅而作。文如此順，恐後人編簡脱錯。”又云：“‘山梁雌雉，時哉時哉！’此聖人歌雉在山梁得其時，而民不得其時也。子路不察，乃共之，三嗅而作，使子路知我意不在是也。”朱子之説實出於程子，未必以胡氏爲據。馬融注色舉，但曰見顏色不善則去。周生烈（仍有周氏，未詳其名。）注翔集，但曰迴翔審觀。故正義曰：“此言孔子審去就也。謂孔子所處，見顏色不善，則於斯舉動而去之，將所依就，則必迴翔審觀而後下止。翔而後集，以飛鳥喻也。”宋儒於漢學最多攻駁，獨此節不肯輕發議論。如蔡節《論語集説》則曰：“色，謂人之容色也。舉，謂飛而去之也。”張南軒《癸巳論語解》則曰：“此非止爲事君而言。色斯舉矣，炳先見於幾微也。翔而後集，從容審度而後處之也。若是則悔吝何由而至？”眞西山則曰：“色斯舉矣，去之速也。衛靈公問陳而孔子行，魯受女樂而孔子去。翔而後集者，就之遲也。伊尹俟湯三聘而後幡然以起，太公、伯夷聞文王善養老而後出。後世如漢穆生以楚王戊不設醴而去，諸葛武侯必待先主三顧而後從之，皆有得乎此。”朱子知上下必有闕文，又謂不可彊爲之説，而於馬注“見顏色不善則去”添出“言鳥之見人顏色不善則飛去”，似乎拘泥“翔集”二字，不知《禮記》“行不翔”，《論衡定賢篇》“大賢之涉世，翔而後集”，翔字皆屬人説。近時高頭講章有云：“一説注明指鳥下，單指雉。”於朱注“人之見幾而作，審擇所處，亦當如此”句全不體會矣。（《韓詩外傳》引“色斯”三句證接輿辭楚王之招，西山先生之所本也。）

小學類

爾雅漢注三卷　（4-268）

《問經堂叢書》本

國朝臧鏞堂輯。鏞堂一名庸，字在東，號拜經，武進人。玉林茂才琳元孫，太學生。漢時注《爾雅》者，曰犍為文學，曰劉歆，曰樊光，曰李巡，曰孫炎。《釋文・序錄》“犍為文學《注》三卷，一云犍為郡文學卒史臣舍人，漢武時待詔”。此釋經之最古者，見之陸氏《釋文》，賈氏《齊民要術》，閒采於邢氏之疏。《文選注》引《爾雅》犍為舍人注，又引《釋詁》郭舍人注，則舍人姓郭。《左傳正義》、《詩正義》舍人、文學並見，非有兩人。樊光《注》六卷，《唐志》同，《隋志》三卷，京兆人，後漢中散大夫，樊氏《注》見於《釋文》。李巡《注》三卷，汝南人，後漢中黃門。范書《宦者傳》“汝陽李巡白帝與諸儒共刻五經文於石”，即注《爾雅》之李巡。孫炎《注》三卷《音》一卷，晉世以與武帝名同，改稱其字。《魏志・王肅傳》“時樂安孫叔然授學鄭元之門人，稱東州大儒”。《顏氏家訓》“孫叔然創《爾雅音義》，是漢末人獨知反語，為反切之學所自始”。鄭君雖未注《爾雅》，而得再傳弟子如叔然之注，正可補其未逮。《邢疏序》云為注者，犍為文學、劉歆、樊光、李巡、孫炎，此魏之孫炎，在郭璞前。又云“為義疏者，俗閒有孫炎、高槤"，此則唐宋間人，陸氏《埤雅》所引孫炎之說，俗問孫炎也。郭注本於叔然所稱孫叔然者曾不數處，《釋文》又云梁有沈旋，集眾家之注。旋，約子。其書今亦不傳。唐人諸書時引舊注。（楊鍾羲撰）

按關於漢代《爾雅》注家犍爲文學、劉歆、樊光、李巡、孫炎，黃侃《黃侃論學雜著・爾雅略說》有《論爾雅注家》一篇，考證頗詳：

郭璞以前諸家，據《隋書・經籍志》及《經典釋文・序錄》，有犍爲文學、劉歆、樊光、李巡、孫炎五家。郭氏序則云："雖註者十餘，然猶未詳備，並多紛謬，有所漏略。"是郭氏所見舊注，實有十餘家，（近人于前所舉五家外，益以鄭玄，實則鄭並無《爾雅》注，此考之未審也。）而今不可見也。郭序又云："錯綜樊孫，博關羣言，剟其瑕礫，搴其蕭稂。"是郭於舊注中，本之樊、孫爲多。（《經典釋文》備載諸家，郭氏因仍樊孫之跡，多可考見。）今按舍人以下，皆係《爾雅》古義，具有師說；即有訛誤，亦有由來。晉世集解之學盛行，郭氏亦以纂集見長耳。然師說從此溷淆，致足惜也。（郭於《釋草》以下諸篇，頗多實驗，能補前人所不及；故其書獨行。）近世儒先，始從古籍中采輯舊注五家之說，雖至今尚未完備，而大體則可見矣。茲分論之於左：

一、犍爲文學

《釋文》：犍爲文學注三卷。一云，犍爲郡文學卒史臣舍人，漢武帝時待詔；闕中卷。案舍人或云人名，（稱臣舍人者，如《漢志》稱臣步昌，《漢書音義》中有臣瓚注一家之例。）或云官名，（蓋先爲犍爲郡之文學卒史，後又待詔而爲舍人。）然不知其姓，僅《文選・羽獵賦》注中，一引《爾雅》郭舍人注；說者遂以爲舍人姓郭，且引《漢書・東方朔傳》之郭舍人以實之。竊謂《文選》注之郭舍人，或係衍字，下文即引犍爲舍人一條，如果爲一人，豈宜一篇之中錯見？或係顧舍之人之訛，《爾雅・釋言》：縭，介也；《音義》引李、孫、顧舍人本作蠡，羅也，介，別也；顧舍人爲顧野王。顧訛爲郭，不足爲舍人姓郭之塙證。又皆稱舍人，所以致斯譌誤；惟其人在漢武時，此釋經之最古者。然細案其學，疑爲今文家；故釋履帝武敏，與毛公不同，而與齊、魯、韓詩合。（《爾疋・釋訓》："履帝武敏"；

武，迹也；敏，拇也。《釋文》：拇，舍人本作畝，〔今本訛謬不可通，爲訂正如此。〕云：“古者姜嫄履天帝之迹于畎畝之中而生后稷。”）此注之成，近古；故近本《爾雅》中，俗別之字，其本皆不然。如《釋畜》：“前足皆白，騱；後足皆白，狗”；舍人本騱、狗作雞、狗，乃是借它物爲名之例。由此尚可考見，至如九扈之義，爲賈景伯所宗。穇涔之義，與《詩傳》獨合。蓋雖零文隻義，皆可葆珍。探討《爾雅》者，究不能不首及於此焉。

二、劉歆

《隋志》：“梁有漢劉歆《爾雅》三卷，亡。”《釋文》云：“劉歆注三卷，與李巡注正同，疑非歆注。”今可見者，僅《說文》虫部蝝下引劉歆說：蝝，復陶也，蚍蜉子。陸璣《詩義疏》引萑，臭穢。又徐景安《樂書》引宮謂之重一節注五條。《釋文》引注五條，餘無可見；從陸氏之說，則李注即劉注，古人于師說，不嫌襲取。觀于鄭氏注經，多同馬說，而不明言。然則李之同劉，無足怪也。（李說：蝝爲蝗子，與劉不同。然則所謂正同者，亦言其大略耳。）

三、樊光

《隋志》：“《爾雅》三卷，漢中散大夫樊光注。”《釋文》：“樊光注六卷，京兆人，後漢中散大夫，（句）沈旋疑非光注。”唐人引之或作樊光，又或引作某氏，蓋由沈旋疑非光注，引家遂從蓋闕之義；證以“椴木，槿；櫬木，槿”注。《詩正義》引作樊光，《禮記正義》引作某氏；“隹其夫不”注，《春秋正義》引作樊光，《詩正義》、《爾雅疏》引作某氏，可知某氏即樊光也。（說本臧庸《拜經日記》。）樊氏之學，兼通今古，故常引《周禮》、《左氏傳》爲說，而引《詩》：“民之攸呬”，“攸攸我里”，“有蒲與茄”，“譬彼瘣木”，“其麢孔有”諸條，又與毛、韓不同，蓋本魯詩；至《本草》，始見《樓護傳》，而樊注引兩條，（“莞、苻籬”一條，“茖、陵苕”一條。）皆今本所無。可知今本《本草》，屢經後人竄易也。反語之起，舊云自孫炎。今觀樊注中反切，塙爲注文，非依義作切者，如：尸，寀也；寀，七在反；明明、斤斤，察也；居親反二條。可知反語在後漢時，已多用之；特自孫氏始大備耳。

四、李巡

《隋志》："梁有中黄門李巡《爾雅》三卷，亡。"《釋文》："李巡注三卷，汝南人，後漢中黄門。"案李巡見《後漢書·宦者傳》稱汝陽李巡。又熹平石經，巡實發其端，亦見傳。當世宦人往往通書，不足爲異；巡書又多同劉歆，蓋有師授。其本亦有與他本絕異者：如《釋地》："九夷八狄七戎六蠻謂之四海"下更有三句；其注文亦多同古文，故釋俘之義，同于賈逵；釋殂落之義，同於《説文》。其餘異文殊義，不可勝數。郭序但云："錯綜樊、孫"，其實襲取李注亦不少也。

五、孫炎

《隋志》："《爾雅》七卷，孫炎注。"又："梁有《爾雅音》二卷，孫炎撰。"《釋文·序錄》："孫炎注三卷，音一卷。"《唐志》："注七卷。"觀《三國志·王肅傳》曰："時樂安孫叔然授學鄭玄之門人，稱東州大儒，徵爲祕書監。"郭序言"錯綜樊、孫"。實則郭多襲孫之舊，而不言所自。以今攷之：如以"闓明發行"釋"愷悌，發也"；以"絜者水多約絜"釋九河之絜；以"鉤盤者水曲爲鉤流，盤桓不直前也"釋九河之盤；又釋蘆、蔗爲二草，以痡老爲一名；皆郭同孫之顯然可見者。然又時加駁議。如《釋詁》："覭髳，茀離也"；注云："孫叔然字別爲義，非矣。"（孫叔然字別爲義者，覭猶言溟溟，髳猶言啾啾，茀猶言茀茀，離猶言離離。凡疊字及雙聲疊韻連語，其根柢無非一字者；字別爲義，正叔然之精卓也。）《釋蟲》："莫貈，蟷蜋蛑。"注云："孫叔然以方言説此義，亦不了。"（《方言》："螳蜋謂之髦，或謂之虰，或謂之蛑"；孫氏本此，以下文"虰蛵負勞"之虰上屬；郭氏以虰下屬，同於《説文》。然師讀不同，不必強合。）皆加以非難。然叔然師承有自，訓義優洽；《爾雅》諸家中，斷居第一，正不因郭氏訾謷而貶損云。（鄭君于《爾雅》至深，而不作注；惟《周禮疏》引《爾雅》鄭康成注，然本傳不言注《爾雅》。《周禮疏》所言，蓋《鄭志》中釋《爾雅》之辭。）

顏之推《家訓》曰："孫叔然創《爾雅音義》，是漢末人獨知反語。"據此，是反語爲叔然所創，而以施之《爾雅》。然他書所引漢人音，如應劭、服虔等《漢書音義》已有反語，宜不始于叔然。而顏氏獨爲此言者，蓋反語條例，至叔然始成立。魏世大行，雖以高貴鄉公不解反語，而亦不能不承用。今觀孫音存在者，其反切上一字，多爲六朝、唐人諸作音家所同。如喉牙音，用五、羊、虛、許、香、古、吾、户、九、牛、況、於、居、語、苦、巨、餘、于、輕、丘、胡、魚、火等字；舌音，用大、都、知、徒、他、丁、直、豬、之、人、力、昌、敕、汝等字；齒音，用七、子、仕、莊、徂、辭、慈、思等字；脣音，用方、房、敷、亡、芳、蒲、匹、符、甫、備等字；後之作音者，未之有改也。意叔然必有反語條例，李登、呂靜始得因以爲韻書。然則叔然非但《爾雅》之素臣，抑亦音學之作者已。

唐代別有孫炎。邢疏序云："爲義疏者，俗間有孫炎、高璉。"《宋志》稱孫炎疏十卷，今輯佚家往往誤以爲孫叔然。如"萬山蒜"、"中馗菌"注，皆非叔然之文，顯而易見。

以上五家，並爲《爾雅》舊義。説《爾雅》者，只宜疏通其説，考其由來，而不必輕用譏訶也。

爾雅新義二十卷　（4-393）

三間草堂刻本

宋陸佃撰。佃字農師，山陰人。受經於王安石，以不附新法，入元祐黨籍。《宋史》有傳。有《埤雅》二十卷，《四庫全書》已著錄。子宰作《埤雅序》云"既注《爾雅》，乃賡此書，為《爾雅》之輔"。直齋陳氏云"《爾雅新義》二十卷，陸佃撰。其於是書用力勤矣，自序以為'使郭璞擁篲清道，跂望塵躅可也'。以愚觀之，大率不出王氏之學。頃在南城，傳寫凡十八卷。其曾孫子遹刻於嚴州，二十卷"。《四庫提要》謂僅見于《永樂大典》中，文句訛闕，亦不能排纂成帙。朱竹坨《經義考》則云未見。全謝山云曾見之，惜未鈔。今旁求不得，鮑廷博謂嘗見影宋寫本，後有太原閻徵君跋語。江鄭堂稱余古農撰《注雅別鈔》，專攻是書及《埤雅》及蔡卞《毛詩名物解》等書，就正於惠松厓。松厓曰"陸佃、蔡卞乃安石新學，人知其非，不足辨"。古農瞿然。是編乃丁小山於京師購得，從宋刻依樣影鈔，凡二十卷，殆即子遹之所刻。仁和孫志祖謂農師之學源於荊公，說經間有傅會，然其博洽多識，視鄭漁仲注，實遠過之。且其所述經文猶是北宋舊本，可以正今監本之譌謬。《釋天》之“四氣和謂之玉燭”，與李善《選注》相符，監本作“四時”，非也。《釋丘》之“當塗，梧丘”，監本譌作“堂塗”。《釋草》“蕭萩”，“萩”字不作“荻”，亦與《石經》、《釋文》本合。《釋鳥》之“鸉，白鷢”，監本誤分“楊鳥”為二字。皆可據以訂正。嘉慶戊辰，蕭山陸芝榮用仁和宋大樽校本鏤版以廣其傳。阮文達《揅經室外集》有提要一首，紀其原委甚詳，亦稱其所據經文皆當時最善之本。如《釋言》“揞，拄也”，則作“楷，柱也”。“皇，華也”，則作“華，皇也”。《釋天》“河鼓謂之牽牛”，則作“何鼓”。《釋水》“河水清且灡漪”，則作“瀾漪”。《釋草》“苹，蓱”，則作“苹，蓱”。“莩，麻母”，則作“荸，麻母”。“卷施草”，則作“卷施草”。“樓，橐含”，則作“欆，橐含”。《釋木》“座，棱櫨李”，則作“痤，棱櫨李”。《釋鳥》“鳥鵲醜”，則作“烏鵲醜”。並足以資攷訂。至其句讀多有不同，《釋木》“樸，枹者。謂櫬，采薪”，以“謂”字絕句。大樽校云，注疏本“謂”字在下，孫舍人本作“彙”，讀與此同，謂樸之枹者名彙也。《說文》“彙”作“㲋”，亦即“蝟”字，本從“胃”得聲，故譌為“謂”也。見錢氏《答問》。陸氏“彙”自裏正義也。又曰謂之而後知新義也，但未改字耳。《釋蟲》“螼蚓，豎蠶”，以“蠶”字連下“莫貈”為句。大樽校云，蚕，他典切，與“蠶”字音義各別，不知何人改作“蠶”字用。自唐人已有之，《廣韻》“蠶”字注云“俗作‘蚕’，今云老而後眠”。則亦誤作“蠶”字解。至毛刻注疏本、姜上均本，竟改本文“蚕”為“蠶”字。又“莫貈，螳蜋，蛑”連下文“虰”字為句，大樽云，今所行各家本俱是“螼蚓，豎蚕”句，“莫貈，螳蜋，蛑”句，“虰蛵，負勞”句，翟氏灝《爾雅補》“郭云‘虰蛵，負勞’，郭氏以此四字為一科，本自《說文》。揚雄《方言》乃云‘螳蜋謂之虰’，則‘虰’宜合上‘螳蜋，蛑’，而此以‘蛵，負勞’三字為科矣”。霍氏說與此正合。惟以“蚕，莫貈”為句，未詳。其校定頗為精審。（楊鍾羲撰）

按李慈銘《越縵堂讀書記·經部小學類·爾雅新義》云："閱陸左丞《爾雅新義》，嘉慶戊辰蕭山陸芝榮（號香圃。）據仁和宋助教大樽（字左彝，號茗香，乾隆丁酉舉人。）手校本付梓者，前有蕭山王氏宗炎序，後有仁和孫氏志祖跋，及宋氏所輯序錄。據孫跋稱是丁小山於京師購得景宋鈔本，宋氏敘錄但言據《直齋書錄解題》農師原本十八卷，其曾孫子遹所刻，分爲二十卷，今依直齋重編定爲十八卷。陸芝榮跋則謂原本既不可得見，此編猶宋本之舊，不必改易，因仍編爲二十卷。又謂宋君於經文援據眾本，疏證精審，而注文尚多可議。聞鮑氏廷博嘗見景宋寫本，後有太原閻徵君跋，他日庶幾見之，得以校定云云，則助教此本，未知是否即丁小山所購本也。張金吾《愛日精廬藏書志》載是書鈔本并嚴元照跋，近時廣東所刻《粵雅堂叢書》本，皆即丁氏本。予丁卯杭州書肆所見者，即此刻也。其書以吾越先達所著，又《爾雅》經文，尚宋時舊本，故爲可貴。若其注則小言破道，不可爲訓，間有佳處，亦披沙揀金，無甚益於經術。直齋之言，嚴氏之跋，王氏之序，皆爲定論，若宋氏陸氏張氏諸君，皆曲爲回護，雖云好古，亦由嗜奇。即全謝山《經史問答》所稱恨未得鈔者，不過以古籍可傳，插架當備，且謝山於荊公之學，本有偏嗜，亦未足爲定論也。"

爾雅校議二卷　（3-772）

《食舊堂叢書》本

國朝劉玉麐撰。

《釋言》"逜，寤也"。謂班孟堅《幽通賦》"上聖寤而弗拔"，曹大家以"寤"為"迕"。鄭康成注《禮》"噫沸寤之聲"，"寤"亦"迕"也。《集韻》"迕"亦作"寤"。《釋文》"遻"又作"迕"。《說文》"逜"又作"牾"。《荀子》"迕"又為"午"。《釋名》"寤"又訓"忤"。然則"寤"並與"違"、"忤"同訓，若引以證"莊公寤生"之"寤"最合。（楊鍾羲撰）

按"莊公寤生"，自杜注後，解說紛紜。明人立"寤"當作"逜"之說，清人頗信之，然持异議者亦不乏人。周亮工《書影》卷一云：

《左傳》：莊公寤生，驚姜氏。杜預注："寤生，難產也。"不言其詳。宋朱申註："武姜寐時生莊公，至寤方知之。以其寤寐而生，故武姜驚也。"焦弱侯《筆乘》載吳元滿說：據文理"寤"當作"逜"，音同而字訛。"逜"者逆也。凡婦人產子首先出者爲順，足先出者爲逆，莊公蓋逆生，所以驚姜氏。予以臆論之，今北方難產者落地無聲，若熟寐然，以火氣薰接其臍，或從旁擊鏡以引其聲，始能寤，謂之草寐，十只有一二生全，頗使人驚。"寤"字原不訛。傳言莊公寤生，不言武姜寤生也，如魯齋注，則當云武姜寤生矣。魯齋注固可笑，硬改"逜"字，亦屬牽強，不如杜注難產，所包者廣也。《水經注》曰："徐君宮人娠而生卵，以爲不祥，棄於水濱，孤獨母有犬名曰鵠倉，得棄卵，銜以歸，獨母以爲異，覆煖之，遂成兒，生時偃，故以爲名。"按"偃"，即寤生意。

爾雅郝注刊誤一卷　（34-622）

上虞羅氏藏手稿移錄本

清王念孫撰。是編原寫本，舊藏貴陽陳松山黃門家，首尾朱墨爛然。凡句乙處用朱筆，又凡一語有未安，一字有譌脫，亦以朱筆訂正。以書迹觀之，皆出石渠手，間有一二為文簡書。其尤未安處，則石渠加墨籤，每條皆有"念孫案"字，凡百十有三則。其所刊定莫不精切，如嚴師之於弟子，于此可見古人友朋論學之忠實不欺。石渠長于蘭皋十餘歲，且若此，若今人縱齒相若，亦未必如是真切，不唯阿也。郝氏之書，通行者，為阮氏學海堂刊本及郝氏家刊之所謂足本，二本相校，其差，則郝氏家刊之足本，皆阮氏刊本之所刪。阮氏刊本之所刪，又皆根據此本而然。案蘭皋之卒在道光五年，阮氏經解之刊始于道光六年，竣于道光九年。石渠之卒在道光十二年。阮氏刻書時，郝氏初亡，而石渠健在，故當時以定本付刊，其後人乃誤以未定本為足本，而復刊之。首載王氏之序，非石渠勉徇郝氏後人意，即他人偽託耳。今得此書，于以知道、豐諸儒，其學與識均已漸失先輩質實之風矣。（羅繼祖撰）

按此段文字乃隱括羅振玉《爾雅郝注刊誤序》而成，而理解有誤，致生錯訛。據《續修四庫全書》188 冊影印民國 17 年東方學會石印《殷禮在斯堂叢書》本《爾雅郝注刊誤》，前有羅振玉序云：

兒時讀《爾雅郝氏義疏》，乃學海堂刊本。稍長，始得同治五年郝氏家刻所謂足本者。據長洲宋于庭先生序言，阮刻刪去之文，出高郵王石渠先生手，或云他人所刪，而嫁名於王。嘗取兩本並几觀之，見凡阮本所刪之處，多有未安；知阮本所刪，必出當世碩儒之手，意非石渠先生不能如是之精密也。且疑所謂足本者，乃初本，阮刻爲定本，顧無以證之。逮己未仲夏，由海東返國，明年，從貴陽陳松山黄門許，得《義疏》寫本，首尾朱墨爛然。凡句乙處用朱筆，又凡一語有未安，一字有訛脱，亦以朱筆訂正。以書跡觀之，皆出石渠先生手，間有一二爲文簡書。其尤未安處，則石渠先生加墨籤。每條皆書"念孫按"字，凡百十有三。則知刪定，果出石渠先生，非託名也。其所刊正，其不精切，如嚴師之加弟子。於此可見古人友朋論學之忠實不欺。雖石渠先生實長於蘭皋先生十餘年，然在今人即齒相若，殆亦未必如是眞切不唯阿也。攷蘭皋先生卒於道光五年，阮氏《經解》之刻在道光六年，至九年而工竣。石渠先生卒於道光十二年。阮氏刻書時郝氏初亡，而石渠先生健在，故當時以定本付刊。其後人乃誤以未定本爲足本，復爲之刊布。于庭先生作序，徇郝氏後人之意，而爲或云出於假託之言以阿之，知道、豐諸儒已漸失先輩質實之風矣。

于庭爲宋翔鳳字。爲足本《爾雅義疏》作序者乃宋翔鳳。而提要云"首載王氏之序，非石渠勉徇郝氏後人意，即他人僞託耳"，稱作序者爲"王氏"，則文意絞繞不清，使人以爲此序乃王念孫所作，或爲僞託王氏之作，而與"知道、豐諸儒已漸失先輩質實之風"不相應。語無倫次，亟當訂正。

關於《爾雅義疏》之刊刻，據柳向春先生所考，《義疏》首次刊刻在《皇清經解》。牟庭所作郝氏《傳文》云"高郵王念孫爲之點閱，寄儀徵阮元刊行。"即所謂十九卷節本。道光二十九年（1849），江蘇巡撫陸建瀛又將郝氏《義疏》單刻行世。陸刻底本與《皇清經解》同，即念孫所刪定之十九卷本。陳奐《爾雅義疏序》云"高郵王先生爲先生通訂全書，刪削之甚，至數十字、數十句，不更增易其字句。越今廿有餘載矣。戊申，在杭州汪守備鐵樵士驤家重見王先生所手訂之本。歲暮，歸吳門。適應陸立夫制軍召，委任校讎之役，遂與公子東漁影寫原稿，細意對治，全書大旨悉依王先生定本。"但陸氏刻本定價過於昂貴，書版旋即毀於戰火，故其流傳也並不廣泛。咸豐五年（1855），秀水人高均儒（1812～1869）從杭州嚴杰（1763～1843）之子嚴鶴山手中得到《義疏》嚴鈔足本，遂慫恿楊以增爲之刊行，楊去世後，由胡珽完成刊刻，於咸豐六年在蘇州刻成。此即所謂二十卷足本。胡珽識云“郝蘭皋先生《爾雅義疏》儀徵阮文達刊入《皇清經解》，沔陽陸制府慮學者之未能家有是書也，復單刻之。惜其板旋遭兵燹，書未盛行。然兩刻者或謂皆據王懷祖（念孫）觀察節本，或又謂阮刻《經解》錢塘嚴厚民（杰）明經實總其成，是書蓋厚民所節。傳聞異辭，無由審也”。宋翔鳳序亦云“以校阮陸兩本，多四之一。或云刪去之文出高郵王石渠先生手，或云他人所刪而嫁名於王”。皆依違其辭，不作定論。此版在咸豐十年（1860），毀於兵火。同治五年郝氏之孫郝聯蓀又據此刻入《郝氏遺書》，流傳甚廣。後又有光緒十年（1884）四川榮縣蜀南閣印本，亦屬足本系統。節本爲王念孫所刪定，據陳倬《爾雅義疏跋》云“乃知刪節者厥有二端：一爲論轉音太支離及文理冗碎處。一爲與王氏說經背離處。此的係高郵王氏所刪。心耘謂嚴厚民明經刪節者，非也。先師嘗云：王懷祖先生勘定此書，時閱數稘。原書所引經典，逐字逐句檢取原文審正……今將足本之刪去者，摘錄於上方，比而觀之，益服膺於王氏說經之謹嚴爲不可及”。羅振玉刊出王念孫《爾雅郝注刊誤》，可謂盡釋學者之疑矣。

按宋翔鳳《爾雅義疏序》所云“或云刪去之文出高郵王石渠先生手，或云他人所刪而嫁名於王”，依違其辭，未作定論。而羅振玉《爾雅郝注刊誤序》以爲宋氏此言係“徇郝氏後人之意，而爲或云出於假託之言以阿之”。今查咸豐六年胡珽刻本，卷前有宋翔鳳序，書後有胡珽跋，可知宋氏此序爲胡刻本而作，非爲郝氏家刻本而作。現無郝氏後人參與此次刻書活動之記錄，之後同治五年郝氏家刻本迻錄宋翔鳳序及胡珽跋于卷前，故羅氏之說恐爲臆測。按此篇提要又收入《貞松堂秘本書提要》，見《雪堂類稿》戊《長物簿錄》（三），均沿襲舊誤，未作改正。

小爾雅義證十三卷　（4-276）

求是堂刻本

國朝胡承珙撰。《豳風》“公孫碩膚”，陳奐《詩毛氏傳疏》謂《傳》

以公孫為成王，而又自申其說云豳公之孫也。《正義》引《小爾雅・廣訓》云“膚，美也”，此美周公歸，周成王年既長大，德又盛美，於以見公之輔相成王，聖德昭著焉，美成王即是美周公也。（楊鍾羲撰）

按李慈銘《越縵堂讀書記・經部・詩類》云：

> 狼跋其胡，載疐其尾，公孫碩膚，赤舄几几。《箋》謂周公進則躐其胡，猶始欲攝政，四國流言，辟之而居東都也。退則跆其尾，謂後欲復成王之位而老，成王又留之，孫之言孫，遁也。周公攝政七年，致太平，復成王之位，孫遁辟此成功之大美，成王以爲太師，履赤舄几几然。慈銘案，序言周公攝政，遠則四國流言，近則王不知，周大夫美其不失其聖也，《箋》皆本此爲說。故通其前後攝政，綜公一生言之。其始攝政，若聞流言而不辟，則無以自明，將如狼之躐其胡。其後攝政，若已致太平而不復子明辟，則爲王所疑，將如狼之跆其尾。惟公遜成功而不居，以太師終老，履赤舄而安固，（說文掔固也，引詩赤舄掔掔。）其誼甚明晢，無可易者。毛《傳》誤以公孫爲成王，王肅遂云周公所以進退有難者，以俟王之長大，有大美之德，能服盛服。《正義》申鄭說，又謂既遜而留爲太師，是退有難也。夫美周公而言及成王之盛服，已爲辭費，且於狼跋疐之誼，何所取興？留爲太師，何爲有難？皆害經旨而違鄭誼。胡氏謂專指周公初攝四國流言時事，二叔不咸，沖人未悟，周公欲進不能，欲退不得，正跋前疐後之狀，以《箋》爲非。不知此詩次東征西歸之後，殿《豳風》之末，自據公始末之事，美其不失其聖。所云近則王不知者，成王雖因風雷之變，悔悟迎公，然使公久固其權，則始疑未必不復萌。後世假託公事，所謂延登受冊假王涖政者，或宵小讒搆，因之以起，是如狼之疐尾，公亦終失其聖矣。惟孫其碩膚而反政，故受太師之位，優游履道，詩人以赤舄之几几，反形狼之跋疐，皆以足容行步爲言，是體物之工，屬辭之妙也。馬氏從孫毓說，以傳公孫指成王爲非，而謂周公亦豳公之孫，以碩膚爲膚革充盈，異於狼之跋疐，亦病纖鑿。

王氏讀說文記一卷　（4-242）

《許學叢刻》本

國朝王念孫撰。念孫有《廣雅疏證》，已著錄。嘗手編《詩》三百篇、九經、《楚詞》之韻，分顧亭林古韻十部為二十部，而於支、脂、之三部辨之尤力。金壇段氏與之合，而分至、癸、盇、緝四部則又段氏所未及。因段書先出，遂輟作。（楊鍾羲撰）

按"二十部"當作"二十一部"。王念孫實分古韻爲二十一部。劉盼遂《高郵王氏父子著述攷・詩經群經楚辭韻譜七卷》（《劉盼遂文集》375頁）云：

石渠先生《古韻譜》之作，乃據《詩經》、群經、《楚辭》用韻，分爲二十一部而成是書。乃今之言古韻分部者，多謂王氏晚年分二十二部，且謂從孔巽軒之說析冬於東云云。按此蓋誤讀當時丁氏履恒與先生書中有"尊恉分二十二部"之言而致（丁書見《昭代經師手簡初編》）。然攷丁氏此簡，作於贛榆任中。丁任贛榆教諭，約在嘉慶辛未至道光丙戌。此十六年間，先生有與李鄦齋、江晉三論古韻書，皆主張分二十一部。又《與陳碩甫書》有云"冬韻則合於東鍾江，而不別出"。先生卒後，阮文達有與文簡書云"二十一部古韻，已在粵中上板"。先生孫壽同所作《伯申府君行狀》云"府君精通於先大父古韻二十一部之分"。總觀上事，知先生始終無二十二部之說也。緣丁氏所謂二十二部，蓋彼自纂成古韻十九部。先生因又爲分出至、軵、蓋三部，爲二十二。所謂二十二者，乃丁氏之韻，非王氏之韻也。

按王引之《王文簡公文集》（載《高郵王氏遺書》）卷四《致宋小城書》稱宋保（號小城）《諧聲補逸》"凡所發明，咸與廿一部相合，而能觀其會通"。知引之亦遵信其父二十部之說，可補證劉盼遂說。又劉氏稱《詩經群經楚辭韻譜》七卷，實則止有上下二卷，"七"當是"二"之誤。

說文解字義證五十卷　（4-243）

連筠簃刻本

國朝桂馥撰。邃于金石六書之學，嘗謂士不通經不足以致作，而訓詁不明不足以通經。博考諸書，作《說文解字》學，取許書與諸經之義相疏證。《梁書・孔子祛傳》"高祖撰《五經講疏》及《孔子正言》，專使子祛檢閱羣書以為義證"。馥為《說文》之學，亦取證於羣書，故題曰"義證"。專臚古籍，不下己意，分肌擘理，脈絡貫通。前說未盡，則以後說補苴之。前說有誤，則以後說辨證之。凡所稱引，皆有次第，取足達許說而止。引據雖繁，條理自密。王筠議其引據之典，失於限斷，且汎及藻繪之詞，而又未盡加校改。然馥固自言從事《說文》三十餘年，牽於世事，作輟無常，前緒已了，後復茫然，深有感於司馬溫公《進通鑑表》所云"抵牾不敢自保也"。其謂近日學者風尚六書，動成習氣，偶涉名物，自負《蒼》、《雅》，略講點畫，妄議斯、冰，叩以經典大義，茫乎未之聞也。足以鍼砭末俗。同時桂、段竝稱，治《說文》者多以二書為津梁。（楊鍾羲撰）

按張之洞《張文襄公全集》卷二百十三《桂氏說文義證敘》云：

> 竊謂段氏之書，聲義兼明而尤邃於聲；桂氏之書，聲亦並及而尤博於義。段氏鉤索比傅，自以爲能冥合許君之恉，勇於自信，欲以成一家之言，故破字創義爲多；桂氏敷佐許說，發揮旁通，令學者引申貫注，自得其義之所歸。故段書約而猝難通辟，桂書繁而尋省易了；夫語其得於心則段勝矣，語其便於人則段或未之先也。其專臚古籍，不下己意，則以意在博證求通，展轉孳乳，觸長無方，非若談理辯物，可以折衷一義，亦如王氏《廣雅疏證》、阮氏《經籍籑詁》之類，非可以己意爲獨斷者也。桂氏之言曰："今日學者，風尚六書，動成習氣，偶涉名物，自負《倉》《雅》，略講點畫，妄議斯、冰，叩以經典大義，茫乎未之聞也。"此尤爲近今小學家所不能言，洵足以箴肓起廢者矣。

張氏論段、桂之异同甚晰，學者多韙之。提要"其謂近日學者"云云，蓋亦取於斯也。

說文新附攷六卷續攷一卷　（4-304）

非石居原刻本

國朝鈕樹玉撰。《說文》新附四百餘文，多不典。張謙中《復古編》不別白，直仞為許君正文。李燾《五音韻譜》亦然。樹玉一一糾而正之。……“陸機《草木疏》”，“機”當作“璣”……皆失於校勘。（楊鍾羲撰）

按《草木疏》作者陸機，不作陸璣，實有所本，非失於校勘也。清錢大昕《潛研堂文集》卷二十七《跋爾雅疏單行本》云：

此書引陸氏《艸木疏》，其名皆從木旁，與今本異。考古書，“機”與“璣”通。馬、鄭《尚書》“璿璣”字皆作“機”。《隋書·經籍志》烏程令吳郡陸機，本從木旁。元恪與士衡同時，又同姓名，古人不以爲嫌也。自李濟翁強作解事，謂元恪名當從玉旁，晁氏《讀書志》承其說，以或題陸機者爲非。自後經史刊本，遇元恪名，輒改以玉旁。予謂考古者，但當定《艸木疏》爲元恪作，非士衡作，若其名則皆從木旁。而士衡名字尤與《尚書》相應。果欲示別，何不改士衡名耶？即此可征邢叔明諸人，識字猶勝於李濟翁也。

說文古本考十四卷　（4-246）

滂喜齋刊本

國朝沈濤撰。濤字西雍，號匏廬，嘉興人，經史小學均有論著。以許書自二徐以來別本寖多，或彼此不同，或前後互異，其中竄亂增删，去許愈遠。參考舊說以訂其是，意在識古本之真面。光緒初潘文勤從繆小山鈔得刻行，卷三上脱十一、十二二葉，卷五下脱第五葉，卷十一下脱十一、十二二葉。（楊鍾羲撰）

按雷夢水《書林瑣記》有《〈說文解字古本考〉補闕》一篇，於原書脱頁有所補綴，其文曰：

《說文古本考》十四卷，每卷分上下，清嘉興沈濤撰，光緒十年吳縣潘氏滂喜齋刊。有潘祖蔭序，長洲潘鍾瑞跋，惟卷三上原缺第十一、十三兩頁；卷四下原缺第二十三、二十七兩頁；卷五下原缺第五頁；卷十一下原缺第十一、十二兩頁。又民國十五年二月上海醫學書局以吳縣潘氏滂喜齋刊本縮小影印，並增無錫丁福保序。又民國十八年（己巳）祖蔭之孫承弼校正補闕本。

按此本除補缺六頁外，尚缺卷四下第二十七頁。嘗見傳鈔本一部，紫色墨格，板心下刊有室名“五葉蓮花山房”六字，有目無序，首有題字云：“沈西雍此書未見刻本，此本乃客蓮池時借勞君玉初藏稿鈔存，光緒二十一（乙未）壽坤記”，下鈐有“彝臣所藏”四字印一方；每卷之首鈐有“彝臣讀過”四字印。又“深澤王氏洗心精舍所藏書畫”十二字印一方，是書內有後人增注或用紙條粘於書眉，或書於後，書中原文較刊本尚有多寡不同，至於潘氏刊本所無者，如卷十一下雲部雲字。

又按：《北堂書鈔》天部，引雲者山川之氣乃櫽括非原文一條是也。茲將潘本尚缺者卷四下第二十四叶，記錄於下，以備藏昌書者得所補焉。

觲用角低仰便也。從羊牛角、詩曰觲觲角弓。

濤按：《詩》“角弓作騂”，《釋文》云，騂，《說文》作弲。則古本偁《詩》在弓部弲注，而此處無之，殆爲二徐所妄竄。順角，順獸也。狀似豕角，善爲弓，出胡休多國、從角耑聲。

濤按：《藝文類聚》卷六十、軍器部引作出胡休夕國，順作端，《御覽》三百四十七，兵部引作出胡尸國，注一曰出休尸國，休尸即屠之壞，古本當作出胡休屠國傳寫聲誤爲多，《類聚》所引，又形壞爲夕耳。觿佩，角銳耑可以解結從角巂聲、詩曰童子佩觿。

濤按：《御覽》七百十四服用部，引無佩字，蓋古本如是《廣韻》五支引，亦無佩字。

觛小觶也，從角旦聲。

濤按：《御覽》七百六十器物部，引觛小巵也、蓋古文本如是，巵部巵字解云，圜器也，一名觛巵，觛互訓則當作小巵爲是，《玉篇》亦云小巵也。

䚏，惟射收繁具也，從角發聲。

濤按：《一切經音義》卷七引無惟射二字，乃元應節引，非古本如是。

說文解字音均表十七卷　（4-245）

《皇清經解續編》本

國朝江沅撰。子蘭本段氏十七部，先箸《說文釋例》，後成是編。第一部，陸韻平聲之咍，上聲止海，去聲志代，入聲職德。第二部，陸韻平聲蕭肴豪，上聲篠小巧皓，去聲嘯笑效號。第三部，陸韻平聲尤幽，上聲有黝，去聲宥幼，入聲屋沃燭覺。第四部，陸韻平聲侯，上聲厚，去聲候。第五部，陸韻平聲魚虞模，上聲語麌姥，去聲遇御暮，入聲藥鐸。第六部，陸韻平聲蒸登，上聲拯等，去聲證嶝。第七部，陸韻平聲侵鹽添，上聲寢琰忝，去聲沁豔㮇，入聲緝葉怗。第八部，陸韻平聲覃談咸銜嚴凡，上聲感敢豏儼范，去聲勘闞陷鑑釅梵，入聲合盍洽狎業乏。第九部，陸韻平聲東冬鍾江，上聲董腫講，去聲送宋用絳。第十部，陸韻平聲唐耕清青，上聲梗耿靜迥，去聲映諍勁徑。第十二部，陸韻平聲真臻先，上聲軫銑，去聲震霰，入聲質櫛屑。第十三部，陸韻平聲諄文欣魂，上聲準吻隱混很，去聲稕問焮慁恨。第十四部，陸韻平聲元寒桓刪山仙，上聲阮旱緩潸產獮，去聲願翰換襇線。第十五部，陸韻平聲脂微齊皆灰，上聲旨尾薺駭賄，去聲至未霽祭泰怪夬隊廢，入聲術物迄月沒曷末黠鎋薛。第十六部，陸韻平聲支佳，上聲紙蟹，去聲寘卦，入聲陌麥昔錫。第十七部，陸韻平聲歌戈麻、上聲哿果馬，支聲箇過禡。（楊鍾羲撰）

按此段詳列音韻表十七部，獨闕第十一部，第十部亦誤，可謂錯漏兼有。今查《皇清經解續編》本江沅《說文解字音均表敘》云“第十部，陸韻平聲十陽、十一唐，上聲三十六，三十七蕩，去聲四十一漾、四十二宕。第十一部，陸韻平聲十二庚、十三耕、十四清、十五青，上聲三十八梗、三十九耿、四十靜、四十一迥，去聲四十三映、四十四諍、四十五勁、四十六徑”。據此篇體例，應將“第十部，陸韻平聲唐耕清青，上聲梗耿靜迥，去聲映諍動徑”改爲“第十部，陸韻平聲陽唐，上聲養蕩，去聲漾宕。第十一部平聲庚耕清青，上聲梗耿靜迥，去聲映諍勁徑”。

徐松說文段注札記一卷龔自珍說文段注札記一卷桂馥說文段注抄按二卷　（4-315）

長沙葉氏刊本

國朝劉肇隅輯。肇隅字廉生，湘潭人，諸生。道州何氏所藏《說文段注》，為大興徐星伯故物。星伯錄龔定菴說於上，自識者以松按別之，共七十三事。徐識語略謂龔受外祖氏學，而有所發明，故錄之。龔校有記段口授與成書異者，有申明段所未詳者，亦有正段失者。肇隅條而鈔之。凡有松按，別為一紙。敘謂讀龔氏《抱小篇》，知其邃於小學，學出金壇段先生。《己亥雜詩》"而翁學本段金沙"，此自諭其子也。桂未谷《說文段注鈔》一卷，《補鈔》一卷，亦肇隅所校錄，各條按語有糾正、有引申。長沙葉德輝得之京師，原有三冊，其一為宗室伯兮祭酒所有，乃鈔段注上半部；此二冊得百五十事。葉敘謂其於聲音訓詁之義互相發明，尤為有功許氏，因並刻之。（楊鍾羲撰）

按桂馥之卒在段玉裁《說文解字注》成書前，桂氏未見段書，無從"抄按"。張舜徽《清人筆記條辨》卷十《媿生餘錄》辨之甚詳，其文曰：

> 按桂、段兩君，生同時而竟無一面之緣。桂書早成，段書晚出。段聞於李氏，始知桂有《說文正義》之作。與今名不同，蓋傳之者失其眞也。即屬改名，亦不足異。猶之段書初名《說文解字讀》，後始改名《說文解字注》耳。最可怪詫者，清末葉德輝得《說文段注鈔》二冊於琉璃廠書肆，本末題鈔者姓字。葉氏竟臆定爲桂氏手鈔本眞蹟，並定名爲《說文段注鈔案》，爲之敘以刻行於世。不悟桂氏沒於嘉慶七年，而段注成於嘉慶十二年，至嘉慶二十年始刊布之。桂氏墓有宿草，安從而見段氏之書？不考定其歲時，遽作僞以欺世，可謂膽大妄爲矣。而近世治許學者，多爲所惑，尤不可不糾其謬也。

張氏所謂"段聞於李氏，始知桂有《說文正義》之作"者，段玉裁《札樸序》（見桂馥《札樸》卷首）云：

> 友有相慕而終不可見者，未始非神交也。余自蜀歸，晤錢少詹曉徵、王侍御懷祖、盧學士紹弓，因知曲阜有桂君未谷者，學問該博，作漢隸尤精，而不得見。覬其南來，或可見之。已而未谷由山左長山校官成進士，出宰雲南永平，以爲是恐難見矣。余僑居姑蘇久，壬申，薄遊新安而歸，得晤山陰李君柯溪，刻未谷所撰《札樸》十卷方成，屬余序之。余甚喜，以爲未谷雖不可見，而猶得見其遺書也。未谷深於小學，故經史子集古言古字，有前人言之未能了了，而一旦砉然解者，

豈非訓詁家斷不可少之書耶？況其考核精審，有資於博物者，不可枚數。柯溪亦官滇，與未谷時多商榷論定。柯溪之告歸也，未谷以此書授之，俾刻之江左。未谷是年沒於官，而柯溪乃於十年後解囊刻之，不負鄭重相託之意，是眞古人之友誼，可以風示末俗者矣。抑柯溪言未谷尚有《說文正義》六十卷，爲一生精力所聚，今其稟藏於家，吾知海内必有好事者取而刻之，持贈後學，庶不見未谷者可以見未谷之全也哉！嘉慶十八年七月中元日金壇段玉裁書於閶門外枝園。

說文引經例辨三卷　（4-254）

《雷刻四種》本

國朝雷浚撰。有正字之假借，但取聲而義不必通，如《左傳》"鹿死不擇音"，其正字當作"蔭"，今作"音"者，杜注所謂古字聲同皆相假借也。（楊鍾羲撰）

案周壽昌《思益堂日札》卷一《鹿死不擇音》云：

文十七年："鹿死不擇音。"杜注："音，所茠蔭之處。古字聲同，皆相假借。"《正義》曰："《釋言》云：'庇，茠，蔭也。'舍人曰：'庇，蔽也；茠，依止也。'郭璞曰：'今俗呼樹蔭爲茠。'杜意言本當作蔭，古字聲同，皆相假借，故《傳》作音，言鹿死不擇庇蔭之處，喻己不擇所從之國，欲從楚也。服虔云：'鹿得美草，呦呦相呼，至于困迫將死，不暇復擇善音，急之至也。'劉炫從服說，以爲：'音，聲；謂不擇音聲而出之'，而難杜。今知不然者，以《傳》云：'鋌而走險，急何能擇？'言走險論其依止之處，以其怖急，得險則停，不能選擇寬靜茠蔭之所。《傳》文所論，止言其出處所在，不論音聲好惡，故杜不依服義。劉以爲音聲而規杜，非也。"愚案《莊子・人間世》云："獸死不擇音，氣息茀然，于是並生心厲。"郭注："譬之野獸，蹴之窮地，意急情盡，則和聲不至，而氣息不理，茀然暴怒，俱生疵疵。"以相對之，是《莊子》音讀如本字，即郭注亦別無音義也。《釋文》音字無注，似亦作本音讀。

六書轉注說二卷　(4-249)

《景紫堂全書》本

國朝夏炘撰。炘字心伯，當塗人。謂六書之學今稱大備，然轉注迄無定論。唐以前論轉注者不失古意，“老”字為部首，凡“老”之屬皆受意于老，轉相灌注，五百四十部之字無不受意于部首之字，轉相輸受，形聲者就每字取聲，故散言之曰形聲。江、河雖可同謂之水，水究不可同謂之江、河，得聲各不相蒙也。轉注者，統每部取義，故總謂之曰轉注，“耆”、“考”同受意于“老”，“老”亦同施意於“耆”、“考”，“耆”、“考”蒙“老”而各得相通也。轉注同意相受之說，不主說聲。鄭氏樵分建類主義、主聲二類，已失許氏一首之例。至互體別聲，互體別義，竝違建類之意。張氏有分轉聲之借為轉注，後世多惑其說。毛氏晃展轉注釋，即轉聲注釋之謂。趙氏古則就張氏之說而衍之。楊氏慎、顧氏炎武以同聲異義者為假借，異聲別義者為轉注。楊氏桓、劉氏泰以合數文成字者為轉注。戴氏侗、周氏伯琦以字之反側者為轉注。趙氏宧光以諧聲之不轉聲者為轉注。近世戴氏震、段氏玉裁以轉注為互訓。戴氏至以《爾雅・釋詁》有多至四十字共一義者為轉注之遺意，謂之同意相受可，謂之建類一首不可。段氏解建類一首直以“類”字作“目”字解，“首”字作“綱”字解，如初、哉、首、基諸目皆統一“始”字為綱，故曰建類一首。不知建類為部分。曹氏仁虎堅持古訓，然混諧聲以言轉注，以此合彼而不離其原者為轉注，以此合彼而各自為義者為會意。不知建類一首為五百四十部之通例。戚氏學標以《說文》中某與某同意諸字為轉注，祇解得“同意”二字，而于“建類一首”及“相受”六字無干。朱氏駿聲論轉注，以許氏為誤，又移假借之令長為轉注，轇轕愈甚。惟許氏宗彥、江氏聲之說為合。是書大旨以建類者即部分之類，一意者即每部之首，同意相受者謂每部同類之字，皆本此部首一字之意，遞相授受也。謂之轉注者，如水之灌注，轉相輸受耳。指事、象形、形聲、會意，書之體；轉注、假借，書之用。東原之說，確不可易。轉注者，建字之類，統歸一首，又部分之首與部分之字同此一意，互相輸受，如水之流，如川之注，所以總貫乎指事、象表、形聲、會意四者，而為之經；假借者，本無其字，依聲託事，此字之義可假為彼字之用，一字之義可散為數字之用，所以錯綜乎指事、象形、形聲、會意四者，而為之緯。一縱一横，而四者皆為所攝。同意相受與會意不同，合二體以成一字者謂之會意，合一部同意相受者謂之轉注。上卷論其旨趣，下卷備言諸家之誤。至六書次第，劉歆、班固云象形、象事、象意、象聲、轉注、假借，鄭衆云象形、會意、轉注、處事、假借、諧聲。炘謂古聖人畫字之初，先從一始。一者，指事字也。有事而後有形，故象形次之。有形而後有聲，故形聲次之。有事形聲而後有意，故會意次之。四者書之體立矣。子是經之以轉注，緯之以假借。二者書之用備矣。故六書次弟各說不同，而許氏之言為不可易云。（楊鍾羲撰）

按李慈銘《越縵堂讀書記·經部小學類·六書轉注說》云："姚氏文田言，東南小學以戴海陽爲大宗，然以互訓解轉注，實乖祭酒之旨。此書反覆辨證，翳障一空。凡某之屬皆從某，即祭酒解轉注之例，尤直截了當云云，其推許可謂至矣。心伯自序，言此書作於道光丙戌，是其成最早，故文僖猶得見之。其書本小徐之說，以部爲類，以每部之首一字爲建類之首，而同部諸字，即爲同意相受，推之五百四十部，無一不合。上卷備論轉注之義，謂戴氏以互訓爲轉注，引《爾雅》《釋詁》之例；段氏守其師說，引初哉首基等字，皆訓始以證之，不知此乃《爾雅》之例，非六書之例。六書造自倉頡，訓詁至周以後始有，不得以解經之義，爲造字之義。考訓老老訓考之類，亦《說文》之注例，出於後人之推闡，若造字之始，建老爲類首，而考耇耆耋櫛孝同意之字，皆轉相輸受，歸于一類，是謂轉注；非先有老之訓而制考，先有考之訓而制老也。又取戴氏指事象形形聲會意爲體、假借轉注爲用二語，謂指事象形形聲會意四者，皆明一字之體，散無統攝。轉注則分別部居而有以貫之，叚借則一字數用而有以通之；轉注者，自部首至部末，從而爲經，叚借者叚一字爲數字，衡而爲緯。同意相受與會意不同，會意者，如武信之類，合二體以成一字，而意僅及於一字也；同意相受者，合一部之字，皆從部首之意，文雖繁而意則一也。考老同部，與江河上下同部不同。江河各有諧聲，故謂之形聲；上下就一字之體可識其意，故謂之指事。若考字在老部，所謂建類一首；考字即訓老，所謂同意相受也。《說文解字》凡某之屬皆從某者，即取六書轉注之例以爲部分，後人誤以爲分部之訓，而不知皆許氏解轉注之例。下卷歷辨宋鄭樵張有毛晃、元楊桓劉泰周伯琦、明趙古則楊愼趙宧光、國朝顧炎武、近儒戴震段玉裁曹仁虎戚學標、同時朱駿聲（字豐芑，官黟縣教諭。著有《說文通訓定聲》。咸豐初，經進其書；賜國子監博士銜。）諸家論轉注之誤。謂顧氏最通古音，而亦沿張氏楊氏之誤，以字之有轉音者爲轉注，蓋失之不攷。東原知顧氏之誤，而以互訓爲轉注，言彌近理而大亂眞。習庵知戴氏之誤，而謂字必部同義合音近者，始爲轉注，則又混轉注于諧聲。鶴泉以《說文》中某與某同意諸字爲轉注，是僅解得同意二字，而不解建類一首及相受二字。皆條分縷晰，辨證極詳。其言六書次第，當依《說文》以指事爲第一，象形爲第二。班固鄭樵毛晃皆以象形爲首，小徐言六書起于象形；無形可載，有勢可見，則爲指事。不知古人畫字，必从一始，故曰惟初太極，道立于一。一者指事字也，有一而後累百累千之字由之以生，故指事之字最少，而六書必以爲首。有事而後有形，故象形次之。尤爲不易之論。蓋于許氏之學，貫串周浹，所著書中，當以此爲最矣。以偏旁爲轉注，其論發之吾浙許氏宗彥。心伯言此書成後八年，見儀徵相國所刻《經解》中，有許兵部《轉注說》一篇，其旨適合。又從朱豐芑《說文通訓定聲》中見引江艮庭先生論轉注一條，謂《說文》分部五百四十即建類，始一終亥即一首，凡某之屬皆從某，即同意相受；轉注者，轉其意也，注如挹彼注茲之注云云，尤見攷古之心，後先一轍，因附錄兩君之說于敘後。其末題甲午夏月。心伯蓋未見《鑑止水齋集》，而江氏《說文》，本無傳書，其說自爲獨悟。然許氏解形聲之旨，謂江河是也，是以水爲形，工可爲聲，故曰以事爲名，取譬相成；从水者以事爲名，从工从可者取譬相成。江河从水，即部分偏旁之義也。推之考耇耆耋等字，則耂者即偏旁也，部分也，以事爲名也，所謂形也。丂句至旨者，即取譬相成也，所謂聲也。是則由江氏許氏及心伯之說，不幾混形聲于轉注乎？反覆思之，而知戴氏段氏互訓之說終確不可易也。詁訓雖起于後世，然造字之初，何以既制老，復制考，是必先有訓義在矣。

戴氏樸學深思，段氏于許書用力尤篤，豈有此等大義，尚思之未至者耶？可見乾嘉間諸大儒，著述精密，無可復議矣。心伯此書，以存一說可也。若欲以此輕前賢，奚其傎哉。”

攈古錄金文九卷　（4-329）

吳氏家刻本

國朝吳式芬撰。於虢季子盤，謂文與《小雅·六月》皆紀宣王北伐時事，《六月》“侵鎬及方，至於涇陽”，此寇之來路。“薄伐玁狁，至於太原”，此寇之去路。顧、胡謂太原即北魏原州，今固原州地。此盤文曰“薄伐玁狁，于洛之陽”。班《志》洛水出北地歸德北蠻夷中。《括地志》洛水出慶州洛源縣白於山。寇之來也，“至於涇陽”，蓋及今平涼鎮原之界而止。周之禦寇也，“于洛之陽”，蓋駐軍今合水安化二縣境。敵壘相距在百里內，其地廣平，即《詩》所謂太原。顧、閻諸君之論，以此證之，義始大明。（楊鍾羲撰）

按全祖望《經史答問》卷三云：

周之畿內自有太原，故宣王料民於太原。若以晉之太原當之，則踰河而東，以料民於藩國，有是理乎？《爾雅》：“廣平曰原”，《公羊傳》：“上平曰原”，《尚書大傳》曰：“大而高平者，謂之太原。”蓋太原字義，原不必有定在。《春秋說題辭》：“高平曰太原”，斯平涼一帶，所以亦有太原之名。先儒所以謂太原爲陽曲者，孔穎達曰：“杜氏謂千畝在西河之介休，則王師與姜戎在晉地而戰。”按《左傳》：“晉文侯弟，以千畝之戰生”，則千畝似晉地也。而《九域志》：“古京陵在汾州，宣王北伐玁狁時所立”，則亦以太原爲晉陽也。予謂周之畿內，蓋亦別有若千畝者，非即西河之介休。其時晉人，或以勤王至畿內，戰於千畝，而成師生，亦未可定。蓋千畝乃籍田，亦應在畿內，不應渡河而東，卜地於介休。是皆當闕如者也。

石經類

唐石經校文十卷（著錄）　（1-451）

《四錄堂類集》本

清嚴可均撰。可均字鐵橋，順天宛平人。唐石經立於開成二年，至今巋然獨存，此天地間經之最完最舊者也。經之有版，昉於後唐，彼時依石本句度，鈔寫相沿迄茲，是今人所讀者，無論非漢魏六朝之舊，亦非陸元朗、孔穎達所據之本。句皆石經之句，字皆石經之字，讀經而不讀石經，非飲水而忘其源乎？至唐石經之失，則在奉當時詔令，未盡合古，《書》則信偽孔本，《禮》則用玄宗所改《月令》，雖不足明古誼，以匡今謬有餘也。是書之旨，蓋欲為今版本正其誤，為唐石經繹其非，為顧炎武氏等袪其惑。凡石經之磨改者、旁增者與今本互異者，皆錄出，并據《注疏》、《釋文》，旁稽史傳及漢人所徵引者，為之左證，而石臺《孝經》附其後焉。又其謂“近人治經好依《說文》改字，然經以真寫，而欲酷純以篆，不可通也。故斟酌於篆隸之間，云隸省，云隸變，云隸俗，云隸借，至并非隸所有者，乃不成字，云不體”。此尤其校例之可法者矣。第篇中所舉石經，亦有漏奪。如《書・立政》“即宅曰三”，磨改作“即宅曰三有”。《呂刑》“官百族姓”，“百”磨改作“伯”。《詩・匏有苦葉》“濟盈不濡軌”，監本“軓”作“軌”。《衡門》“可以飢”，監本“　”作“樂”，“疒”似是後加鐫者。《禮・王制》“千里之內以為御”，“千”磨改作“十”。《喪服小記》“適婦不為姑後者”，“姑”磨改作“舅”。《春秋》哀十一年《左氏傳》“然則正乎”，“正”磨改作“止”。《爾雅》“伻，使也”，“伻”磨改作“抨”。略舉數字，以補其遺。於全書大體固無傷也。（江瀚撰）

按李慈銘《越縵堂讀書記・經部群經總義類・唐石經校文》云：“此書甚精慎，其抨擊亭林顧氏之誤，幾無完膚。中一條論吳氏廷華《儀禮章句》云：余嘗隨手繙之，得卷十一之卅葉，引《通典》吳氏徐整曰，即其書可知矣。案吳氏此條在喪服夫之姑姊妹之長殤下，其氏字乃誤衍；以整為孫吳時太常，故稱曰吳徐整。中林於《儀禮》用力頗勤，其《章句》一書，雖未博覈，亦多有可取，何至不知徐整之為姓名？鐵橋薄之太過矣。”

蜀石經毛詩考正一卷　（20-432）

傳鈔本

清嚴杰撰。杰字厚民，號鷗盟，餘杭人。潛研經術，得漢唐經師家法，嘗佐阮元編《經籍纂詁》、《皇清經解》。所著有《小爾雅疏証》及是編行於世。是編前有嘉慶十一年臧庸題辭，惜其刻本，求之數年，卒不可得，豈當時實未嘗刊行歟？此本蓋據嚴氏稿本傳鈔，字體工整，魯殿靈光，彌足珍貴。其書凡一卷。據蜀石經《毛詩》殘本，句訂而字正之，故以《蜀石經毛詩考正》名其書。按蜀石經《毛詩》殘本，其文字之異同，固多足証舊本之譌誤，是以官本《毛詩注疏》往往援引之以為據。然其間亦多增所不當增，刪所不當刪者，世俗好異，不知其誤，反據石經之非以正今本之是，是又烏足與辨是非黑白哉！是編盡取蜀石經《毛詩》殘本，據《傳》、《箋》、《正義》、《釋文》、唐石經及宋岳氏本，句訂而字正之，以明蜀本之不足信。核其所論，大抵援引淵博，考訂精審。如《邶風・谷風》“昔育恐育鞫”一句，兩“育”字殊訓，見於《毛傳》、《鄭箋》及孔氏《正義》，俱有明証。唐開成石經亦同。乃蜀本獨無下

“育”字，而作“昔育恐鞠”。不知“育恐育鞠”，正對文為訓，蜀本無下“育”字，蓋由校勘麤疏，一時誤脫，若謂其有意删之，恐不至誕妄若此。而世俗之士，苟焉好異，反據之以今本為誤，未免失之陋矣。凡此之類，是編悉加辨正。世之苟焉好異者，亦可以知蜀本之不可盡信矣。（張壽林撰）

段玉裁《經韻樓集》卷一《跋黃蕘圃蜀石經毛詩殘本》云：

余少時聞《蜀石經》兼有經注，憾不得見。乾隆壬辰至成都，暇則欲訪尋文翁，高聯講堂舊址，孟蜀廣政時所刻石及宋皇祐以前所補。以爲能見殘碑破字於荊榛瓦礫中，未必不可以爲讎校之助也。而知交無同好者，獨往今府學中，光沈響絕， 爲躊躇歔欷者久之。自此留蜀數年，南至於瀘定橋，東至於巫峽間，問諸所見士大夫，莫有藏拓本一片者。

南歸後，僑居姑蘇閶門外，於故友陳芳林樹華家，見《蜀石經・左傳》數百字，錢曉徵少詹事錄諸《潛研堂金石跋尾》，今爲唐陶山刺史物者是也。嘉慶甲子，黃堯圃主政又得蜀刻《毛詩・召南》一卷，故杭郡黃松石老人物，雖才一卷，較陳氏所得《左傳》字數多矣。乾隆初年，武英殿刊注疏，校《毛詩》諸臣引《蜀石經》，自《周南》至《邶風・靜女》，凡四十一條，以後則不引，蓋當時所見只三卷而已，昔在蜀見錢墉張君名賓鶴，年已六十余，能詩歌篆隸，多見古物，云：親見松石《蜀石・毛詩》全部，“昔育恐育鞠”無下“育”字，“夭夭是椓”作“夭夭”疊字。記此二處與世間本絕異，余嘗識之於懷。今蕘圃所得《召南》諸條，無不與殿板諸公語合者，惜此卷之外，皆不知飄落何處矣。厲樊榭詩集中，亦載《周南・汝墳》《蜀石》“惄如輖飢”，與今本作“調飢”異，即冬日南華堂所爲作詩者也。殿版注疏，獨未載此一條。蕘輔好古，故古物聚焉。吾烏知松石翁之全詩以及諸經拓本，不將不脛而歸於士禮居哉？《十駕齋養新錄》取《江有汜》“之子於歸”有“於”字爲勝，又“昔育恐鞠”亦視他本爲勝。余則謂：《鄭箋》釋兩“育”甚明，辛楣偶未省照也。余爲阮梁伯定《十三經校勘記》，則取《甘棠》“召伯聽男女之訟，重煩勞百姓”，此與《司馬相如傳》“方今田時重煩百姓”同解，今本有“不”字，非也。

臧庸《拜經堂文集》卷二《題蜀石經毛詩考證》云：

余幼時讀官本《毛詩注疏》，考證輒引《蜀石經》，心頗惑之。後考其文字異同，往往增所不必增，删所不當删。如《谷風》“昔育恐育鞠”一句，兩“育”字而殊訓，見之《毛傳》、《鄭箋》、孔氏《正義》，俱有明證，《開成石經》亦同，乃蜀本獨無下“育”字。此類差謬，當由校勘粗疎，一時誤脱耳。若謂有意删之，恐不至誕妄若是。而好異之人不知其誤，反以今本爲衍，恐又爲誤本之傭台矣。學問之道，貴平心以求其是非，而無取乎苟焉好異，苟焉好異之人，固無與乎學問之事也，又烏足與辯是非，分黑白哉？錢塘嚴君厚民取《蜀石經》殘本，據《傳》《箋》《正義》《釋文》《唐石經》岳本句訂而字正之，蜀本不足信，一覽盡之矣。苟焉好異之人，其考諸此與？

群經總義類

升菴經説十四卷 （1-500）

函海本

明楊慎撰。惟好詆朱熹，頗與毛奇齡相似。“終朝三拖”一條，謂“鄭康成古本‘褫’作‘拖’。晁以道云‘拖如拖紳之拖’。蓋《訟》之上九，上剛之極，本以訟而得鞶帶，不勝其矜，而終朝三拖以誇於人。《本義》作‘奪’，非是。《象》曰‘以訟受服’，而今以‘奪’解之，可乎”？案此於義雖通，但朱“褫”訓“奪”，蓋依《程傳》。且陸德明《釋文》“王肅曰褫，解也”。李鼎祚《集解》“侯果曰褫，解也”。解猶脱，脱、奪義近。高誘注《淮南子》曰“拖，奪也”。由是而言，則程、朱以“奪”解之，亦本古義，似未可非。

按清沈濤《交翠軒筆記》卷三云：

《易·訟》上九“或錫之鞶帶，終朝三褫之”。《釋文》“鄭本作拕”，初不言何訓。項安世《周易玩辭》云“褫字，鄭康成本作拕，言三加之也。因象言不足敬，故人皆以拕爲褫。今按不足敬者，謂其受服爲可鄙，非見其褫服而後慢之也（因字以下乃項氏引申鄭義）”。案拕有曳、奪二義，《説文·手部》“拕，曳也”。《淮南·人間訓》“拕其衣被”，高誘注“拕，奪也”。虞荀九家皆主奪義，蓋與王肅、侯果褫解之訓，字異而義不異。鄭主曳義，故以三拕爲三加。

鄭、虞《易》解不必相同。惠氏《九經古義》必謂“奪”是而“曳”非，蓋未檢《玩辭》所引鄭《注》也。

又《文莫解》引《晉書》樂肇《論語駁》曰“燕齊謂勉強為文莫”。陳騤《雜識》云“方言侔莫，強也。凡勞而勉若云努力者，謂之侔莫”。則劉台拱采入所著《論語駢枝》中。（江瀚撰）

案“勉強爲文莫”，劉聲木《萇楚齋五筆》卷九《王樹枏文莫二字意義》引王樹枏說，論述詳密，今錄於下：

鄞縣陳餘山明府僅，撰《文莫書屋詹詹言》二卷、《附》一卷，道光乙巳仲冬，繼雅堂自刊本。聲木謹案：明府以“文莫”名書屋，與新城王晉卿方伯樹枏同意，方伯有《答門人》書云：“承詢文莫之誼，蓋少所見，多所怪也。楊慎《丹鉛錄》引晉樂肇《論語駁》曰：‘燕齊謂勉強爲文莫。’寶應劉台拱云：‘文莫者，行仁義也。躬行君子，由仁義行也。’顏齋之誼，即取諸此。《說文》：‘忞，彊也。從心文聲，讀若旻。’《玉篇》：‘忞，自勉強也。’《說文》：‘慔，勉也。從心莫聲。’《爾雅·釋訓》：‘慔慔，勉也。’文莫蓋忞慔之借字。《廣雅·釋詁》曰：‘文，勉也。’《淮南·繆稱訓》曰‘猶未之莫與’，高誘註云：‘莫，勉之也。’文莫古訓蓋如此。古讀文如門，《水經注·漢水篇》，文水即門水也。《漢書·高帝紀》‘亡諸身帥閩中兵’，如淳曰‘閩音緡’，應劭曰‘音文飾之文’。文借爲亹，故《爾雅·釋詁》曰：‘亹亹，蠠沒，勉也。’阮文達謂：‘亹讀若凫鷖在亹之亹，音門。’《釋文》云：‘亹字或作亹。’門美聲（都）〔轉〕，故亹又讀爲美。《詩》‘亹亹文王’，‘亹亹申伯’，《毛傳》《鄭箋》俱云‘勉也’。亹字又作旼。《大戴禮·五帝德篇》云‘亹亹穆穆’，《文選·封禪文》作‘旼旼穆穆’。亦忞之假借，經典之通借作暋。《書·立政篇》‘在受德暋’，《說文》引作‘在受（法）〔德〕忞’。又通閔。《說文》引《書》‘暋不畏死’，《孟子》引作‘閔不畏死’。《漢書·谷永傳》集註云：‘閔免猶黽勉也。’《儒行》註云：‘閔或爲文。’旼、暋、閔皆從文得聲，故通借如此。文莫二字，一聲相轉，故《易繫詞》鄭註云‘亹亹，沒沒也’，亹沒即文莫也。文莫與蠠沒、黽勉皆同聲，故郭註云：

'黽沒猶黽勉。'《詩》'黽勉同心',《文選》註引《韓詩》作'密勿同心'。勿毋音義同。《曲禮》'無不敬',《釋文》云:'古文言毋,猶今人言莫也。'莫毋同音,故莫莫重文借爲勿勿。《禮·禮器》'勿勿乎其欲其饗之也',《大戴禮·曾子立事篇》'君子守此勿勿也',鄭注盧〔注〕皆云'勿勿猶勉勉也',蓋本《爾雅》'慔慔,勉也'爲訓。'慔慔'即釋《詩·楚茨篇》之'君婦莫莫',此三家異文字。《方言》云:'侔莫,強也。北燕之外郊,凡勞而相勉,若言努力者,謂之侔莫。'分言之則曰莫,合言之則曰侔莫矣。莫又轉爲懋,又轉爲孟,又轉爲穆,又轉爲明,皆以聲爲義,故經典通用也。夫子曰:'我非生而知之者,好古敏以求之者也。'與此章一(義)〔意〕。敏當讀如人道敏政之敏。鄭注云:'敏猶勉也。'敏文同聲,敏莫聲轉,其義一也。聖人以好學自居,以生安自謝,蓋自道一生所得,並以好學勉人之意。聖門弟子眾矣,而夫子之對哀公,獨稱顏氏子爲好學,甚矣!好學之難也。僕故以此自勉,庶幾觸目驚心焉爾。"云云。文見《陶廬箋牘》。

通志堂經解 (14-751)

康熙刊本

清性德編。性德姓納蘭氏,原名成德,後改今名,字容若。康熙壬子進士,官至一等侍衛,太傅明珠子。性德舉壬午鄉試,徐乾學為主考,乾學藉以諂附明珠,是書乃乾學編刊,而讓其名於性德者。首有總序,稱書一百四十種,實止一百三十八種。各書中,自《子夏易傳》至《書張文潛詩說後》,凡六十篇,並總序,俱見成德所著《通志堂集》中,亦乾學所撰也。乾學為性德撰《墓誌銘》及《神道碑》,皆不及是書。其搜羅絕宏富,而不盡精粹,且不免有贗鼎。如《春秋類對賦》本近類書,乃入之經解,底本亦未盡完善。且版取一式,不依原書行款。而合訂刪補《大易集義粹言》,署性德自編者,相傳為陸翼王之槀。故丁杰謂乾學此書之刻,為一時好名之計,非實好古。然多數罕傳之籍,得因其巨力以行世,亦未始非有功藝林也。(倫明撰)

按姚元之《竹葉亭雜記》卷四云："《通志堂經解》納蘭成德容若校刊，實則崑山徐健菴家刊本也。高廟有'成德借名，徐乾學逢迎權貴'之旨。成爲明珠之子。徐以其家所藏經解之書薈而付梓，鐫成名，攜板贈之，《序》中絕不一語及徐氏也。書中有宋孫莘老《春秋經解》十五卷，而目錄中無之。山東朱鳶湖在武英殿提調時得是本，以外間無此書，用活字板印之，蓋以通志堂未曾付刻也。其時校是本者爲秦編修敦甫恩復。秦家有通志堂刻本，持以告朱，朱愕然，不知當日目中何以缺此也。秦云，據其所見，爲目中所無者尚不止此。豈是書有續刻歟？"陳康祺《郎潛紀聞初筆》卷七《通志堂經解》云："陸清獻公與崑山徐尚書爲同年，而意趣不合。嘗論尚書生平，謂晚年刻《通志堂九經解》，爲第一善事。"

經義考補正十二卷　（1-514）

《蘇齋叢書》本

清翁方綱撰。清《四庫全書總目》列朱彝尊《經義考》於史部《目錄類》，殊屬不倫。張之洞《書目答問》列於經部總義類，較為妥協。方綱是書今從之。《經義考》第一卷，謂《易》以《連山》冠其首，實有未安，初不置辨，何也？案《連山》，《漢志》、《隋志》俱無之。《北史·劉炫傳》"時牛弘奏購求天下遺逸之書，炫遂偽造書百餘卷，題為《連山易》、《魯史記》等，錄上送官，取賞而去"。則此為偽書，史有明文。不此之議，乃只言朱氏誤，云司馬膺注當刪正，不亦舉其細而遺其鉅與？他如魏氏徵《周易義》六卷，謂《通志》《周易義》六卷，魏徵撰。《周易口訣》六卷，唐魏鄭公撰。又《周易口訣》六卷，史之證撰。據此則《周易義》與《周易口訣》為二書，魏氏《口訣》與史氏《口訣》又為二書矣。而晁公武《讀書志》云"《周易口訣義》七卷，唐史證撰，田氏乃以為魏鄭公撰，誤也"。據此則七卷與六卷之岐出，《口訣義》與《周易義》書名之同異，朱氏皆未之析也。案馬貴與《文獻通考》，《周易口訣義》六卷，《崇文總目》"河南史證撰"。陳氏曰"《三朝史志》有其書，非唐則五代人也，避諱作證字"。此皆失引。又清《四庫總目提要》云“《宋史・藝文志》又作史文徽，蓋以徽、徵二字相近而譌，別本作史之徵，則又以之、文二字相近而譌耳。今定為史徵，從《永樂大典》。定為唐人，從朱彝尊《經義考》也”。朱固未之析，翁亦何嘗析乎？李氏鼎祚《周易集解》，謂李鼎祚集注《周易》，《新唐志》十七卷，《宋志》作十卷，而《宋志》五行類又有李鼎祚《易髓》三卷目一卷，《瓶子記》三卷，合之乃十七卷也。蓋《唐志》總其生平所著卷目言之，而《宋志》分析書名言之。晁公武、馬端臨、李巽嵒之徒，或以為《集注》內亡失七卷，或以為後人所併，皆未之深攷耳。案是說亦非。李《集解》自序有云“至如卦爻彖象，理涉重玄。經注文言，書之不盡。別撰《索隱》，錯綜根萌。音義兩存，詳之明矣”。然則《集解》外尚有《索隱》，此所以共成十七卷，烏得以《瓶子記》等書當之邪？劉氏牧《易數鉤隱圖》，《宋志》一卷，謂《書錄解題》作二卷。案《通考》劉長民《易解》十五卷，田況為序。又《鉤隱圖》三卷，凡五十五圖，并遺事九。《宋志》載牧《新注周易》十一卷，圖一卷。晁公武《讀書志》則作圖三卷。其注今不傳，惟圖尚在，卷數與晁氏本同。此皆未詳。曾氏穜《大易粹言》，《宋志》十卷，或作七十卷。謂此條下又引趙希弁、董真卿並云七十三卷。朱氏未之辨正。案清《四庫總目提要》云“《大易粹言》十卷，宋方聞一編。聞一舒州人，淳熙中為郡博士。時溫陵曾穜守舒州，命聞一輯為是書。舊序甚明。朱彝尊《經義考》承《宋志》之誤，以為穜作，非也。其書《宋志》作十卷，《經義考》作七十卷，又《總論》五卷。蓋原本每卦每傳皆各為一篇，不相聯屬，故從其分篇之數稱七十有五。然宋刻明標卷一至卷十，則《經義考》又誤也”。由是而言，卷數不符尚其小焉者，而撰人姓名乖錯，辨正莫先於此矣。僅就《易》論之，其疏已如此。又方綱酷信東晉《古文尚書》，故於此編亦暢發之。其言曰“夫以涉於後世之詞，不可假借古經，則如《禮察篇》、《保傅篇》之語雜周秦，《公冠篇》之詞及漢昭。不聞有專著一書，以辨《大戴記》之非經者。至如《明堂位篇》。言魯之君臣未嘗相弒，則顯與《春秋》相悖。不聞有專著一書，以駁《小戴記》之宜刪去某篇者。乃獨於《大禹謨》危微精一之十六字，過加糾擿。夫以子朱子援此十六字合諸‘允執厥中’之訓，以著《中庸》道統之原，而後世為考證之學者猶不憚於過加糾擿如此，此復奚以考證為乎”！此與其所著《復初齋文集·古文尚書條辨序》大旨略同，所爭僅在危微精一十六字，蓋其見又出毛奇齡下矣。（江瀚撰）

按為朱彝尊《經義考》作補正者，除翁方綱外，據清蔣光煦《東湖叢記》，尚有沈廷芳、錢東垣兩家。沈書僅有稿本而又散佚，錢氏未有成書，僅刊行凡例十四則，故《續提要》皆未著錄。然蔣氏於此二書之原委記述特詳，今備錄之，庶可考見二書之旨趣，聊勝於無耳。《東湖叢記》卷二《續經義考》云：

仁和沈椒園廉訪（廷芳）撰《續經義考》，未成書也，稿本散佚，曾見其副。其楊氏（梧）《禮記説義纂訂》二十四卷所錄□□序、徐健菴司寇（乾學）序及龔芝麓尚書（鼎孳）傳略。侍御有案語云，前《考》云楊氏《禮記説義》，而未著其名字及書之卷數，下云“未見”，後載汪琬序一篇，蓋從《堯峰集》中纂錄者。予獲是書于閩中，讀之而歎其精當明備，四十九篇之條理秩然。中惟《中庸》、《大學》二篇，以朱子有章句，故不復釋，亦以見其有識。因為錄二序一傳以存梗概，不錄汪序者，前《考》中已見也。又鄧氏（庭曾）《禮記訂補》二十二卷，有自序。案云朱氏《考》中作“廷曾書二十四卷”，下注“未見”。今得其書，故復載此。此書列錯簡疑文于目，而以《大戴記》第于十九、二十兩卷，二十一、二十二兩卷，則疑經也。又黃氏（宗義）《朱子壺説》一篇下，有案語云，黃氏此書係答劉伯宗言。《投壺》經言壺頸修七寸，腹修五寸，口徑二寸半，容斗五升。鄭注腹容斗五升，三分益一則為二斗，積三百二十四寸，以腹修五寸約之，所得求其圜，得周二尺七寸有奇，是為腹經九寸有餘也。按鄭氏此説皆整數，二斗之積也，四分去一，則與經文斗五升合矣。故朱子欲去二斗虛加之數，是也。其實斗五升之積為二百四十三寸，以腹修五寸約之，五取一焉，得四十八寸六分，即圜積也。圜積求徑三歸四，因開方之，是為腹徑八寸四釐有奇。圜積求周十二，因開方之，是為圜周二尺四寸一分四釐有奇。若鄭氏三分益一以為二斗，方積六十四寸八分，既有虛加之數，則當用圓田法，即以六十四寸八分者開方之，徑得八寸四氂奇三，因于徑周得二尺四寸一四，亦如前法。朱子以積求徑之法，謂廣六十四寸八分，此六十四寸者自爲正方，又取其八分者割裂而加於正之外，則四面加二氂五毫之數，徑爲八寸五氂。此則朱子不明算法，而不自知其誤也。

同卷《補經義考》云：

嘉定錢既勤（東垣），竹汀先生猶子也，著有《補經義考》，書亦未見。刊行其凡例十四則，有志斯道者，所宜究心爾。亟錄如左。

一、是書原爲補竹垞之作，則部分體例似宜俱仍其舊，然有不得不略爲變通者，時代既有後先，著述究出兩手也。

一、先儒爵里字謚有可考者，並依竹垞之例，故籍載明之，史志亦有此法也。若其行事居官一切立德立言立功無關於經義者，自有正史及志乘、文集、碑石記載，俱不贅錄，以省繫文。惟如譚允厚論皮日休，全祖望論王應麟之類，事關明雪先儒宿冤，文雖繫，仍備錄之。

一、進士登第，唐宋以後諸史皆載某年，金史亦有書干支者。朱氏《明詩綜》全稱干支，今引用故書，自不能畫一改正，姑仍其舊。舉人同。

一、別號非古也，然後世稱謂所及，似不宜槩廢。私謚，古人亦有之，後代雖不無諛濫，然究可以知其人之大略，今偶或載之。

一、蓋棺論定，不志見存，史傳之例，所以愼冒濫也。竹垞于同時師友，如孫退翁、顧甯人、閻百詩、陸翼王、徐原一、黃俞邰、李天生之類，並載其書與其論說。蓋或曾經刊刻，或傳鈔已有定本，固可徵信也。今並仍其例。

一、竹垞每于書後載明卷數，曰存、曰闕、曰佚、曰未見，今悉仍之。惟“存”字下，今注明某氏刊本、鈔本、宋刊本、元刊本、影宋鈔本，仿《傳是樓書目》及《浙江采輯遺書總目》之例也。如曾見數本，不妨並注，仿《遂初堂書目》之例也。其有本爲秘書，人所罕覯，亦或注有某人印記，今藏某人處，仿《鐵網珊瑚》之例也。

一、書之有序文、跋語，猶人之冠冕也，非此不可以見書之梗概及刊刻歲月遠近。今仍竹垞之例，無論古今人序跋，悉行收錄。其凡例，則擇其文簡且明可效法于後世者，亦或登載。若著述大旨，自作案語及之。

一、各經零星著述，竹垞但注存、佚字，議論意旨莫可窺見。今略述大概，如歸有光《三江圖敘說》，則言其據郭璞說，以岷江、浙江、吳淞江爲三江。

一、馬氏《經籍考》全采晁公武、趙希弁、陳振孫之說，竹垞仿之，故于晁、趙、陳三家及楊士奇、張萱、王圻、黃虞稷、程敏政、陸元輔之說，亦全行采入，今仍其例。凡《四庫全書提要》、《浙江采輯遺書總目》、《讀書敏求記》之類，悉爲錄載，以示洽聞。

一、竹垞學問淵醇，無書不覽，《經義攷》綜覈博精，經訓源流籍此彰著，實爲自古書目家所未有，然千慮之失，賢者亦或不免。流覽所及，是正及之。考竹垞於楊止庵《周易》一編，正其訛誤，曰非敢形前賢之短，慮誤後學也。今東垣之區區縷言，亦即此意。

一、羣經次第，自劉氏《七略》、班氏《漢志》以《易》冠諸經之首，唐以後書目無不遵之，蓋以肇自伏羲，書爲最古也。然《禮記・經解》以《詩》居首，王儉《七志》以《孝經》居先，旨趣亦有不同。是次第之不可不講也，今補入次第一門。

一、羣經俱有字數，自字數不明，而《易》可脫去"无咎"、"悔亡"，《書・舜典》可增加二十八字矣。今補入字數一門，以杜蘭臺之改。

一、宣講、立學二門，竹垞有目無書，今檢載籍補之。

一、五鳳之樓，非一木所能造；五侯之鯖，非一味所能成。古人著書，所以必先儲書也。寒士無力購置，而一瓻之假，不能無所藉于春明坊。尚望當世諸藏書家，出其插架，以慰渴飢。異日倘書成，仍仿《通志堂經解》例，於序文言明假某氏某人書若干種，庶無掠美云。

經讀考異十二卷補經讀考異一卷句讀敘述二卷　（1-684）

清武億撰。億字虛谷，河南偃師人。乾隆四十五年進士，官山東博山縣知縣。《禮・學記》"一年視離經辨志"。注"離經，斷句絕也"。是學者先辨經讀，自周已然。陸德明《釋文・序錄》曰"漢承秦焚書，口相傳授，一經之學，數家競爽，章句既異，踳駮非一"。蓋漢代諸儒，分章析句，各自為業，其於經讀，必由師傅授受，轉多異同。陸氏《釋文》略存梗概。或一句離為二、三，或二名併作一讀。又或一字上承句末，亦可成文，下屬句首，義亦兩通。皆兼收並采，意至善也。俗流乃堅執一讀，不能兼通他讀，於是屢轉浸易馴，致古訓沈沒，詎不惜哉！是編為億授徒清化時著，誠小學之所先事。其中如《乾》九三“夕惕若厲，无咎”。謂近讀皆以“夕惕若”為句，“厲”一讀，“无咎”一讀。攷漢唐舊讀，並連“夕惕若厲”為句。又《書》“怵厲惟厲”，與《易》句並同，古讀似可依。又“朔南暨聲教訖于四海”，謂《史記·禹本紀》從“暨”字斷句，今《尚書》從“暨聲教”斷句。攷《後漢書·杜篤傳》“朔南暨聲，諸夏是和”（案荀悅《漢紀》亦云北盡朔商，南暨聲教）。據此則漢人已以“暨聲”連句，《孔傳》讀當有所據。近胡朏明謂裴駰《史記集解》，其注在“暨”字下，則自劉宋時已不從《孔傳》，而以“聲教”屬下句。此殆疑《孔傳》偽託，宜從舊讀為是。然不知《孔傳》已有所襲，非可盡置也。二條俱極明允，可概其餘。至《句讀敘述》，則與此書相為表裏，故附著焉。（江瀚撰）

按桂馥《札樸》卷一《文選引書句讀》云：

> 《文選》應貞詩：“聲教南暨。”李善注引《尚書》：“朔南暨聲教。”《晉書·地理志》：“夏后氏東漸於海，西被於流沙，南浮於江，而朔南暨聲教。”案：《漢書》賈捐之曰：“西被流沙，東漸於海，朔南暨聲教，言欲與聲教則治之，不欲與者不彊治也。”馥謂自漢至唐，皆以聲教絕句，宋人始屬下讀。

按古無標點，易生歧異，經典斷句，多有不同。今彙輯數條，以俟研求。宋周密《癸辛雜識續集》上《馮婦搏虎義》云：

> 《孟子》馮婦搏虎一章，有以“晉人有馮婦者，善搏虎，卒爲善士則之。”爲斷句，“攘臂下車，眾皆悅之，其爲士者笑之。”與前段相對，亦自有義。

清陳其元《庸閒齋筆記》卷十一《經文句讀異解》云：

> 邢凱《坦齋通編》謂《易》“或益之（句）十朋之（句）龜弗克違（句）”謂有十朋之益，即龜亦不能違也。《經傳釋詞》謂《論語》“毋以與爾鄰里鄉黨乎”作一句，“毋”作不字解。兩說雖與註不合，而其論自通。又《湛淵靜語》：《明夷》六二“用拯（句）馬壯吉（句）”謂當明夷之時，既有所傷，必用拯救，其所拯救，必馬壯健而獲免之，

速則吉也。《論語》“子在齊（句）聞韶三月（句）不知肉味（句）”必如是讀，方得明白。《孟子》“非其有而取之者盜也（句）充類至（句）義之盡也（句）”語意乃見圓澈。此數說亦甚有味。

清黃本驥《癡學》卷一《讀經筆得》云：

“夫《易》彰往而察來（句），而微顯（作微顯而）闡幽（句），開而（而字衍）當名辨物（句），正言斷辭（句），則備矣（句）”。此《本義》句讀也。“夫《易》彰往而察（句），來而微（句），顯闡幽開而當（句），名辨（句），物正（句），言斷（句），辭則（句），備矣（句）”。此近日汪容川注《周易衷翼》句讀也。及檢《文心雕龍·徵聖篇》云“《易》稱辨物正言，斷辭則備”，始知古人讀本以“開而當名”爲句，“辨物正言”爲句，“斷辭則備矣”爲句。

經傳考證□卷　（1-688）

清朱彬撰。

《詩·大雅·桑柔》“倉兄填兮”一條，謂“倉兄”疊韻，即“倉皇”也。不知“倉兄”乃“愴怳”省文，“倉皇”始見於趙宋人書，唐以前皆作“蒼黃”，無作“倉皇”者。胡鳴玉《訂譌雜錄》嘗辨之。（江瀚撰）

按清胡鳴玉《訂譌雜錄》卷二《蒼黃》云：

人謂息遽失措曰倉皇，若作蒼黃，必嗤爲别字。然古人集中，如少陵《新婚别》詩“誓欲隨君去，形勢反蒼黃”，《入衡州》詩“無論再繾綣，已是安蒼黃”，昌黎《祭女挐文》“值（音稗）吾南逐，蒼黃分散”，柳河東《韋道安》詩“蒼黃見驅逐，誰識死與生”，又《答韋中立書》“數州之犬，皆蒼黃吠噬”之類，無作倉皇者。至宋人始作倉皇，如歐陽公《五代史·伶官傳序》云“倉皇東出”之類（《北山移文》“始終參差，蒼黃反覆”，以蒼黃對始終，是另爲一義，不指息遽言。近見《杜詩注》，於《新婚别》引此爲證，非也）

按清沈德潛《説詩晬語》（八八）云：

人以忙遽爲倉皇，然古人多作“蒼黃”。少陵“誓欲隨君去，形勢反倉黃”、“蒼黃已就長途往，邂逅無端出餞遲”；柳州“蒼黃見驅逐，誰識死與生”，又云“數州之犬，蒼黄吠嗌”。無作“倉皇”者。“倉皇”二字應是後人誤用，因倉卒、遑遽而連及之也。歐公《伶官傳》則云“倉皇東出”，已屬宋人文集矣。

沈氏與胡氏時代相近，持說亦相近，可互爲闡發。張舜徽《清人筆記條辨》卷四《訂譌雜錄》引胡氏之說，并補證云：“按蒼黄本義，謂穀熟色蒼黄也。田家收穀，必趁黄熟時急取之，俗稱搶收，是已。故蒼黄二字，引申有忽遽義。《說文》：‘倉，穀藏也。蒼黄取而藏之，故謂之倉。’此蒼黄本義也。後人作倉皇，乃音近假借字。”可謂沿波溯源矣。

漢學商兑三卷　（15-104）

道光辛卯刊本

清方東樹撰。其說又繁而不殺，如開首駁毛奇齡《道學辨》，既引葉適之疏，道學之名出於小人所指目，而又為之力辨。其意無非炫博，而不知適形詞費也。（倫明撰）

按宋周密《癸辛雜識續集下·道學》云：

嘗聞吳興老儒沈仲固先生云：“道學之名，起於元祐，盛於淳熙。其徒有假其名以欺世者，眞可以噓枯吹生。凡治財賦者，則目爲聚斂；開閫扞邊者，則目爲麄材；讀書作文者，則目爲玩物喪志；留心政事者，則目爲俗吏。其所讀者，止《四書》、《近思錄》、《通書》、《太極圖》、《東西銘》、《語錄》之類，自詭其學爲正心、修身、齊家、治國、平天下。故爲之說曰：‘爲生民立極，爲天地立心，爲萬世開太平，爲前聖繼絕學。’其爲太守，爲監司，必須建立書院，立諸賢之祠，或刊註《四書》，衍輯語錄。然後號爲賢者，則可以釣聲名，致膴仕，而士子場屋之文，必須引用以爲文，則可以擢巍科，爲名士。否則立身如溫國，文章氣節如坡仙，亦非本色也。於是天下競趨之，稍有議及，其黨必擠之爲小人，雖時君亦不得而辨之矣。其氣燄可畏如此。然夷考其所行，則言行了不相顧，卒皆不近人情之事。異時必將爲國家莫大之禍，恐不在典午清談之下也。”余時年甚少，聞其說如此，頗有嘻其甚矣之嘆。其後至淳祐間，每見所謂達官朝士者，必憒憒冬烘，弊衣菲食，高巾破履，人望之知爲道學君子也。清班要路，莫不如此，然密而察之，則殊有大不然者，然後信仲固之言不爲過。蓋師憲當國，獨握大柄，惟恐有分其勢者，故專用此一等人，列之要路，名爲尊崇道學，其實幸其不才憒憒，不致掣其肘耳。以致萬事不理，喪身亡國，仲固之言，不幸而中，嗚呼，尚忍言之哉！

十三經注疏校勘記二百四十三卷　（1-763）

原刻單行本

清阮元撰。先是元嘗奉詔校勘石經，成《儀禮石經校勘記》。迨巡撫浙江，遂有《十三經注疏校勘記》之作。大抵所校以宋本為據，上考之《經典釋文》、《開成石經》其它各本，參校甚眾。清代諸儒之書，凡事涉校勘，皆擇其精粹。若通論大義，則概不淆入。同時分纂者七人：仁和李尚之鋭，元利顧澗薲廣圻，武進臧在東庸，錢塘嚴厚民杰，仁和孫與人同元，德清徐新田養源，臨海洪楒堂震煊。書成於嘉慶十一年。其分纂七人，皆當時號為能詩書者。然經義高深，詁訓繁賾，雖集眾長以求一是，而千慮之失固所難免。聞其時高郵王念孫嘗手校是書，題識殆徧。惟所記多證經文，未及注疏。今未見傳本。大興翁方綱極訾此編輕付他手，謬誤紛出，且摘《毛詩》卷中三事，掊擊不遺餘力，以為校者不讀《爾雅》、《說文》，荒謬不通。侯官陳壽祺以書諍之，並辨明三事非誤，見所著《左海文集》，是亦當世得失之林也。（江瀚撰）

按《續提要》又有倫明所撰同書提要云：

重刻十三經注疏四百十六卷附校勘記七十二卷　（15-016）

嘉慶二十一年江西刊本

是書目錄後有阮元記。書末又有胡稷記。蓋元撫江西日，取家藏宋十行本十一經《注疏》，尚缺《儀禮》、《爾雅》，以黃丕烈所藏北宋刻二經單疏本補足之。又取胡稷所得十一經，以補其藏本之殘缺。復錄《四庫全書》十三經各提要於各注疏之前。《周易》并附《釋文》。刻於南昌。功未竟，而元移任去，校者非其人，以致文字轉譌，附錄記語棄取且有失當。元不以為善，語見《揅經室三集》附注。汪文台因之作《識語》，所補正諸條極當。江西巡撫劉秉璋命江西書局刊附書後，以備參攷。按王念孫亦嘗手校是書，惟多證經文，不及注疏，藁亦不傳。曾國藩從何紹基之請，亦嘗設局揚州，改刊大字，僅刊成《毛詩》而罷。其後廣東重刊是本，則並所加墨圈去之，遂與《校勘記》不相應，益乖元之本意矣。（倫明撰）

按陳康祺《郎潛紀聞初筆》卷九《阮刻十三經校勘記》云："江西南昌學所刻《十三經注疏》，四百十六卷，卷末各附校勘記，阮文達公巡撫時捐貲校刻者也。校勘記雖勘於江右，實成於吾浙，蓋公撫浙時，出舊藏宋版十行本十一經，及《儀禮》、《爾雅》單疏本爲主，更羅致他善本，屬詁經精舍高才生分撰成書。《易》、《穀梁》、《孟子》屬元和李鋭，《書》、《儀禮》屬德清徐養原，《詩》屬元和顧廣圻，《周禮》、《公羊》、《爾雅》屬武進臧庸，《禮記》屬臨海洪震煊，《春秋左傳》、《孝經》屬錢唐嚴杰，《論語》屬仁和孫同元。惜南昌刊版時，原校諸君大半星散，公亦移節河南。刊者意在速成，遂不免小有舛誤云。"

經學質疑四十卷　（15-379）

道光十七年刊本

清狄子奇撰。子奇字叔穎，江蘇溧陽人，嘉慶□□舉人。

又據《藝文類聚·帝王部》載孔融《周武王漢高祖論》云，周自后稷至武王，積五十代，皆有魚鳥之瑞，以夏十七世、商三十一世合之，加以唐虞百有餘年，該有此數。即以周之後王計之，自武王至赧王僅七百餘年，已三十七世，推其先代亦該有此數。以駁舊說周自后稷至文王凡十五代之漏。以上皆發前人所未發。（倫明撰）

按此篇與中華本相較，文字多有不同，此篇較詳。清陸以湉《冷廬雜識》卷一《后稷至文王》云：

史載周自后稷至文王十五世。羅氏《路史》歷證古書謂："后稷生台璽，台璽生叔均。不窋非后稷之子。公劉之去后稷已十餘世，其可考而見者，自不窋至文王，十有七世。”馬氏《繹史》亦主其說。姚姬傳《經説》謂：“文王五十而娶太姒，武王娶邑姜亦年四十。以是推之，周人先世大抵壽長而娶晚，是以自不窋而後，十六君而閱千年。”若據此説，則必十六世皆六十外始生子矣。

操毀齋遺書不分卷　（1-693）

清管禮耕撰。《文祖藝祖解》謂不篇之中兩言文祖，中間特變文曰“藝祖”，是“文祖”與“藝祖”不當合一明甚。《史記·五帝本紀》曰“文祖者，堯太祖也”。而“格于藝祖”作“至于祖禰廟”。司馬今文古文兼通，折中至當，最為有據。蓋受終即位，皆非常之事，故必告于太祖，若歲時巡狩，不過常典，告于祖禰足矣。

按吳翌鳳《遜志堂雜鈔·戊集》云：

《書》“格于藝祖”，《史記》作“格于禰祖”，《漢書》及《白虎通》作“格于祖禰”。當以“禰”字爲正。夫受終于文祖，猶曰美其稱也，至是遂變爲“六藝”之藝。無論“藝”爲俗字，即使作“埶”、作“秇”，皆因“樹埶”制字，至三代方爲“六藝”之藝。不應堯時古樸，又以“藝”代“文”也。

又《眾維魚矣解》引盧文弨《鍾山札記》載丁希曾云“眾”乃“䖵”字之省，謂此説確不可易，亦非。魚子變蝗，蓋未之聞。（江瀚撰）

按魚子變蝗，民間歷來有此傳說，著于文字者亦非罕見。唐段成式《酉陽雜俎》卷十七云：“今蝗蟲首有王字，固自不可曉。或言魚子變，近之矣。”《白孔六帖》卷八十一“魚子變”條亦有此說。明葉子奇《草木子·雜俎篇》云：“蝗，或言魚子變，近之矣。食穀爲災，由部吏侵漁百姓所致。虫身黑頭赤，武吏也；頭黑身赤，儒吏也。”《四庫全書》所載《世宗憲皇帝聖訓》載雍正七年四月辛酉上諭云：“古稱蝗蝻生於水澤之中，乃魚子變化而成者。是以江南淮揚之州縣，地接湖灘，往往易受其害。蓋蝗之所生，多因低窪之區，秋雨停集，生長小魚，交春小魚生子，水存則仍復爲魚，若值水涸日曬，入夏之後即化爲蝻，不待數日，便能生翅羣飛。即被害之家，亦莫知所自。蓋以其地寥廓荒涼，人跡罕至，平時忽而不察，及至鼓翼飛颺，則有難於撲滅之勢。所當審視體察，防之於早者也。凡直省地方向有蝗蝻之害者，該督撫大吏應轉飭有司通行曉諭附近居民，於大熱久晴之後，週歷湖濵窪地及深山窮谷無人之處，見有萌動之機，無分多寡，即行剪除消滅。儻民力或有不敷，即稟報該地方官，督率人工協同助力，更令文武官弁派出誠實兵役，會同里長耆民等，留心察視，不可踈忽怠玩。如此則人力易施，蟲災可杜，於禾稼大有裨益。”可知此說由來甚久，而曰“蓋未之聞”，殆未詳考也。

羣經平議三十五卷　（1-712）

春在堂叢書本

清俞樾撰。李慈銘《越縵堂日記》嘗論此編，以其《左傳》、《論語》、《孟子》愜心者甚少，亦有強立新義而仍與舊說無大異者，又有經注極明晢無疑義，而故求曲說者。然穿穴證佐，皆有心思，終勝無本空談也。雖指其短不沒其長，洵足以為定評焉。（江瀚撰）

按李慈銘《越縵堂讀書記·經部群經總義類·羣經平議》云：“閱俞蔭甫《羣經平議》《易》《書》《詩》諸條。其書涵泳經文，務抉難詞疑義，而以文從字順求之，蓋本高郵王氏家法，故不主故訓，惟求達詁，亦往往失於武斷，或意過其通，轉涉支離。然多識古義，持論有本，證引疏通，時有創獲，同時學者，未能或之先也。”又云：“閱俞蔭甫《攷工記》《世室重屋》《明堂攷》，專駁鄭注，所謂言之成理持之有故，似是而甚非者也。其謂四堂內爲五室；四堂各有內霤，皆注於太室中，而上爲重屋，以避沾濡，肊必之談，殆同兒戲。”又云：“閱俞蔭甫《左傳》《論語》《孟子》諸經平義，其中愜心者甚少，亦有強立新義而仍與舊說無大異者，又有經注極明晢無疑義而故求曲說者，然穿穴證佐，皆有心思，終勝無本空談也。”又云：“閱俞蔭甫《論語平義》。俞氏熟於音詁，善於比例，故說經多解頤。惟《論語》之文平實簡嚴，誤文既少，舊解亦多確實，俞氏喜出新意，往往轉失支離。二卷中惟言由誨女知之乎之知，當讀志，有《荀子》《子道篇》及《韓詩外傳》可據；喪與其易也甯戚，戚當讀鼜，有《南史》《顧憲之傳》可據；《雍也篇》今也則亡未聞好學者也，亡字涉《先進篇》而衍，有《釋文》引或本可據；餘匙可述。至解君子懷德四句，以君子小人爲在上在下之偁；懷字訓歸，言君子歸於德，則小人懷其鄉土，若歸於刑，則小人歸它國之有惠者，則《皇疏》引李充已有此說，且亦引《老子》鄰國相望不相往來之文，然謂君子歸於德，歸於刑，終屬不辭也。”

十三經札記二十二卷　（22-004）

光緒四年武林竹簡齋重刊本

上虞朱亦棟撰。亦棟原名芹，字碧山，浙江上虞人。《詩》“涇以渭濁”，謂涇水清，渭水濁，涇濁渭清，向屬傳訛。以字義言之，涇從巠，巠者，水𠂢也，其清可知。渭從胃，胃者，穀府也，其濁可知。詩人之意，言涇水之清，以合渭水而濁己之清。以夫有新昏而濁，乃以涇之清比己，非以涇水之濁比己也。其見甚是。又引《六經正誤》，以《箋》云“故見渭濁”當作“故見其濁”。不知“故見渭濁”，《釋文》“一本渭作謂”，則無須改作“其”字，而義自明。至所云李中丞《涇渭二水考》，未見其書。第清乾隆五十五年，高宗嘗命陝撫秦承恩由陝溯甘，親履二水之源。經其覆奏，實係涇清渭濁。亦棟受業錢大昕之門，正當其際，何朝廷新事，乃竟未聞邪？（江瀚撰）

按清齊周華《名山藏副本》下卷《涇渭經解》云：

涇水，出原州百泉縣笄頭山東南，歷涇陽，至高陵入渭，水之至清者也。渭水，出渭源縣分水關，歷寶雞、郿縣、渭南，至華陰入黃河，水之至濁者也。《谷風》詩云：“涇以渭濁。”經文明言涇水本清，自入渭後，不能不濁。當其始，其沚豈不湜湜而清乎？（又云：沚，水濱也。言涇初入渭時，尚有一邊是清，北岸清而南岸濁。流之既遠，然後俱濁耳。）我之德音莫違，無不足於爾也。因爾有新婚之宴樂，遂不屑於我耳。但渭有梁笱以取魚，涇亦有之。我有我之梁，我有我之笱，願爾毋逝毋發也。此恤我後之謂也。雖然，必我身見容，方可顧理後事。今我身現在不可保矣，又何暇他恤乎？經文本意，原自如此，而註乃曲說謬解以誤人。尤可笑者，謂“涇濁渭清”，任意顛倒當前景物，且指鹿爲馬焉。況詩人意微，毫釐千里乎？由是觀之，北人註南書，南人註北書，鮮有不錯者，非獨涇渭然也。予嘗渡渭河，游咸陽，見其污濁不可名狀；東北抵涇陽，見其清且漣漪也。故爲考正如此。若欲知而不言，阿先儒以欺後學，實心所不忍。孟子曰：“盡信書，則不如無書。”予於詩註亦云。

經說二卷　（14-583）

光緒辛巳刊本

清丁午撰。其引韓宣子見《魯春秋》，以為周禮在魯，據謂《周禮》之名已見於《傳》。不知《周禮》本稱《周官》，王莽時始名《周禮》，春秋時何能便有其名。況韓宣子見《易象》、《春秋》，而云周禮在魯，是周禮指《易象》、《春秋》，非別有一書也。（倫明撰）

按清武億《授堂文鈔》卷一《周禮名所由始攷》云：

今爲《禮經》之學者，宗於賈氏公彥之說，皆以設位言之，謂之《周官》；以制作言之，謂之《周禮》；其意固兩存焉，信其可以兼名也。宋王伯厚云，鄭眾傳《周官經》，後馬融作《周官》傳授鄭玄，玄作《周官注》，猶未以《周禮》名也。《隋志》自馬融注已下，始曰《周官禮》，太原閻伯詩更推其旨，案之康成序云，世祖以來，通人達士，鄭氏父子，衛宏、賈逵、馬季長，皆作《周禮解詁》，《周禮》之名，已見於此。（原注云，《後漢書盧植傳》，植疏曰，中興以來，通儒達士，班固、賈逵，鄭興父子，《毛詩》、《左氏》、《周禮》，各有傳記。）余以斯二說者所據，《周官》、《周禮》之名，並起於漢，似也。然其言亦時有偏漏，後人未嘗綜覽而詳辨之，何哉？伯厚之論，其失也襲於外。方鄭夾漈作《通志略》，已云漢曰《周官》，江左曰《周官禮》，而因仍其說，更謂自康成作《周官注》，猶未以《周禮》名。夫康成之爲書也，於《儀禮》、《禮記》注，通引《周禮》，其他經說文字答問，凡所引據，皆作《周禮》。又前乎康成者，有許叔重，叔重之《説文解字》、《五經異義》，已引作《周禮》。與康成並世者，高誘《呂氏春秋注》及《淮南王書注》，引《周禮》，趙岐注《孟子》、應劭《風俗通義》、蔡邕所論著銘頌，亦皆引之，而名《周禮》。西嶽華山袁逢、樊毅凡二碑，並據《周禮職方氏》爲詞。然則當康成時豈復有未名爲《周禮》者與？是王氏之論，爲失其實也。然伯詩從而訂之者，其失又病於疎。蓋康成之所序，序爲《周禮》作解詁之人，起於世祖以來，非謂《周禮》名肇於此也。況周禮之名，已見於前漢之季，《漢書·王莽傳》，劉歆與博士上議引《周禮》曰："王爲諸侯緦衰，弁而加環絰"。今此文在《春官·司服》，云"王爲三公六卿錫衰，爲諸侯緦衰，爲大夫士疑衰，其首服皆弁絰"是也。唯所異者，於"弁"下多"而加環"三字爾。又莽至明堂，授諸侯茅土。下書曰："《禹貢》之九州，無并、幽，《周禮·司馬》則無梁、徐。"其所引"司馬"，即《職方》文，而以爲司馬者，職方氏爲夏官之屬故也。又言"《周禮》膳羞，百有二十品"，今《膳夫》文。又崔發上言，"《周禮》及《春秋左氏》，國有大災，則哭以厭之"。師古曰："《周禮》春官之屬，女巫氏之職，凡邦之大災，歌哭而請"是也。然則《周禮》名之所自起，固起於成、哀間也。然則《周禮》之名孰名之？必於劉歆附王莽爲之也。莽之陰賊，蓋愚於泥古，而果爲誕謾欺誣之説，既以獨奮其詐，並思以愚天下。方其所爲，於官制、地理、役賦，紛淆錯易，一歲數更，至使人不可究詰。而甚乃極於周公經世之書，亦悍然肆其妄，故劉歆從爲佐而成之。其見於荀悦之《紀》，云劉歆以《周官》十六篇（"十"字疑衍。）爲《周禮》，王莽時，歆奏以爲經，置博士，是其徵也。（原注云《經典序錄》云，劉歆始建立《周官經》，以爲《周禮》。）故班氏於莽一傳之中，凡莽及臣下施於詔議章奏，自號曰《周禮》，必大書之。而自爲史文，乃更端見例，復仍其本名，謂莽以《周官》、《王制》之文。《食貨志》："莽乃下詔曰，夫《周禮》有賒貸。"及後云"又以《周官》稅民"。是亦一志而兩見，由其意觀之，固未有以著明於此也。（原注云，《禮樂志》"《周詩》既備，而其器用張陳，《周官》具焉"。師古曰："謂大司樂以下諸官所掌。"）至如《郊祀志》，莽改南北郊祭禮，曰"《周官》天墜之祀，樂有別有合”。下又言“臣謹案,《周官》兆五帝於四郊山川,各因其方”。當是時,猶未居攝,是以不敢紊易至此也。(《莽傳》“徵天下通一藝,教授十一人以上,及有《逸禮》、《古書》、《毛詩》、《周官》、《爾雅》、天文、圖讖、鍾律、月令、兵法、史篇文字,通知其意者,皆詣公車”。又張純等奏,“謹以六藝通義,經文所見,《周官》、《禮記》,宜於今者,爲九命之錫”,皆在未居攝時。)然迨東漢通儒,因仍其名而不之易者,固以名此書之始爲劉歆也。歆弟子散亡,唯杜子春能通其讀。其後賈逵、鄭眾,又親傳子春之業而受之,故羣相遞述,以墨守其師之説,不敢倍焉,無疑也。故曰,《周官》之易名《周禮》,歆附莽爲之,而後儒又附歆傳之,是以世莫知其非也。

清張鴻桷《苕岑經義鈔》卷三劉芬《周禮儀禮之名始於何時攷》云:

《周禮》之名,如韓宣子、卜偃、魯成風所偁,俱見《左氏傳》,然皆泛言夫禮,非今之所謂《周禮》也。《漢書·藝文志》列《周官經》六篇。荀悦云劉歆以《周官》六篇爲《周禮》,王莽時奏以爲經,置博士。《經典敘錄》云,劉歆始建立《周官經》,以爲《周禮》。王氏《困學紀聞》疑其名昉於歆時,又以鄭眾傳《周官經》,後馬融作《周官傳》,鄭康成作《周官注》,未有《周禮》之名,謂《隋志》始曰《周官禮》。攷《隋書·經籍志》,《周官經》十二卷,馬融注,又自康成以下十三家皆曰《周官禮》,説信然矣。然其實“周禮”二字已明見於康成書,盧植亦嘗及之,則其名當即起於是時,不得更求諸後也。何言之?康成《敘》云“世祖以來,通人達士,鄭氏父子、衛宏、賈逵、馬季長皆作《周禮解詁》”,此其偁《周禮》者一也。《天官·冢宰》“惟王建國”下注云“周公居攝而作六典之職,謂之《周禮》”,此其偁《周禮》者二也。《冬官》,《鄭目錄》云“古《周禮》六篇畢矣。古《周禮》六篇者,天子所專秉以治天下,諸侯不得用焉”,此其偁《周禮》者三也、四也。《後漢書》本傳偁其所箸,有《答臨孝存周禮難》。《盧植傳》植上書曰“臣前以《周禮》諸經發起粃謬,爲之解詁”。準是以論,《周禮》之名盛偁東漢,惟康成名所注尚仍《周官》不改,《隋志》以《周官禮》著錄,其有所見矣。

清張鴻桷《苕岑經義鈔》卷三黃以周《周禮儀禮名起何時考》云:

《周禮》、《儀禮》之名昉自何世乎?曰六篇之禮,古名《周官》。自西漢之末，《周官》列爲經，而屬之於禮，於是有《周禮》之名。十七篇之禮，古衹稱《禮》。對記言曰《禮經》，合記言曰《禮記》。自西晉之初《禮記》之名爲《小戴》四十九篇所奪，於是有《儀禮》之名。何以言之？荀悅《漢紀》曰，劉歆奏請《周官》六篇列之於經，爲《周禮》。陸德明《敘錄》曰劉歆始建立《周官經》，以爲《周禮》。或者以爲《後漢書》言鄭眾傳《周官經》，後馬融作《周官傳》，鄭康成作《周官注》，是時未有《周禮》之名。此語未之深考。鄭君《周官序》、《禮經》、《戴記注》言《周禮》甚多，後漢《盧植傳》亦竝言之。武虛谷曰，班氏於王莽一傳之中，凡莽及臣下施於詔議章奏，自號曰《周禮》，必大書之。而自爲史文，乃更端見例，復仍其本名曰《周官》。《食貨志》莽乃下詔曰"夫《周禮》有賒貸"，及後云"又以《周官》稅民"，是亦一志而兩見。由其意觀之，固未有著明於此也。《郊祀志》莽改南北郊祭祀，猶稱《周官》，時未居攝，不敢紊易。《莽傳》徵天下通藝及張純等奏之稱《周官》，亦在未居攝之時，是則《周官》之易名《周禮》，其在居攝之後可知矣。荀悅之言洵不誣也。

綜見以上三文，則《周禮》之名始於西漢末年，可爲定論。

經義莛撞四卷　（1-717）

自刻本

清易順鼎撰。又謂《禮》"或曰外祖母也"，記者距春秋時甚近，不應繆誤至斯。其稱或人之言，必有所據。然《檀弓》一篇，如記子夏喪明，曾子責之，季武子卒，曾點倚其門而歌，考其年代，或已老死，或尚幼齡，安見其不失實也？考據之學原不能無漏無疵，惜順鼎肆力於詩，此事遂廢。（江瀚撰）

案《論訛類編》卷二《曾點無倚門而歌事》云："《四書釋地又續》曰：或問季武子（名宿）之喪，曾點倚其門而歌（見《檀弓》），可信否：余曰：春秋昭公七年季孫宿卒，曾點少孔子若干歲未可知，然《論語》序其坐次于子路，則必少孔子九歲以上也可知。孔子年十七時，子路方八歲，點實不過六七歲，烏得有倚國相之門臨喪而歌之事？《檀弓》多誣，莫此爲甚。石氏陳普極其辨駁，猶未及此。”

壁沼集四卷　（15-005）

光緒十五年刊本

清胡元玉撰。解“哀而不傷”，據《呂覽》高注云“哀，愛也”，“哀”之訓“愛”，猶“憐”之訓“愛”（見《爾雅·釋詁》）。《序》稱“哀窈窕，思賢才，憂在進賢，不淫其色”，賢才即指淑女。憂在進賢，不淫其色，即謂寤寐求此窈窕之淑女。哀窈窕，思賢才，即謂求之不得，而輾轉反側以思之，無傷善之心，即謂琴瑟鐘鼓友樂之。鄭君注《論語》以哀、樂分釋，及箋《詩》覺其不安，因破“哀”為“衷”，俱非。近人劉台拱見《卷耳》有“維以不永傷”之文，謂古樂章皆三篇為一，“樂而不淫”屬《關雎》、《葛覃》，“哀而不傷”屬《卷耳》。不思《大序》明云“哀窈窕”，而聖人既專以此二語為《關雎》之義，則“哀而不傷”斷非指《卷耳》可知。（倫明撰）

按周壽昌《思益堂日札》卷一《哀窈窕》云：

《關雎》，《詩序》云：“哀窈窕，思賢才”。鄭《箋》云：“哀，蓋字之誤也，當爲衷。衷，謂中心恕之。”《文選》呂向注亦云：“哀當爲衷，謂中心思念之也。”《後漢書·皇后紀》范蔚宗序曰：“衷窈窕而不淫其色。”章懷注亦引《詩序》作衷。愚案《玉篇》：“哀，傷也。”《爾雅》：“悠傷，憂思也。”傷訓思，哀亦可訓思。《漢·平帝紀》：“皇帝仁惠，無不顧哀。”師古曰：“言帝平生多所顧念哀憐。”《息夫躬傳》：“唯天子哀。”師古曰：“謂閔念之。”《呂覽·報更篇》：“人主胡可以不務哀士？”高注：“哀，愛也。”《廣雅》：“愛，仁也，通作哀。”《樂記》：“肆直而慈愛者宜歌商。”鄭注：“愛，或爲哀。”《方言》：“憮，哀也，哀亦愛，苾哀也。”郭注：“苾，亦憐耳。”《説文》：“憐，哀也。”合數説，則哀字訓思慕無疑。詩中“悠哉悠哉，輾轉反側”，正言哀也，夫子所謂“哀而不傷”也。若云“衷窈窕”，轉嫌直滯，失古人語妙矣。

黃焯《毛詩鄭箋平議》卷一《國風周南・關雎》云：

《序》文蓋通《關雎》、《葛覃》、《卷耳》三篇而言，與《論語》"《關雎》樂而不淫、哀而不傷"之義正同。劉台拱《論語駢枝》云："樂而不淫，《關雎》、《葛覃》也；哀而不傷，《卷耳》也。"焯謂此《序》云"樂得淑女以配君子，不淫其色，哀窈窕"，就《關雎》、《葛覃》言。"憂在進賢，思賢才，而無傷善之心"，就《卷耳》言，《卷耳序》云："又當輔佐君子，求賢審官，知臣下之勤勞，内有進賢之志，而無險詖私謁之心，朝夕思念，至於憂勤也。"其云"求賢審官，朝夕思念，至於憂勤"，即"憂在進賢"也。其云"内有進賢之志，而無險詖私謁之心"，即"思賢才，而無傷善之心"也。段玉裁《毛詩故訓傳》云："玩'又''當'二字，知古各序合爲一篇，故蒙上而言。"是則此三篇之序或通下言，或蒙上言，非專就一篇立文。(《序》中似此者非一，如《樛木》言"后妃無嫉妒之心"，蓋兼《螽斯》、《桃夭》言之。《葛屨》言"其君儉嗇褊急"，亦兼《汾沮洳》、《園有桃》言之。）鄭君疑《關雎》篇無進賢之事，因據《魯詩》說，以爲后妃之求賢女，謂無傷善之心指好逑言，非《序》意也。又案"哀窈窕"，哀當訓愛。《呂覽報更》云："人主胡可以不務哀士。"注："哀，愛也。"《釋名・釋言語》云："哀，猶愛也。愛乃思念之也。"蓋哀之爲愛，猶憐之爲愛。(《說文》："憐，哀也。"）鄭易"哀"爲"衷"，亦未諦。

他如攷"三妃"，謂娥皇為二人。解三歸，謂管仲取歸姓三女……俱見精識獨到。

按李慈銘《越縵堂讀書記・經部・禮類》云：

《檀弓》舜葬於蒼梧之野，蓋三妃未之從也。鄭《注》釋三妃甚明，而《漢書・劉向傳》云舜葬蒼梧，二妃不從。《後漢書・趙咨傳》云，昔舜葬蒼梧，二妃不從；《張衡傳》云，哀二妃之未從兮，翩儐處彼湘瀕；此皆作二妃者，以書記相傳，多云二女，未必用《檀弓》文也。乃章懷於《趙咨傳張衡傳》兩注、李善《文選・思玄賦注》皆引《禮記》作蓋二妃未之從也。攷孔氏《正義》申說三妃甚詳，豈唐時《禮記》有別本歟？然則《釋文》及《正義》何以并不一言。

> 且孔氏方引《山海經》之作二妃，以爲不可從，使本經尚有一作二妃之本，豈有不引而駁之者乎！恐章懷及善注不可信。（宋裴駰《史記五帝本紀集解》亦引《禮記》曰舜葬蒼梧，二妃不從。）近聞同治乙丑會試次題必得其壽，闈中有用三妃者，房官某翰林怒擲之曰："舜止二妃，何處得三？"時周星譽御史亦爲房官，見之，曰："三妃似有出處。"某曰："娥皇女英外，更有誰耶？"周不能答，竟黜之。若某者，蓋嘗見《禮記》別本者矣。

按"三歸"之解，歷來聚訟紛紜。程樹德《論語集釋》搜羅甚備。此書易見，文繁不錄。張舜徽《清人筆記條辨》卷三《讀書脞錄》條云：

> 卷二《三歸》條有云："三歸之爲臺名，是也。然其所以名三歸者，亦以娶姓女故爾。"按孫氏此言，乃調停之辭。自來解三歸者，多以娶三姓女爲釋，亦有謂三歸爲臺名者，爭論不休，故孫氏爲之調人。余則以爲讀周秦古書，最好舉周秦舊義以解之。《晏子春秋・内篇雜下》："景公曰：'先君桓公有管仲，恤勞齊國，身老，賞之以三歸，澤及子孫。'"《韓非子・外儲左下》："管仲相齊，曰：'臣貴矣，然而臣貧。'桓公曰：'使子有三歸之家。'"又《難一》："霄略曰：'管仲以貧爲不可以治富，故請三歸。'"據此可知"三歸"實積貯貨財之所，猶今日之堆棧耳。歸字本從𠂤聲，𠂤即堆字。古人讀歸，蓋本與𠂤同也。歸而言三，謂其有數處耳。說者徒拘泥於"婦人謂嫁曰歸"一訓，遂以娶三姓女釋三歸，則不特《晏子》所云"澤及子孫"無以爲解，即韓非以三歸對貧而言，亦無所取義矣。

可知張舜徽亦以三歸爲藏貨財之所，而析字以解，求其本義耳。《文史》2003 年第三輯載張富祥《管仲"三歸"考》一文，以爲"三歸"當作"三饋"，指封賜。此又與宦伯銘"'三歸之家'猶云千乘之家"相類。蓋"三歸"一事歷經前賢考釋，後人雖欲標新立異，而終入舊解環中，而不自覺。甚矣，考據之難也。郭嵩燾有《釋"三歸"》（見《郭嵩燾詩文集》卷一）一文，以三歸爲市租，其說持之有故，素不爲人注意，今錄于下：

> 包咸《論語》注以"三歸"爲一娶三姓。《史記・管子傳》注、《漢書》顔師古注、《國策》鮑彪注皆用其說。《說苑》以爲台名。至金仁山氏始據以爲算法，固爲近之，而不能詳其義。此蓋管子"九府輕重"之法，當就《管子》書求之。

《山至數》篇曰："則民之三有歸于上矣。""三歸"之名，實本于此。因考《管子》書，制國之用，在谷與幣，相準以爲之經，而以正鹽筴綜而緯之，以次及金鐵竹箭、羽毛齒革、皮干筋角，凡天財所生，地利所在，皆量其出入之數，導民趨而赴之，下至北郭屨縷唐園之微，亦使得專其利。《國準》篇曰："無用之壤，藏民之羸。"其視尺寸之土之有餘隙，皆其利之所從生也。故觀《管子》書，多設法以網民利，而其實使民歆其利，國家因而取羸焉。《輕重乙》篇曰："與民量其重，計其羸，民得其十，君得其三。"盡此而已矣。其《地圓》篇量物之宜，《度地》篇去物之害，又此《輕重》諸篇之本計也。所謂"謹守其山林菹澤草（菜）〔萊〕"，舉一國輕重之勢，分數明而權衡無或爽，所以爲天下才。其書所載計民之利而歸之公，有十倍百倍侈大言之者，而以三爲率，《輕重》諸篇屢見焉。是所謂"三歸"者，市租之常例之歸之公者也。桓公既霸，遂以賞管仲。《漢書・地理志、食貨志》並云桓公用管仲，設輕重以富民，身在陪臣，而取"三歸"。其言較然明顯。《韓非子》云："使子有'三歸'之家"，《說苑》作賞之"市租"。"三歸"之爲"市租"，漢世儒者猶能明之，此一證也。《晏子春秋》"辭'三歸'之賞"而云"厚受賞以傷國民之義"，其取之民無疑也，此又一證也。

柞翰吟庵經學譚一卷　（15-560）

活字印本

常贊春撰。所論自漢以來，儒學七變，謂漢重師承，其弊也拘；魏啟玄風，間持異議，唐宋以來，其流未沫，其弊也雜。程朱繼起，獨研義理，擺脱漢唐，其弊也悍；宋末及明，偏於所主，驅除異己，其弊也黨。自明中葉後，材辯聰明，激而衡決，其弊也肆；清初諸儒學務徵實，精密太過，其弊也瑣；中葉迄今，騖新棄舊，其弊也蕩。又謂乾嘉以來，考據學熾，理學漸微，經學多破碎穿鑿，於是有倡今文黜古文者，且旁涉緯數及諸子，而經學之藩蘺大決云云。所論未盡當而切時病。（倫明撰）

按《四庫全書總目・經部總序》云：

自漢京以後垂二千年，儒者沿波，學凡六變。其初專門授受，遞禀師承，非惟詁訓相傳莫敢同異，即篇章字句亦恪守所聞，其學篤實謹嚴，及其弊也拘。王弼、王肅稍持異議，流風所扇，或信或疑，越孔、賈、啖、趙以及北宋孫復、劉敞等，各自論說，不相統攝，及其弊也雜。洛閩繼起，道學大昌，擺落漢唐，獨研義理，凡經師舊說，俱排斥以爲不足信，其學務別是非，及其弊也悍（如王柏、吳澄攻駁經文，動輒刪改之類）。學脈旁分，攀緣日眾，驅除異己，務定一尊，自宋末以逮明初，其學見異不遷，及其弊也黨（如《論語集註》誤引包咸夏瑚商璉之說，張存中《四書通證》即闕此一條，以諱其誤。又如王柏刪《國風》三十二篇，許謙疑之，吳師道反以爲非之類）。主持太過，勢有所偏，才辨聰明，激而橫決，自明正德、嘉靖以後，其學各抒心得，及其弊也肆（如王守仁之末派皆以狂禪解經之類）。空談臆斷，考證必疎，於是博雅之儒引古義以抵其隙，國初諸家，其學徵實不誣，及其弊也瑣（如一字音訓，動辨數百言之類）。

《四庫全書總目》言“學凡六變”并各指其弊，此則所論“儒學七變”不過襲《四庫提要經部總序》之“六變”，又增一“變”而已。

按連用“其弊也”之句法，亦非四庫館臣所創，實源于《禮記・經解》，古人多喜用之。《浙江通志》引《永康縣志》云：“東陽之俗文，其弊也飾。括蒼之俗武，其弊也悍。武義之俗質，其弊也野。義烏之俗智，其弊也黠。”明顧璘《顧玉華集・息園存稿文》卷一云：“振廢侮強，自持曰剛，其弊也暴。優柔撫懷，自持曰仁，其弊也廢。勤事樂舉，自持曰能，其弊也亂。疏幽抉隱，自持曰明，其弊也察。沉潛玄默，自持曰静，其弊也隳。五者，自賢而不用人者之過也。”

九峯精舍辛卯集五卷　（15-155）

光緒丁酉刊本

清王棻錄。又羅藻新《太姒為文王繼室考》，為此說者始於明鄒忠允，而人不信之。藻新據《詩・大明》云“文王初載，天作之合”，初載乃即位初年。又據《書・無逸》云“文王受命惟中身，厥享國五十年”，《孟子・公孫丑篇》云“且以文王之德，百年而後崩”，與《小戴記》文王九十七而終說合。以九十七之數除在位五十年，即位當在四十七之時，踰年改元，次年免喪，是娶太姒時年已近五十。又據《逸周書・度邑解》云"發之未生，至于今六十年"，以此惟之，其生武王當在五十一二之時。且太姒之前室固可攷，《詩・思齊篇》云"思齊太任，文王之母。思媚周姜，京室之婦。太姒嗣徽音，則百斯男"。據此，明以周姜為文王之妻，故下即承之曰"太姒嗣徽音"，即嗣周姜之徽音也。周姜賢而無子，太姒繼而能不妬忌，以得多男，故有"則百"之慶。因是而證之孔子所云"《關雎》樂而不淫，哀而不傷"，又證之《詩序》所云"哀窈窕，思賢才，而無傷善之心"，蓋樂者樂太姒之得，哀者哀周姜之亡，俱可不煩言而解矣。（倫明撰）

案王闓運《湘綺樓日記》同治八年八月十八日云：

> 奉新有尹姓者說《詩》"纘女維莘"，謂大姒爲繼室。吾友曹鏡初亟稱之，曰："文王初聘乃俔天氏之妹也，既死，而天又命文王於周京繼有莘之女，則長子維行，而生武王。故《關雎》左右淑女，思得賢妃以主祭祀，而至於寤寐反側，以内主不可曠耳。文已備嬪御，而太姒後至，故以不妒爲至難。"余喜其巧，而畏其無據也，今得二證以助之：其一曰《序》稱太姒皆曰"后妃"。夫后妃不並稱，且太姒何以爲后妃之專稱，后者，後也，文王後娶之妃，宫中相呼爲后妃，故因傳於後世，此與"纘女"文同也。其二曰《海外西經》：形天與帝神，帝斷其首，葬常羊之山。《宋書・符瑞志》有神龍首感女，登於常羊山，生炎帝。則形天國在神農之前，在西海，疑是西戎之國，故與邠爲昏姻也。古人謂妹，皆男子謂女子後生者。若譬妃爲妹，其詞未雅，比后於天，其言已僭。"俔"、"形"音近，又同在西，明俔天即形天也。夢緹（士彪按，王闓運妻蔡夢緹）聞之曰："君爲太姒爭娘家，而得一以乳爲目、臍爲口之國舅，恐文王、大姒均不願也。又假使誤結髮爲塡房，則官事方起，不如不作干證，以免拖累耳。"因大笑而罷。

又棻評金詔《古文尚書偽孔傳多用漢儒舊說考〔1〕》云，孔傳多本漢儒舊說，懸諸日月不刊之書也。近儒如江聲變亂舊文，自我作古，孫星衍雜採舊說，無所折衷，王鳴盛墨守鄭義，舍經從注，以視偽孔之傳，似皆不及云云。其識亦不可及。

〔1〕案原無"說"字，據中華本補。

按清焦循《尚書補疏序》（見《雕菰樓叢書·尚書補疏》，道光八年刻本）論《孔傳》有七善，其文云：

> 東晉晚出《尚書孔傳》，至今日稍能讀《書》者，皆知其僞。雖然，其增多之二十五篇僞也，其《堯典》以下至《秦誓》二十八篇固不僞也。則試置其僞作之二十五篇，而專論其不僞之二十八篇，且置其假托之孔安國，而論其爲魏晉間人之傳，則未曾不與何晏、杜預、郭璞、范甯等先後同時。晏、預、璞、甯之《傳》、《注》可存而論，則此《傳》亦何不可存而論？故王西莊光祿作《後案》，力屏其僞，而於馬、鄭、王《注》外，仍列《孔傳》。江艮庭處士作《集注音疏》，搜錄漢人舊說，而於《傳》說亦多取之。孫淵如觀察屏《孔傳》，而掇輯馬、鄭，然經文二十八篇不能不取諸《孔傳》之經文。
>
> 且《傳》之作也，不自顯其姓名，而托諸孔氏，何爲也哉？余嘗綜其《傳》而平心論之。"曰若稽古帝堯"，"曰若稽古皋陶"，《傳》皆以"順考古道"解之；鄭以"稽古"爲"同天"。"同天"。二字可加諸帝堯，不可施於皋陶。若亦以皋陶爲"同天"，則是人臣可僭天子之稱頌；若以帝堯之"稽古"爲"同天"，以皋陶之"稽古"爲"順考古道"，則文同義異，歧出無理，此《傳》之善一也。"四罪而天下咸服"，《傳》以舜徵用之初即誅四凶，是先殛鯀而後舉禹。鄭以禹治水畢，乃流四凶，故王肅斥之云："是舜用人子之功，而流放其父則爲禹之勤勞適足使父至殛，舜失'五典克從'之義，禹陷三千莫大之罪。"此《傳》之善二也。堯舍丹朱，以天位授舜。朱雖不肖，不宜自舜歷數其不善。《史記》以"無若丹朱傲"上加"帝曰"，而《傳》則以爲禹之言。自禹言之則可，自舜言之則不可。此《傳》之善三也。《盤庚》三篇，鄭以上篇乃盤庚爲臣時所作，然則陽甲在上，公然以臣假君令，因而即眞，此莽、操、師、昭之事，而乃以之誣盤庚，大可怪矣。《傳》皆以爲盤庚爲王時所作，此《傳》之善四也。微子問父師、少師，父師答之，不云少師。鄭以爲少師志在必死，蓋以"少師"指比干。顧大臣徒志於死，遂不謀國以出一言，非可爲忠。《傳》雖亦以少師指比干，而於此則云："比干不見明，心同省文。"此《傳》之善五也。《金縢》"我之不

辟”，鄭讀爲“避”，謂周公避居於東。又以“罪人斯得”爲成王收周公之屬官，殊屬謬悠，説者多不以爲然。《傳》則訓“辟”爲“法”，“居東”即“東征”，“罪人”指祿父、管、蔡。此《傳》之善六也。《明堂位》以周公爲天子，漢儒用以説《大誥》，遂啓王莽之禍。鄭氏不能辨正，且用以爲《尚書》注，而以周公稱王，自時厥後，歷曹、馬以及陳、隋、唐、宋，無不沿莽之故事。而《傳》特卓然以周公不自稱王，而稱成王之命以誥，勝鄭氏遠甚。此《傳》之善七也。

爲此《傳》者，蓋見當時曹、馬所爲。爲之説者，有如杜預之解《春秋》，束皙等之僞造《竹書》，舜可囚堯，可殺益；太甲可殺伊尹。上下倒置，君臣易位，邪説亂經。故不憚改《益稷》，造《伊訓》、《太甲》諸篇，陰與《竹書》相齮齕。又托《孔氏傳》，以黜鄭氏，明君臣上下之義，屏僭越抗害之譚。以觸當時之忌，故自隱其姓名。其訓詁章句之間，誠有未善，然“三盤”“五誥”之奥辭，《傳》皆一一疏通，雖或有規難而辨正之，終不能不用爲藍本。

九峰精舍壬辰集一卷　（15-156）

光緒刊本

清王棻錄。是集題十有三，惟文多短篇，故卷帙不及《辛卯》五之一，而不從舊解，時出新義，與前集同。如《居德則忌解》取王注“明禁”之説，《雜卦大過以下不反對説》參虞傳而申其義，《予乘四載解》據《説文》以正羣書，《朕復子明辟解》謂明辟言明備之程式，所引俱碻。（倫明撰）

按方濬師《蕉軒隨錄》卷七《居德則忌》云：

潘子善問朱子曰：“‘居德則忌’，傳曰：‘則，約也。忌，防也。謂約立防禁，則無遺散。’某於此義不能無疑，更乞批報。”朱子答曰：“未詳。”王弼注：“《夬》者，明法而決斷之象。忌，禁也。法明斷嚴，不可以慢，故居德以明禁，施而能嚴，嚴而能施，健而能説，決而能和，美之道也。”《虞氏易》：“陽極陰生，德不久居。陽當忌陰，故居德則忌。”毛檢討《仲氏易》謂：“澤升於天，則降澤及下，居則不得矣，故禁之。禁，忌也。言禁使勿居也。凡此，皆於卦名外別是一義。”愚按：澤上於天，敷潤及下。施祿之君子，功德昭著，自然健而能說，決而能和。若以功德自居，則失剛正明信之公道，轉無以見孚，號有厲矣。此德字當如《左傳成三年》“然則德我乎”德字解。不自居功德及下，正老子所謂“功成而弗居”也。《仲氏易》“居則不得矣”，語意頗合，特未能明顯耳。至謂“凡此，皆於卦名外別是一義”，殊費解。

甕天經義錄一卷　（15-178）

汗筠簃抄本

清趙樹吉撰。是錄凡經義三十餘條，說《詩》者占二十六條。說鄭風，於《集傳》所稱淫詩者一一辨之。謂《將仲子兮》是莊公諷公叔段之詞，《籜兮》、《揚之水》皆兄弟相儆戒之詞，《彼狡童兮》為當時逐之臣之詞，《東門之墠》為思賢者而不得見之詞。鄭詩廿一篇，惟《女曰鷄鳴》、《有女同車》、《子之丰兮》、《出其東門》、《溱洧》有男女情事。然《鷄鳴》、《同車》皆美賢婦，《丰》是刺亂，《東門》則禮法之士，《溱洧》乃舉其習俗，如近世竹枝詞。絕無淫奔之詩。（倫明撰）

按《國風》中描寫男女情之詩，漢唐經學家多指爲“刺時”之作。至宋代學者始指爲“淫奔之詩”或“淫詩”。最早提出《詩經》裏有“淫詩”者是歐陽修。《詩本義》云：“《邶風·靜女》乃述衛風俗男女淫奔之詩爾。”鄭樵《詩辨妄》也說：“《將仲子》祇是淫奔之詩，非刺仲子之詩也。”朱熹《詩集傳序》云“凡《詩》所謂風者，多出于里巷歌謠之作，所謂男女相與詠歌，各言其情者也。”據今人向熹統計，《詩集傳》指爲“淫詩”者共有二十八篇（見向熹《〈詩經〉語文論集》十五《宋人筆記與〈詩經〉研究》：（一）《所謂“淫詩”的討論》）。然自宋末以至明清，學者對“淫詩”說頗多不滿。但以爲淫詩爲漢儒所加，非《詩經》原有之詩的觀點，仍有一定的支持者。明代陸容《菽園雜記》卷十云：

嘗讀《召南》，至《野有死麕》一詩，以其類淫奔而疑之。然以晦庵先生之所傳注，不敢妄生異議也。近觀王魯齋《二南相配圖》，乃知古人先得我心之所同然矣。蓋魯齋以《二南》篇名各十一篇，《召南》之《甘棠》，爲後人思召伯而作。《何彼穠矣》，爲《王風》之錯簡，《野有死麕》爲淫詩，皆不足以與此。其大意以爲今詩三百五篇，豈盡定於夫子之手，其所刪者，容或有存於里巷浮薄之口，漢儒取以補亡耳。於是配以爲圖，其見亦卓矣。使魯齋生於晦庵之時，得與商確，能不是其言乎？《甘棠》、《何彼穠矣》二篇，則非予識所能到也。

清王士禛《古夫于亭雜錄》卷一《論鄭風衛風》引明王道之說云：

吾鄉武城王文定公（道），嘉靖中官吏部侍郎，名臣也。其《文錄》議論純正，節錄數條於此。論鄭、衛二國風曰：《鄭風》二十一篇，其的爲淫泆之詞者，《野有蔓草》、《溱洧》二篇，可疑而難決者，《丰》一篇而已。其他《緇衣》、二《叔于田》、《清人》、《羔裘》、《女曰雞鳴》、《出其東門》七篇，語意明白，難以誣說。至於《將仲子》、《遵大路》、《有女同車》、《山有扶蘇》、《籜兮》、《狡童》、《褰裳》、《東門之墠》、《風雨》、《子衿》、《揚之水》凡十一篇，序說古註，皆有事証可據。而朱子一切翻倒，盡以淫奔目之，而蔽以"放鄭聲"之一語，殊不知孔子論治則放聲，述經則刪詩正樂，刪之即所以放也，刪而放之，即所以正樂也。若曰放其聲於樂，而存其詞於詩，則詩、樂爲兩事矣。且使諸篇果如朱子所說，乃淫泆狎蕩之尤者，聖人欲垂訓萬世，何取於此而乃錄之以爲經也邪？反正詭道，侮亂聖言，近世儒者若馬端臨、楊鏡川、程篁墩諸人皆已辯之矣。又曰：鄭、衛多淫聲，如《桑中》、《溱洧》男女戲謔之詩，蓋亦多矣，孔子盡刪而放之。其所存者，發乎情，止乎禮義，而可以爲法戒者也。中間三、四篇，蓋皆刪放之餘，習俗所傳，而漢儒於經殘之後，見三百之數有不足者，乃取而補之，而不知其爲世教之害也。

對于《詩集傳》所謂"淫詩"，元初馬端臨《文獻通考·經籍考》已痛切斥之。清代學者大都不相信《詩經》中有所謂"淫詩"，凡朱熹指爲淫詩者，必證爲非是而後快。清吳翌鳳《遜志堂雜鈔·丁集》云：

淵明爲孟嘉作文，有云"凱風寒泉之感，實傷厥心"。孟嘉之女，淵明之母也，若如《集注》所言衛之淫風流行，則"凱風寒泉"四字不可用矣。

《遜志堂雜鈔・戊集》云：

《野有蔓艸》，思君子。六卿餞韓宣子，子齹首賦此詩，宣子善之曰："吾有望矣。"豈淫奔之詩而不諱于客乎？

又云：

《左傳》，鄭伯享趙孟于垂隴，七子賦詩，伯有賦《鶉奔》，趙孟斥之曰："牀笫之言不踰閾，非使人之所聞也。"然則其它之賦《野有蔓艸》、《有女同車》及《籜兮》者，俱非淫奔之詩明矣。

王士禛《古夫于亭雜錄》卷一《左傳賦詩》云：

按《左傳》：韓起聘鄭，鄭六卿餞於郊，宣子請皆賦，子齹賦《野有蔓草》，宣子曰："孺子善哉！吾有望矣。"子太叔賦《褰裳》，子游賦《風雨》，子旗賦《有女同車》，子柳賦《籜兮》，宣子曰："二三君子，數世之主也，可以無懼矣。"夫餞大國之使，而所賦皆淫奔之詩，辱國已甚，宣子又何以歎其爲數世之主乎？此亦一證，且知《野有蔓草》亦必非淫詩也。

《古夫于亭雜錄》卷二《論詩經》云：

葉氏謂："《詩》'有美一人，清揚婉兮，邂逅相遇，適我願兮'，序《詩》者謂'男女思不期而會'，余固疑其非是。按孔子引此以況程子，然則凡《詩》稱美人，皆謂賢者，其於刺淫貶色，要須特有所指乃可從爾。不然，則彼何足以污簡策，而複載重出，諄悉不已哉？"此論得之。

龔煒《巢林筆談》卷二《鄭衛諸什不定指男女期會》云：

嘗疑《史記》"國風好色而不淫"句未安。詩出淫奔者之口，未可謂之不淫；出刺淫奔者之口，不得謂之好色。推《離騷》之義以例《國風》，鄭衛諸什，不定是男女期會之詩。

方中履《古今釋疑》卷一《鄭衛非淫詩》云：

朱子《詩傳》曰："鄭衛之樂皆爲淫聲。然以《詩》考之，衛詩三十有九，而淫奔之詩四之一。鄭詩二十有一，而淫奔之詩七之五。衛猶爲男悅女之辭，而鄭皆爲女惑男之語，故夫子謂爲邪，獨以鄭聲爲戒，而不及衛，蓋舉重而言也。"《詩序辨說》曰：

“《桑中》、《溱洧》諸篇，皆淫奔者所自作。序云刺奔，誤矣。豈有將欲刺人之惡，乃反自爲彼人之言，以陷其人于所刺之中，而不自知者哉？”馬端臨曰：“夫子刪詩，其所取于《關雎》者，謂其樂而不淫耳。則詩之可刪，孰有大于淫者。今以文公《詩傳》考之，其指爲男婦淫奔而自作詩以敘其事者，凡二十有四。如《桑中》、《東門之墠》、《溱洧》、《東方之日》、《東門之池》、《東門之楊》、《月出》、《丰》，則《序》以爲刺淫，而文公以爲淫者所自作也。如《靜女》、《木瓜》、《采葛》、《丘中有麻》、《將仲子》、《遵大路》、《有女同車》、《山有扶蘇》、《籜兮》、《狡童》、《褰裳》、《風雨》、《子衿》、《揚之水》、《出其東門》、《野有蔓草》，則《序》本別指他事，而文公亦以爲淫者所自作也。夫以淫昏不簡之人，發而爲放蕩無恥之詞，其詩篇之繁多如此。夫子猶存之，則不知所刪何等一篇也。夫子曰：思無邪。古序者之說，雖《詩》辭之邪者，亦必以正視之。如《桑中》之刺奔，《溱洧》之刺亂是也。如文公之說，則雖《詩》辭之正者，亦必以邪視之。如不以《木瓜》爲美桓公，不以《采葛》爲懼讒，不以《遵大路》、《風雨》爲思君子，不以《褰裳》爲思見正，不以《子衿》爲刺學校廢，不以《揚之水》爲閔無臣，而俱指爲淫奔謔浪、要約贈答之辭是也。且此諸篇，雖疑其辭之少莊重，然首尾無一字及婦人，而謂之淫邪，可乎？文公又曰：《二南》、《雅》、《頌》，祭祀朝聘之所用也。鄭衛桑濮，里巷狹邪之所用也。夫子於鄭衛，蓋深絕其聲於樂以爲法，而嚴立其詞於《詩》以不戒。今乃欲爲之諱其鄭衛桑濮之實，而文以雅樂之名，又欲從而奏之宗廟之中、朝廷之上，則未知其將以薦之於何等之鬼神，用之於何等之賓客也。愚又以爲未然。夫《左傳》言季札來聘，請觀周樂，而所歌者，邶鄘衛皆在焉，則諸詩固雅樂矣。使其爲里巷狹邪所用，則周樂安得有之，而魯之樂工亦安能歌異國淫邪之詩乎？且《儀禮》、《左傳》所載古詩歌詩合樂之意，有不可曉者。夫《關雎》、《鵲巢》，閨門之事，后妃夫人之詩也。而鄉飲酒、燕禮歌之。《采蘋》、《采蘩》，夫人、大夫妻能主祭之詩也，而射禮歌之。《肆夏》、《繁》、《遏渠》，宗廟配天之詩也，而天子享元侯歌之。《文王》、《大明》、《綿》，文王興周之詩也，而兩君相見歌之。以是觀之，其歌詩之用，與詩人作詩之本意，蓋有判然不相合者，不可強通也。則烏知鄭衛諸詩不可用之於燕享之際乎？《左傳》載列國聘享賦詩，固多斷章取義，然其大不倫者，亦以來譏誚。如鄭伯有賦《鶉之奔奔》，楚令君尹子圍賦《大明》，及穆叔不拜《肆夏》，寧武子不拜《彤弓》之類是也。然鄭伯如晉，子展賦《將仲子》；鄭伯享趙孟，子太叔賦《野有蔓草》；鄭六卿餞韓宣子，子齹賦《野有蔓草》，子太叔賦《褰裳》，子游賦《風雨》，子旗賦《有女同車》，子柳賦《蘀兮》。此六詩皆文公所斥以爲淫奔之人所作也。然所賦皆見善於叔向、趙武、韓起，不聞被譏。乃知鄭衛之詩未嘗不施于燕享，而此六詩之旨意訓詁，當如序者之說，不當如文公之說也。"履按文公所以鄭衛爲淫詩者，因夫子謂鄭聲淫耳。夫子謂其聲淫，文公遂謂其詩淫，不亦誤乎？且十五國風，爲詩百五十有七篇，其爲婦人而作者，男女相悅之辭，幾及其半。若文公之傳，是徐陵之《玉台新咏》、韓偓之《香奩集》而已，豈先王厚人倫、美教化、移風俗之云乎？蓋古人深心于君臣朋友之間，托言于夫婦男女之際，所謂言之者無罪，聞之者足戒，故《離騷》以美人比君子，子長稱其兼風雅，即不盡然，亦《序》所云刺奔、刺亂，而夫子所不删者，决非淫佚之人所自賦也。

清陸以湉《冷廬雜識》卷七云：

《子衿》非淫詩。蕭山沈補堂豫引《晉書》左貴嬪《離思賦》"彼城闕之作詩兮，亦以日而喻月"，謂如果褻狎之什，豈有椒壁之寵，而寫諸彤管者乎？證據甚確。

即便是《鄘風·桑中》這種明顯描寫男女之情的詩，清代學者也予以否認。梁紹壬《兩般秋雨盦隨筆》卷一《桑中詩別解》云：

《鄘風·桑中》一篇，《小序》、《集傳》皆以爲刺淫而作。仁和李海匏學博（光彝）。云："此戴嬀答莊姜之詩，所以報'燕燕于飛'一什也。其曰桑中、上宮、淇上者，皆當日話別送行之地也。其曰孟姜者，指莊姜而言也。下二章曰孟庸、孟弋者，庸與弋皆姜氏同姓之國，因懷莊姜而兼及當時之媵妾也。"其說甚新。

或引《左傳》之賓主賦《詩》，或引魏晉詩文之用《詩》，或析之以情理，或附之以史實，以證《詩經》無"淫詩"。姑且無論其是非，亦可見漢學、宋學之不同矣。

養志居僅存稾八卷經遺說一卷　（1-509）

光緒乙酉刊本

清陳宗起撰。若夫《書》說"禋于六宗"，久成聚訟，以未有經文可據，故迄無定論。（江瀚撰）

案六宗之說，漢晉之儒已互有异同，清陳壽祺《五經異義疏證》備列二十六家之說，紛如聚訟，莫能折衷。清桂馥《札樸》卷一《六宗》所言較爲簡明：

> 六宗，鄭氏以爲星、辰、司中、司命、風師、雨師。案：《月令》："孟冬之月，天子乃祈來年於天宗。"鄭《注》："天宗，謂日月星辰也。季冬之月，乃畢山川之祀，及帝之大臣、天之神祇。"鄭《注》："孟月祭其宗，至此可以祭其佐也。帝之大臣，句芒之屬。天之神祇，司中、司命、風師、雨師。"馥案：鄭既以司中、司命、風師、雨師爲宗，今又以爲佐，其説六宗，有星辰無日月，其説天宗，則日月星辰兼有，豈天宗六宗各別，不相涉邪？蔡氏《月令章句》説天宗云："日爲陽宗，月爲陰宗，北辰爲星宗，五經異義。"賈逵説六宗云："天宗三，日、月、星辰；地宗三：泰山、河、海。"蔡説天宗與賈六宗同，賈説六宗與《古尚書》説同。司馬彪説六宗云："天宗，日月星辰寒暑之屬；地宗，社稷五祀之屬；四方之宗，四時五帝之屬。"諸説雖異，要當以天宗歸於六宗也。

清方中履《古今釋疑》卷五《六宗》云：

> 《尚書》"禋于六宗"，諸儒訓釋，互有異同。師丹、孔光、劉歆以爲易六子，水、火、雷、風、山、澤也。伏生與馬融以爲天地四時。梁崔靈恩取之。賈逵以爲天宗三，日、月、星也；地宗三，河、海、岱也。歐陽及大小夏侯說《尚書》云"所祭者六，上不及天，下不及地，傍不及四方，居中央恍惚，助陰陽變化，有益于人者也"。

李郃取之。《古尚書說》，日、月爲陰陽宗，北辰爲星宗，岱爲山宗，河爲水宗，海爲澤宗。鄭玄以六宗言禋，與祭天同名，則六者皆是天之神祇，謂星、辰、司中、司命、風師、雨師。星謂五緯也，辰謂日月所會十二次也。司中、司命，文昌第五、第四星也。風師，箕也。雨師，畢也。《孔叢子》取祭法四時，寒暑、日、月、星、水、旱爲六親宗。孔安國因之。王肅取《家語》之文，與孔注同。肅又以爲六子之卦，劉劭言萬物負陰而抱陽，沖氣以爲和，六宗者，太極沖和之氣，爲六氣之宗也。摯虞以爲《月令》孟冬天子祈來年于天宗。天宗，六宗之神也。虞喜《別論》曰，地有五色，太社象之，總五爲一，則成六，六爲地數，推校經句，闕無祭，則祭地也。劉昭以爲此說近得其實。張迪以爲六代帝王，張髦以爲祀祖考，所尊者六，三昭三穆，是也。王安石取之。司馬彪云，天宗者，日月星辰寒暑之屬也，地宗，社稷五祀之屬也。四方之宗，四時五帝之屬也。後魏高閭以天皇大帝及五帝爲六宗。杜佑取之。朱子《書說》則取祭法。履聞之老父曰，《尚書》本文，上言上帝，下言山川群神，此似爲地太社之說近之，然一六太虛無據也，常以五方有六神，東方少昊之子曰重，爲勾芒。南方顓頊之子曰黎，爲祝融。西方少皥之子曰該，爲蓐收。北方少皥之二子曰修，曰熙，爲玄冥，中央共工氏之子曰勾龍，爲后土。此較諸家爲確矣。蓋五行而二水也。

清全祖望《經史答問》卷二云：

類上帝，首及皇天后土也。則禋"六宗"，當爲天神，而後望山川，以及地示，然後遍於羣祀。今或仍及天地，或并及山川，又或指人鬼而言，非雜複，則凌亂矣。"六宗"則當實舉其目，而或名雖六而實不副，或自以其意合爲六，或反多於六者之外，是信口解經也。故犯此數者之說，則其謬誤，不必詳詰而已見。是以伏生之天、地、四時，其說甚古。然於類帝有複。歐陽和伯變其說，以爲在天、地、四方之間，助陰陽，成變化。而李郃以爲六合之間，劉邵以爲太極沖和之氣，爲六氣宗。孟康以爲天地間遊神。則皆歐陽之說，無可宗而強宗之，揚雄所謂神遊六宗者也。孔安國引《祭法》，以爲四時、寒暑、日月、星、水旱，則寒暑即時也。幽、雩乃有事而祈禱，非大祭也。說者以爲本之孔子。劉昭曰："使其果出孔子，將後儒亦無復紛然者矣。"劉歆、孔光、王肅，以爲水、火、雷、風、山、澤，是乾坤之六子，則兼山川而祭之。賈逵之天宗：以日爲陽宗，月爲陰宗，北辰爲星宗；地宗：以河爲水宗，岱爲山宗，海爲澤宗，同此失也。康成以《周官・小宗伯》四郊注中之星、辰、司中、司命、風師、雨師當之，則自司中而下，皆星也，六宗祇二宗。虞喜以地有五，總五爲一以成六。劉昭取之，則六宗祇一宗。司馬彪以日月星辰之屬爲天宗，社稷五祀之屬爲地宗，四方五帝之屬爲四方宗，是並羣神皆豫矣，而覈之則六宗祇三宗。若張髦以爲三昭三穆，張迪以爲六代帝王，則無論是時曾備七廟之制與否，其六代果爲何帝何王，而要之不應以人鬼列於山川之上。若宋儒羅泌以爲天宗、地宗、岱宗、河宗、幽宗、雩宗，則無論經文之上下皆凌犯，而亦輕重不以其倫。明陶安以爲類上帝乃祭天，禋宗乃祭地，六者，地之中數也，則又本虞喜之說，而少變之。方以智以爲五方實有六神，曰重，爲句芒；曰黎，爲祝融；曰該，爲蓐收；曰脩、曰熙，爲玄冥，曰勾龍，爲后土。不知五人帝者，五天帝之配，豈容別列爲宗。近如惠學士士奇以《古尚書・伊訓》及《周禮》之方明爲六宗，以其上玄下黃，前青後黑，左赤右白，實備六合之氣。則亦上下四旁之說，而況是時尚未必有方明之祀。杭編修世駿謂是天地四嶽之神，亦少變伏、歐之說者。然天地已見於類帝，而四嶽則望山之所首及也。沈徵君彤以爲六府，亦非天神之屬，皆不免於上下文有牴牾。故愚嘗謂盧植以六宗爲《月令》祈年之天宗，其義甚長，而特是天宗之目不著，則孔、鄭兩家之說，皆得附之，而無以見其爲六。然則天宗之六者，何也？曰：即《左傳》之六物也。六物者，曰歲，謂太歲也；曰時，謂四時，曰日，曰月，曰星，則二十八宿也；曰辰，則十二次也。是六者，皆天神也。天神之屬，無有過於此六者。有時舉四時而析之，與歲、日、月、星、辰並列，則謂之九紀。《逸周書》周公曰："在我文考，順道九紀，一辰、二宿、三日、四月、五春、六夏、七秋、八冬、九歲。"又曰九星，《周書》日、月、星、辰、四時、歲，是謂九星。王深寧曰九星，即九紀也。有時舉歲、日、月、星、辰而不及時，則謂之五位。《國語》武王伐殷，歲在鶉火，月在天駟，日在析木之津，辰在斗柄，星在元黿，蓋舉五位而知其時之爲冬也。有時舉日、月、星、辰而不及歲時，則曰四類。深寧解《周禮》之四類，以此四者當之。蓋舉四者，而歲時從可知也。有時舉日、月、星，而不及三者，則曰三光，又曰三辰。蓋以日、月該歲時，以星該辰也，是皆隨意錯舉者。若祭則必定爲六，故曰六宗。《尚書》之禋，禋此六者。《月令》之祈年，亦祈此六者也。或曰康成之説，謂郊之祭，大報天而主日，祭以月。日月不宜尚在六宗，何與？曰：是亦不然。日月配天，不宜列六宗，嶽瀆配地，何以列望祀也。是又不足詰也。

清方濬師《蕉軒續錄》卷一《禋於六宗》云：

“禋於六宗”，《祭法》曰：“埋少牢於泰昭，祭時也。相近於坎壇，祭寒暑也。王宮，祭日也。夜明，祭月也。幽宗，祭星也。雩宗，祭水旱也。”東坡先生從之，朱文公亦以《祭法》爲主，蔡沈集注遵師説也。濬師按：胡氏三省《資治通鑑》注云：“《尚書》‘禋於六宗’，而諸儒互説不同。王莽以《易》六子，遂立六宗祠。王肅亦以爲《易》六子。摯虞以爲《月令》‘孟冬天子祈來年於天宗’，天宗，六宗之神也。劉邵以爲萬物負陰而抱陽，沖氣以爲和，六宗者，太極沖和之氣爲六氣之宗者也，《虞書》謂之六宗，《周書》謂之天宗。孔穎達曰：‘王肅六宗之説，用《家語》之文，以四時也，寒暑也，日也，月也，水旱也，爲六宗。孔注《尚書》同之。伏生與馬融以天、地、四時爲六宗。劉歆、孔晁以《乾》、《坤》之子六爲六宗。賈逵以爲天宗三，日、月、星也；地宗三，河、海、岱也。’今《尚書》歐陽、夏侯説六宗者，上及天，下及地，旁及四方、中央，恍惚助陰陽變化，有益於人者也。古《尚書》説天宗日、月也，辰、岱、河、海也，日、月爲陰、陽宗，北辰爲星宗，河爲水宗，岱爲山宗，海爲澤宗。鄭玄以星也，辰也，司中也，司命也，風師也，雨師也，爲六宗。虞喜《別論》曰：‘地有五色，太社象之，總五爲一，則成六。六爲地數，推校經傳，別無他祭也。’劉昭以爲此説近得其實。張髦曰：‘父祖之廟六宗，即三昭、三穆也。’魏文帝以天皇太帝、五帝爲六宗。杜佑取之。鄭氏曰：‘禋之言煙，周人尚臭，煙氣之臭聞者。’”此一則胡氏薈萃諸家，敘而不斷，今之説經者罕有其匹。

《郭嵩燾詩文集》卷一《釋“六宗”》，則綜輯眾說，別出新見：

> 姚氏《經說》敘述《虞書》“六宗”之義數十家，俞氏《類稿》又以古文、今文之說明之，大抵據《周官》及《戴記》之書爲證。其諸持異說者，又各以意擬之，而無證據。禋者，祀天之名也。或雜引地祇、山川，于義無取。伏生之說，最先舉天地四時爲言，義近矣，而不能言四時何神，又並無天地言之，終爲無據。姚氏于此，據《虞書》之“六府”以釋“六宗”，實勝他說。要此六者，著之人事，云“宗”非也，亦與禋祀無當。蓋自漢儒傳經，喜立異說。“六宗”虞禮，無所因依，各持一義以資其傅會，遂至紛紜不可窮紀。

杜氏《通典》謂唐虞設官，詳于天而略于人，三代以還，專詳人事。其命祀亦然。禋祀者，日月星辰之附麗于天者也。羲和治曆，首明中星，以定四時成歲，舉鳥、火、虛、昴與日月並尊，由始治曆時測日長短，與中星相應，準此以爲民極，故謂之“六宗”。夏殷以後，改易正朔，曆法稍變，星變之行又有歲差，率積七十年有奇而差一度，不能據一中星爲準，是以“六宗”之祀，歷夏已廢不舉，惟獨《虞書》存其名。其後《月令》之言“天宗”，《祭法》之言“幽宗”、“雩宗”，其名亦本于此，謂日星雨暘之麗于天者也。盧氏植徑以“天宗”釋“六宗”則非，以“六宗”虞禮，曆法所由準也，是以《虞書》首明日月星辰授時之政，而後言禋于“六宗”，可以推見其義。歷數千年，諸儒無能辨者，斯亦可謂習焉不察者矣。

眾說不一，愈說愈奇，而西漢伏生《尚書大传·尧典》云：“万物非天不生，非地不载，非春不动，非夏不长，非秋不收，非冬不藏。故《書》曰‘禋于六宗’，此之谓也。”即以天地四时为六宗，此说最古，当有所本。

漢碑經義輯略二卷（著錄）　（1-177）

光緒壬寅濟南刻本

清淳于鴻恩撰。篇中如“鬼方”一條，謂《漢益州太守高朕脩周公禮殿記》、《益州太守無名殘碑》、《郃陽令曹全碑》諸碑之義並以《易·既濟》之“鬼方”為西戎，並引近人徐宗亮《黑龍江述畧》云俄羅斯本羌種之遺，故各城有老羌瓜、老羌菜、老羌斗諸名，而通商尤多以羌帖交易。

按《漢書・趙充國傳》"遂克西戎，還師于京。鬼方賓服，罔有不庭"。充國所征者羌人，羌為西戎，稱為鬼方。然則漢之所謂鬼方者，即今之俄羅斯也。漢人既以西羌為鬼方，則漢以前之鬼方亦為西羌可知。今考班《書》語意，實非以西戎為鬼方。鬼方蓋如《大雅・蕩》篇鄭箋作"遠方"解，意謂西戎既克，遠方罔不賓服耳。若以為即今俄羅斯，更不足信矣。（江瀚撰）

按方濬師《蕉軒隨錄》卷二《奮伐荊楚》云：

《詩・商頌》："撻彼殷武，奮伐荊楚。"朱子集傳曰："《易》'高宗伐鬼方，三年克之'，蓋謂此。"按：《太平御覽・四夷部》列荊於南蠻，鬼方於西戎。陳仁錫《潛確類書》云："南蠻即唐虞要服，夏、商之時，漸爲邊患。暨于周代，黨眾彌盛。故《詩》曰：'蠢爾蠻荊，大邦爲仇。'至楚武王時蠻與羅子共敗楚師，殺其屈瑕。楚師復振，遂屬于楚。"（本《後漢書》。）又云："西羌本出本三苗，蓋姜姓，其國近衡山。及舜徙之三危，漢金城之西南羌地是也。濱于賜支（即《禹貢》析支），至于河首，緜地千里，南接蜀、漢徼外蠻夷，西北鄯善、車師諸國。夏太康失國，四夷背叛，及后相立，乃征畎夷，（即畎戎。）七年然後來賓。至于后泄，始加爵命，由是服從。后桀之亂，畎夷入居邠、岐之間。成湯既興，伐而攘之。及殷室中衰，諸戎皆叛。至于武丁，征西戎、鬼方克之。"（亦本《後漢書》。）是荊楚在南，鬼方在西，兩不相涉明甚。（唐李鼎祚《周易集解》："干寶曰：'鬼方，北方之國。'"亦不確。）且《詩》明言："維汝荊楚，居國南鄉。昔有成湯，自彼氐羌，莫敢不來享，莫敢不來王，曰商是常。"鄭康成箋云："維女楚國，近在荊州之域，居中國之南方，而背叛乎？成湯之時，乃氐羌遠夷之國來獻來見，曰商王是吾常君也。此所用責楚之義，女乃遠夷之不如。"故蘇氏因之。朱子既採蘇氏之說，而於前章又引"高宗伐鬼方"爲即是荊楚，似未深考。王伯厚援《大戴禮・帝繫篇》"陸終氏娶于鬼方氏"，《楚世家》"陸終生子六人，六曰季連，羋姓"，謂楚即其後，以證集傳。是將季連作爲外家之苗裔矣，所說尤舛。《詩地理考》亦伯厚所著，其於荊舒下曾引鄭氏"僖公與齊桓公舉義兵，北當戎與狄，南艾荊及羣舒，天下無敢禦"，何獨于荊楚之《詩》，又信朱子集傳耶？

則鬼方仍當作西戎解爲妥。

新學僞經考十四卷 （22-007）

光緒十七年廣州刻本

清康有為撰。有為原名祖詒，字長素，一字更生，廣東南海人。光緒二十一年進士，官工部主事。是書大旨謂後世所講習之經，類皆劉歆偽造。以歆臣新莽，故斥其學為"新學"。自序有"劉歆之偽不黜，孔子之道不著"等語，本意在尊聖，乃致疑經，竝力排賈、馬、許、鄭諸儒，以為是新學，非漢學，豈不過哉！其云六經未嘗亡缺，秦世焚書但愚黔首，博士所職《詩》、《書》百家自存。歸罪秦始，亦劉歆之偽說。縱令如是，項羽咸陽一炬，不同歸灰燼乎？且歆之竄亂《周官》，猶可曰藉以媚莽，其偽羣經何為？如篇中謂其采《明堂陰陽說》而作《月令》，然《戴記·月令》明見《呂氏春秋》，決非歆作。它多臆測，可以類推矣。葉德輝《翼教叢編》言有為之學本於井研廖平。今觀所稱今學全出於孔子，古學皆託於周公及以《昏義》三夫人九嬪二十七世婦八十一御妻為之公九卿二十七大夫八十一元士之命婦，則其陰用廖說，誠為不虛。廖於甲申、乙酉間游廣州，故康習聞其緒論也。此編刻於辛卯，御史安維峻嘗以其非聖無法，奏請燬禁。雖然，孔子之道固不因康而污，即賈、馬、許、鄭諸儒之名，亦何嘗因康而損與？（江瀚撰）

按《新學僞經考》之命名，梁啓超解釋說："'僞經'者，謂《周禮》、《逸禮》、《左傳》及《詩》之毛傳，凡西漢末劉歆所力爭立博士者。'新學'者，謂新莽之學。時清儒誦法許、鄭者，自號曰'漢學'。有爲以爲此新代之學，非漢代之學，故更其名焉。"（梁啓超《清代學術概論》，本篇引文凡未注明者皆出自此書。）

以內容而論，《新學僞經考》是一部辨僞專著。作者站在今文經學家的立場上論證歷代所尊信的傳自漢代的古文經全是僞書，大都是劉歆爲佐王莽篡漢而僞造的。書中共分十四個專題加以辨明：《秦焚六經未嘗亡缺考》第一，《史記經說足證僞經考》第二，《漢書藝文志辨僞》第三，《漢書河間獻王魯共王傳辨僞》第四，《漢書儒林傳辨僞》第五，《漢書劉歆王莽傳辨僞》第六，《漢儒憤攻僞經考》第七，《僞經傳于通學成于鄭玄考》第八，《後漢書儒林傳糾謬》第九，《經典釋文糾謬》第十，《隋書經籍志糾謬》第十一、《僞經傳授表》第十二，《書序辨僞》第十三（附《尚書篇目異同眞僞表》），《劉向經說足證僞經考》第十四。梁啓超將《新學僞經考》之內容概括爲："一、西漢經學，並無所謂古文者，凡古文皆劉歆僞作；二、秦焚書，並未厄及六經，漢十四博士所傳，皆孔門足本，並無殘缺；三、孔子時所用字，即秦漢間篆書，即以'文'論，亦絕無今古之目；四、劉歆彌縫其欲作僞之迹，故校中秘書時，于一切古書多所羼亂；五、劉歆所以作僞經之故，因欲佐莽纂漢，先謀湮亂孔子之微言大義。"

清代後期，今文經學興起，古文經學受到質疑和批判。道光末，魏源著《詩古微》，始大攻《毛傳》及《大小序》，謂爲晚出僞作。源又著《書古微》，謂不惟東晉晚出之《古文尚書》爲僞作，東漢馬、鄭之古文說，亦非孔安國之舊。同時邵懿辰亦著《禮經通論》，謂《儀禮》十七篇爲足本，所謂古文《逸禮》三十九篇者，出劉歆僞造。而劉逢祿故有《左氏春秋考證》，謂：此書本名《左氏春秋》，不名《春秋左氏傳》，與《晏子春秋》、《呂氏春秋》同性質，乃記事之書，非解經之書；其解經者，皆劉歆所竄入，《左傳》之名，亦歆所僞造。晚清廖平著有《知聖篇》、《辟劉篇》，前者認爲西漢所傳今文經是孔子改制的創作，後者則主張《周禮》等古文經多系劉歆僞造。梁啓超總結說："蓋自劉書出而《左傳》眞僞成問題，自魏書出而《毛詩》眞僞成問題，自邵書出而《逸禮》眞僞成問題。若《周禮》眞僞，則自宋以來成問題久矣。初時諸家不過各取一書爲局部的研究而已，既而尋其系統，則此諸書者，同爲西漢末出現，其傳授端緒，俱不可深考，同爲歆所主持爭立。質言之，則所謂古文諸經傳者，皆有連帶關係，眞則俱眞，僞則俱僞。於是將兩漢今古文之全案，重提覆勘，則康有爲其人也。"可見，《新學僞經考》是集清代今文家辨僞成果之大成，而廖平的觀點更是對康有爲發生了直接的影響。

康有爲在辨僞時，採用的依然是清儒慣用的考據學方法。如《秦焚六經未嘗亡缺篇》，他徵引《史記・秦始皇本紀》斷定："焚書之令，但燒民間之書，若博士所職，則《詩》、《書》、百家自存。"指"秦焚《詩》、《書》，六經遂缺"爲妄言。他又徵引《史記・李斯列傳》及《史記・蕭相國世家》之文，認爲：自秦始皇焚書坑儒至漢興“爲日至近，博士具官，儒生甚夥。即不焚燒，罪僅城旦，天下之藏書尤不少，況蕭何收丞相、禦史府之圖書哉！丞相府圖書，即李斯所領之圖書也。‘斯知六藝之歸’，何收其府圖書，六藝何從亡缺！何待共王壞壁忽得異書邪？事理易明，殆不待辨。”又引《漢書·楚元王傳》、《史記·陳餘傳》、《史記·張丞相傳》、《史記·酈生傳》、《史記·陸賈傳》、《史記·劉敬傳》、《史記·叔孫通傳》、《漢書·賈鄒枚路傳》、《史記·賈生傳》、《漢書·循吏傳》之文，而論之曰：“右見《史記》、《漢書》者，並伏生、申公、轅固生、韓嬰、高堂生計之，皆受學秦焚之前，其人皆未坑之儒，其所讀皆未焚之本。博士具官者七十，諸生弟子定禮者百餘。李斯再傳爲賈誼，賈祛一傳爲賈山，皆儒林淵源可考者。統而計之：其一，博士所職，《六經》之本具存，七十博士之弟子當有數百，則有數百本《詩》、《書》矣，此爲《六經》監本不缺者一；其二，丞相所藏，李斯所遺，此爲《六經》官本不缺者二；其三，禦史所掌，張蒼所守，此爲《六經》秘本不缺者三；其四，孔氏世傳，《六經》本不缺者四；其五，齊、魯諸生，《六經》讀本不缺者五；其六，賈祛、吳公傳，《六經》讀本不缺者六；其七，藏書之禁僅四年，不焚之刑僅城旦，則天下藏本必甚多，若伏生、申公之倫，天下《六經》讀本不缺者七；其八，經文簡約，古者專經在諷誦，不徒在竹帛，則口傳不缺者八。有斯八證，《六藝》不缺，可以見孔子遺書複能完，千歲蔀說可以祛，鐵案如山，不能搖動矣。”

書中每下一論斷，則大量徵引《史記》、《漢書》等原始資料，多能自圓其說。書中資料豐富，皆圍繞一個專題來搜集，爲後人進一步研究，打下了基礎。

但此書結論頗有失之武斷者，是其一大缺點。梁啓超曾予指出：“乃至謂《史記》、《楚辭》經劉歆羼入者數十條，出土之鍾鼎彝器，皆劉歆私鑄埋藏以欺後世。此實爲事理之萬不可通者，而有爲必力持之。實則其主張之要點，並不必借重於此等枝詞強辨而始成立，而有爲以好博好異之故，往往不惜抹殺證據或曲解證據，以犯科學家之大忌，此其所短也。”

《新學僞經考》在當時産生了很大影響，梁啓超概括爲：“第一，清學正統派之立腳點，根本動搖；第二，一切古書，皆須重新檢查估價。此實思想界之一大颶風也。”《新學僞經考》出甫一年，遭清廷禁毀，然其後多次印行，影響日深。崔適著《史記探原》、《春秋複始》二書，皆引申康氏之說，益加精密，堪稱今文派之後勁。又現代史學中之疑古風氣及古史辨派，也深受《新學僞經考》的浸潤。

《新學僞經考》在一八九一編撰成書並刻刊行世，編撰用時不足半年，可見成書之速。編撰過程中，其弟子陳千秋和梁啓超多所參與。朱維錚認爲，《僞經傳授表》及《劉向經說足證僞經考》系梁啓超代作，《書序辨僞》則出自陳千秋之手。《經典釋文糾繆》和《隋書經籍志糾繆》亦似非康氏自作。書中徵引浩博之例證，亦多襲自龔自珍、魏源、廖平、劉逢祿、陳壽祺、陳喬樅、侯康等人的著作。(見朱維錚《新學僞經考導言》) 正如梁啓超所言，康有爲乃清代“今文學運動之中心”，“然有爲蓋斯學之集成者，非其創作者也”。

十三經讀本　(14-728)

民國甲子刊本

清唐文治編。是刻於諸經注解及版本，以意自為去取。《易》用寶應劉氏刻朱子《本義》。《書》用孫星衍《古文尚書馬鄭注》，而別置孔壁二十五篇於後，用任啟運《約註》。《詩》用武英殿翻宋相台本，主《毛傳》、《鄭箋》。《三禮》主《鄭注》。《周禮》據金陵局刊《鄭注》本。《儀禮》據金陵局刊張爾岐《儀禮鄭注句讀》本。《禮記》據崇文局重刊宋撫州本，係以朱子《大學中庸章句》。《春秋左氏傳》用乾隆欽定本。《公羊傳》據金陵局刻何休注本。《穀梁傳》據《古逸叢書》影刊宋紹熙刻范甯注本。《論語》、《孟子》用王祖畬校淳祐大字朱子《集註》本。其《學庸章句》入《禮記》者，亦據王校本。《孝經》用明黃道周《孝經集傳》。《爾雅》據乾隆四年武英殿刊《註疏》本。而別附黃以周《周易故訓訂》及《乾坤屯卦註疏》，陳澧《讀詩日錄》，王祖畬《禮記經注校證》、《讀孟隨筆》，自著之《洪範》、《四書》、《孝經大義》於本經之後。諸家評點，別作劄記，以便讀者。按所取諸家經注，漢宋相雜，其中如《尚書》之取孫星衍，《孝經》之取黃道周，未為盡善。附刊黃、陳二種，尚非精詣。王祖畬及文治自著諸種，大率空衍乏精義，詎能附驥以傳耶？卷首有陳寶琛諸人序，又有自序並凡例、《提綱》。各序皆淺陋，不可加於經上，宜概删之，但存凡例，見去取之旨可矣。其《提綱》別著錄。(倫明撰)

案劉聲木《萇楚齋隨筆》卷九《唐文治編十三經讀本》，可與提要相參照：

近世所出巨帙，以太倉唐蔚芝侍郎文治編輯《十三經讀本》爲最，甲子八月，錢唐施省之觀察肇曾醒園獨力刊成。撰者固難能，刊者亦可貴，當此時勢，猶欲以尊經爲事，其識見固高人一等矣。侍郎又撰《十三經提綱》十三卷，《十三經劄記》十三卷，分載各家評點，可以依式過錄，閱十餘年始成書。其意欲後之讀《十三經》者，由評點而文法顯，文義明，釐然燦然，讀者如登康莊，如遊五都，如親聆古人之詔語，因文可以見道，其意未嘗不善。觀察竭兩年之力，始克告成，其功亦不可沒。《周易》用朱子《本義》本，復增入定海黄以周《易故訓訂朕》本一卷、《乾坤屯卦註疏》一卷。《尚書》用馬氏、鄭氏註本，復增入宜興任啓運《尚書約註》四卷，侍郎中自撰《洪範大義》三卷。《詩經》用毛公傳、鄭氏箋本，復增入番禺陳澧《讀詩日錄》□卷。《周禮》、《儀禮》、《禮記》均用鄭氏註本，復增入朱子《大學中庸章句》二卷、鎭洋王祖畬《禮記經註校證》二卷、侍郎自撰《大學大義》一卷、《中庸大義》一卷。《春秋左傳》用乾隆欽定本，《春秋公羊傳》用何休《解詁》本，《春秋穀梁傳》用范寧《集解》本。《論語》用朱子《集註》本，復增入侍郎自撰《論語大義》廿卷。《孝經》用黄道周《集傳》本，復增入《孝經大義》一卷。《爾雅》用郭璞註、邢昺疏本。《孟子》用朱子《集註》本，復增入王祖畬《讀孟隨筆》二卷，侍郎自撰《孟子大義》十四卷。《詩經》評點，明鍾伯敬用紅筆，劉海峯用墨筆，宋謝疊山用藍筆。《禮記》評點，明孫月峯用墨筆，姚姬傳用黄筆，方望溪用黄筆，姚姬傳用紅筆，曾文正公選本用墨筆。《公羊傳》明孫月峯用紅筆，明張賓王用黄筆，明鍾伯敬用藍筆，明楊紹溥用紫筆，儲同人用墨筆。《穀梁傳》明孫月峯用墨筆，明張賓王用黄筆，明鍾伯敬用藍筆，明王昭平用紅筆，儲同人用綠筆。《論語》評點，則有方存之、吳摯甫二家，侍郎中復自行增入。《孟子》評點，宋蘇明允用紅筆，曾文正公用黄筆，吳摯甫用藍筆，侍郎自用墨筆。侍郎於諸經復選目錄，專備揣摩之用。《尚書》選廿三篇，《詩經》選二卷，上卷三十二篇，下卷十一篇，《禮記》選十二篇，《左傳》選廿一篇，《公羊傳》十八篇，《穀梁》選五十二篇。《公》、《穀》選本，又見侍郎自編《鈎玄錄》中。篇目已見原書，兹不具錄。

經解入門八卷　（15-064）

光緒戊子石印本

清江藩纂。藩有《周易述補》，已著錄。首有阮元序，作於道光十二年壬辰，銜題“協辦大學士兩廣總督”。按元於道光十二年九月以雲貴總督，授協辦大學士，此題“兩廣總督”，誤也。而《揅經室文集》中亦無此序。又據近人所撰《江子屏年譜》，藩實卒於道光十一年辛卯，年七十一，而序作於其後一年，若不知其已死者。就序斷之，書為贋作，殆無疑也。序後又附凡例，分題五十有二，殊繁瑣。括其大旨，不外三端，一羣經之源流與經學之師傳，二讀經之法與解經之體，三說經之弊與末學之失。末卷則選解、攷、辨、釋各體，以為初學楷模。綜而觀之，似於治經一途，尚略知門徑者，未可以其偽託而抹煞之也。（倫明撰）

案《經解入門》乃章炳麟早年托名江藩之作。《續提要》還收有劉白村撰寫的一篇同書提要，今錄於下：

經解入門八卷　（26-410）

文化學社印本

章炳麟撰。按是書乃章氏早年之作，當時人微言輕，恐不見重於世，遂偽託江藩之名，至今通行各本，仍署江藩編著。雖有見及書中多江藩以後人所發揮義例，且全錄張之洞、俞樾諸人之文者亦數處，而決其非江氏所作，但終不知其出於章氏之手也。是書最初有光緒戊子石印本。戊子光緒十四年，章氏方二十二歲也。書首有阮元序，亦為贋鼎，因《揅經室文集》中不載此序，且此序稱作於道光十二年壬辰，銜題協辦大學士兩廣總督，而實則元已於道光六年由兩廣調雲貴也。此書共八卷，分題凡五十一。卷一各題，總論經書之作成及源流內容等事，卷二至卷三各題，敘歷代經學之興廢流別等事，卷四各題，說經與他學之關係及講經者應注意之事，卷五各題，論小學音韻目錄及訓詁考據之學，卷六卷七各題，論講經之規則，卷八為附選，乃經學論文十五篇也。此書勾錄

甚精，論多嚴明，最適於初學瀏覽。倘能精讀，亦可由此升堂入室，不愧為經學津梁，故在清末風行最廣也。（劉白村撰）

《經解入門》之非江藩作，可爲定論。而信之者不乏其人，致生疑誤。劉聲木《萇楚齋四筆》卷五《江藩古書疑義》云：

> 德清俞蔭甫太史樾，撰《古書疑義舉例》七卷，刊入《□□雜纂》（士彪按，空格乃原文如此，下同）中。南皮張文襄公之洞云，“此書甚有益於學者”云云，見《書目答問》自註中。聲木謹案：我朝經術昌明，人材輩出，超越兩代。古書疑義，乾嘉諸儒屢有發見於所撰各書中，至高郵王氏，更歷舉義例於《王氏四種・經義述聞》各書中。嘉道年間，甘泉江子屏茂才藩，撰《經解入門》八卷，成於晚年。書雖付刻，尚未竣工，而茂才遽卒，是以傳本絕少。光緒年間，于越徐儀吉以重金購得其副本，爰爲斠讎。於光緒戊子首夏，由上海鴻寶齋石印寫字本。復於光緒□□□□□〔庚寅槐蔭書屋〕石印寫字本，惟後出字蹟較小。雖係石印本，轉瞬間已石印二次，是當時士林重視其書可知。予於十六七歲時，即得見此書。當時慕經師之名，頗欲有志於經學，寶此不啻珍祕，無異得一導師。後以微言大義，實難窺測，註釋訓詁，已盡見《經籍纂詁》，多陳陳相因，不易出前人窠臼，遂輟而弗爲。全書爲茂才自撰解經義例，共伍拾貳篇。末一卷係輯錄周中孚等拾伍家釋經之文。其第柒篇，爲茂才自撰之《古書疑義例》，開示塗徑，尤屬有益經訓。太史後撰《古書疑義舉例》，體例全從此出，茲將全文錄之。文云：“讀書求信也，而求信必自求疑始。古書之疑不可不明，即古書之例不可不審，今爲約舉可疑之例如左：古書有例句例，有倒序例。有錯綜成文例，有參互見義例。有上下文異字同例，有上下文同字異例。有兩事連類並稱例，有兩事傳疑並存例。有兩語似平實側例，有兩句似異實同例。有以重言釋一言例，有以一字作兩讀例。有語急例，有語緩例。有例文就韻例，有變文協韻例。有蒙上文而省例，有稱下文而省例。有因彼見此例，有因此見彼例。有一人之辭自加‘曰’字例，有兩人之詞反省‘曰’字例。有文具於前而略於後例，有文沒於前而見於後例。古人行文不嫌疏略，不可以疏略而疑。古人行文不避重複，不可以重複而疑。古書傳述每有異同，不可以其異同而疑。古人引書每有增損，不可以其增損而疑。古人稱謂與

今人不同，不可據今以疑古。古書稱名常有寄寓，不可以假而疑眞。古有以雙聲疊韻代本字，不可以其代而妄改。古有以讀若字代本字，不可以其代而疑歧。古有以大名冠小名，又有以大名代小名，復有以小名代大名，不可以執一論也。古有以美惡而同詞，又有以高下而（同）〔相〕形，復有以反言而見意，不可以偏見拘也。若乃有以敘論並行者，皆以爲敘，則失矣。有以實字活用者，皆以爲實，則失矣。有以語詞疊用者，誤易焉，則失矣。有以語詞複用者，誤改焉，則失矣。有於句中用虛字者，倒易之，則失矣。有於上下文變換虛字者，妄疑爲誤，則失矣。有反言而省'乎'，增之則失。有助語而用'不'字，刪之則失。古書'邪''也'通用，'雖''唯'通用，分之則失。古書發端之詞不同，連及之詞不同，泥之則失。又有衍之一例。有因兩字義同而衍，有因兩字形同而衍。有涉上下文而衍，有涉註文而衍。有衍即有誤，有因誤衍而誤刪者，有因誤衍而誤倒者，有因誤衍而誤改者，有因誤衍而誤讀者，此因衍而誤者也。又有一字而誤爲兩字者，有兩字而誤爲一字者。有重文作二畫而致誤者，有重文不省而致誤者。有因註文而誤者。有因闕文作空闈而誤者，有本無闕文而誤加空闈者。有上下兩句而倒誤者，有上下兩字而互誤者。有兩字平列而誤易者，有兩句相因而誤倒者。有字以兩句相連而誤疊者，有文以兩句相連而誤脱者。有因誤奪而誤補者，有因誤字而誤改者。有因誤補而誤刪者，有因誤刪而誤增者。有不識古字而誤改者，有不達古義而誤解者。有兩字一義而兩解者，有兩字對文而誤解者。有兩字平列而誤倒者，有兩文疑複而誤刪者。有據他書誤改者，有據他書誤解者。有分章錯誤者，有分篇錯誤者。以上各條，王伯申嘗爲我略言之，其《經義述聞・通説》中，間亦説及。余因推廣其説，以示有志於經者。"云云。細玩太史撰《古書疑義舉例》，實以此篇爲藍本，而書中無一語道及，迹近攘善，誠爲太史惜也。

直指俞樾《古書疑義舉例》實以《經解入門・古書疑義例》爲藍本，跡近剽竊。不知《經解入門》爲章炳麟所作，乃炳麟竊其師俞樾之說，非俞樾竊江藩也。可發一笑。

參考文獻

B

《筆耕錄》，清胡鼎撰，《樸學齋叢書》本。

《拜經堂文集》，清臧庸撰，同治刻本。

《白蘇齋類集》，明袁宗道著，錢伯城標點，上海古籍出版社 1989 年 6 月第 1 版。

C

《萇楚齋隨筆續筆三筆四筆五筆》，清劉聲木撰，中華書局 1998 年 3 月第 1 版。

《陳奐交游研究》，柳向春著，華東師範大學出版社 2010 年 9 月第 1 版。

《巢林筆談》，清龔煒撰，錢炳寰點校，中華書局 1981 年 8 月第 1 版。

《春秋公羊學講疏》，段熙仲著，南京師範大學出版社 2002 年 11 月第 1 版。

《春渚紀聞》，宋何薳撰，張明華點校，中華書局 1983 年 1 月第 1 版。

D

《訂訛類編・續補》，清杭世駿撰，陳抗點校，中華書局 1997 年 4 月第 1 版。

《讀書偶記》，清趙紹祖撰，《續修四庫全書》影印華東師大圖書館藏清道光四年古墨齋刻本。

E

《蛾術軒篋存善本書錄》，王欣夫撰，鮑正鵠、徐鵬標點整理，上海古籍出版社。

《爾雅義疏》，清郝懿行撰，北京中國書店影印咸豐六年刻本，1982 年 9 月第 1 版。

F

《分甘餘話》，清王士禛撰，張世林點校，中華書局1989年第1版

《復堂日記》，譚獻著，范旭侖、牟曉朋整理，河北教育出版社2001年1月第1版。

G

《古夫于亭雜錄》，清王士禛撰，趙伯陶點校，中華書局1988年第1版。

《古今釋疑》，清方中履撰，台灣新文豐《叢書集成續編》本。

《郭嵩燾詩文集》，清郭嵩燾撰，楊堅點校，岳麓書社1984年10月第1版

《癸巳存稿》，清俞正燮撰，遼寧教育出版社2003年3月第1版。

《癡學》，清黃本驥撰，《叢書集成續編》本。

《癸辛雜識》，宋周密撰，吳企明點校，中華書局1988年1月第1版。

H

《黃侃論學雜著》，黃侃撰，上海古籍出版1980年4月新1版。

《橫陽札記》，清吳承志撰，《求恕齋叢書》本。

J

《交翠軒筆記》，清沈濤撰，《聚學軒叢書》本。

《蕉廊脞錄》，清吳慶坻撰，張文其、劉德麟點校，中華書局1990年3月第1版。

《江蘇藝文志·無錫卷》，南京師範大學古文獻研究所編，江蘇人民出版社1995年1月第1版。

《積微居小學金石論叢（增訂本）》，楊樹達著，中华書局1983年7月第1版。

《積微居友朋書札》，楊逢彬整理，湖南教育出版社1986年7月第1版。

《蕉軒隨錄續錄》，清方濬師撰，盛冬鈴點校，中華書局1995年2月第1版。

《經韻樓集》，清段玉裁撰，道光三年刻本。

K

《開有益齋讀書志·續志》，清朱緒曾撰，中華書局1993年1月第1版。

L

《兩般秋雨盦隨筆》，清梁紹壬撰，莊葳點校，上海古籍出版社1982年8月第1版。

《遼海叢書》，金毓紱主編，1933年至1936年刊行於沈陽，遼沈書社影印本，

1985年3月第1版。
《冷廬文藪》，王重民著，上海古籍出版社1992年11月第1版。
《冷廬雜識》，清陸以湉撰，崔凡芝點校，中華書局1984年1月第1版。
《劉盼遂文集》，劉盼遂著，聶石樵輯校，北京師範大學出版社2002年4月第1版。
《蘆浦筆記》，宋劉昌詩撰，張榮錚、秦呈瑞點校，中華書局1986年4月第1版。
《郎潛紀聞初筆二筆三筆》，清陳康祺撰，晉石點校，中華書局1984年3月第1版。
《履園叢話》，清錢泳撰，張偉點校，中華書局1979年12月第1版。

M
《名山藏副本》，清齊周華撰，周采泉、金敏點校，上海古籍出版社1987年7月第1版。
《毛詩鄭箋平議》，黃焯撰，上海古籍出版社1985年6月第1版。

Q
《清人筆記條辨》，張舜徽著，中華書局1986年12月第1版。
《清人別集總錄》，李靈年、楊忠主編，安徽教育出版社2000年7月第1版。
《羣書疑辨》，清萬斯同撰，台灣新文豐《叢書集成續編》本。

R
《日本訪書志》，楊守敬撰，《續修四庫全書》影印清光緒鄰蘇園刻本，史部第930冊。

S
《水東日記》，明葉盛撰，魏中平點校，中華書局1980年10月第1版。
《山東通志》，商務印書館影印民國四年排印本。
《詩經語文論集》，向熹著，四川民族出版社2002年7月第1版。
《沈寄簃先生遺書》，沈家本著，中國書店影印本，1990年12月第1版。
《四庫提要辨證》，余嘉錫著，中華書局1980年5月第1版。
《四庫全書總目》，清紀昀等撰，中華書局1965年6月第1版。
《書林瑣記》，雷夢水著，人民日報出版社1988年1月第1版。
《詩切》，清牟庭著，齊魯書社1983年9月第1版。
《詩三家義集疏》，清王先謙撰，吳格點校，中華書局1987年2月第1版。
《尚書通論（增訂本）》，陳夢家著，中華書局1985年10月第1版。

《識小編》，清董豐垣撰，王德隆點校，中華書局 1988 年 3 月第 1 版。
《書隱叢說》，清袁棟撰，《續修四庫全書》本。
《思益堂日札》，清周壽昌著，李軍政標點，岳麓書社 1985 年 8 月第 1 版。
《菽園雜記》，明陸容撰，中華書局 1985 年 5 月第 1 版。
《山志》，清王弘撰撰，何本方點校，中華書局 1999 年 9 月第 1 版。

T

《苕岑經義鈔》，清張鴻桷輯，台灣新文豐《叢續集成續編》本。
《鐵橋漫稿》，清嚴可均撰。《心矩齋叢書》本。
《同文尚書》，清牟庭著，齊魯書社 1981 年 11 月第 1 版。

W

《吳汝綸全集》四《日記》，清吳汝綸撰，施培毅、徐壽凱校點，黃山書社
《汪穰卿筆記》，汪康年著，上海書店出版社 1997 年 1 月第 1 版。
《毋自欺室文集》，清王炳燮撰，《中國近代史料叢刊》237 冊。
《五雜組》，明謝肇淛撰，上海書店出版社 2001 年 8 月第 1 版。

X

《隙光亭雜識》，清揆敘撰，《續修四庫全書》本。
《緗綺樓日記》，王闓運著，岳麓書社 1997 年 7 月第 1 版。
《湘綺樓詩文集》，王闓運著，馬積高主編，岳麓書社 1996 年 9 第 1 版。
《學術集林》卷十四，王元化主編，上海遠東出版社 1998 年 10 月第 1 版。
《續修四庫全書》，上海古籍出版社 2002 年 3 月第 1 版。
《續修四庫全書總目提要（稿本）》，齊魯書社 1996 年 12 月第 1 版。
《續修四庫全書總目提要・經部》，中國科學院圖書館整理，中華書局 1993 年 7 月第 1 版。
《續修四庫全書提要》，王雲五主持，臺灣商務印書館 1972 年 3 月初版。
《遜志堂雜鈔》，清吳翌鳳撰，吳格點校，中華書局 1994 年 9 月第 1 版。

Y

《榆巢雜識》，清趙慎畛撰，徐懷寶點校，中華書局 2001 年 3 月第 1 版。
《益聞散錄》，清李元春撰，《青照堂叢書》本。
《余嘉錫說文獻學》，余嘉錫撰，上海古籍出版社 2001 年 3 月第 1 版。
《野客叢書》，宋王楙撰，鄭明、王義耀校點，上海古籍出版社 1991 年 5 月第 1 版。

《越縵堂讀書記》，清李慈銘著，游雲龍輯，上海書店出版社重編，上海書店出版社 2000 年 6 月第 1 版。
《庸閒齋筆記》，清陳其元撰，楊璐點校，中華書局 1989 年 4 月第 1 版。
《漁洋讀書記》，王紹曾、杜澤遜編，青島出版社 1991 年 8 月第 1 版。

Z

《蟄存齋筆記》，蔡雲萬著，上海書店出版社 1997 年 1 月第 1 版。
《志壑堂雜記》，清唐夢賚撰，《昭代叢書》本。
《札樸》，清桂馥撰，趙智海點校，中華書局 1992 年 12 月第 1 版。
《竹葉亭雜記》，清姚元之撰，李解民點校，中華書局 1982 年 5 月第 1 版。

後　記

本書是在我博士后出站報告的基礎上稍加修改而成的。我對于本書這種抄書的體式并不滿意，不欲印行問世。今年三月收到臺北市立教育大學李威侃先生的電子郵件，索要拙稿。而我手頭已無紙本，遂將拙稿電子版寄上。經李先生熱心推薦，花木蘭文化出版社慨然接受出版，本人深感榮幸。今年九月，我將以訪問學者的身份，再到復旦大學學習，繼續跟從本師吳格先生，整理《續修四庫全書總目提要》的史子集部分。希望自己在整理的同時，能夠勤作札記，寫出史子集三部的箋證，也希望在質量上能有所提高。

《續修四庫全書總目提要》的印行尚需時日，而本書多抄錄原文，讀者可以先睹爲快。我們在整理《續提要》時盡力保持原貌，許多不規範的字形也預以保留。希望海內外專家對我們的工作加以指導，而本書的印行或許能夠起到拋磚引玉的作用。書海茫茫，聚散豈無緣！

李士彪

2011 年 7 月 26 日于魯東大學